As garotas da fábrica

Leslie T. Chang

As garotas da fábrica

Da aldeia à cidade, numa China em transformação

TRADUÇÃO DE CLÓVIS MARQUES

intrínseca

TÍTULO ORIGINAL
Factory Girls: From Village to City in a Changing China

CAPA
Emily Mahon

PREPARAÇÃO
Julio Ludemir

REVISÃO
Umberto Figueiredo Pinto
Ana Julia Cury

DIAGRAMAÇÃO
Abreu's System

CIP-BRASIL. CATALOGAÇÃO-NA-FONTE
SINDICATO NACIONAL DOS EDITORES DE LIVROS, RJ

C43g

Chang, Leslie T.
As garotas da fábrica : da aldeia à cidade, numa China em transformação / Leslie T. Chang ; tradução de Clóvis Marques. - Rio de Janeiro : Intrínseca, 2010.

373p.
Tradução de: Factory Girls : From Village to City in a Changing China
ISBN 978-85-98078-84-7

1. Indústria manufatureira - Empregados - China. 2. Mulheres - Emprego - China. 3. Mulheres jovens - Emprego - China. 4. Trabalhadoras - China. I. Título.

10-0141. CDD: 331.40951
CDU: 331-055.2(510)

[2010]

EDITORA INTRÍNSECA LTDA.
Rua dos Oitis, 50
22451-050 – Gávea
Rio de Janeiro – RJ
Tel./Fax: (21) 3206-7400
www.intrinseca.com.br

Para meus pais

Sumário

Mapa ilustrado © 2008 Laura Hartman Maestro
RÚSSIA
MONGÓLIA
MONGÓLIA INTERIOR
HEILONGJIANG
Rio Songhua
Harbin
Aldeia de Liutai
Jilin (aldeia)
JILIN (província)
Shenyang
Fushun
LIAONING
COREIA DO NORTE
Mar do Japão
Rio Amarelo
GRANDE MURALHA
Pequim
Mar Bohai
Passo de Shanhai
COREIA DO SUL
Rio Amarelo
Rio Amarelo
Mar Amarelo
HENAN
ANHUI
Nanquim
Xangai
SICHUAN
Chengdu
Rio
HUBEI
Yangtze
A aldeia de Min
Chongqing
Wuxue
Rio Yangtze
Mar da China Oriental
Changsha
JIANGXI
HUNAN
A aldeia de Chunming
Taipé
Oceano Pacífico
Rio Pérola
Taichung
TAIWAN
GUANGDONG
Guangzhou
Dongguan
Shenzhen
Hong Kong
Macau
LAOS
VIETNÃ
Rio Mekong
TAILÂNDIA
Fronteiras da China
Fronteiras de outros países
Províncias
Grande Muralha
Barreira do Salgueiro
Rios
Escala em Quilômetros
0 100 200 300 400 500
Escala em Milhas
0 100 200 300 400 500
Milhas
0 300 600
CHINA
ÁREA EM DESTAQUE

Parte Um:

A cidade

1

Ir embora

Quando se encontrava uma garota de outra fábrica, a primeira coisa era saber as referências. *De que ano você é?*, perguntava uma à outra, como se não estivesse falando de um ser humano, mas da fabricação de carros. *Quanto por mês? Incluindo quarto e refeições? Quanto pelas horas extras?* Podia então perguntar de que província ela era. Mas nunca perguntava o nome.

Ter uma amiga de verdade dentro da fábrica não era fácil. Dormiam doze garotas em um quarto, e naquele ambiente claustrofóbico do dormitório era melhor guardar segredo. Algumas entravam para a fábrica com carteiras de identidade emprestadas e nunca diziam a ninguém os verdadeiros nomes. Outras só conversavam com colegas de sua província de origem, mas isso tinha lá seus riscos: o disse me disse percorria célere o caminho da fábrica até a aldeia, e quando elas voltavam para casa, as tias e as avós sabiam quanto tinham ganhado, quanto tinham economizado e se saíam com rapazes.

Quando alguém encontrava uma amiga de verdade, fazia tudo por ela. Se uma amiga saía do emprego e não tinha onde ficar, a outra dividia a cama com ela, mesmo correndo o risco de uma multa de 10 iuanes, o equivalente a cerca de 1 dólar e 25 centavos, se fosse apanhada. Se uma amiga trabalhasse muito longe, a outra acordava cedo num raro dia de folga e andava de ônibus durante horas, e no fim da linha a amiga tirava uma licença do trabalho — nesse caso, expondo-se a uma multa de 100 iuanes — para que passassem o dia juntas. Alguém podia ficar numa fábrica de que não gostasse ou deixar uma fábrica de que gostasse para atender ao pedido de uma amiga. As amigas escreviam cartas toda semana, embora as garotas que já estavam há mais tempo fora de casa considerassem isso infantil. Elas preferiam mandar mensagens pelo celular.

As amigas frequentemente se separavam, pois a vida mudava muito rapidamente. A coisa mais fácil do mundo era perder alguém de vista.

O melhor dia do mês era o do pagamento. Mas, de certa maneira, era também o pior dia. Depois de trabalhar duro durante tanto tempo, era de enlouquecer a quantidade de dinheiro descontada pelas coisas mais bobas: um atraso de alguns minutos num dia, meio dia de licença por motivo de doença ou ter de pagar por fora quando os uniformes de inverno fossem trocados pelos de verão. No dia do pagamento, todo mundo corria para os correios para mandar dinheiro para a família. As garotas que acabavam de chegar de suas cidades ficavam loucas com essa história de mandar dinheiro para casa, mas as veteranas riam delas. Algumas abriam cadernetas de poupança, especialmente se já tinham namorado. Todo mundo sabia quais eram as mais econômicas e quanto já tinham economizado. Todas também sabiam quais eram as mais consumistas, com seus batons brilhantes e seus celulares prateados e os pingentes em forma de coração, para não falar dos muitos pares de sapatos de salto alto.

As garotas estavam sempre falando em ir embora. As operárias tinham obrigação de permanecer durante seis meses, e mesmo assim nem sempre eram autorizadas a partir. A fábrica retinha os dois primeiros salários; ir embora sem autorização significava perder esse dinheiro e começar do zero em outro lugar. Ali estava um fato dessa vida na fábrica que as pessoas de fora não sabiam: entrar para uma fábrica era fácil; o difícil era sair.

A única maneira de encontrar um emprego melhor era deixar aquele em que se estava. Entrevistas implicavam horas longe do trabalho, e quem conseguia um novo emprego devia começar imediatamente. Deixar um emprego também era a melhor garantia de conseguir um novo: a necessidade premente de um lugar para comer e dormir era um estímulo para encontrar trabalho depressa. Muitas vezes as garotas deixavam a fábrica em grupos, encontrando coragem no companheirismo e prometendo entrar juntas para outra fábrica, embora em geral isso se revelasse impossível. A coisa mais fácil do mundo era perder alguém de vista.

Durante muito tempo Lu Qingmin ficou sozinha. Sua irmã mais velha trabalhava numa fábrica em Shenzhen, pujante cidade industrial a uma hora de ônibus. Os amigos da sua cidade estavam espalhados por fábricas ao longo do litoral da China, mas Min, como era chamada pelos amigos, não tinha contato com eles. Era uma questão de orgulho: como não gostava do lugar em que trabalhava, ela não dizia a ninguém onde estava. Simplesmente desapareceu.

O nome de sua fábrica era Carrin Electronics. Empresa com sede em Hong Kong, fabricava despertadores, calculadoras e calendários eletrônicos que exibiam as horas do dia em cidades do mundo inteiro. A fábrica parecia respeitável quando Min chegou para uma entrevista em março de 2003: prédios azulejados, pátio cimentado, *um portão de grade sanfonada*. Só depois de ser contratada é que ela pôde entrar. Doze operárias dormiam em cada quarto, em camas amontoadas perto de um vaso sanitário; os quartos eram sujos e cheiravam mal. A comida da cantina também era ruim: uma refeição consistia em arroz, um prato de carne ou legumes e sopa, e a sopa era aguada.

O dia na linha de montagem se estendia das oito da manhã até a meia-noite — treze horas de trabalho, mais dois intervalos para refeições —, e as operárias trabalhavam diariamente, semanas a fio. Às vezes, na tarde de sábado, não tinham de fazer hora extra, e era sua única folga. Ganhavam 400 iuanes por mês — o equivalente a 50 dólares — e quase o dobro disso com as horas extras, mas muitas vezes o pagamento atrasava. A fábrica empregava mil pessoas, em sua maioria mulheres, fossem adolescentes recém-saídas de casa, fossem mulheres casadas de mais de trinta anos. Podia-se avaliar a qualidade do local de trabalho vendo quem estava faltando: mulheres jovens, na faixa dos vinte anos, a elite do mundo fabril. Quando se via sentada na linha de montagem todo dia pelos próximos dez anos, Min ficava horrorizada. Ela tinha 16 anos.

Ela quis ir embora tão logo entrou na fábrica, mas havia se comprometido a ficar seis meses. Teria que aguentar, pois por enquanto ela não tinha muitas alternativas. A idade legal para o trabalho era 18 anos, embora com 16 e 17 fosse possível obter certos empregos com uma carga horária reduzida. De maneira geral, só mesmo um empregador em frontal desrespeito às leis trabalhistas — "as fábricas mais sujas mesmo", dizia Min — contrataria alguém da sua idade.

Na primeira semana no emprego, Min completou 17 anos. Tirou meio dia de folga e caminhou pelas ruas, comprando doces e comendo-os sozinha. Não tinha a menor ideia do que as pessoas faziam para se divertir. Antes de chegar à cidade, tinha apenas uma ideia confusa do que era uma fábrica; imaginava vagamente um animado lugar de socialização.

— Eu achava que seria divertido trabalhar na linha de montagem — diria mais tarde. — Achava que seria muita gente trabalhando junta, todos ocupados, conversando e se divertindo. Achava que a coisa seria mais livre. Mas não era assim, de jeito nenhum.

Era proibido conversar no trabalho, o que podia acarretar uma multa de 5 iuanes. Os intervalos para ir ao banheiro duravam no máximo dez minutos, sendo necessário assinar uma lista. Min trabalhava no controle de qualidade, fiscalizando os produtos eletrônicos que passavam na linha de montagem, para ver se os botões funcionavam, as peças de plástico se encaixavam e as baterias estavam em ordem. Não era uma operária padrão. Estava constantemente tagarelando e cantando com as outras mulheres da linha. Ficar sentada parada a fazia sentir-se aprisionada, como um pássaro numa gaiola, de modo que de vez em quando ela corria até o banheiro só para espiar pela janela as montanhas verdejantes que a lembravam de sua cidade. Dongguan era uma cidade industrial situada numa luxuriante região subtropical, e às vezes parecia que Min era a única que reparava. Por sua causa, a fábrica baixou uma norma limitando as idas ao banheiro a uma a cada quatro horas; a penalidade pelas violações era de 5 iuanes.

Depois de seis meses, Min foi falar com o patrão, um homem de uns 20 anos, e disse que queria ir embora. Ele não deixou.

— O seu desempenho na linha de montagem não é bom — disse o patrão de Min. — Você é cega?

— Ainda que fosse cega — retrucou Min —, não trabalharia para uma pessoa tão ingrata como o senhor.

No dia seguinte, ela deixou a linha de montagem, um protesto que lhe valeu uma multa de 100 iuanes. Passado outro dia, ela voltou a procurar o patrão, pedindo mais uma vez para ser liberada. E ficou surpresa com a resposta: se ficasse até o feriado do Ano-novo lunar, dali a seis meses, poderia ir embora com os dois meses de salário que a fábrica lhe devia. O patrão de Min achava que ela ia ficar. Depois do Ano-novo, cidades industriais como Dongguan são invadidas por trabalhadores, e a competição pelos empregos é muito dura.

Depois da discussão, o patrão de Min tornou-se mais gentil com ela. Exortou-a várias vezes a ficar; chegou até a falar em uma promoção, só que sem aumento de salário. Min resistia.

— Sua fábrica não merece que eu desperdice aqui a minha juventude — disse-lhe ela.

Matriculou-se então num curso de informática de uma instituição profissionalizante próxima. Quando não era obrigada a fazer hora extra, ela deixava de jantar para ter algumas aulas de digitação ou aprender a preencher formulários no computador. A maioria das garotas da fábrica se achava tão ignorante que nem adiantaria estudar, mas Min não pensava assim. "Aprender é melhor que não aprender", raciocinava.

Telefonou para casa e disse que estava pensando em largar o emprego. Seus pais, que eram pequenos agricultores e ainda tinham três filhos menores na escola, desaconselharam-na.

— Você está sempre pulando de galho em galho — disse o pai. — Uma mocinha não devia ser tão inconstante. Fique no mesmo lugar e economize algum dinheiro — disse-lhe ele.

Min desconfiava que não era o melhor conselho.

— Não se preocupe comigo — respondeu ela ao pai. — Sei cuidar de mim mesma.

A essa altura ela tinha duas amigas de verdade na fábrica, Liang Rong e Huang Jiao'e, ambas um ano mais velhas. Nas noites em que tinha aula, elas lavavam sua roupa. Esse trabalho era constante, pois as operárias tinham poucas mudas de roupa. Na escuridão úmida da noite, encerrado o expediente, viam-se longas filas de garotas com baldes d'água indo e vindo dos banheiros do dormitório.

Quando a pessoa tinha amigos, a vida na fábrica podia ser divertida. Nas raras noites de folga, as três garotas deixavam de jantar para ir patinar, e ainda voltavam a tempo de ver um filme tarde da noite na fábrica. Com a chegada do inverno, o frio nos dormitórios, que não tinham aquecimento, mantinha as garotas acordadas. Min levava as amigas para o pátio para jogar badminton até se sentirem bastante aquecidas para cair no sono.

O Ano-novo lunar de 2004 caiu no fim de janeiro. Os operários tiveram apenas quatro dias de folga, o que não era suficiente para ir em casa e voltar. Min ficou enfurnada no dormitório e telefonou para casa quatro vezes em dois dias. Depois do feriado, voltou a procurar o patrão, e dessa vez ele a liberou. Liang Rong e Huang Jiao'e choraram quando Min lhes deu a notícia. Numa cidade de estranhos, elas eram as únicas que sabiam de sua partida. Imploraram que ficasse, achando que as condições em outras fábricas não seriam melhores e que no fim das contas ficar ou ir embora dava no mesmo. Mas Min não pensava assim.

Ela prometeu que voltaria para visitá-las depois de receber o primeiro pagamento no novo emprego. Min foi embora no mesmo dia, com algumas roupas numa mochila e os dois meses de salário que a fábrica lhe devia. Mas não levou as toalhas nem a roupa de cama; pagara por elas, mas não aguentava mais olhar para aquilo.

Em dez meses na linha de montagem, Min conseguira mandar para casa 3 mil iuanes — cerca de 360 dólares — e fizera duas amigas.

Tinha motivos para ficar com medo. Mas tudo o que sabia era que estava livre.

Na aldeia natal de Lu Qingmin quase todo mundo tinha o mesmo sobrenome. Eram noventa famílias, plantando arroz, colza e algodão em pequenos lotes de terra. A família de Min cultivava 50 metros quadrados e consumia a maior parte do que plantava.

Seu futuro já parecia decidido quando ela ainda era criança, girando em torno de um verdadeiro dogma da vida rural: toda família precisa ter um filho homem. A mãe de Min tivera quatro meninas antes de finalmente dar à luz um menino; naqueles primeiros anos da política governamental de limitar o número de filhos a um por família, a fiscalização não chegava ao campo. Mas cinco filhos representariam pesados encargos financeiros com a abertura da economia na década de 1980 e a elevação do custo de vida. Como era a segunda mais velha, Min veria caírem sobre seus ombros muitos desses encargos.

Ela não gostava da escola e não era boa aluna. Desde que se entendia por gente, suas lembranças eram sempre de problemas. Trepava nas árvores dos vizinhos para roubar ameixas; quando era apanhada, levava uma surra. Certa vez, ela se negou a fazer uma tarefa que a mãe lhe obrigara. "Tem tanta gente em casa! Por que logo eu?" A mãe saiu correndo atrás dela por uns 400 metros e bateu na filha com uma vara.

Ela sabia se divertir. Aprendeu a nadar e a dirigir caminhões; adorava patinar e escondia as escoriações da mãe. "Eu caí de todos os jeitos que alguém pode cair", dizia Min. "Mas a gente não pode ficar pensando nessas coisas."

Ela era a queridinha do pai. Certo verão, ele alugou um caminhão e Min viajou pelo campo com ele, vendendo melancias cultivadas no lote da família. Eles se deslocavam durante o dia e dormiam no caminhão à noite; aquela viagem seria uma das lembranças mais agradáveis de Min. A maioria dos migrantes associava a terra natal à pobreza e ao atraso, e alguns até relutavam em dizer o nome de sua aldeia. Muito tempo depois de chegar à cidade, contudo, Min continuava falando de sua cidade natal como um lugar lindo.

No fim da década de 1990 os pais de Min foram trabalhar para ganhar dinheiro e pagar a escola dos filhos. O pai trabalhava numa fábrica de calçados do litoral, mas foi obrigado a voltar por causa de problemas de saúde. Mais tarde sua mãe se ausentou por um ano. Min foi internada numa escola numa cidade próxima, mas retornava para casa todo fim de semana para cozinhar e lavar a roupa para o pai e os irmãos menores.

Quase todos os jovens da sua aldeia tinham migrado. Quando ela ainda estava internada, sua irmã mais velha, Guimin, foi trabalhar numa fábrica em Dongguan. Logo depois Min foi reprovada no exame nacional de admissão ao ensino médio e os pais começaram a pensar em mandá-la trabalhar também. Guimin telefonou para casa, exortando-os a manter Min na escola; o salário da fábrica onde estava trabalhando, afirmou, ajudaria a pagar seus estudos. Os pais concordaram, e Min matriculou-se num curso técnico de dois anos. Com isso, tornou-se uma das pessoas mais bem preparadas da aldeia — mais até que Guimin, que sacrificara sua formação para ajudar a família.

Guimin voltou para casa para o Ano-novo lunar de 2003 e levou Min consigo. Min tinha mais um semestre a frequentar na escola, mas queria economizar as mensalidades e observar o mercado de trabalho. Ficou fascinada com a ideia de sair de casa; nunca viajara de trem nem vira uma fábrica. "Eu queria começar cedo, aprender algumas coisas e conhecer o mundo", disse.

Em Dongguan, Guimin alugou um quarto num hotel barato para Min e conseguiu para ela um emprego numa fábrica japonesa de telas de cristal líquido. Min trabalhou nessa fábrica durante um mês e pediu demissão. Nunca estivera num lugar onde não conhecia ninguém, e não suportou o peso da solidão. Voltou ao hotel e procurou emprego em outra fábrica, mas não ficou. Sua irmã se ofereceu para continuar pagando seu quarto de hotel, mas Min achou que estava se tornando um fardo. Num ponto de ônibus, viu um folheto de propaganda oferecendo emprego no controle de qualidade da linha de montagem de uma fábrica de produtos eletrônicos. Telefonou para o número indicado no anúncio — muitas vezes, esses contatos eram armadilhas para roubar dinheiro dos migrantes — e a pessoa que atendeu forneceu-lhe o endereço da fábrica. Seria uma viagem de três horas de ônibus em direção à extremidade sudeste de Dongguan e à Carrin Electronics, a fábrica em que Min passou aquele ano difícil sozinha.

No instante em que entrou na fábrica, Min deu-se conta de que o lugar era pior que a fábrica japonesa que acabara de largar. Mas já era tarde para voltar atrás, e ela não queria pedir novamente ajuda à irmã. Já se acostumara à ideia de começar uma vida nova por conta própria — era melhor assim.

Os trabalhadores migrantes usam uma expressão simples para se referir à iniciativa que define suas vidas: *chuqu*, ir embora. *Eu não tinha o que fazer em casa, e então fui embora.* É assim que começa a história de um migrante.

A cidade não lhes oferece uma vida fácil. A remuneração pelo trabalho duro é baixa, muitas vezes mais baixa que o salário mínimo oficial, que varia entre 50 e 80 dólares por mês. A jornada de trabalho, muitas vezes, se estende além do limite legal de 49 horas por semana. Quem se acidenta, adoece ou engravida precisa se virar sozinho. Os governos locais oferecem poucos incentivos para proteger os trabalhadores; sua função é agradar os empresários, o que contribuirá para aumentar os investimentos e a arrecadação. Mas sofrer em silêncio não é exatamente o que os trabalhadores migrantes desejam. Deixar a terra natal para trabalhar numa fábrica é a coisa mais difícil que fizeram. E também é uma aventura. O que os mantém na cidade não é o medo, mas o orgulho: uma volta precoce para casa seria reconhecer a derrota. Ir embora para ficar — *chuqu* — é mudar o próprio destino.

Os migrantes são a elite do campo. São mais jovens, mais bem preparados e mais empreendedores do que as pessoas que deixam para trás. O modo como são chamados na cidade — *liudong renkou*, população flutuante — dá a impressão de que são pessoas desinteressadas, mas a maioria sai de casa com um emprego em vista, na companhia de um parente ou conterrâneo da aldeia que já conhece o caminho. E a maioria dos migrantes jovens de hoje não provém da agricultura: vem da escola. Seus pais é que eram agricultores. A migração foi uma consequência acidental das reformas econômicas. Em 1958, o governo chinês realizou um censo familiar que enquadrava cada pessoa na condição rural ou urbana em função do local de nascimento. A população urbana teve acesso a empregos, casas e cupons de racionamento de alimentos e outras necessidades; os moradores do campo, sem esses privilégios, ficaram presos à propriedade rural.

No fim da década de 1970 as reformas permitiram às famílias de agricultores vender parte da colheita no mercado, em vez de entregar toda a produção ao Estado. A produção agrícola aumentou exponencialmente; de repente, havia alimentos nos mercados locais de todo o país. Pela primeira vez os moradores do campo eram capazes de sobreviver de maneira independente nas cidades. Uma medida governamental de 1984 autorizava os agricultores a estabelecer pequenos mercados nas cidades; mudar-se deixou de ser um crime. A migração ganhou velocidade, e em 1990 o país tinha sessenta milhões de migrantes, muitos atraídos pela expansão das fábricas e cidades no litoral.

Hoje, a China tem 130 milhões de trabalhadores migrantes. Em fábricas, restaurantes, canteiros de obras, elevadores, serviços de entrega, limpeza doméstica, creches, coleta de lixo, barbeiros e bordéis, praticamente todo trabalhador tem origens rurais. Em cidades grandes como Pequim e Xangai, os migrantes chegam a ser um quarto da população; nas cidades industriais do sul da China, são eles que mantêm em funcionamento as linhas de montagem da economia nacional, baseada nas exportações. Juntos, eles representam o maior movimento migratório da história da humanidade, o triplo do número de pessoas que emigrou da Europa para a América ao longo de um século.

Mas o governo tem relutado em reconhecer a realidade da migração. Durante anos os migrantes precisavam se esconder da polícia nas cidades; os que eram apanhados sem visto de residência eram multados ou mandados de volta para casa. Finalmente, em 2003, o Conselho de Estado, o Ministério da China, emitiu um amplo documento considerando a migração essencial para o desenvolvimento do país. Proibiu a discriminação contra os migrantes nos empregos, preconizando melhores condições de trabalho para eles e educação para seus filhos. Nos muros das aldeias, apareceram slogans em favor da migração: IR EMBORA PARA TRABALHAR COMO MIGRANTE, VOLTAR PARA CASA PARA DESENVOLVER. O TRABALHO VAI, O DINHEIRO VEM.

A migração está deixando as aldeias sem jovens. Nas áreas rurais de toda a China os que aram e colhem são homens e mulheres mais velhos, incumbidos de gerir a agricultura e cuidar das crianças que ainda estão na escola. O dinheiro mandado para casa pelos migrantes já é a maior fonte de acumulação de riqueza no interior da China. Mas ganhar dinheiro não é o único motivo para que as pessoas migrem. Nas pesquisas, os migrantes consideram "conhecer o mundo", "crescer como pessoa" e "adquirir novas capacitações" tão importante quanto aumentar a renda. Em muitos casos, não é a miséria que tira os migrantes de casa, mas a ociosidade. Os lotes de terra são pequenos e cultivados com facilidade pelos pais; as cidades próximas oferecem poucas oportunidades de emprego. *Eu não tinha o que fazer em casa, e então fui embora.*

★★★

Muito tempo depois Min ainda se lembrava da primeira vez em que foi à feira de empregos, tentando entender seus detalhes, como se fosse um sonho que não era capaz de interpretar. Numa manhã de domingo de fevereiro de 2004, depois de deixar a fábrica de Carrin, ela foi até a feira, onde passou quatro horas. Estava nervosa. Não levava nada consigo. Toda a sua estratégia de procura de emprego podia resumir-se em três palavras: não ambicione muito. Fez entrevistas em meia dúzia de empresas que estava contratando auxiliares de escritório. O auxiliar digitava, atendia o telefone, preenchia formulários, arquivava documentos, recebia visitantes e servia o chá; era a pessoa menos graduada na hierarquia do escritório.

— A gente não ia querer encontrar uma empresa muito exigente — diria ela mais tarde. — Nesse caso, seríamos recusadas e logo perderíamos a confiança.

No estande de uma empresa chamada Yidong Electronic uma funcionária do recrutamento pediu o currículo de Min. Ela nem tinha pensado em prepará-lo. A mulher disse-lhe que escrevesse sua história profissional num formulário. Min nem sequer tinha uma caneta, e a mulher emprestou-lhe uma. E sorriu para ela. "Não sei, não. Ela sorriu para mim. Talvez tenha sido isso." Desse modo, Min muitas vezes voltaria mentalmente àquele dia, tentando entender o mistério do momento em que sua sorte mudou.

A mulher disse a Min que fosse à fábrica para uma segunda entrevista, mas ela não compareceu. O lugar era muito distante. Na sede da Yidong Electronic, contudo, um gerente chamado Li Pengjie examinava as candidaturas e se deteve no currículo de Min, notando que ela tinha boa caligrafia.

Na China tradicional, a caligrafia era um sinal de boa educação. A boa caligrafia demonstrava refinamento e cultura literária; a caligrafia também era capaz de revelar as pequenas fraquezas de caráter de uma pessoa. Li Pengjie tinha em mente algo mais ordinário: precisava de um auxiliar de escritório para cuidar dos arquivos sobre as máquinas da fábrica, e esses arquivos eram escritos à mão. Numa fábrica que produzia conectores e fontes de iluminação para telefones celulares, era essa antiga habilidade a mais importante.

Li Pengjie ligou para o celular do primo de Min — ela ainda não tinha o seu — e pediu que ela comparecesse para uma entrevista que duraria três horas.

Inicialmente, ela foi reprovada no teste do computador. "Todas as outras garotas se saem melhor no computador que você", disse-lhe Li Pengjie.

Em seguida, fez-lhe perguntas sobre sua experiência profissional.

— Nunca fiz esse tipo de trabalho — respondeu ela. — Não tenho experiência.

Ele submeteu-a então a um teste escrito, e ela se saiu bem. Li Pengjie disse a Min que estava contratada, e que seria o seu chefe. E a instruiu a buscar suas coisas, para mudar-se para a fábrica naquele mesmo dia.

A oferta era tão inesperada que Min não sabia o que dizer. Ao levantar-se para deixar o escritório dele, contudo, as palavras de repente lhe vieram à boca.

— Tantas pessoas queriam esse emprego — disse ela ao novo patrão. — Por que me escolheu? Eu não sei nada.

— Você é muito objetiva — disse ele. — E é mais sincera que os outros.

Min começou a trabalhar no dia seguinte como auxiliar de escritório da seção de equipamentos. Sua seção controlava as furadeiras, amoladeiras e revestidores das linhas de montagem onde eram produzidas as peças de um telefone celular. O estado e a história de cada máquina estavam registrados num livro encadernado, como se fosse a ficha médica de um gigantesco paciente mudo. O trabalho de Min consistia em manter esses arquivos em ordem. Em cada quarto dormiam oito operários; a refeição era constituída de arroz, três pratos de carne ou legumes e sopa. A jornada de trabalho era de dez horas diárias, às vezes com direito a uma folga no sábado ou domingo. Min ganhava 800 iuanes por mês — cem dólares, o dobro do salário base na fábrica em que trabalhara antes.

ENCONTREI MIN PELA PRIMEIRA VEZ três semanas depois. Nascida em 1986, ela era baixa e atarracada, com cabelos encaracolados e olhos escuros e alertas que nada deixavam escapar. Como tantos jovens do interior da China, parecia ainda mais moça do que realmente era. Poderia ter 15 anos, ou 14 ou até 12 — uma menina levada de calças cargo e tênis, esperando impacientemente a hora de crescer. Tinha um rosto de criança. Era redondo e aberto para o mundo, com o ar de expectativa perseverante às vezes ostentado pelos rostos infantis.

Encontramo-nos no apartamento de uma mulher chamada Lin Xue, que escrevia artigos para uma revista local voltada para o público de migrantes. Eu dissera a Lin Xue que pretendia escrever sobre as jovens migrantes para o *Wall Street Journal*; sua irmã mais nova trabalhava numa fábrica e convidou Min, que era sua colega — na época, eu me encontrava com muitas migrantes, e já conhecia a história de Min.

—Venho de uma aldeia rural em Hubei, e sou a segunda de cinco irmãos — disse-me ela. — Nossos pais são agricultores. Nossas condições de vida não são boas. Eu fui embora com minha irmã mais velha, que foi trabalhar em Shenzhen. Queríamos trabalhar no mesmo lugar, mas não foi possível.

Ela fez uma pausa dramática.

— Por quê? — perguntei.

— Porque estamos sempre brigando — disse ela, rindo.

Min conversava sobre qualquer assunto; ao contrário da maioria dos chineses que eu conheço, não deixava a menor dúvida de que gostava de contar sua história. E se mostrava tão curiosa a meu respeito quanto eu a respeito dela: fora ao apartamento de Lin Xue naquele dia porque "queria ver como é uma americana", segundo me confidenciaria mais tarde. Minha única preocupação era que já estivesse com a vida assentada: dispondo de um emprego estável num escritório, talvez já tivesse deixado para trás os grandes dramas de sua vida. Mas a verdade é que não precisava me preocupar neste sentido.

No dia em que nos conhecemos, Min contou-me os planos que traçara para sua vida. Trabalharia na cidade durante sete anos, mandando dinheiro para casa para ressarcir os pais por a terem criado; refletia-se aí a tradicional visão chinesa de que as crianças devem ser gratas aos pais pela dádiva da vida. Ao completar 23 anos, com a dívida saldada, Min voltaria para sua cidade e procuraria alguém para casar.

Ela estava de bom humor naquele dia. Tinha "saído da fábrica", como dizem os migrantes, atravessando a linha divisória de classe entre os que trabalham com as mãos e os que trabalham com a cabeça. "Deus ainda é justo", disse ela. "Permitiu que eu ficasse muito cansada durante um ano, mas agora me concede um novo começo." Ela acabara de completar 18 anos e já sabia o que eram recomeços.

2

A CIDADE

Longas jornadas têm fim na ferroviária de Cantão (Guangzhu), onde os passageiros desembarcam dos trens depois de percursos que podem ter durado 20, 30 ou até 50 horas. São na maioria jovens e chegam sozinhos, arrastando uma mala, uma mochila ou um grosso saco de aniagem normalmente usado para armazenar arroz. A enorme praça em frente à estação está sempre cheia de viajantes, e a primeira coisa que ouvimos é o locutor chamando pelo alto-falante pessoas que, mal chegaram, já se perderam. *Alguém de Henan, seu irmão o está procurando. Mulher do irmão mais velho, encontrar no portão de saída.* BEM-VINDO À LINDA CIDADE DAS FLORES. Uma empresa de ônibus oferece passeios. Mas a cidade não parece bonita, nem se encontram flores nela.

Subindo-se uma rampa íngreme, do outro lado de um viaduto, encontra-se a estação rodoviária, de onde a cada dez minutos passa o expresso para Dongguan, a 48 quilômetros de distância. O ônibus está lotado, cheirando a suor e roupas que há muito não saem do corpo, nem mesmo para dormir — o cheiro dos migrantes.

O ônibus percorre a autoestrada elevada e as fábricas vão surgindo lá embaixo: gráficas, fábricas de tinta e plástico, fábricas de telefones celulares, parafusos e sofás. Os prédios, com suas fachadas de azulejos brancos, parecem enormes banheiros públicos; ao lado deles ficam os dormitórios dos operários, com as sacadas cheias de roupas para secar. As fábricas chinesas são batizadas com nomes evocativos de associações auspiciosas, e o percurso é um passeio pela virtude e a fortuna a 100 km/h: AR-CONDICIONADO ALTO

REFINAMENTO. VESTUÁRIO DA ETERNA SINCERIDADE. COMPANHIA DE ZÍPER DA NOVA ERA.

Duas décadas depois da construção das primeiras fábricas o desenvolvimento ainda cheira a novidade. As entranhas de uma montanha estão à mostra, cruas e avermelhadas, nos pontos em que a superfície foi rasgada; rampas de saída da autoestrada mergulham em campos de relva pantanosa. O prédio novinho em folha da sede de uma empresa dá para uma zona de plantações de arroz, viveiros de peixes e fazendas de criação de pato; milagrosamente, ainda há agricultores trabalhando aqui. No século XVII, os colonos transformaram as planícies inundadas do delta do rio Pérola numa das regiões mais férteis da China, abastecendo o país de peixes, legumes e arroz e exportando seda para a Europa. Hoje, na terra da industrialização a todo o vapor, são esses vislumbres de natureza que parecem destoar. Os agricultores são em sua maioria migrantes, os últimos dos últimos, pois viajaram 1.500 quilômetros e ainda assim não deixaram a fazenda para trás.

O ônibus diminui a velocidade ao se aproximar da saída para Dongguan, e agora as fábricas surgem mais próximas. Grandes faixas de pano vermelho se estendem nas fachadas dos prédios, abrindo seus desconjuntados sorrisos de boas-vindas: PRECISAMOS DE TRABALHADORAS EXPERIENTES. No portão de uma das fábricas migrantes reunidos contemplam como que hipnotizados uma convocação de mão de obra: COMPARECER 1H30 TODA TARDE NO PORTÃO LATERAL. Uma empresa chamada Jobhop Limitada busca trabalhadores. O ônibus passa por outro gigantesco canteiro de obras — não, é a estação ferroviária —, e os passageiros saltam.

A melhor maneira de entender a cidade de Dongguan é caminhar por ela. Arranha-céus do setor bancário, com suas fachadas espelhadas, convivem com lojas de peças de motocicletas, tubos de plástico e serviços odontológicos. As avenidas têm dez pistas, autoestradas de alta velocidade no lugar das ruas habituais de uma paisagem urbana. Os migrantes caminham pelo acostamento carregando malas ou sacos de dormir, ameaçados pelos ônibus e caminhões que vêm por trás. Por toda parte, construção e movimento, britadeiras e motocicletas, perfuratrizes e poeira; no nível da rua, o barulho é ensurdecedor. As ruas são amplas e bem pavimentadas, mas não existem sinais nem faixas de cruzamento para os pedestres. É uma cidade construída para as máquinas, não para gente.

Os escritórios da burocracia governamental encontrados em praticamente todo quarteirão das outras cidades chinesas não são vistos por aqui. Motociclistas abordam pedestres, oferecendo corridas de táxi, todos ilegais. Diplomas de ensino médio falsificados são vendidos nas esquinas. Em Dongguan há uma loja falsa da IKEA,* uma cadeia de lanchonetes batizada de "McKFC"** e um prédio de dez andares que adotou o nome de Hotel Haiyatt,*** com um saguão de mármore e uma atitude decididamente permissiva no que diz respeito à violação das normas de copyright ("Nós temos um 'i' em nosso nome, e eles não", explica uma jovem na recepção). A cidade é dividida em trinta e dois distritos, cada um deles especializado em algum tipo de produção. Chang'an produz componentes eletrônicos, Dalang é famoso pelos suéteres e Houjie fabrica calçados. A Samsung e a Pioneer têm fábricas em Liaobu; Nancheng abriga a maior fábrica mundial de celulares Nokia. Todo o café instantâneo Nescafé consumido na China é processado numa fábrica no centro de Dongguan. As fábricas são, ao mesmo tempo, as paradas de ônibus, os monumentos e os marcos da cidade, e tudo existe para servi-las. A mesma rodoviária de Dongguan é a mais densa do país, e, apesar disso, está constantemente se expandindo, na esperança de acelerar o fornecimento de produtos ao mundo inteiro. Hotéis de luxo e campos de golfe atraem clientes das fábricas. Compradores do mundo inteiro hospedam-se no Sheraton Dongguan Hotel, que fornece aos hóspedes uma lista dos pontos que precisarão visitar:

CENTRO INTERNACIONAL DE EXPOSIÇÕES DE GUANGDONG

CENTRO INTERNACIONAL DE EXPOSIÇÕES DE DONGGUAN

MUSEU DA GUERRA DO ÓPIO

QUEBRA-MAR DE TAI PING

WAL-MART

CARREFOUR

PARK 'N' SHOP

HARBOUR PLAZA GOLF CLUB

HILLVIEW GOLF CLUB

LONG ISLAND GOLF CLUB

---

* Multinacional de origem sueca do setor de móveis e decoração. (*N. do T.*)

** Contrafação misturando os nomes de duas marcas americanas famosas: McDonald's e KFC (Kentucky Fried Chicken). (*N. do T.*)

*** Outra contrafação, da multinacional hoteleira americana Hyatt Hotels. (*N. do T.*)

Ninguém sabe ao certo quantas pessoas vivem na cidade. Segundo a Prefeitura municipal, Dongguan tem 1 milhão e 700 mil habitantes permanentes e quase 7 milhões de migrantes, mas poucos acreditam nesses dados oficiais, e correm soltas as especulações sobre a verdadeira população da cidade: *Dongguan tem 8 milhões de migrantes. Um milhão de migrantes chega anualmente a Dongguan. Dongguan tem 10 milhões de migrantes, mas reconhece oficialmente apenas 7 milhões para evitar o pagamento de impostos mais elevados.* O prefeito talvez saiba mais, porém não se dispõe a dizer: "A população de Dongguan é muito maior que a reconhecida oficialmente", declarou aos jornalistas numa conferência realizada em 2005. Sua estimativa pessoal — "moderada", em suas próprias palavras — era de mais de 10 milhões.

Dongguan não está pronta, é uma cidade em que tudo se transforma em alguma outra coisa. Numa calçada, há uma enorme pilha de pedras para construção embaixo de um cartaz prometendo PRÉDIOS DE ESCRITÓRIOS COMO VERDADEIROS PALACETES DE ESTILO EUROPEU. O bairro comercial, no Centro, é salpicado de canteiros de obras. Na zona leste vai surgindo um novo centro, que um dia abrigará repartições públicas, uma biblioteca, um museu científico e um teatro. Por enquanto, os amplos bulevares da região não veem passar carros, e seus centros comerciais contornados por gramados continuam mergulhados no silêncio, com suas cercas vivas recortadas em impecáveis desenhos geométricos. O lema de Dongguan é: "Um largo passo a cada ano, uma nova cidade em cinco anos."

A invenção de uma nova vida é ainda mais rápida. Algumas aulas de informática podem projetar alguém em outra classe social, e uma manhã numa feira de empregos basta para fazer deslanchar uma nova carreira. Vinte iuanes num estúdio de fotografia compram um pacote de instantâneos, contra o pano de fundo de um cenário pintado de cercas de madeira ou jardins simétricos; as fotos são mandadas para casa, dadas aos amigos ou afixadas na parede do dormitório, para lembrar que a pessoa retratada já é alguém diferente. Nos muros da cidade, lado a lado com os anúncios de oportunidades de trabalho e de clínicas de tratamento de sífilis, encontram-se os avisos sobre desaparecidos. ELE SAIU DE CASA HÁ CINCO ANOS, PELE ESCURA, ROSTO MARCADO PELA VARÍOLA, FALA DEPRESSA, GOSTA DE VIDEOGAMES. Os avisos são afixados por parentes em busca de entes queridos que desapareceram no enorme ventre da cidade.

Nos fins de semana Dongguan é ocupada por adolescentes, o que confere a seus parques e praças o ar de um grande colégio a céu aberto. Bandos de garotas passam usando seus *tops* com babados e seus jeans apertados, os braços nos ombros umas das outras. Os rapazes se deslocam em grupos menores, com as mangas das camisas de seus uniformes arregaçadas. Os casais se exibem à parte: elas cheias do orgulho da posse, eles, distraídos e importantes. Nas manhãs de segunda-feira, os parques e as praças de Dongguan ficam terrivelmente vazios. As longas avenidas de fábricas mostram apenas suas fachadas inexpressivas ao mundo, depois de devorarem os bandos de moças e rapazes. A indústria não requer movimento e atividade, mas o seu oposto: rua após rua, ouve-se apenas o silêncio.

À noite, as fábricas à beira das autoestradas são iluminadas. Prestando atenção, podemos às vezes enxergar sombras movimentando-se perto de uma janela, vacilantes como vaga-lumes: enquanto houver luz, haverá alguém trabalhando. Cada fileira de janelas emitindo uma luz azulada no escuro representa uma única fábrica: cada uma delas se destaca da seguinte, como grandes transatlânticos no mar. À distância, tem a sua beleza.

As garotas estavam fora de casa havia vinte dias, tão novas na cidade que nem sabiam quem era o dono da fábrica em que trabalhavam. Não traziam nada: nem bebidas, nem sacos plásticos com frutas ou lanches. Simplesmente se sentaram sob o sol escaldante na praça pública de um bairro de Dongguan conhecido por suas pequenas fábricas de calçados.

Elas se chamavam Tian Yongxia e Zhang Dali. Tinham 16 anos e saíam de casa pela primeira vez. Haviam deixado sua aldeia rural na província de Henan no nono dia do Ano-novo lunar, considerado um momento propício para a partida. Uma garota de sua aldeia trabalhava numa fábrica do bairro por 800 iuanes por mês, e elas queriam a mesma coisa. Cada uma delas pagou 400 iuanes, o equivalente a cerca de 50 dólares, a um casal que lhes prometeu empregos nas fábricas e as conduziu numa viagem de três dias de ônibus. Mas quando elas chegaram à cidade não havia empregos, e o casal desapareceu.

As duas passaram quatro noites na estação rodoviária e finalmente conseguiram entrar em contato com alguém de sua cidade, que lhes conseguiu trabalho numa fábrica de produtos eletrônicos por 300 iuanes por mês. Era um salário muito baixo, mas elas não estavam em condições de negociar. "Àquela altura, eu queria entrar para uma fábrica simplesmente para conseguir uma boa noite de sono", disse Yongxia, que sorria muito, com seu rosto largo e os olhos pequenos. Era ela que falava mais. Dali era mais magra e mais bonitinha, com traços delicados e dentes irregulares.

As garotas logo aprenderam a hierarquia da vida na fábrica, sabendo perfeitamente que estavam lá embaixo. Os trabalhadores que haviam entrado no ano anterior olhavam de cima para baixo para os novatos e não falavam com eles. O local onde trabalhavam era uma pequena subsidiária, que pagava menos, mas para trabalhar na fábrica principal de uma empresa eram necessários uma qualificação e um documento de identidade; elas entraram para a fábrica com identidades falsas porque ainda não haviam solicitado as suas. A linha de montagem funcionava oito horas por dia, com folgas nos fins de semana, o que também era ruim, pois fazendo horas extras elas ganhariam mais. As fábricas de calçados pagavam mais, porém eram conhecidas por jornadas de trabalho extremamente longas, e as garotas estavam sempre se perguntando se o dinheiro a mais compensaria a exaustão. Logo depois de chegarem à fábrica, Yongxia e Dali começaram a pensar numa maneira de sair.

Antes de sair de casa, as duas tinham feito um pacto: se o emprego na primeira fábrica não desse certo, elas voltariam direto para casa. Mas, mesmo com os problemas no primeiro emprego, elas continuaram. Tinham-se transferido para a cidade, e já haviam mudado.

CONHECI YONGXIA E DALI no meu segundo dia na cidade. Era uma manhã quente de fevereiro, o céu estava de um branco lúgubre, e o ar, empesteado com o calor e o escapamento das motos; no delta do rio Pérola, o verão começaria dali a um mês. Levei as meninas a uma lanchonete e pedi Coca-Cola. Elas bebiam educadamente pelo canudo enquanto me contavam como saíram de casa.

Expliquei que era repórter do *Wall Street Journal*. Yongxia não se cansava de examinar meu cartão de visita, intrigada com aquele estranho endereço em Pequim.

— Podemos escrever-lhe cartas? — perguntou de repente. — Estamos com saudades de nossas mães. Sentimo-nos muito sós.

Pela janela da lanchonete uma delas viu alguma coisa lá fora. As duas se levantaram e desapareceram, como um par de pássaros assustados.

— Desculpe, precisamos ir.

Corri atrás delas. Estavam mais adiante na mesma calçada, conversando com outra menina: a felizarda, a que havia deixado sua aldeia no ano anterior, e ganhava agora 800 iuanes por mês. Ela estava indo para algum lugar, e as duas dessa vez não a deixariam partir.

Pedi a Yongxia o número de telefone do seu dormitório, mas ela era tão nova no emprego, que ainda não o sabia. Prometeu escrever-me uma carta. Decidimos voltar a nos ver duas semanas depois, no mesmo ponto da praça em que nos encontráramos naquela manhã. E então elas desapareceram. Tinham 16 anos, à solta numa das mais caóticas cidades do grande *boom* chinês, cuidando de si mesmas sem nenhum adulto à vista. Eram presa fácil para todo tipo de vigarista, tomando decisões importantes para sua vida com base nas mais precárias informações. Sentiam falta da mãe. Mas também estavam se divertindo como nunca.

PEGUEI UM AVIÃO EM PEQUIM duas semanas depois para esperá-las na praça. Tínhamos marcado o encontro para as dez horas, mas elas podiam ter muitos motivos para não aparecer. Talvez tivessem conseguido empregos melhores, com horas extras, e não pudessem afastar-se. Poderiam ter chegado à conclusão de que eu não merecia confiança. Ou, simplesmente, haviam esquecido ou tinham algo mais interessante a fazer; talvez até tivessem entrado para o rol dos desaparecidos. Por que haveriam de aparecer? Minha única esperança decorria de algo que Yongxia dissera: *Sentimo-nos muito sós*.

Esperei até quase o meio-dia. A essa altura já sabia que não viriam, mas também sabia que, uma vez que me afastasse da praça, nunca mais voltaria a vê-las. Eram garotas de 16 anos da província de Henan; era tudo o que eu sabia a seu respeito, além dos nomes. Com seus *tops* de babados, jeans e seus rabos de cavalo, eram parecidas com milhões de outras jovens que chegavam a Dongguan de algum outro lugar. Eu não conseguia me acostumar à ideia de encontrar ninguém mais naquele dia. Vaguei durante horas debaixo do sol quente, olhando as pessoas e tentando me convencer a não abordá-las, pelos motivos mais fúteis. Se estivessem em grupo, a conversa poderia ser difícil; se estivessem comendo ou bebendo, é que estavam muito bem de vida. A visão de tantas garotas que eu nunca viria a conhecer era paralisante: parecia inconcebível que alguma história individual tivesse realmente importância.

Nos meses seguintes, sempre que vinha à cidade, eu observava os rostos das mocinhas que passavam na rua, esperando encontrar Yongxia e Dali novamente. Muitas se voltavam, apreensivas, curiosas ou desafiadoras. Existem milhões de jovens, e cada uma delas tem uma história que merece ser conhecida. Precisava olhá-las no rosto para começar.

FUI A DONGGUAN PELA PRIMEIRA vez naquele mês de fevereiro de 2004. A migração já era um fenômeno na China há duas décadas, e a maioria dos jornais estrangeiros, entre eles o *Wall Street Journal*, tinha publicado matérias sobre as duras condições de trabalho nas fábricas. Eu queria escrever sobre outra coisa: o que os próprios operários pensavam da migração. Estava particularmente interessada nas mulheres, que aparentemente tinham mais a ganhar deixando suas aldeias, mas talvez também mais a perder. As linhas de montagem de Dongguan, uma das maiores cidades industriais da China, atraíam particularmente os mais jovens e menos qualificados, e se estimava que 70% de seus operários eram do sexo feminino. Parecia um bom lugar para começar.

Nos dois anos subsequentes, todo mês eu passava uma semana ou duas em Dongguan. Fiquei conhecendo bem algumas jovens e conheci muitas outras que me contaram suas histórias e desapareceram, como as duas garotas da praça, que nunca mais voltei a encontrar. Sua tolerância ao risco era impressionante. Quando não gostavam de uma fábrica ou de um chefe ou colega, pulavam para outro lugar sem nunca olhar para trás, e quando me contavam suas histórias, havia sempre lapsos de tempo sem explicação, referentes a períodos de trabalho em fábricas de que não se lembravam mais. Nas cidades de origem, os pais tinham apenas uma ideia muito vaga do que as filhas estavam fazendo. Para as garotas da fábrica, a vida era um presente perpétuo, que parecia imensamente libertador, mas também inquietante. Conseguir vencer na cidade significava cortar laços com tudo o que conheciam.

As jovens de que me tornei mais próxima tinham algo em comum: entendiam o caráter dramático de suas histórias e o motivo de eu querer informar-me sobre elas. Acho que também me entendiam, mais do que eu poderia esperar. Eu vinha dos Estados Unidos e tinha frequentado uma faculdade; em termos de educação e classe social, estava a um milhão de quilômetros delas. Mas eu sabia como era sentir-se só, como mulher solteira, numa cidade grande. Também era molestada pelos homens chineses, enganada pelos motoristas de ônibus, ouvia gritos dos policiais; também tinha meus dilemas afetivos e pais preocupados porque eu ainda estou solteira. Quando me casei, na primavera de 2006, uma das migrantes que mais me conheciam surpreendeu-me.

— Sua mãe deve estar muito feliz — foi seu primeiro comentário. — Tenho a impressão de que ela é como os chineses tradicionais.

Talvez meu vínculo mais forte com as moças fosse este, de que não tinham conhecimento: eu também havia saído de casa. Depois de concluir a faculdade nos Estados Unidos, mudei-me para Praga, na Tchecoslováquia. Morei no exterior durante quinze anos, voltando para visitar a família de dois em dois anos, como faziam os migrantes. Durante muito tempo resisti à influência da China. Na faculdade, evitava contato com as organizações de descendentes de chineses e frequentei aulas de língua chinesa apenas durante um período; formei-me em história e literatura americanas e escolhi como tema de minha monografia de graduação os romances de Larry McMurtry passados no Oeste americano. Em Praga, escrevia matérias sobre a política e a sociedade tchecas para um jornal de expatriados. Certo dia, no inverno de 1992, um casal de chineses que arrastava as malas pela calçada lamacenta pediu-me informações em mandarim. Esperei um bom tempo antes de responder na língua deles, cheia de raiva, como se estivessem me obrigando a voltar a um mundo que havia deixado para trás.

Inicialmente, meu interesse pela China foi pragmático: no começo da década de 1990, a pujança de sua economia começou a atrair a atenção mundial, e de repente o fato de ser fluente na língua chinesa tornou-se um trunfo. Fui para Hong Kong em 1993, trabalhar como repórter para o *Wall Street Journal*, e pela primeira vez na vida li livros sobre a história chinesa, o que acabou se tornando um interesse exclusivo; a China sempre me pareceu aquela prova para a qual eu não estudava direito. Quando me mudei para Taiwan, dois anos depois, as pessoas frequentemente me perguntavam em que ano tinha feito *chuqu*: ido embora para os Estados Unidos — com seu pressuposto de que todas as pessoas do mundo tinham nascido na nação chinesa. Mais tarde, depois de me mudar para a China, frequentemente ouvi a mesma pergunta. Era em coisas assim que Taiwan e a China, que até recentemente estavam oficialmente em guerra, se assemelhavam mais do que supunham.

Uma das primeiras coisas que a maioria dos americanos de origem chinesa faz quando vai à China é visitar as cidades dos seus antepassados, mas durante doze anos eu vivi em Hong Kong, em Taiwan e na China sem fazer essa peregrinação. Receava não estar preparada para entender o que encontraria na aldeia da minha família; secretamente, temia que não significasse absolutamente nada para mim. De qualquer maneira, entendia as garotas da fábrica quando falavam de seus sentimentos complicados em relação à família.

AS JOVENS DO INTERIOR me ensinaram a entender a cidade. Foi com elas que aprendi quais fábricas eram bem-administradas; sem nunca deixar Dongguan, essas trabalhadoras tinham entendido a hierarquia global das nações. Os patrões americanos e europeus tratavam os empregados melhor, seguidos pelos empresários japoneses, coreanos, de Hong Kong e de Taiwan. As fábricas chinesas eram as piores, pois "sempre entram em falência", segundo me explicou uma migrante. Elas também sabiam quando estavam para ocorrer grandes mudanças políticas: no início de 2005, algumas trabalhadoras me disseram que o salário mínimo aumentaria, pouco antes do anúncio oficial.

Muitas coisas que eu lera sobre os migrantes chineses não eram verdade. Eles já não temiam ser apanhados pela polícia; àquela altura, eram simplesmente ignorados pelas autoridades. A discriminação dos moradores da cidade não chegava a ser um problema, pois os migrantes quase nunca os encontravam. E fiquei surpresa ao constatar que era alto o índice de ascensão no emprego. Quase todas as pessoas mais graduadas que conheci nas fábricas tinham começado na linha de montagem.

Essas jovens não pareciam destinadas a retornar ao campo, pois nunca haviam trabalhado na agricultura. Muitas vezes não sabiam que extensões de terra sua família tinha ou quando começava a época do plantio. Meus pressupostos vinham de estudos sobre os trabalhadores migrantes chineses realizados na metade da década de 1990; quase uma década mais tarde, esse mundo mudara radicalmente, mas tudo acontecia depressa demais, e não ficava registrado no papel.

Passei a gostar de Dongguan, que parecia uma manifestação perversa do que havia de mais radical na China. Materialismo, degradação ambiental, corrupção, tráfego, poluição, barulho, prostituição, maus motoristas, imediatismo, estresse, luta e caos: se alguma coisa era possível ali, seria possível em qualquer lugar. Fiz tudo o que estava ao meu alcance para me adaptar. No almoço, comia tigelas de talharim a 25 centavos e andava o tempo todo de ônibus. Com minhas sandálias e jeans, vestia-me com mais simplicidade que muitas migrantes que usavam blusas rendadas e saltos altos para sair. Eu era invisível em Dongguan, e também gostava disso. Em outros lugares da China, alguém que ficasse observando estranhos e fazendo anotações podia atrair a atenção; aqui, as pessoas estavam preocupadas demais com seus problemas para prestar atenção em mim. Só uma vez alguém interferiu. Eu estava na feira de empregos, copiando instruções de um aviso afixado na parede. Um guarda perguntou-me o que estava fazendo. Disse-lhe que estava praticando meu inglês, e ele me deixou em paz.

Dongguan é invisível para o mundo lá fora. A maioria de meus amigos de Pequim tinha passado pela cidade, mas só se lembrava — com um calafrio — das intermináveis fábricas e das prostitutas. Eu tinha dado de cara com aquele mundo secreto, que compartilhava com 6 milhões, ou 8 milhões, ou talvez 10 milhões de pessoas. Viver em Dongguan era como chegar à cidade pela primeira vez, cortando a autoestrada a 100km/h, com o cenário passando rápido demais para ser registrado. Dongguan era um lugar sem memória.

Dongguan também era uma cidade de contradições, pois foi nela que começou a moderna história chinesa. No século XIX, o tráfico de ópio promovido pelos britânicos devastou o país e drenou o tesouro chinês. No verão de 1839, um comissário da dinastia Qing chamado Lin Zexu ordenou a incineração em público de 20 mil caixas de ópio no porto de Humen, em Dongguan. O ato deu início à Primeira Guerra do Ópio entre os dois países, cujos combates se desenrolaram na província de Guangdong e que terminou tão logo os navios de guerra britânicos se impuseram às forças chinesas. Pelo Tratado de Nanquim, Hong Kong era cedida à Grã-Bretanha, forçava-se a abertura dos portos chineses ao comércio internacional e os países estrangeiros passaram a ter, na China, privilégios comerciais e legais sem precedentes. Na história ensinada nas escolas chinesas, a incineração de ópio em Humen deu início à era moderna: derrota das potências estrangeiras, seguida do colapso da dinastia Qing, revolução, guerra e vitória dos comunistas em 1949.

Mas havia outra história sobre esse lugar. No outono de 1978, a Taiping, uma fábrica de bolsas de Hong Kong, foi a primeira fábrica estrangeira em Dongguan. Em seu primeiro ano de atividades, faturou um milhão de dólares de Hong Kong. A fábrica processava a matéria-prima de Hong Kong, transformando-a em produto final, que era embarcado de volta a Hong Kong a fim de ser exportado para o mundo inteiro. Estava estabelecido o modelo então seguido por milhares de fábricas.

Dois anos depois da inauguração da Taiping a China criou quatro "zonas econômicas especiais" para experimentar algumas práticas de livre comércio, como investimentos estrangeiros e incentivos fiscais. A maior dessas zonas era Shenzhen, cerca de 80 quilômetros ao sul de Dongguan, que rapidamente haveria de se tornar símbolo de uma China sempre aberta ao mundo dos negócios. Shenzhen era uma cidade-vitrine planejada, criada por dirigentes em Pequim e apoiada pelos ministérios governamentais e as estatais comandadas por eles.

Dongguan era diferente. Não surgiu por decreto de ninguém; simplesmente cresceu. Enquanto Shenzhen voltava-se para a tecnologia avançada e a inovação, Dongguan ficou com o que estava ao seu alcance: fábricas de Hong Kong e Taiwan, cuja linha de montagem não dependia de muita tecnologia, e que produziam roupas, brinquedos e calçados. Precisavam apenas de terrenos e mão de obra baratos, além de autoridades locais dispostas a deixá-las em paz. O que inicialmente construíram não podia ser chamado de indústria moderna. Muitas das primeiras fábricas eram casas de dois ou três andares nas quais os trabalhadores sentavam-se em mesas, cinquenta em cada sala, desempenhando funções simples, como costurar roupas para animais empalhados ou aplicar cabelo artificial em bonecas. Algumas funcionavam em estruturas improvisadas feitas de chapas metálicas, porque seus proprietários não queriam arcar com os custos de uma construção.

No início, não havia linha de trem proveniente de Hong Kong. Os empresários viajavam para a fronteira da colônia britânica com Shenzhen, atravessavam a pé e tomavam um táxi até sua fábrica em Dongguan, do outro lado, passando no caminho por propriedades rurais. "Não havia rodovias por aqui, nem carros, aparelhos de tevê ou mesmo cortinas", recordaria Allen Lee, executivo de uma fábrica de calçados de Taiwan que se mudou para a cidade em 1989: "Não se podia comprar esse tipo de coisa aqui", lembra ele. Em junho de 1989, ele fez um percurso de quarenta minutos de bicicleta para ver pela televisão as notícias sobre os tiros disparados contra os manifestantes na Praça Tiananmen.

A oferta local de mão de obra logo estaria esgotada, e os migrantes de províncias vizinhas começaram a chegar. Lin Xue, uma conhecida que escrevia para uma revista de migrantes, chegara a Dongguan em 1990, procedente da região rural de Sichuan. "Chegamos aqui completamente às escuras", contou-me. "Se eu visse alguém vendendo passagens, perguntava: 'Essa passagem é para onde?' E nós fazíamos o que ele dizia." Lin Xue conseguiu emprego numa fábrica que pagava 70 iuanes por mês, e sua irmã mais moça prensava compensados numa madeireira.

Na década de 1990, a cidade passou a fabricar produtos eletrônicos e peças de computador. Hoje Dongguan responde por 40% da produção mundial de cabeçotes magnéticos usados em computadores e por 30% dos discos rígidos. Nas duas últimas décadas, o crescimento econômico médio foi de 15% ao ano. Certas coisas não mudaram. Os migrantes continuam chegando. As fábricas de mão de obra intensiva ainda são maioria, e embora seus produtos tenham se sofisticado, isso não aconteceu com o trabalho. Ainda se encontram muitos prédios de apartamentos em que os trabalhadores sentam-se diante de mesas para executar tarefas simples com as mãos.

Dongguan era, portanto, um lugar com versões conflitantes sobre seu passado: de um lado, a altissonante rejeição da presença estrangeira na China; de outro, sua entusiasmada aceitação. Todo estudante chinês lê sobre a incineração do ópio. Entretanto, a partir da Fábrica de Bolsas Taiping, que não aparece em nenhum manual ou livro-texto, eu poderia traçar uma linha direta até qualquer pessoa que tenha conhecido em Dongguan — dos migrantes que estudavam Microsoft Word aos gurus de autoajuda, passando pelos vendedores de Mercedes, que me disseram que Dongguan era o lugar em que mais se vendiam os modelos mais caros, pois "trata-se de um excelente produto para melhorar a imagem de um patrão". Para todos eles, a história moderna começou com a fábrica de bolsas.

Passei meses sem encontrar um nativo de Dongguan. O mundo da fábrica, dos principais gerentes à linha de montagem, era domínio exclusivo de migrantes, embora às vezes o chefão fosse de Hong Kong ou de Taiwan. Os habitantes naturais da cidade falavam o dialeto cantonês, mas o mundo da fábrica funcionava no dialeto mandarim oficial, pois era a única maneira de permitir que pessoas de diferentes províncias se entendessem. Os migrantes não tinham os habitantes locais em muito alta conta: eram agricultores com baixa escolaridade que ganhavam a vida arrendando suas terras às fábricas, e não seriam capazes de sobreviver por um dia no exigente ambiente da fábrica.

"É um desprezo mútuo", disse minha amiga Lin Xue, referindo-se às relações entre os habitantes locais e os migrantes.

Seis meses depois de ter começado a visitar Dongguan, entrevistei o vice-prefeito. Seu nome era Zhang Shunguang, um nativo de Dongguan: o primeiro que eu encontrava. Encontramo-nos na grande recepção de um prédio da Prefeitura e bebemos chá em minúsculos copinhos de papel. Acorreram também vários assessores seus, conversando em cantonês. Eu nunca tinha conhecido uma pessoa nativa de Dongguan, e lá estavam todas elas, no governo.

— A senhora fala cantonês? — perguntou-me um dos assessores.

— Lamento, mas não falo — respondi. Nunca ninguém na cidade me tinha feito essa pergunta até então.

— É a sua primeira visita a Dongguan?

— Não, já estive aqui muitas vezes.

— Oh!, e eram viagens secretas?

— O senhor considera um segredo tudo aquilo que desconhece?

Já não gostávamos um do outro. No meio da entrevista, olhei para o assessor e ele me encarou com um olhar vazio. A jovem ao seu lado caíra no sono. A expressão *desprezo mútuo* me veio à mente.

A entrevista foi útil: se não tivesse visto por mim mesma, nunca teria acreditado que o governo ignorava tão completamente os migrantes. O vice-prefeito não tinha uma estatística precisa da população de migrantes: isso cabia ao censo nacional, não ao seu Departamento. Ele reconheceu que o governo local carecia dos recursos necessários para fiscalizar as condições de trabalho nas fábricas.

— Se eu inspecionasse uma fábrica por dia — disse —, precisaria de cinquenta anos para inspecionar todas elas. Temos, portanto, de confiar na autorregulamentação das próprias empresas.

O vice-prefeito passou então a discorrer sobre um plano para "qualificar a população de Dongguan", mas esse empreendimento excluiria os migrantes. Como todas as pessoas da cidade, ele sentia um automático desprezo pelos *waidiren*, os forasteiros, expressão habitualmente usada para designar os migrantes. "Os migrantes são pouco qualificados", prosseguiu ele, "mas isto é responsabilidade das empresas. Elas deviam promover cursos para os trabalhadores".

Perguntei ao vice-prefeito por que não havia nativos de Dongguan nas fábricas, nem mesmo nos escalões mais altos, e ele contradisse sem pestanejar o que acabara de dizer.

— Os que vêm de fora têm mais qualificação e recebem salários mais baixos.

Depois da entrevista, o vice-prefeito apertou minha mão e elogiou meu conhecimento da cidade. Não disse a ele que minhas informantes eram todas adolescentes, migrantes pouco qualificadas, que recebiam salários ainda mais baixos.

DEPOIS DE UM ANO visitando a cidade aluguei uma quitinete no centro por 160 dólares mensais. O condomínio, de muitos andares, chamava-se Dongguan City Holiday, e tinha como público-alvo mulheres solteiras; por toda a cidade, cartazes rosa-choque ofereciam as maravilhas da CASA INDIVIDUAL, GLÓRIA INDIVIDUAL. Imaginei que encontraria muitas jovens e poderia ouvir suas histórias, mas ninguém jamais me dirigiu a palavra nos corredores e elevadores e eu nunca vi nem uma única pessoa nos espaços comuns. Estavam todos ocupados demais com as próprias vidas para se preocupar com a dos outros. Foi nos quadros de aviso do condomínio que consegui as melhores informações sobre uma comunidade ameaçada por pequenos delitos e cercada de obras.

PARA CONVENIÊNCIA DOS MORADORES, AS OBRAS DE REFORMA SERÃO INTERROMPIDAS NO DIA 1º DE JANEIRO. SERÃO RETOMADAS NO DIA 2 DE JANEIRO.

QUANDO BATEREM À SUA PORTA, ABRA SOMENTE DEPOIS DE CONFIRMAR A IDENTIDADE DA PESSOA.

AS PESSOAS QUE TIVEREM INFORMAÇÕES SOBRE A QUADRILHA DE LADRÕES DA ÁREA DE NANCHENG DEVEM ENTRAR EM CONTATO COM A POLÍCIA.

Originária da região rural de Guangdong, minha senhoria tinha se mudado para a cidade anos antes. Nos dias em que ia receber o aluguel, costumava aparecer no meu apartamento de camisola cor-de-rosa e chinelos, e certa vez a ouvi mandar o marido "à puta que o pariu" pelo telefone, porque ele acabava de dizer-lhe que voltaria tarde de uma viagem de negócios. À noite, ela trabalhava como vendedora em um hotel. Eu me perguntava que vendas eram essas, que precisavam ser feitas entre meia-noite e seis horas da manhã, mas nunca tive coragem para indagar. Minha senhoria tinha um jeito muito próprio de se esquivar de perguntas.

— Como foi que teve dois filhos? — perguntei-lhe certa vez. No meio urbano, a maioria das famílias tinha apenas um filho.

— Como você acha que eu tive dois filhos? — respondeu ela.

As oportunidades comerciais nas vizinhanças do meu apartamento estavam em constante mutação. No dia em que me mudei, fiquei animada com o cartaz anunciando PIZZA DE FORNO DE TIJOLOS bem ao lado da entrada do prédio, uma agradável lembrança dos sabores de casa. Na visita seguinte, o cartaz no mesmo lugar já era diferente: "GRANDES AMBIÇÕES" O SUPERMERCADO DOS TELEFONES CELULARES DIGITAIS. Exatamente o que a China precisava: de mais uma loja que vendesse celulares. Em duas semanas, o espaço abaixo do meu apartamento deixou de ser uma casca vazia com cabos pendurados no teto para se transformar numa loja de celulares com tudo a que tinha direito, inclusive vendedores robotizados e música se derramando de alto-falantes gigantes para um estacionamento vazio. Na visita seguinte, o marketing já tivera início, na forma de uma jovem que ficava plantada na entrada da loja anunciando por um microfone os números e os preços dos modelos de telefone, um após o outro. Em frente ao meu prédio, surgira outro cartaz: SEJA VIZINHA DA KFC! GANHE JUROS ANUAIS DE 8% SEM FAZER NADA. Não fiquei propriamente entusiasmada com a perspectiva de ter a KFC como vizinha. A única coisa que não mudava na vizinhança era a fábrica de Nescafé do outro lado da rua. No verão, eu era envolta pelo aroma do café assim que punha os pés na rua, um banho morno ao mesmo tempo doce e amargo.

Quem vivia em Pequim ficava protegido de muitas coisas, mas nas cidades do interior dava para sentir de perto as pressões do desenvolvimento chinês. Os ônibus, muitas vezes, mudavam o trajeto para abastecer; a falta de combustíveis era frequente, de modo que um posto aberto merecia ser visitado, mesmo com o ônibus cheio de passageiros. Dias inteiros de falta de energia eram perfeitamente comuns, e as fábricas se viam obrigadas a malabarismos com seus prazos de produção por causa do racionamento imposto pelo governo. Uma das mensagens mais comuns no quadro de avisos do meu condomínio era: O TRONCO ORIGINAL DA CAIXA DE FORÇA NÃO SE AJUSTA ÀS NECESSIDADES DO DESENVOLVIMENTO E PRECISA SER MUDADO.

No verão de 2005, faltou energia pelo menos um dia em cada uma das minhas visitas a Dongguan. Avisada com certa antecedência, conseguia me programar, mas às vezes a energia faltava sem qualquer advertência, deixando-me confinada um dia inteiro, num calor de trinta e dois graus e com a menor movimentação possível. Eu telefonava para a administração do prédio, furiosa, mas não era culpa deles. Não era culpa de ninguém. A economia chinesa crescia 10% ao ano, mais rapidamente ainda no sul, e era um verdadeiro milagre que as coisas se mantivessem de pé.

Eu ia de ônibus para todos os lugares. Em parte, isso me dava uma visão privilegiada do mundo dos migrantes, mas também era uma solução prática. Os motoristas de táxi estavam entre os maiores vigaristas do pedaço — mais de uma vez me vi obrigada a sair correndo no escuro porque um deles ameaçava deixar-me à beira da estrada se não lhe desse mais dinheiro. Outra tática de negociação em alta velocidade consistia em oferecer levar o passageiro apenas parte do caminho por uma tarifa mais baixa; esses motoristas eram tão imediatistas que preferiam ganhar menos dinheiro, desde que recebessem antes. Até os taxistas honestos esbarravam nas limitações típicas dos camponeses: bastava sair um pouco dos caminhos já conhecidos e ficavam tão perdidos quanto eu.

Os empregados dos ônibus da rede de transporte público trabalhavam em duplas: o motorista geralmente era nascido na cidade e o trocador, uma imigrante do sexo feminino. Às vezes, ficavam conversando aos berros por cima da cabeça dos passageiros, e de vez em quando havia uma pequena tela montada no painel, para que o motorista pudesse ver televisão enquanto o conduzia. Ao se aproximar uma parada, a trocadora inclinava-se para fora da porta com o ônibus ainda em movimento para anunciar os nomes das paradas seguintes com uma voz rouca. As pessoas nos pontos geralmente eram sensíveis a pressões; ouvindo aqueles gritos por algum tempo, alguns acabavam entrando.

Os homens mais jovens dentro do ônibus exalavam um odor forte de suor, o cheiro de quem anda muito na rua sem desfrutar o luxo de um ambiente refrigerado. As jovens eram imaculadas: nunca tinham cheiro algum e traziam sempre o cabelo reluzente e macio. Em todo ônibus viam-se vários migrantes que levavam sacos plásticos à boca para vomitar discretamente. O enjoo causado pelo movimento era o terror da gente que vinha do campo, sem o costume de andar de carro. Havia diversos sacos plásticos marrons pendurados em ganchos no teto dos ônibus, como cachos de bananas maduras demais, que começassem a apodrecer. Os passageiros carregavam uma incrível variedade de objetos; mantinham o típico costume da vida no campo, de não jogar nada fora. Em diferentes percursos, vi pessoas carregando um aparelho de televisão velho, uma cesta de vime cheia de fios elétricos, um balde enlameado com diversas ferramentas de pedreiro e uma chave de fenda nada convidativa de quase um metro de comprimento. Certa vez, vi uma jovem com um cabo de vassoura de quase 2 metros.

Os pontos de ônibus não eram indicados por qualquer sinalização, e tampouco havia placas indicando os percursos. Era preciso perguntar: as informações eram transmitidas boca a boca, como se vivêssemos em uma época anterior à invenção da escrita. Duas vezes comprei mapas da cidade com a informação dos horários dos ônibus, mas nas duas vezes os itinerários já haviam sido mudados; as coisas aconteciam depressa demais, e não dava tempo de registrá-las. Os outros passageiros ficavam tão confusos quanto eu, muitas vezes gritando os nomes das paradas que já haviam ficado para trás e descendo às pressas. Aonde quer que eu fosse, pediam-me informações. Certa tarde, eu e uma migrante estávamos confusas sobre o caminho, quando ela, depois de algum tempo, perguntou: "Você é de Hubei?" Seria um insulto ou um cumprimento? Eu queria apenas chegar em casa.

À noite, os ônibus paravam de circular cedo, uma injustiça para quem não podia pagar outro meio de transporte. Depois das oito horas, as pessoas davam um jeito de passar a noite em dormitórios de amigos, muito embora a maioria das fábricas proibisse a entrada de visitantes à noite, sob pena de multa pesada.

Nunca vi idosos nos ônibus.

CERTA NOITE, PEGUEI UM ônibus em Shenzhen a fim de voltar para Dongguan. Mais ou menos na metade do caminho o ônibus parou e o motorista gritou para os passageiros que se transferissem para outro veículo. Isto era comum, apesar de ilegal: tarde da noite, as empresas preferiam que os ônibus que estivessem um pouco vazios transferissem os passageiros, para que não fossem feitas viagens deficitárias. O motorista de um dos ônibus pagava ao do outro um valor fixo por passageiro descarregado.

Quando o segundo ônibus já estava a caminho, o novo trocador anunciou que na verdade não estávamos rumando para Dongguan. O que também era comum: uma vez recebido o pagamento por aceitar os novos passageiros, a única preocupação do motorista do segundo ônibus era livrar-se deles o mais rápido possível.

O ônibus parou.

— Todos os passageiros para Houjie saltam aqui.

O trocador era um cantonês magricela que falava aos berros, com uma voz nasalada. Vinha andando pelo corredor, apontando para determinados passageiros e ordenando que saltassem. Até que apontou para mim.

Um passageiro à minha frente saltou e desapareceu na noite. Caminhei até a frente do ônibus e me inclinei para fora. Estávamos numa autoestrada mergulhada em total escuridão, junto a um canteiro de obras vazio.

— Não há táxis aqui — disse eu ao trocador. — Não vou saltar.

— Há táxis sim — berrou ele num cantonês gutural.

— Não vou saltar.

Ele se aproximou por trás de mim e pôs a mão em meu ombro.

— Não toque em mim!

Subi novamente os degraus e sentei em um dos bancos da frente. Nenhum outro passageiro se mexera.

E o ônibus voltou a dar a partida. Como não conseguira livrar-se da carga, foi em frente. Os passageiros continuaram saltando em suas respectivas paradas, como se nada tivesse acontecido.

— Esses ônibus são clandestinos — disse uma jovem de rosto afilado e tez morena sentada ao meu lado. — A senhora só devia tomar ônibus com motorista uniformizado.

E no entanto ela estava ali, tal como eu.

— As pessoas que trabalham nesse ônibus são más — disse ela em voz alta — e só falam obscenidades.

Senti-me segura pelo simples fato de estar ao lado dela, mas ela também acabou saltando.

O ônibus desviou para o acostamento e voltou a parar. "Muito bem, desce todo o mundo", berrou o trocador. Dessa vez, ele percorria o corredor para cima e para baixo, entregando 2 iuanes a cada pessoa.

Caminhei até onde ele estava.

— Paguei 25 iuanes para chegar a Dongguan e quero meu dinheiro de volta.

Ele se voltou na minha direção. Naturalmente, era mais alto que eu, e era um homem. Naquele momento, percebi minha impotência.

— Se você pagou 100, terei de devolver 100? — berrou ele. — Se eu tirar as calças, você vai me dar 100?

Não fazia o menor sentido nem tinha a menor graça, mas ele gostava de ouvir a própria voz, e repetiu:

— Se eu tirar as calças, você me dá 100?

— Vá se foder — respondi, em inglês. — Babaca. Imbecil.

Estava quebrada a regra que eu mesma me impusera para viver na China — nunca bancar a americana —, mas há ocasiões em que só mesmo xingando em inglês. O homem me olhou com mais respeito.

Fui passando por ele em direção à parte dianteira do ônibus e comecei a procurar por alguma coisa para atirar nele. Eu queria agarrar sua pochete de dinheiro e jogá-la na rua, mas é claro que ele a trazia bem presa. Havia uma toalha suja no painel, e eu a sacudi na cara do motorista. Em seguida, desci do ônibus e saí correndo. Meu coração quase saía pela boca; achei que ele podia vir atrás de mim. Até que parei de correr e me dei conta de que devia estar parecendo uma boba.

Numa das ruas laterais, vi um táxi e perguntei ao motorista quanto queria para me levar a Dongguan. Oitenta iuanes — 10 dólares. Entrei. Estava tão furiosa, que tremia. Pensei em todas as minhas jovens conhecidas que moravam ali, na maneira como cada uma delas era tapeada, ofendida e tratada aos gritos por alguém igualzinho ao cantonês magricela, que provavelmente já acordava com raiva do mundo. O único recurso eram as lágrimas e a indignação com a própria impotência. Num confronto, tudo se reduzia instantaneamente à força bruta, e a mulher sempre saía perdendo. Eu tinha dinheiro, e com ele podia comprar conforto e segurança. Mas o mesmo não se dava com elas.

E no entanto também havia pessoas boas, como a mulher que xingara o motorista do ônibus por minha causa. Era preciso prestar atenção nisso, caso contrário não dava para sobreviver.

Dongguan podia parecer uma cidade sem passado, mas não era essa a percepção das autoridades. No novo centro, fora construído um museu histórico — um enorme prédio de pedra cinza, bojudo e eterno como o mausoléu de um ditador. Os motoristas de táxi não conheciam o lugar — invariavelmente levavam-me para um centro de exposições comerciais na mesma rua —, e o museu estava praticamente vazio nas três vezes em que o visitei no verão de 2005.

Os museus históricos chineses são lugares problemáticos. A civilização antiga era magnífica, ou pelo menos assim afirmava a narrativa oficial, mas também era feudal e atrasada. A China moderna foi devastada por estrangeiros, mas o povo chinês revelou-se heroico na humilhação e na derrota. A China ergueu-se em 1949, quando os comunistas chegaram ao poder, mas desde então havia certos anos — sobretudo 1957, 1966 e 1989 — que eram acintosamente esquecidos. Tudo o que era confuso, incoerente e devia cair no esquecimento precisava ter as arestas aparadas de acordo com um padrão racional, pois o objetivo da história desde a época de Confúcio tem sido transmitir lições morais às gerações seguintes.

Em Dongguan, o gigantesco saguão do museu era um monumento ao desperdício arquitetônico e à potência do ar-condicionado. Havia placas indicando História, em frente, e Economia, no segundo andar. Na minha primeira visita, entrei em História. A primeira sala ia dos fósseis marinhos pré-históricos à dinastia Qing, e viam-se nas vitrines pilhas de pedras. A um exame mais detido, percebiam-se legendas incompreensíveis em inglês: *Pedra de amolar supostamente de restos de sambaquis de Haogang*. Um diorama de tecelãs ocupando toda uma sala ilustrava a precoce inclinação de Dongguan para o artesanato. Uma gravação do som desagradável de um tear era permanentemente reproduzida, perseguindo-me através das salas.

Seguiam-se mais pilhas de pedras, até que a história começava a se desenrolar com impressionante precisão. *A população aumentou, chegando a 150.378 no sexto ano do reinado de Tianshun na dinastia Ming (1462 a.C.).* Os mercados se desenvolveram; a indústria saleira floresceu; a agricultura prosperou. Num salão aberto, uma árvore artificial projetava sua sombra sobre um lago artificial, um barco a remo artificial, uma ponte arqueada artificial, três gansos artificiais e dois patos artificiais. O ruído contínuo do tear continuava grasnando.

Aí estava mais uma dificuldade do relato sobre o passado. Cada lugar precisava refletir a continuidade de cinco mil anos de história chinesa, mas na maioria deles muito pouco havia sido registrado e nada de concreto restava. Os artefatos mais valiosos haviam sido levados para Pequim ou perdidos em guerras e campanhas políticas, de modo que os museus eram obrigados a inventar o resto. Forjavam canhões, sinos e armaduras, imprimindo textos de velhos documentos em placas de fórmica e pendurando-as nas paredes. Salas inteiras eram tomadas por dioramas — um dos recursos favoritos de exposição, provavelmente porque ocupavam muito espaço. Os únicos artefatos autênticos no museu de Dongguan eram as pilhas de pedras.

As coisas ficaram ainda mais confusas quando as Guerras do Ópio, no século XIX, inauguraram a história moderna. Uma vitrine intitulada "Fúria contra os britânicos" mostrava manequins de oficiais da Marinha britânica e um colérico mandarim chinês. *A derrota nas Guerras do Ópio sempre foi motivo de profunda humilhação e sofrimento para a China.* Mas talvez fosse impossível, numa cidade de comércio florescente, suscitar a necessária fúria contra os britânicos, pois ela já tinha sido esquecida na vitrine seguinte. *Em 1878, o governador de Hong Kong propôs a criação da Divisão Auxiliar de Amparo para mulheres e crianças chinesas.* A exposição passava célere pela Segunda Guerra Mundial, até chegar à vitória comunista, uma foto tremida de rostos felizes. *Milhões de pessoas festejaram a libertação.*

Na sala seguinte, uma legenda se estendia de uma ponta à outra de uma das paredes: "Uma visão transformada em realidade: de município agrícola à cidade da tecnologia da informação." Num painel iluminado viam-se fotos da reunião do Partido Comunista em que Deng Xiaoping lançou seu programa de reformas econômicas e abertura para o Ocidente. Estávamos em 1978. De uma sala a outra, a exposição dava um salto de trinta anos, pulando a fundação da China comunista, a reforma agrária e a execução de contrarrevolucionários, os ataques contra os "inimigos de classe" e a criação das comunas, o Grande Salto Adiante e a fome que matou pelo menos 20 milhões de pessoas, assim como a década da Revolução Cultural.

Eu deixara a História para entrar na Economia, e agora a exposição ganhava vida. Um vasto diorama mostrava a Fábrica de Bolsas Taiping, com quatro mulheres que, inclinadas sobre uma mesa, costuravam calçados. Um escritório cenográfico do órgão governamental onde as empresas solicitavam alvará mostrava a figura familiar do Cidadão de Dongguan: um empresário barrigudo, carregando uma pasta de couro sintético. A história ganhava velocidade — *Décadas se passaram num piscar de olhos* — e gigantescas fotografias mostravam viadutos, usinas de tratamento de esgoto e congressos sobre investimentos.

O CÍRCULO VIRTUOSO INSUMOS-PRODUÇÃO-INSUMOS

PRIMEIRA CIDADE COM UM MILHÃO DE USUÁRIOS DE TELEFONIA CELULAR

CONSTRUIR ESTRADAS, PONTES E USINAS DE ENERGIA PARA GERAR
RECURSOS PARA MAIS ESTRADAS, PONTES E USINAS DE ENERGIA

Uma parte interativa da exposição mostrava o PIB da cidade, as exportações, o balanço de pagamentos e o imposto de renda. A última vitrine mostrava uma foto da cerimônia de assinatura do documento de integração da China à Organização Mundial do Comércio, em 2001.

UMA NOVA ERA ESTÁ CHEGANDO!

NO MOMENTO EM QUE EU ESTAVA saindo do museu alunos de terceira e quarta séries chegaram para uma pesquisa de campo, acotovelando-se no saguão para formar filas. Usavam uniforme de calças moletom e lenços de Jovens Pioneiros no pescoço. Uma guia do museu, uma jovem de expressão severa que parecia caminhar em pernas de pau, apanhou um megafone. Preparei-me para a Guerra do Ópio e 150 anos de humilhação.

— No terceiro andar, vocês verão uma maquete da cidade — começou ela. — Quero que cada um ache sua casa na maquete. Todo mundo conhece o lago Songshan?

— Sim — responderam os alunos em coro.

— O lago Songshan é a nossa zona industrial de alta tecnologia. Dongguan tem um lema: "Um grande passo a cada ano, uma nova cidade em cinco anos." Estamos atualmente no terceiro ano desse plano.

Ela fez uma pausa.

— Vocês já ouviram falar de "Construir a cidade, abrir estradas, revigorar as montanhas, canalizar os rios"?

Silêncio. Essa ninguém conhecia.

— É uma política do governo. Dongguan também tem um porto aberto a navios estrangeiros...

No século VII, os imperadores da dinastia Tang ordenaram aos historiadores da corte que redigissem uma crônica da dinastia anterior. Desde então, toda dinastia escreveu a história da anterior, distorcendo ou omitindo fatos para favorecer o regime em vigor; desde 1949, o Partido Comunista vem seguindo a mesma trilha, apresentando a história moderna como uma luta heroica para opor resistência à vontade de potências estrangeiras. Ali em Dongguan, contudo, o passado oferecia uma lição assustadoramente diferente: a História significava abertura, mercados e investimento estrangeiro. A história começava com uma fábrica de bolsas, e os estudantes precisam ser doutrinados sobre os méritos de uma boa infraestrutura.

A guia exortou as crianças a se comportar como "espectadores civilizados" e os alunos de terceira e quarta séries passaram à História em filas desordenadas. Logo o gigantesco saguão estava vazio, e eu fiquei novamente sozinha naquele que era certamente o único museu de história da China em que não se via nem uma única referência a Mao Tsé-tung.

3

Morrer pobre é pecado

25 de maio de 1994

Quando eu fui demitida da Yongtong, felizmente pagaram todos os meus direitos. Tinha mais de 100 iuanes e não fiquei nem um pouco assustada. Ainda assim, fiquei um pouco preocupada, pois afinal de contas nem uma carteira de identidade eu tinha. Sem alternativa, só me restava pegar a carteira de identidade que dizia que eu nascera em 1969 e tentar a sorte. Quem sabe não teria sorte? Consegui chegar ao departamento de moldes de plástico desta fábrica.

Desde que cheguei a Guangdong, mudei de fábrica quatro ou cinco vezes, e cada uma delas era melhor que a anterior. O mais importante é que eu contava sempre comigo mesma. Nunca pedi ajuda a ninguém. Embora tenha alguns bons amigos, nenhum deles me ajudou no momento em que mais precisei.

Lembro-me de quando fugi de Shenzhen. Naquela época, eu realmente não tinha nada. Além da minha própria pessoa, nada mais. Vaguei por aí durante um mês, sem um tostão, chegando até a passar fome por dois dias, e ninguém ficou sabendo... Embora o primo mais velho e sua mulher estivessem em Longyan, eu não quis procurá-los, pois não poderiam realmente ajudar-me. Muitas vezes eu quis poder contar com os outros, mas não se pode contar com ninguém. A gente só conta com a gente mesma.

Sim, eu só posso contar comigo mesma.

★★★

Quando Wu Chunming saiu de casa pela primeira vez, não disse nada aos pais. Era o verão de 1992, e na época migrar era um gesto ousado e perigoso. Em sua aldeia, na província de Hunan, dizia-se que as garotas que iam para a cidade eram atraídas para bordéis e nunca mais se ouvia falar delas.

Chunming tinha 17 anos naquele verão. Terminara de cursar o ensino médio e vendia frutas e legumes numa cidade próxima; migrou em companhia de uma prima que ainda estava na escola. As duas tomaram dinheiro emprestado para comprar as passagens de trem para Dongguan e conseguiram emprego numa fábrica de pinturas em brinquedos. Ficavam com dor de cabeça por causa do cheiro dos produtos químicos, e depois de dois meses voltaram para casa tão duras quanto saíram. Chunming foi embora de novo na primavera seguinte. Os pais protestaram, argumentaram, choraram. Mas quando, ainda assim, ela decidiu partir, com algumas amigas de aldeias próximas, sua mãe lhe emprestou dinheiro para a passagem de trem.

Em 1993, Guangdong era ainda mais caótica que hoje em dia. As ruas estavam cheias de migrantes em busca de trabalho, dormindo nos pontos de ônibus e debaixo de pontes. A única maneira de encontrar emprego era batendo na porta das fábricas, e Chunming e suas amigas foram dispensadas em muitas até serem contratadas na fábrica de brinquedos Guotong. Nela, os operários ganhavam 100 iuanes por mês, cerca de 12 dólares; para matar a fome, compravam sacos gigantes de macarrão instantâneo e adicionavam sal e água quente. "Nosso sonho de consumo era um emprego de 200 iuanes por mês", diria mais tarde Chunming.

Passados quatro meses, Chunming pulou para outra fábrica, mas a deixou depois que uma colega disse que o primo sabia de empregos melhores em Shenzhen. Chunming viajou até lá com algumas amigas, passando a noite debaixo de um viaduto e encontrando o primo da moça na manhã seguinte. Ele as conduziu a um salão de beleza e o grupo subiu ao segundo andar, onde uma jovem de maquiagem pesada estava sentada numa maca esperando clientes. Chunming ficou apavorada com o que viu.

— Minha educação foi muito tradicional — explicou. — Achei que todo o mundo naquele lugar fosse mau e quisesse que eu me prostituísse. Achei que, se entrasse ali, também me tornaria má.

As garotas foram instruídas a ficar e tomar uma ducha num boxe coletivo, mas Chunming se recusou. Desceu as escadas, olhou para a porta da frente e saiu correndo, abandonando as amigas e a mala onde estavam seu dinheiro, uma carteira de identidade fornecida pelo governo e uma fotografia da mãe. Podia ouvir passos vindo atrás dela. Dobrou a esquina num beco, depois em outro, e parou de ouvir os passos. Chunming foi dar num quintal e no fundo encontrou um galinheiro vazio. Entrou no galinheiro e ficou escondida um dia e uma noite. Na manhã seguinte, com os braços cheios de picadas de mosquito, Chunming saiu para a rua e se ajoelhou na calçada para pedir dinheiro, mas ninguém lhe deu nada. Um transeunte acabou levando-a para a delegacia policial; sem o nome nem o endereço do salão de beleza, a polícia tampouco podia ajudá-la. Ela recebeu 20 iuanes para pegar um ônibus e voltar para a fábrica.

O motorista do ônibus deixou-a no meio do caminho para Dongguan. Chunming começou a caminhar, e um homem começou a segui-la na rua. Ela viu uma jovem com seu uniforme de fábrica e perguntou se poderia passar a noite lá dentro. A jovem pegou emprestada a carteira de identidade de uma colega e introduziu Chunming, que passou a noite escondida num boxe de chuveiro. Pela manhã, Chunming furtou calça e camiseta limpas que estavam secando no banheiro e fugiu pelo muro da fábrica. Já estava sem comer havia dois dias. Um motorista de ônibus arrumou-lhe um pedaço de pão e lhe deu carona até Dongguan, onde trabalhavam seu primo e a mulher.

Chunming não lhes contou o que tinha acontecido. Preferiu ficar vagando pelas ruas. Num canteiro de obras, fez amizade com um cozinheiro que a deixou comer com os outros operários, e à noite ela entrou furtivamente no dormitório de alguns amigos. Sem carteira de identidade, ela não conseguiria emprego. Depois de um mês vagando pela cidade, Chunming viu um anúncio de emprego na linha de montagem da fábrica de brinquedos Yinhui. Achou uma carteira de identidade perdida ou jogada fora e a usou para ser contratada. Oficialmente, ela era Tang Congyun, nascida em 1969. Ficava, assim, com cinco anos a mais, mas ninguém prestava atenção nessas coisas.

Chunming trabalhou um ano na Yinhui, misturando em tonéis o plástico derretido que era vertido em moldes para fazer carros, aviões e trens de brinquedo. Era atirada e gostava de conversar, fazendo amigos com facilidade. Seus novos amigos a chamavam de Tang Congyun. Literalmente, ela tinha se tornado outra pessoa.

Anos depois de deixar a fábrica ela ainda continuava recebendo cartas endereçadas a Tang Congyun. Chunming nunca ficaria sabendo quem era essa pessoa.

★★★

EU JÁ CONHECIA CHUNMING havia dois anos quando ela me contou essa história. Era uma tarde de domingo no fim de 2006, e ela estava sentada numa lanchonete de Dongguan depois de passar o dia comprando presentes de aniversário.

— Eu nunca contei a ninguém o que me aconteceu naquela época — começou, bebericando seu suco misto. — Quando conto essa história, é como se tivesse acontecido ontem.

— Você sabe o que aconteceu com as amigas que ficaram no salão de beleza? — perguntei.

— Não — respondeu ela. — Não sei se o lugar era realmente mau ou apenas um lugar onde se podia trabalhar como massagista, caso quisesse. Mas era assustador que eles não nos deixassem sair.

A melhor amiga de Chunming estava entre as que ficaram no salão. Elas tinham se conhecido na linha de montagem, de modo que Chunming não sabia o nome da aldeia da amiga nem como voltar a encontrá-la. Anos depois, ela encontrou uma jovem que conhecia a amiga e disse que ela voltara para casa e mais tarde viera novamente para Dongguan. Chunming teve de concluir, pelo breve relato, que sua amiga estava bem. Mas não havia como saber com certeza; talvez tivesse sido atraída para um bordel e nunca mais tivesse dado notícias, exatamente como diziam as pessoas da aldeia. Chunming perdera sua boa amiga, como tantas pessoas que conhecera. Um ano em Dongguan era muito tempo, e Chunming já estava na cidade havia treze anos.

> 24 de maio de 1994
> Começamos a trabalhar às sete da manhã e paramos às nove da noite. Depois, tomamos banho e lavamos as roupas. Por volta das dez, as que têm dinheiro saem para um lanche noturno, e as que não têm vão dormir. Dormimos até seis e meia da manhã. Ninguém quer levantar da cama, mas temos de estar no trabalho às sete. Faltam vinte minutos: arrastar-se para fora da cama, esfregar os olhos inchados, lavar o rosto e escovar os dentes. Faltam dez minutos: as que querem fazer o desjejum aproveitam esses dez minutos, mas já vi muita gente deixar de comer. Não sei se é porque não tem fome ou para economizar, ou ficar magra...
>
> Eu certamente não seria desleixada com a minha saúde só para emagrecer ou economizar dinheiro. Afinal de contas, para que trabalhar como migrante? Será que é só para ganhar essa merreca?!

Pouco depois de chegar, Chunming começou a escrever um diário. Em cadernos com capas rosa-pastel, ela descrevia a vida na fábrica, a tirania dos cronômetros e os raros momentos de lazer, fofocando, fazendo lanchinhos e dando uns amassos nos rapazes. *Todo dia devemos anotar as coisas que vimos, ouvimos, sentimos e pensamos*, escreveu. *Assim, podemos não só melhorar nossa redação como monitorar o nosso crescimento.* Nessas mesmas páginas, ela planejava a fuga desse mundo através de um rígido programa de autoaperfeiçoamento: ler romances, praticar caligrafia e aprender a falar — ao mesmo tempo para eliminar seu sotaque de Hunan e dominar o cantonês, a língua falada pelos patrões na fábrica. Seu maior medo era nunca mais sair de onde estava. Seu inimigo era o tempo, lembrando-lhe que mais um dia havia passado e ela ainda não atingira seus objetivos. Mas o tempo também era seu amigo, pois ela ainda era jovem.

As anotações do diário, muitas vezes, não tinham data e estavam fora de ordem. Chunming escrevia com rapidez, relatando seu cotidiano, redigindo cartas aos pais, copiando slogans e letras de canções e se propondo a trabalhar com mais afinco. Às vezes as frases atravessavam duas páginas em diagonal, aumentando até que cada letra ficasse com uma polegada de altura. Interiormente, ela estava gritando.

NÃO TENHO TEMPO PARA FICAR INFELIZ PORQUE HÁ MUITAS COISAS QUE EU QUERO FAZER.

"TEMPO É VIDA"

PODEMOS SER COMUNS, MAS NÃO DEVEMOS SER VULGARES. — WU CHUNMING

HOJE, NÃO TENHO NADA. MEU ÚNICO CAPITAL É QUE AINDA SOU JOVEM.

Já é quase uma hora! Não consigo me separar dessa edição do *Trabalhador Migrante*, mas hoje à noite terei de trabalhar de novo às sete horas. É melhor dormir.

Ai! Realmente odeio ter tão pouco tempo. Todo dia eu trabalho doze horas; nas outras doze, tenho de comer, tomar banho, lavar as roupas e dormir. Quanto tempo sobra para ler? Trabalhando no turno da noite, o tempo fica ainda mais fragmentado: depois de largar o trabalho e comer, tenho de esperar uma hora para tomar banho. Durmo até seis horas da tarde e tenho de me levantar. O jantar é mais uma hora perdida (...) À noite, leio até meia-noite, e não sobram nem seis horas para dormir. Sobra mais uma hora para outras coisas.

FRACASSEI, FRACASSEI

SERÁ MESMO QUE NESSA ESTRADA DA VIDA EU ESTOU DESTINADA A FRACASSAR?

NÃO ACREDITO

REALMENTE NÃO ACREDITO

Wu Chunming, você não pode continuar vivendo cada dia desse jeito! Pense bem: já está nessa fábrica há meio ano, mas que foi que realmente ganhou? Sabe perfeitamente que fazer trabalho de migrante no departamento de moldes plásticos a vida inteira não oferece nenhuma perspectiva, de modo que está pensando em largar o emprego e encontrar um mais qualificado. Primeiro terá de aprender a falar cantonês. Por que é tão inútil? Será que é mesmo tão estúpida?

Por que não é capaz de apreender as coisas que os outros aprendem?

Você também é uma pessoa, Wu Chunming. Será possível que seja uma coisa inútil?

Você está estudando cantonês há dois meses, mas não fez progresso nenhum. Lembra-se da sua meta de aprender cantonês, ao entrar para esta fábrica? Se não conseguir aprender cantonês este ano, é porque não passa mesmo de uma burra, de uma besta quadrada, e nem precisa mais trabalhar como migrante em Guangdong. Com esses 200 ou 300 iuanes por mês, seria melhor ficar em casa.

23 de março
Ai, tem realmente muitas coisas que eu quero fazer, e o tempo é muito curto. Tem gente que diz que morre de tédio, *ai*! Os outros podem ficar entediados, mas eu não tenho tempo para isso.

Um, preciso exercitar meu corpo. Não posso ficar gorda.

Dois, preciso ler muito e escrever, para poder ser feliz e rica.

Três, preciso aprender a falar cantonês. Isso é uma coisa que se aprende gradualmente, sem pressa.

Quanto a dormir, seis horas bastam.

29 de março
O pagamento saiu hoje. Eu recebi 365 iuanes. Depois de pagar uma dívida de 50 iuanes, ainda me sobram 300 iuanes. Quero comprar um relógio, roupas e objetos de uso pessoal. Como é que pode sobrar alguma coisa? (...) O verão já chegou e eu não tenho roupas (...) e preciso comprar um relógio. Sem relógio, não posso fazer melhor uso do tempo.

Quanto a mandar dinheiro para casa, é ainda menos possível. No próximo mês, depois do pagamento, vou me matricular na Universidade de Estenografia por Correspondência. Tenho de conseguir um diploma universitário. Certamente não vim para Guangdong só para ganhar esses 200 ou 300 iuanes por mês (...) Isto aqui é apenas uma parada temporária. Definitivamente, não é o lugar onde ficarei para sempre.

Ninguém me entende, e eu não preciso que os outros me entendam.

Posso apenas seguir o meu caminho e deixar que os outros falem!

22 de maio
Muitas pessoas dizem que eu mudei. Não sei se mudei realmente ou não (...) Hoje em dia fico muito mais calada e não gosto mais de rir do jeito que eu ria. Às vezes, quando eu rio, é um riso forçado. Às vezes acho que estou anestesiada. "Anestesiada." Anestesiada. Não! Não! Mas realmente não sei que palavra deveria empregar para descrever a pessoa que sou agora.

De qualquer maneira, estou tão cansada, tão cansada.

Realmente, realmente, sinto-me tão cansada.

Meu corpo e meu espírito se sentem tão cansados.

Cansada demais, cansada demais.

Não quero mais viver assim.
Não quero mais viver assim.
Nunca mais viver desse jeito.
Como é que eu deveria viver?

Enquanto planejava sua ascensão no mundo da fábrica, nas cartas que mandava para casa Chunming tentava mostrar-se uma boa filha tradicional.

> *Mamãe, tricotei um suéter para você (...) Se não estivesse tricotando um suéter, poderia ter usado este dia para ler muitos livros. Mas mamãe, às vezes eu penso: prefiro ser uma filha obediente, uma filha dedicada, e até jogar fora esses livros que tanto quero ler.*
>
> *Mamãe, tricotei meu amor por você nesse suéter (...) Mamãe, lembra quando eu ainda estava em casa e você sempre dizia que as filhas dos outros sabiam tricotar suéteres mas que eu não tinha perseverança. Mas hoje, está vendo como a sua filha também sabe tricotar? Lembre-se: sua filha nunca será mais burra que os outros!*

As expectativas da família eram importantes para ela. As jovens do interior sentiam particularmente a pressão de casa. Se não progredissem com rapidez, os pais ficavam pressionando para que voltassem para casa e se casassem.

> Finalmente recebi uma carta de casa (...) Além do papai, quem poderia me escrever uma carta? Mamãe nem se deu o trabalho de escrever uma linha que fosse para dizer que sente minha falta (...) Na última carta, ela escreveu uma linha para dizer que eu não me envolvesse com nenhum namorado de fora. Embora fosse apenas uma linha, fiquei feliz, como se mamãe estivesse ao meu lado me ensinando.
>
> Como eu gostaria de derramar sobre minha mãe tudo o que tenho no coração, mas não posso. Mamãe! Minha mãe, por que você é analfabeta? Tudo bem que você seja ignorante. Por que não é capaz de escrever sequer uma carta? Tudo bem que você não saiba escrever cartas. Eu ficaria feliz se você pudesse escrever algumas palavras. Ainda que inventasse palavras para dizer o que quisesse me dizer, eu entenderia seus pensamentos.
>
> Mamãe, sei que você tem muitas coisas a me dizer, mas pena o papai não as escrever (...)

> Papai e mamãe, parece que a gente não consegue se comunicar. Vocês nunca saberão nem entenderão o que realmente está no coração da filha de vocês. Talvez estejam achando que eu já encontrei a fábrica ideal, com 300 iuanes por mês. Talvez achem que eu nunca mais vou mudar de fábrica. Talvez o seu desejo seja que eu nunca mais troque de fábrica, que fique trabalhando dois anos nessa fábrica e volte para casa para me casar e ter uma família, como todas as garotas do interior. Mas eu não estou pensando em nada disso (...)
>
> Quero construir um mundo para mim mesma em Guangdong (...) Meu plano é:
>
> 1. Estudar na universidade por correspondência
> 2. Aprender a falar cantonês
> 3. Antes de ter um nome ou de fazer alguma coisa, não há a menor chance de eu me casar

Nos três primeiros anos na cidade, Chunming não voltou à terra natal uma única vez. Dizia aos amigos que as folgas na fábrica eram muito curtas, mas em seu diário escreveu: *quem sabe por que não irei ver a família no Ano-novo? O motivo principal: realmente não quero perder tempo. Pois preciso estudar!* Também rejeitou o conselho da mãe, escrevendo cartas de amor a um rapaz bem-apessoado que trabalhava na fábrica. Jovens do sexo masculino no local de trabalho eram uma raridade, e os de melhor aparência ficavam convencidos com o interesse de muitas garotas. Esse rapaz não estava interessado em Chunming, e mostrava suas cartas para os outros lerem.

Depois de seis meses na linha de montagem, Chunming ficou sabendo que seu departamento estava selecionando auxiliares administrativos, e escreveu uma carta ao chefe do departamento candidatando-se a uma das vagas. O chefe tomara conhecimento de sua fama de namoradeira e ordenou sua transferência para outro departamento. Mas de alguma forma sua ordem foi malcompreendida e Chunming se apresentou para trabalhar no escritório. Ela se saiu bem, e o chefe mudou de ideia a seu respeito. Na nova função, ela ganhava 300 iuanes por mês — o triplo do que ganhava um ano antes.

AS HISTÓRIAS DAS MIGRANTES tinham certas características em comum. A chegada à cidade era confusa, e frequentemente eram vítimas de algum golpe.

Essas jovens, muitas vezes, diziam que tinham ido embora sozinhas, mas na verdade costumavam viajar com outras pessoas; simplesmente, sentiam-se sós. Esqueciam com facilidade os nomes das fábricas, mas certas datas ficavam marcadas em seu espírito, como o dia em que saíam de casa ou pediam demissão de um emprego ruim. O que era fabricado nunca tinha importância; o que importava eram as dificuldades ou as oportunidades que decorriam do trabalho na fábrica. A grande virada no destino de uma migrante sempre ocorria quando ela desafiava o patrão. No momento em que punha tudo a perder, ela se destacava da multidão e obrigava o mundo a vê-la como um indivíduo.

Era fácil perder-se na fábrica, onde havia centenas de garotas com histórias idênticas: nascidas numa aldeia, com pouco estudo e pobres. Era preciso acreditar em si mesma, mesmo sendo uma entre milhões.

> 1º de abril de 1994
>
> Sim, eu sou uma pessoa tão comum que não poderia ser mais comum, tão simples que não poderia ser mais simples, uma garota como todas as outras garotas. Gosto de guloseimas, gosto de me divertir e gosto de ficar bonita.
>
> Não fiquem pensando que eu possa ser uma supermulher.
>
> Sou simplesmente a mais simples, a mais comum das garotas, gostando de tudo que seja bonito, gostoso ou divertido.
>
> De modo que darei a partida sendo simples e comum.

Nas fábricas de Dongguan havia uma rígida separação por sexo. As mulheres trabalhavam na burocracia, nos recursos humanos e em vendas, ocupando também a maioria dos empregos na linha de montagem; os chefes achavam que as jovens eram mais esforçadas e mais fáceis de lidar. Os homens monopolizavam as funções técnicas, como concepção de moldes e conserto de máquinas. Geralmente ocupavam os cargos mais altos na fábrica, mas também as funções mais humildes e sem futuro: seguranças, cozinheiros e motoristas. Fora da fábrica, as mulheres eram garçonetes, babás, cabeleireiras e prostitutas. Os homens trabalhavam em canteiros de obras.

Essa segregação dos gêneros se refletia nos anúncios de emprego:

FÁBRICA DE BOLSAS GAOBU OFERECE EMPREGOS

VENDAS: SÓ MULHERES; INGLÊS DE NÍVEL QUATRO
RECEPCIONISTA: SÓ MULHERES, COM FLUÊNCIA EM CANTONÊS
SEGURANÇAS: SEXO MASCULINO; MENOS DE 30 ANOS; 1,7 METRO OU MAIS; MILITAR REFORMADO; TREINADO EM COMBATE A INCÊNDIO; SABER JOGAR BASQUETE AJUDA

Certas coisas decorriam dessa separação. As mulheres jovens desfrutavam uma situação mais fluida no emprego; podiam entrar para a linha de montagem da fábrica e ser transferidas para o escritório ou o departamento de vendas. Os rapazes encontravam mais dificuldade para entrar para uma fábrica, e uma vez lá dentro dificilmente eram promovidos. As mulheres, fosse na fábrica ou fora dela, entravam em contato com maior variedade de pessoas e rapidamente adotavam o vestuário, os penteados e sotaques da cidade; os homens tendiam a permanecer fechados em seus mundos de origem. As mulheres integravam-se com maior facilidade à vida urbana e encontravam mais incentivos para permanecer.

Mais de um terço dos migrantes da China é de mulheres. São em geral mais jovens que os homens em situação semelhante e têm mais probabilidade de ser solteiras; transferem-se para lugares mais distantes da terra natal e ficam fora por mais tempo. Têm mais motivação para melhorar sua condição de vida e maior tendência a valorizar a migração pelas possibilidades de transformação pessoal que oferece. Numa das pesquisas divulgadas, os homens apontavam como principal motivo para migrar o desejo de ter uma renda mais alta, enquanto as mulheres sonhavam com "mais experiência de vida". Ao contrário dos homens, as mulheres não tinham uma casa para onde voltar. Na tradição chinesa, o filho devia voltar para a casa dos pais com a esposa depois de se casar; o filho sempre teria um lar na aldeia em que nasceu. As filhas, depois de crescer, nunca voltariam para casa: até se casarem, ficavam sem raízes.

Em certa medida, esse sexismo arraigado favorecia as mulheres. Nas regiões rurais, muitos pais queriam que o filho adulto permanecesse perto de casa, possivelmente entregando produtos ou vendendo legumes nas cidades próximas da aldeia. Os rapazes de perspectivas tão limitadas corriam o risco de simplesmente *hun* — ficar à deriva —, ocupando-se com biscates, fumando, bebendo e perdendo no jogo seus magros ganhos. As moças — menos mimadas e protegidas — podiam afastar-se de casa e fazer seus próprios planos. Precisamente por serem menos importantes, tinham mais liberdade para fazer o que queriam.

Mas era uma vantagem duvidosa. Se por um lado libertava as jovens da aldeia, a migração também as atirava numa terra de ninguém. No interior, a maioria das jovens já estava casada com vinte e poucos anos, e uma migrante que adiasse o casamento simplesmente corria o risco de ficar solteira para sempre. Em Dongguan, onde se dizia que as mulheres representavam 70% da força de trabalho, o desequilíbrio de gêneros inviabilizava a descoberta de um bom partido. E a mobilidade social complicava a procura de um marido. As mulheres que iam além da linha de montagem desprezavam os homens que permaneciam na aldeia, mas eram por sua vez olhadas com desdém pelos homens da cidade. As migrantes referiam-se a essa situação como *gaobucheng, dibujiu*: sem condições de galgar uma posição mais elevada, mas não mais dispostas a aceitar uma mais baixa.

As migrantes que conheci nunca se queixavam das injustiças inerentes à condição feminina. Os pais podiam favorecer os filhos, os chefes podiam preferir secretárias bonitas e nos anúncios de emprego a discriminação podia ser declarada, mas elas não se deixavam abater por todas essas injustiças: nos três anos que passei em Dongguan, nunca ouvi ninguém manifestar nada parecido com um sentimento feminista. Talvez elas dessem como certo que a vida era dura para todo mundo. A separação entre o campo e a cidade era a única que importava: cruzando essa linha divisória, qualquer um podia mudar o próprio destino.

Ascender não foi nada difícil para Chunming. Em 1995, ela se transferiu para uma fábrica de uma região afastada de Dongguan que produzia pistolas d'água e espingardas de ar comprimido. Finalmente aprendeu a falar cantonês. Em um ano, seu salário aumentou de 300 para 650 iuanes, e logo para 800 e depois mil. Ela descobriu que os seus chefes ganhavam mais, embora ela fizesse o mesmo trabalho. *Se não aumentar meu salário para 1.500 iuanes por mês*, escreveu a seu chefe, *vou me recusar a continuar exercendo as mesmas funções.* E conseguiu o que queria; até então ninguém conseguira um aumento de 500 iuanes na fábrica. Mas Chunming não ficou satisfeita com a promoção. Estava entrando em um mundo novo, onde havia muita coisa a aprender.

Seu relacionamento com as outras pessoas imediatamente ficou mais complicado. Na aldeia, as relações interpessoais eram determinadas pelos laços sanguíneos e as vivências e o passado comuns. Na escola e na linha de montagem, todo mundo compartilhava uma posição inferior. Uma vez que uma pessoa começasse a ascender no mundo da fábrica, entretanto, mudava a correlação de forças, o que podia ser desestabilizador. Um amigo podia transformar-se em chefe; uma jovem podia ser promovida a uma posição hierarquicamente superior à do namorado.

> 26 de março de 1996
> Desta vez a minha promoção me permitiu ver as muitas facetas da experiência humana. Certas pessoas me festejam, algumas me invejam, algumas me cumprimentam, há aquelas que me desejam sorte, as que sentem inveja e as que não conseguem nem aceitar (...)
>
> Quanto aos que me invejam (...) vou tratá-los apenas como um obstáculo no caminho para o sucesso, afastando-os enquanto sigo em frente. No futuro, vão me invejar ainda mais!

Causar boa impressão nos estranhos tornou-se importante. Chunming ficou estudando os figurões da sua fábrica, com a meticulosidade de um biólogo diante de seus espécimes. Notou que quando o chefe do departamento de recursos humanos fazia um discurso, ficava tão nervoso, que suas mãos tremiam. Perto do feriado de Ano-novo, um gerente da fábrica ignorou-a até ela tomar coragem de lhe desejar feliz ano-novo ele respondeu calorosamente, dando-lhe 10 iuanes num envelope vermelho, um presente tradicional. *Desse incidente, eu depreendo: certas pessoas que sempre pareceram inalcançáveis talvez não o sejam realmente. Precisamos simplesmente nos tornar mais acessíveis.*

Seu plano de autotransformação entrou em velocidade de cruzeiro. No diário, Chunming já não registrava os detalhes do dia a dia, passando a transcrever as regras a ser obedecidas para se tornar outra pessoa, tarefa em nome da qual lia muito, embora nem sempre de maneira proveitosa.

> Autoconfiança, dignidade e elegância formam a imagem que a mulher profissional deve cultivar.
>
> As Treze Regras de Moralidade de Benjamim Franklin:
> 1. Moderação: não comer nem beber em excesso.
> 2. Silêncio: não se permitir conversas fúteis.
> 3. Ordem: dispor os objetos em posições certas e realizar tarefas em horas certas.

4. Determinação: decidir o que quer alcançar e não esmorecer.
5. Frugalidade: não desperdiçar dinheiro. Gastá-lo em coisas que beneficiam a si mesmo e aos outros (...)

Aceitar Críticas

1. Ao ser criticado por outras pessoas, manter a calma e o distanciamento e mostrar que está ouvindo com atenção.
2. Olhar para a pessoa que está falando com você.
3. Não criticar alguém que acaba de criticá-lo.
4. Não desanimar.
5. Não fazer piadas (...)

Os ideais registrados no diário de Chunming eram inversamente proporcionais ao mundo em que vivia. Uma de suas listas, intitulada As Quinze Características dos Líderes Completos, bem poderia chamar-se "Como ser um chefe em Dongguan", como no caso da terceira característica:

> Preocupe-se com as menores coisas e participe de tudo.

E também da décima quinta característica:

> Quando o grupo recebe bônus e recompensas, ele é o primeiro da lista; entre os executivos, está sempre na fila da frente.

Ela matriculou-se num curso por correspondência para aprender funções de secretária, mas desistiu porque o manual era muito complicado. Uma tentativa de aprender relações públicas também fracassou.

> Como planeja estudar relações públicas?
>
> Resposta: Para aprender relações públicas é preciso, primeiro, aprender a se comportar como pessoa.

A certa altura, Chunming decidiu aprender inglês por conta própria. Fez uma lista de palavras —

> ABLE
> ABILITY

ADD

AGO

ALWAYS

AGREE

AUGUST

BABY

BLACK

BREATH

— mas desistiu antes de chegar à letra C.

Era necessário aprender tantas coisas!, e as regras para progredir se acotovelavam em seu diário. *Sessenta por cento das pessoas não têm um objetivo. Para uma aparência de "Brilho Deslumbrante", misturar nos olhos sombra negra, cinza, dourada, azul-safira e vermelha brilhante.* Ⓐ *Pode ser lavado a seco; "A" significa que qualquer detergente pode ser usado. A troca de cumprimentos é o elemento catalisador e lubrificante da conversa. Quando tomar sopa, não deixe que a colher faça barulho no prato. As pessoas que não leem não sabem conversar e têm uma aparência desagradável.*

Longe das mães, as trabalhadoras migrantes procuravam conselhos em outros lugares. Em meados da década de 1990, começaram a circular revistas para migrantes, especialmente nas cidades industriais do sul da China. Eram impressas em papel barato e vendidas por cerca de 4 iuanes, o equivalente a 50 centavos de dólar. Essas revistas investigavam as condições de trabalho das migrantes e davam conselhos sobre questões jurídicas, oportunidades de emprego e relacionamentos. Apresentavam histórias na primeira pessoa, contando a vida de migrantes. A vida costumava seguir uma de duas trajetórias: uma jovem ia para a cidade, enfrentava dificuldades e vencia, geralmente abrindo seu próprio negócio e comprando um apartamento. Ou, então, uma jovem mudava-se para a cidade e era explorada, geralmente por um homem que se revelava preguiçoso, infiel ou casado e com filho. Elas podiam ser heroínas de Theodore Dreiser, Edith Wharton e Henry James, pois foi em narrativas assim que se construiu a moderna tradição do romance ocidental. Nas páginas das revistas para as migrantes, contudo, a moral era sempre a mesma: contamos apenas com nós mesmas.

Cada história de sucesso terminava com uma vitória pessoal que podia ser expressa na linguagem de um livro contábil: o volume de negócios de uma empresa, a metragem de um apartamento. Em "Foi a ambição que me transformou", uma babá adolescente aprendia por conta própria a ler e a escrever e chegava à faculdade junto com o irmão, vendendo picolés Popsicles, fazendo entregas, trabalhando como cabeleireira e corretora de seguros. No fim da história, ela chefiava o departamento de vendas de uma empresa de seguros e morava num apartamento próprio de 120 metros quadrados. Em "Seja dona do seu nariz", uma jovem trabalhava como cabeleireira durante dois anos sem receber salário para aprender o ofício e abrir o próprio salão. *O faturamento é de mais de 3 mil iuanes por mês, 600 iuanes de aluguel e 100 iuanes de impostos, e o resto é todo dela.* Em "A garota que queria fazer novelas de televisão", uma jovem trabalhava diligentemente num humilde emprego burocrático — *muitas vezes ela digitava dez horas sem interrupção* — e chegou à vice-presidência de uma empresa de entretenimento, com um apartamento de 75 metros quadrados.

O caminho para o sucesso era longo e difícil, e muitos desistiam. Uma jovem podia sonhar em conhecer um homem que a amasse e apoiasse. Mas este era sempre o caminho errado.

Quando cheguei em casa, caí em prantos, sem conseguir acreditar que o meu amor era uma fraude.

O que ele viu em mim foi a facilidade que teria para me enganar.

Se o deixar do jeito que estou agora, quem ainda vai me querer?

As humilhações da vida cotidiana da migrante eram descritas em artigos. Uma jovem entrava no banheiro de uma lanchonete McDonald's porque as instalações do prédio onde morava eram muito ruins: *O ambiente no interior de um banheiro do McDonald's é muito bom. Não só é muito limpo como há papel higiênico e toalhas de papel.* Um trabalhador migrante se envergonhava de contar ao patrão que não tinha dinheiro para comprar um telefone celular. Os que tinham a sorte de conseguir empregos burocráticos deparavam com um ambiente tão implacável quanto qualquer situação descrita por Darwin:

> Como alguns de meus clientes estão com os pagamentos atrasados, a empresa diz que eu sou responsável por cobrar essas dívidas e vai reter 30% do meu salário todo mês até que todo o dinheiro seja recuperado. Isto é razoável?
>
> A regra na nossa empresa é demitir todo mês a pessoa que vender menos. Isto é legal?

★★★

Às vezes a mensagem de autoconfiança ia longe demais. Um artigo sobre uma criada fisicamente maltratada não discutia vulnerabilidade das empregadas domésticas, preferindo exaltar sua ousada fuga do apartamento do patrão. *A única pessoa que podia salvar Wang Li era a própria Wang Li.* O relato do trágico incêndio numa loja de departamentos ignorava as questões realmente importantes — problemas de construção e nas medidas preventivas — para enfatizar as dicas de sobrevivência: *Se for atingida pelo fogo, tire as roupas ou role no chão para apagar as chamas.*

Em contraste com a rígida e moralista imprensa chinesa, as revistas para as migrantes inovavam. Não insistiam em finais felizes; muitas histórias terminavam com sofrimento ou confusão. Descreviam um mundo em que as pessoas enganavam umas às outras e nada faziam para ajudar os solitários e perdidos. Não ficavam falando da necessidade de emendar leis ou corrigir os costumes e nunca mencionavam o Partido Comunista. Seu tema era como levar a vida no mundo, tal como se apresentava.

No verão de 1996, Chunming escreveu em seu diário:

> Amigos, não nascemos pobres neste mundo por nossa culpa. Mas morrer pobre é um pecado.
>
> Ao longo da vida, não trabalhamos duro nem persistimos na luta? Para ser uma vendedora de sucesso precisamos alcançar sinceramente estes quatro pontos:
>
> 1. Mostrar determinação.
> 2. Ter uma meta clara.
> 3. Estudar profundamente e entender perfeitamente os produtos e os planos da empresa.
> 4. Estudar as técnicas de venda.

Nesse verão, uma amiga da fábrica levou Chunming a uma conferência que mudou sua vida. O orador trabalhava para uma companhia de produtos de uso diário chamada Wanmei. A Wanmei, palavra que significa "perfeito", vendia suplementos alimentares, mas o que realmente oferecia era um sonho de riqueza e realização pessoal resumido na palavra mágica *chuanxiao*. A expressão chinesa, que pode ser traduzida como "vendas em rede", confunde vendas diretas legítimas com os esquemas fraudulentos de pirâmide. A corrupção, que às vezes parecia estar no ar que as pessoas respiravam, havia se infiltrado na língua.

Chunming começou a vender produtos da Wanmei para complementar a renda, tendo como clientes, sobretudo, trabalhadores das fábricas. Comprou fitas da empresa e compareceu a palestras promovidas por ela, e seu diário transformou-se num manual de vendas da Wanmei, misturado a teorias algo estranhas no terreno da saúde.

O SUCESSO DE UMA VENDA DEPENDE DOS TRÊS PRIMEIROS SEGUNDOS DA ENTREVISTA.

OLHAR O INTERLOCUTOR NOS OLHOS QUANDO ESTIVER FALANDO.

CONHECER TRÊS PESSOAS POR DIA.

O CRISTAL MINERAL ALOÉ É CAPAZ DE REGULAR OS CINCO SISTEMAS DO CORPO HUMANO.

A QUEDA DE CABELO É CAUSADA POR FALTA DE COBRE.

No fim de 1996, Chunming tinha um emprego influente na fábrica, como chefe do departamento de assuntos gerais, mas saiu para se dedicar em tempo integral à venda de produtos da Wanmei. Gastou 10 mil iuanes de suas economias para alugar salas de reunião e equipamentos para sessões de treinamento. Recrutou antigos colegas da fábrica para sua rede de vendas, prometendo que ficariam ricos juntos. Nas últimas páginas do diário, Chunming relacionava os vendedores recrutados. Muitos ainda eram adolescentes; o mais velho tinha 25 anos.

> Por que estamos reunidos aqui hoje? Simplesmente para discutir o tema "Como devemos viver a vida inteira?".
>
> Vamos pensar no assunto: por que ainda somos tão comuns? Por que será que tantas pessoas que trabalharam duro a vida inteira ainda não levam a vida que imaginaram? Todos nós tivemos sonhos um dia. Todos lutamos e trabalhamos duro. Mas por que esse desequilíbrio entre o que investimos e o que ganhamos? Quantos arrependimentos não se acumularam em nós!

Pouco a pouco, nós entendemos esta verdade: aquele que quer progredir precisa agarrar as oportunidades. Não basta ter um sonho e munir-se de determinação (...) Se não for escolhido o meio adequado, ficaremos pelejando a vida inteira. Assim como nossos pais e nossas mães escolheram a agricultura: trabalharam a vida inteira, mas quando o cabelo ficar branco, vão catar moedas no bolso para comprar o óleo e o sal.

Meus amigos, será que queremos seguir o caminho de nossos pais?

Não!

Uma salva de palmas para todos aqui presentes!

As empresas de vendas diretas tinham deslanchado nos Estados Unidos durante o *boom* econômico que se seguiu à Segunda Guerra Mundial. Ao contrário dos varejistas tradicionais, companhias como a Amway Corporation e a Avon não vendiam seus produtos em lojas, mas através de distribuidores independentes. Esses distribuidores ganhavam dinheiro de duas maneiras: encarregando-se eles mesmos das vendas e formando uma rede de vendedores e recebendo bônus baseados em suas vendas.

Em meados da década de 1990, a China foi varrida por uma onda de vendas em rede, com algumas dessas companhias *chuanxiao* copiando o modelo de vendas americano. Outras simplesmente cobravam dos novos recrutas uma pesada taxa de adesão, com a promessa de muitos ganhos se por sua vez recrutassem novos membros. Eram os esquemas do tipo pirâmide: o dinheiro não vinha da venda efetiva de produtos, mas apenas das pesadas taxas de adesão que eram cobradas. Esses esquemas davam dinheiro para os primeiros participantes, mas ruíam quando deixavam de atrair novos membros, sumindo com a poupança de muitas pessoas.

O modelo de vendas em rede era ideal para uma sociedade chinesa em que a moralidade tradicional entrara em colapso e na qual continuavam vigorando apenas as regras mais implacáveis: não confiar em ninguém, ganhar dinheiro rápido. As empresas contavam com redes tradicionais de caráter familiar ou baseadas em relações de amizade; a primeira coisa que um vendedor *chuanxiao* fazia era forçar os parentes e amigos a comprar alguma coisa. Prometiam riqueza e realização. E ofereciam a chave infalível do sucesso: *conheça três novas pessoas por dia*. A indústria floresceu nas pequenas cidades e comunidades de migrantes do delta do rio Pérola. Ali, na convergência do mundo rural e do urbano, o sucesso dos outros era invejado e todos ansiavam alcançá-lo também. Se um conhecido vinha prometer riqueza instantânea e cura milagrosa, era fácil influenciá-los.

A proliferação das empresas *chuanxiao* deixou o governo central preocupado. Algumas delas negociavam produtos falsificados, contrabandeados ou de má qualidade; as reuniões de treinamento, nas quais líderes carismáticos envolviam os aprendizes num frenesi quase evangélico de vendas, assemelhavam-se de maneira preocupante a cultos religiosos. As operações mais extravagantes chegavam a ameaçar a ordem social; em 1994, a polícia foi chamada para dispersar centenas de distribuidores enfurecidos com a quebra de um esquema de venda de diamantes iniciado em Taiwan. Pequim baixou uma série de normas para controlar a indústria das vendas em rede, mas os governos locais raramente cumpriram suas ordens. Isso acontecia, em parte, porque as companhias representavam um bem-vindo aporte de empregos e impostos para as administrações locais, e, em parte, também porque muitos funcionários do governo faziam bico como distribuidores *chuanxiao*.

Para Chunming, as reuniões de vendas eram uma maneira de aprender a falar melhor. Na China tradicional, a oratória não era uma habilidade considerada importante — o que importava era escrever um ensaio elegante numa bela caligrafia —, e os discursos no país sempre foram lamentáveis. Os oradores muitas vezes leem o que falam, e o que leem em geral é tedioso. Uma pessoa como Chunming — jovem, de origem rural e do sexo feminino — teria todos os motivos para manter-se calada na presença de superiores. Numa China moderna, movida pelo comércio e pela competição, contudo, tornara-se necessário saber falar.

As empresas de vendas em rede importaram o ethos americano diretamente para as classes inferiores chinesas. Seu estilo de comunicação misturava as interpelações diretas dos pregadores à antiga com os sermões infindáveis da escola "motivacional". Elas espalhavam a boa-nova de que o indivíduo era importante e todo mundo era um vencedor. E traziam com elas a convicção tão americana de que a riqueza e a virtude podem andar de mãos dadas.

Em seu diário, Chunming guardava esboços de seus discursos:

> Meu nome é Wu Chunming, um nome muito simples e comum. Mas tenho certeza de que algum dia, no futuro, meu nome deixará de ser comum (...)

> Amigos, que tipo de pessoa vocês desejam ser no futuro? É uma pergunta que merece nossa reflexão. Que tipo de pessoa somos hoje? Isto é importante?
>
> Não é importante!
>
> O importante é: que tipo de pessoa você quer vir a ser no futuro? Com que objetivo viajamos milhares de quilômetros e deixamos nossas famílias para trás, para vir trabalhar?
>
> Para ganhar dinheiro!
>
> Correto, para ganhar dinheiro. Mas já conseguimos ganhar o dinheiro que queríamos?
>
> Não!
>
> Será que a vida que levamos hoje é a que queremos viver ou a que podemos viver?
>
> Correto, a que podemos viver...
>
> Amigos, que tipo de pessoa vocês querem ser? Cabe a vocês decidir. Se nunca ousarem desejar o sucesso, nunca terão sucesso... O importante é que precisam ousar pensar, ousar querer...
>
> Realmente, cada um de nós é único no mundo. Quando nascemos, não estamos fadados ao fracasso. Pois todos nascemos vitoriosos.
>
> Amigos, por favor, acreditem em mim! Mais importante ainda, acredite em si mesmo! Pois você é capaz!

Na Wanmei, Chunming rapidamente ascendeu de estagiária a gerente. Em 1997, deixou a empresa para trabalhar numa firma de Taiwan chamada Companhia Tangjing de Desenvolvimento do Jardim Pagode da Alma. Seu negócio era construir prédios altos para abrigar cinzas humanas. Esses prédios eram conhecidos como "pagodes da alma", e a política de vendas da empresa misturava o espiritual, o prático e a paixão chinesa por imóveis. Para os mortos, o Jardim Pagode da Alma Tangjing prometia repouso eterno com excelente feng shui. Para os vivos, a propaganda centrava-se na localização privilegiada, na quantidade limitada de espaços e no crescimento populacional do delta do rio Pérola. Qualquer investidor podia adquirir um pagode da alma inteiro para em seguida revender unidades individuais com lucro.

O trabalho de Chunming consistia em organizar sessões de treinamento para os vendedores da empresa. Ela aprendera a falar e agora ensinava aos outros: tal como acontecia nas fábricas, o que de fato estava sendo vendido era o aspecto menos relevante do empreendimento. O discurso de venda de Chunming misturava budismo, vantagens ambientais da cremação e a quase certeza de que um pagode da alma valorizaria 300%. Em outras palavras, a morte era o melhor investimento a longo prazo.

> Que nossos antepassados possam fazer a última viagem da vida da maneira mais civilizada, digna e majestosa.
>
> Só em Guangdong são mais de um milhão de mortos anualmente.
>
> O preço do pagode unitário de nossa empresa passou de 3.500 iuanes em julho de 1995 a 5.600 iuanes atualmente.
>
> Oferecemos uma linha completa de serviços (da cremação à entrada no pagode, com direito à expiação dos pecados dos mortos e assim por diante).
>
> Nossa licença vai de 11 de julho de 1994 a 10 de julho de 2044.

Chunming, no entanto, trabalhava com prazos mais curtos. No fim de 1997, ela voltou a pular de galho, transferindo-se para uma empresa *chuanxiao* sediada em Shenzhen. Os novos membros pagavam mil iuanes por uma caixa de remédios tibetanos tradicionais. Era um esquema de pirâmide, pura e simplesmente, e Chunming chegou a tempo de realmente ganhar dinheiro. Recrutou uma dúzia de vendedores, todos comprovadamente vitoriosos em seu campo de ação, e em poucos meses estava à frente de uma rede de dez mil pessoas. A essa altura, Chunming ganhava 40 mil iuanes por mês — cerca de 5 mil dólares, uma soma astronômica para o delta do rio Pérola em 1998. A empresa começou a entregar seus cupons semanais de pagamento em envelopes de plástico transparente, para que ela os mostrasse aos novos recrutas como ferramenta de motivação. Numa visita aos pais, Chunming deu-lhes 30 mil iuanes para reformar a casa, colocar piso, comprar novos utensílios e um aparelho de televisão de vinte e nove polegadas. Seu sucesso na cidade a fizera famosa na aldeia. "Todo mundo que vivia na região tinha ouvido falar de mim", contou ela.

Mas a indústria estava fugindo ao controle. Numa cidadezinha chamada Danshui, a cerca de 64 quilômetros de Dongguan, um esquema originado em Taiwan para a venda de massageadores de pé tornara-se uma verdadeira coqueluche. Para entrar para a empresa, era necessário comprar um massageador de pé por 3.900 iuanes, o equivalente a quase 500 dólares — cerca de oito vezes o preço de mercado. Os participantes tinham a promessa de receber

40% das taxas de adesão daqueles que recrutassem. Danshui foi invadida por migrantes; alguns vendiam suas casas, os móveis e cabeças de gado para pagar a taxa de adesão. Mas não era fácil vender massageadores de pés a 3.900 iuanes numa cidade pobre, especialmente quando milhares de outras pessoas tentavam fazer o mesmo.

Quando o esquema desmoronou, algumas pessoas lesadas agrediram os que os haviam recrutado, enquanto outros realizavam manifestações em frente a repartições públicas para exigir o dinheiro de volta. A polícia foi chamada para conter a multidão, restabelecer a ordem e mandar os migrantes de volta para casa. A essa altura, os organizadores já se haviam transferido para uma cidade da província de Hunan, onde montaram a mesma operação e recrutaram cerca de 30 mil participantes, até que o esquema voltasse a desmoronar.

Em abril de 1998, o governo do primeiro-ministro Zhu Rongji determinou o fechamento de todas as empresas de *chuanxiao*. A medida atingiu mais de duas mil companhias, e de uma hora para outra entrou em colapso uma indústria que havia anos resistia a todas as tentativas oficiais de regulamentação. Chunming viu-se desempregada; a fartura durara exatamente dois meses. O golpe foi duro, e ela sabia exatamente de quem era a culpa.

— Ao chegar ao poder, Zhu Rongji proibiu as vendas em rede, e eu tive de parar — explicou.

No ambiente de liberdade do delta do rio Pérola, onde Chunming aprendera a falar, onde o comércio imperava e todo mundo era um vitorioso e morrer pobre era um pecado, o braço longo do governo surpreendentemente atingira sua vida, pela primeira vez.

4

A FEIRA DE EMPREGOS

Quando acabava o turno de Min, eu pegava o ônibus para encontrá-la em frente ao portão da fábrica. Dongguan despertava depois do pôr do sol; o exaustivo calor do dia se evaporara e as ruas eram tomadas por jovens deixando o trabalho — verdadeiros mutantes transformando-se diante de meus olhos, trabalhadores compenetrados que voltavam a ser adolescentes sedentos de vida. Min e eu caminhávamos alguns quarteirões ao redor da fábrica e escolhíamos um restaurante barato para jantar. Ela sempre pedia carne, legumes assados na lenha e um peixe só para nós duas, que invariavelmente vinha cheio de espinhas; se nos encontrávamos perto do dia do pagamento, ela insistia em pagar a conta. Min comia como se estivesse participando de um banquete. Muito depois de eu acabar de comer, ela continuava beliscando nos pratos, extraindo o aroma dos menores pedacinhos, como uma refinada gourmet.

Certa vez, o seu primo, em visita à cidade, levou-nos ao McDonald's. Min olhou longamente para o seu Big Mac, abaixou o rosto até a altura da mesa, com os olhos no mesmo nível que o sanduíche, e foi comendo camada após camada — o pão, o tomate, a alface, a carne. Jamais havia entrado num McDonald's. Quando lhe dei dois pequenos porta-retratos de presente de aniversário, tive de mostrar-lhe como abrir atrás para inserir uma fotografia. De outra feita, ela me perguntou o que era a Bolsa de Valores. Não manifestava o menor interesse pelas questões nacionais. Certa tarde, durante uma refeição com dois colegas mais velhos da fábrica, a conversa enveredou pelo que significava crescer na época de Mao Tsé-tung, na década de 1970.

— A gente sempre estava com fome — lembrou-se um deles. — Só na década de 1980 é que acabou a fome.

— Quem está no lugar do presidente Mao agora? — perguntou Min de repente. — Eu nem sei.

— Hu Jintao — respondeu um dos colegas.

Uma careta de confirmação.

— Então não é mais Jiang Zemin? — fez ela.

Eu disse que não, Jiang Zemin tinha sido afastado e Hu Jintao ocupara o seu lugar.

— Oh... Achei que Jiang Zemin tinha morrido. — E acrescentou: — Todas essas pessoas parecem muito distantes.

Os detalhes de sua vida cotidiana eram mais importantes que tudo mais; praticamente, todas as vezes que a encontrei, Min tinha algo de novo para me contar. Às vezes parecia que as leis do mundo físico não se aplicavam a ela, que bastava ela pensar em alguma coisa — uma mudança de emprego, uma demissão — para conseguir. Quando eu ficava algum tempo sem vê-la, ela podia esquecer de me dizer que largara uma fábrica ou recebera um aumento, pois em seu espírito já fora adiante. Raramente parava a fim de pensar em tudo que fizera desde que saíra de casa, uma característica muito comum em Dongguan. Talvez as pessoas achassem que podiam perder a motivação se parassem para fazer um balanço da experiência.

Ao publicar meu primeiro artigo sobre Min no *Wall Street Journal*, levei-lhe uma tradução quando nos encontramos certa noite numa confeitaria perto da fábrica. O bolinho e a vitamina de broto de feijão esperavam enquanto ela lia. Na terceira página, ela deu um sorriso — "Você se lembra dos mínimos detalhes", comentou —, e voltou a fazê-lo na página quatro. Leu o artigo até o fim e ainda virou a página, querendo mais.

— Só isso? — perguntou.

— Só — respondi.

— Dá vontade de ler mais — acrescentou ela.

— Haverá mais.

— É mesmo? — insistiu. — Você está escrevendo agora?

— Você é que está vivendo agora — disse eu. — Está acontecendo agora.

Min olhou-me de um jeito estranho, como se não entendesse muito bem se eu estava brincando com ela.

Leu o artigo várias vezes, e depois me mandou um e-mail. *Vendo o que eu era*, escreveu, *percebo que realmente mudei.*

Uma coisa que Min nunca esqueceu foi a dureza do ano que passou na linha de montagem. No mundo da fábrica, era comum ouvir as pessoas falarem quase com saudades de sua época na linha de montagem, uma época de poucas preocupações e responsabilidades. Mas não era o caso de Min. "Nada é mais difícil que ser um trabalhador comum", costumava dizer. Ela nunca esqueceu de onde viera. Era uma das coisas de que eu mais gostava nela.

Em abril de 2004, Min recebeu o pagamento da sua primeira quinzena no novo emprego, e não mandou dinheiro para casa. Em vez disso, foi ao shopping, onde comprou uma blusa preta justa e uma calça capri branca. Ia cumprir uma promessa de visitar velhas amigas, e para visitar velhas amigas é preciso estar de roupa nova. Na manhã seguinte, às oito horas, Min e eu tomamos o ônibus para Fenggang, a remota zona industrial onde ela trabalhara no primeiro ano fora de casa. O ônibus estava cheio de migrantes de folga no fim de semana. Mocinhas sentavam-se aos pares com seus melhores trajes domingueiros — blusas brancas, jeans lavados, rabos de cavalo perfeitos — e os passageiros apinhados no corredor balançavam sinuosos, em fila indiana, a cada curva feita pelo ônibus. Algumas garotas enjoadas se agarravam ao corrimão, com a cabeça baixa e os olhos apertados, como se quisessem afastar o sofrimento.

Min falou sem parar durante as duas horas do percurso. Esperava convencer as amigas a mudar de fábrica, como ela fizera. E ia tecendo comentários sobre os lugares por onde passávamos.

Zhangmutou: "É conhecida como Pequena Hong Kong. Há muito luxo aqui. Vim aqui muitas vezes em busca de emprego, mas não consegui nada."

Qingxi: "Tem muitas fábricas de computador aqui, mas é preciso mais preparo para entrar."

Fenggang: "Não é tão desenvolvido quanto o lugar onde estou, certo?"

Para mim, todas as cidades pareciam iguais. Canteiros de obras e restaurantes baratos. Fábricas, fábricas, fábricas, com as grades de metal dos portões cerradas como redes. Min via a cidade com olhos diferentes: cada uma delas representava a possibilidade de algo melhor que aquilo que tinha agora. Em seu mapa mental de Dongguan delineavam-se todas as viagens de ônibus que ela fizera em busca de uma vida melhor.

★★★

AS AMIGAS DE MIN nos esperavam ao pé de um viaduto, olhando ansiosamente na direção errada. Liang Rong era alta, com um rostinho bonito; Huang Jiao'e era baixa e gorducha, com olhos brilhantes e bochechas rosadas. Ambas tinham um ano a mais que Min. As três mocinhas deram-se as mãos e começaram a dar gritinhos e pular juntas, como concorrentes de um concurso de televisão que acabaram de ganhar um grande prêmio.

— Uau! Você emagreceu!

— Você ficou ainda mais alta!

— Você cortou o cabelo!

— Acabei de comprar estas roupas — disse Min, agitada. — Gostaram?

As amigas disseram que sim.

Perto da autoestrada havia um pequeno parque com uma praça de concreto. O sol inclemente deixara os bancos de pedra brancos, como túmulos antigos; a sombra provinha de algumas arvorezinhas mirradas que pareciam estar dando o último suspiro. As meninas encontraram um banco vazio, sentaram-se e começaram a mexer no cabelo umas das outras. Ficaram admirando as roupas novas de Min, enquanto ela dizia quanto havia custado cada peça.

— Quer dizer então que eu mudei? — perguntou Min, que se fora há exatamente dois meses.

— Sim, você mudou — confirmou Huang Jiao'e.

— Mas como?

— Você parece mais madura.

Liang Rong e Huang Jiao'e começaram a dar notícias da fábrica: quem conseguira um novo emprego, quem havia cortado o cabelo. Era o primeiro dia de folga em um mês e mesmo assim porque a fábrica ficara sem energia. O salário continuava o mesmo, e muitas vezes atrasava, dependendo do humor do chefe.

Min não pôde deixar de se vangloriar um pouco sobre o lugar onde estava trabalhando.

— As pessoas dessa fábrica são realmente pouco qualificadas — disse. — Minha fábrica agora é muito melhor. O patrão tem muito dinheiro.

E de repente, depois de uma pausa:

— Venham vocês também! Eu as convido para jantar. Quando é que virão?

— Mas se nós só pudermos ir num dia em que você não esteja de folga? — ponderou Liang Rong.

— Se vierem me visitar, eu apresento vocês a alguns rapazes — disse Min. — Há muitos rapazes na minha fábrica.

As duas arregalaram os olhos, dizendo "Ooh!" ao mesmo tempo, e as três começaram a rir.

Apareceu então um mendigo com uma bengala, e elas pararam de conversar. Liang Rong hesitou e acabou colocando delicadamente uma maçã na tigela do homem, como numa cena de conto de fadas. A vida não era nada fácil em Dongguan, e talvez por isso mesmo as pessoas, às vezes, fossem tão surpreendentemente boas com os outros. Vi mais cenas de caridade com mendigos em Dongguan do que em qualquer outra cidade da China. Os operários mostravam compaixão com os idosos ou qualquer pessoa com uma deficiência física, mas não tinham a menor piedade com os mendigos de sua idade. Quem fosse jovem e saudável não tinha desculpas para não trabalhar.

A ANTIGA FÁBRICA DE MIN ficava a meia hora a pé da cidade, naquela confluência onde a China industrial se abria para os territórios agrícolas. Um riacho corria lento e quase negro, como um rio de gasolina. Uma estrada de terra batida dava continuidade à rodovia pavimentada, uma estreita faixa poeirenta cheia de barraquinhas vendendo macarrão e mesas de bilhar ao ar livre. Bandos de rapazes de chinelos e camisas do uniforme da fábrica jogavam bilhar. Min foi passando com uma amiga de cada lado, a cabeça erguida como um centurião retornando da batalha. Alguns adolescentes a chamaram:

— Quando foi que voltou?

Mostraram-se impressionados pelo fato de ela estar trabalhando no centro de Dongguan.

— Eu mudei? — perguntava Min a todos que se aproximavam.

— Você está mais magra e mais morena — disse uma jovem.

Min ficou decepcionada.

— Queria que você dissesse que eu estou mais madura.

Liang Rong e Huang Jiao'e entraram na fábrica para receber o pagamento; aparentemente, o chefão estava tão de bom humor, que decidira pagar os salários naquele dia. Min esperou do lado de fora do portão, espiando os prédios azulejados e uma montanha de entulho no meio do pátio. A fábrica estava em expansão.

— Que tal lhe parece? — perguntou-me Min.

— Parece bom — respondi.

— Parece bom visto de fora — fez ela —, mas só vê o interior quem concorda em trabalhar lá dentro. E, aí, não tem mais para onde ir.

À TARDE, AS MOÇAS SE ENCONTRARAM com dois outros amigos da fábrica e foram para um parque próximo. Ser um migrante era, em certa medida, não saber o que fazer com o tempo livre. No Parque Tangxia ficaram observando uma menina de aproximadamente 6 anos atirando seixos na cabeça de uma tartaruga aboletada num tanque raso. Mas os divertimentos do parque eram quase todos pagos. Os visitantes podiam usar espingardas de ar comprimido para abater peixes num lago; Min olhou para os minguados peixes à espera de serem executados e disse, solene:

— É o que acontece quando a gente não tem liberdade.

Passageiros chegavam de teleférico de uma colina próxima, mas tinham de pagar 15 iuanes; as garotas sentaram-se num local para piqueniques bem abaixo dali e ficaram observando a passagem dos carros do teleférico.

Huang Jiao'e tinha se matriculado num curso de computação. Queria sair da fábrica, entrar na feira de emprego e procurar um trabalho melhor, como Min fizera.

— Já fiz os meus planos — disse, timidamente.

— Já sabe entrar na internet? — perguntou Min.

— Ainda não.

— Vou te ensinar.

Min olhou para o relógio: eram quatro horas.

— Mas talvez não hoje... da próxima vez. Tente aprender qualquer coisa — aconselhou. — Por menos que você saiba, já será um bom ponto de partida para o próximo emprego. Pelo menos foi assim que aconteceu comigo — concluiu, modesta.

Em algum momento daquele dia dera-se conta de que pouco poderia fazer para ajudar os amigos. Encontrar coragem para deixar uma fábrica era algo que a pessoa tinha de aprender sozinha. Era como sempre diziam os migrantes: *Só podemos contar com nós mesmos.*

Às cinco horas, as moças se separaram com um simples tchau. "Ainda não estou cansada", disse Min, enquanto procurávamos um lugar para sentar no ônibus. "Vou ficar cansada mais tarde. Agora, estou muito excitada."

À medida que a noite caía e o ônibus passava pelas cidadezinhas nas quais tantas vezes procurara emprego, Min ficava mais desanimada. Acabara de visitar sua antiga vida e sabia que ela ficara para trás. Mas em sua nova vida também faltava alguma coisa. No lado de fora, começavam a se acender as luzes das fábricas; sombras movimentavam-se em silêncio contra as janelas; mesmo num domingo à noite, as pessoas iam trabalhar.

— Se eu tivesse estudado, migrado para trabalhar alguns anos e voltado para casa, para casar e ter filhos — disse Min —, talvez não tivesse vivido tudo isso.

NA LUZ AZULADA DA NOITE, Min e eu estávamos de pé em frente ao portão da fábrica. Um amigo dela, eletricista, ia jantar conosco, e ficamos esperando enquanto ele se vestia. Um segurança bonitão com calças de camuflagem — 1,7 METRO OU MAIS, SABER JOGAR BASQUETE AJUDA — passou com um sorriso e jogou para Min um molho de chaves que ela havia deixado com ele. As pessoas começavam a voltar da folga de domingo. Min chamou uma jovem, que gritou de volta, mergulhando na noite: "Estou morrendo de fome!" E entrou na fábrica sem se aproximar para dizer alô.

Min pareceu surpresa com a indelicadeza. A mulher tomara um chá abortífero recentemente, disse-me Min, mas não dera certo. Min a acompanhara então ao hospital, para a cirurgia. "É uma das pessoas com quem finjo ter um bom relacionamento, mas não somos realmente amigas", disse.

Um homem mais velho, de óculos, barriga avantajada, passou por nós e entrou na fábrica.

— Foi você que deixou aberta a porta do escritório? — perguntou.

— Passei o dia fora — devolveu Min.

Era o seu chefe, que ela odiava.

— Ele é muito orgulhoso — disse. — Ninguém na fábrica gosta dele.

O patrão passou novamente alguns minutos depois, deixando a fábrica, e dirigiu-lhe um olhar fixo. Min manteve-se firme e sustentou o olhar. Nenhum dos dois disse nada.

— Amanhã ele vai me perguntar quem é você — disse ela. — Tenho certeza. Vou dizer que você é uma amiga, e pronto.

Ela o chamava de *Liu Laoutou*, "Velho Lin Reacionário".

Em dez minutos junto ao portão da fábrica eu tinha a sensação de ter conhecido o mundo de Min: a camaradagem com o guarda, a frieza da outra jovem e o aborto malfeito, a crueldade gratuita dos chefes. E o fato de ela segurar a barra.

O AMIGO ELETRICISTA DE MIN APARECEU — com seus braços musculosos, a expressão franca e o sorriso tímido — e fomos para um restaurante que oferecia bife grelhado, peixe cozido e cerveja. No fim de um longo dia, Min desabafou toda a sua insatisfação.

— Na minha antiga fábrica, chorei uma vez durante uma hora e meia e minhas amigas tentaram me consolar, mas não conseguiram — disse. — Desde que vim para esta fábrica, já chorei duas vezes, mas ninguém ficou sabendo.

O eletricista olhava para sua tigela de arroz sem dizer nada.

A fúria de Min voltou-se para as duas amigas que tinham ido ao parque conosco naquela tarde.

— Nós não somos muito íntimas. Apenas fingimos ser amigas — disse ela. — A mais gordinha só pensa em arrumar namorado. Quando sai o pagamento, não manda dinheiro para casa. Só paga a conta do celular do namorado ou então convida rapazes para jantar. E nem é bonita! A outra tinha namorado, mas rompeu quando descobriu que ele a estava enganando. Ganhou dele um relógio que continua usando. Você viu como elas ficam infelizes quando recebem o salário? Elas ficam pensando: trabalho tanto e recebo só isto? Trabalhar diariamente na fábrica é tão duro!

Foi então que ela se voltou para mim.

— Você não pode imaginar o que é — disse. — Só uma pessoa que tenha passado por isso pode saber.

Min estava cansada de coisas que havia pouco tempo desejava intensamente. A emoção de passar a trabalhar no escritório logo deu lugar à constatação de que ocupava ali o lugar mais baixo da hierarquia. Todo mundo enchia de trabalho a colega mais jovem e recém-chegada, e o único aliado de Min não estava mais lá: duas semanas depois de sua chegada, o homem bondoso que a havia contratado foi-se embora para um emprego melhor em Pequim. Entregue à própria sorte, Min não demorou a decodificar a complicada política do mundo dos colarinhos brancos. Seu novo chefe, o sujeito barrigudo, fora demitido da fábrica no ano anterior por ter uma amante; como ninguém o respeitava, ele também tornava as coisas mais difíceis para Min. Os colegas pareciam loucos para vê-la dar com os burros n'água: quando ela entrava numa sala, as conversas paravam e ninguém a ajudava em sua nova função. Ela descobriu que uma pessoa podia dizer uma coisa e estar pensando outra, e que ela também precisava aprender a fazê-lo.

— No escritório, as pessoas podem parecer muito simpáticas, mas ficam falando coisas pelas suas costas — disse-me ela. — Não se pode ter um único amigo nessa fábrica.

A ascensão social a deixava ainda mais solitária. Tinha mais afinidade com os operários da linha de montagem, tanto pela idade quanto pelas origens, mas ela já não pertencia a esse mundo. Os colegas no escritório eram mais velhos, muitos casados, e nada tinham em comum com ela. O dormitório ficava vazio nos fins de semana, quando as outras visitavam os namorados e maridos. Min fazia de conta que não se importava, e nunca deixou que alguém a visse chorando.

Em abril, seu antigo patrão telefonou de Pequim para oferecer-lhe um emprego. Ele estava montando computadores para vender nas províncias e precisava de alguém para cuidar da loja. Estava na casa dos trinta, frequentara a elitista Universidade de Tsinghua e era o único adulto que se havia mostrado minimamente atencioso com ela em Dongguan: era tudo que ela sabia. Decidiu, então, partir.

Min telefonou para a irmã mais velha em Shenzhen.

— Que é que você vai fazer lá? — perguntou a irmã.

— Cuidar da loja — respondeu ela.

— Qual é o salário?

— Não sei. Mas deve ser melhor que aqui.

— Você confia nele?

— Sim.

— Tome cuidado.

Min mandou-me uma carta sobre seus planos:

> *Decidi ir para Pequim, para me dar essa oportunidade. Saberei lidar com os sentimentos entre "Irmãozão" e "Irmãzinha". Mas o fato é que, tendo afinal me acostumado a este trabalho aqui, é uma pena ir embora...*

Uma pessoa não cresce sendo feliz. A felicidade deixa a pessoa superficial. Só através do sofrimento é que podemos crescer, nos transformar e ter uma melhor percepção da vida!

Sem poder contar com um porto seguro, contudo, Min ficava exposta a violentas oscilações de humor. Decidiu então que não seria conveniente ir ao encontro do chefe em Pequim. Ele era um homem, não tinha família e no fim das contas não confiava realmente nele. Resolveu ficar onde estava.

A produção na fábrica aumentava; em seu dormitório, já não havia seis moças, mas nove. Como havia pessoas trabalhando em diferentes turnos, era difícil dormir à noite, e Min voltou a pensar em ir embora. Ao lado da sua sala ficava o departamento de recursos humanos, onde às vezes havia filas de pessoas aguardando entrevistas de trabalho. Para cada pessoa contratada, dez eram entrevistadas, e muitas tinham diplomas universitários. Nesses momentos, Min sentia-se com sorte de ter o seu emprego.

Os operários da linha de montagem da fábrica de Min ganhavam 320 iuanes por mês. Era pouco para Dongguan, o que a deixava incomodada. Ela sempre cumprimentava os operários, mas não conseguia se aproximar deles.

— Certas pessoas do escritório nem se dirigem aos operários, olhando para eles com superioridade — dizia Min. — Mas eu também já fui operária.

No fim de maio, Min mandou-me uma mensagem pelo celular. *Tenho uma surpresa agradável para você. Não vou dizer o que é agora. Rá Rá.*

Eu estava indo ao seu encontro, e avaliei as possibilidades. Ela tinha deixado o emprego. Estava com namorado. Decidira no fim das contas ir para Pequim.

Mandei uma mensagem de volta: *Estou muito curiosa.*

Talvez você ache que não é bom. Rá rá. Espero que não fique decepcionada.

Ela me esperava na porta da fábrica, e percebi que havia ajeitado o cabelo, adotando um sofisticado corte assimétrico. Os longos cachos de menina tinham-se ido. O tratamento químico levara três horas e custara 100 iuanes num salão, disse-me Min. Ela acabara de receber seu primeiro salário.

Começou então a me contar as fofocas do trabalho. Seu superior imediato, alguns anos mais velho, brigara com a namorada. Ela era inteligente e ganhava o dobro dele, o que era motivo de chacota em todo o escritório. Ela havia economizado 80 mil iuanes; todo mundo também o sabia. Já que iam se separar, a namorada exigia 10 mil iuanes de indenização pelos sete anos que passara com ele. Era o rompimento estilo Dongguan: as feridas emocionais davam lugar ao cálculo financeiro, e todo mundo na fábrica ficava sabendo até os últimos detalhes. Agora, o jovem chefe ia deixar a fábrica, explicava Min, e com ele partiriam vários outros. Não havia motivos para ficar, e ontem mesmo ela havia se demitido.

— Você decidiu ir embora? — perguntei.

A rapidez de suas decisões me deixava sem fôlego.

— Pedi demissão ontem — disse Min.

O chefe, o tal de quem ela não gostava, perguntara-lhe por que queria ir embora.

— Quero voltar para casa — mentira Min.

— Você arrumou outro emprego? — perguntou ele.

— Não — disse ela. — Preciso cuidar de umas coisas em casa.

Outra mentira.

— Você está indo bem aqui — insistiu o chefe. — Por que vai embora?

Para variar, ele não estava sendo rude com ela. Mas tampouco aprovava sua saída; disse-lhe então que decidiria dentro de um mês.

Era esta a surpresa de Min: havia alisado o cabelo. Também tomara a iniciativa de deixar o emprego e saltar de novo no desconhecido, mas aparentemente não considerava que isto fosse novidade.

À TARDE, FOMOS A UM PEQUENO parque perto da fábrica de Min. Ele era cercado de prédios de apartamentos, com um laguinho de água amarelo-esverdeada, da cor do monte Dew. Crianças o atravessavam com água pelos joelhos, enchendo panelas rasas e jarras de vidro.

— Na minha terra, os lagos onde nadamos são profundos e a água é clara — disse Min. — No verão, quando eu era criança — acrescentou, sonhadora —, nós plantávamos melancias. A cerca de dez minutos a pé de casa, os adultos construíam um galpão com três troncos de árvore servindo de estacas e uma prancha de madeira com grama em cima. Nós ficávamos ali embaixo tomando conta das melancias o dia inteiro e o meu pai passava a noite lá.

"Minha irmã mais velha, minha prima, minhas duas irmãs menores e eu íamos para lá durante o dia. Jogávamos cartas, pescávamos e nadávamos. Trazíamos deveres de casa da escola durante o verão e nossa mãe ficava nos dizendo para fazê-lo, mas nós não o fazíamos.

"Botávamos algumas melancias na corrente do rio, amarrando-as à margem com uma corda para não serem levadas. Quando comíamos a melancia, estava realmente fria."

Eu nunca ouvira um migrante falar do interior como Min.

— Se eu fosse você, se tivesse o seu preparo e o seu dinheiro — disse ela então —, trabalharia muito enquanto fosse jovem. Mas quando fosse mais velha iria para o campo para procurar um marido e viver numa casinha pequenina. A gente poderia viver numa cabana e criar galinhas.

Ela fez um breve silêncio. Parecia estar querendo se livrar de uma fantasia que sabia que jamais se realizaria.

No início de junho, um operário recém-contratado da fábrica de Min perdeu quatro dedos da mão esquerda na máquina perfuradora. Uma semana depois, a mesma máquina devorou as pontas de três dedos de outro recém-contratado. Nenhum dos dois havia sido devidamente treinado. Nas linhas de montagem das fábricas da cidade, os acidentes de trabalho estavam diretamente ligados ao ritmo da produção: nos meses de relativo refluxo do inverno, as fábricas podiam dar-se o luxo de treinar novos operários; quando as encomendas aumentavam na primavera, o treinamento muitas vezes era abreviado, mesmo com a chegada de pessoas inexperientes às fábricas. Como na linha de montagem se ganhava por produtividade, trabalhar mais depressa nos períodos de produção intensa permitia ganhar mais, ao passo que o tempo gasto no treinamento de outros não rendia nada. Era a lógica de soma zero da fábrica de Dongguan, onde ajudar os outros significava prejudicar a si mesmo.

Ainda naquele mês, Min seria inesperadamente transferida para o departamento de recursos humanos de sua fábrica. Seu trabalho consistia em ficar na calçada debaixo de um sol escaldante tentando convencer os passantes a entrar para a fábrica; no primeiro dia, conseguiu contratar dez operários. Também organizava sessões de orientação para os novos contratados, a maioria dos quais mais velhos que ela. Min já não tinha mais fins de semana livres, de modo que nos encontramos numa noite de sexta-feira do fim de junho, quando seu turno terminava às nove horas, numa loja de sucos de frutas em frente ao portão da fábrica. Sua amiga da antiga fábrica, Huang Jiao'e, chegou logo depois de mim com uma maleta. Viera para trabalhar na linha de montagem.

Min contou-nos sobre seu novo trabalho.

— Eu fico na beira da calçada convencendo as pessoas a vir trabalhar na nossa fábrica.

— O que é que você diz a elas? — perguntei.

— Eu digo: "Você pode achar que outras fábricas têm uma aparência melhor. Mas toda fábrica tem lá suas dificuldades, que a gente pode não estar enxergando. Não é melhor ficar aqui e ter mais estabilidade? Economizar algum dinheiro, ganhar alguma experiência e então decidir o que quer fazer?"

Eram palavras bem-conhecidas: exatamente o que sempre lhe diziam seus pais.

— Mas é exatamente o oposto do que você fez — disse eu.

— Sim — concordou ela, com um sorriso. — Vai contra aquilo em que acredito.

— Nunca a ouvi falar assim tão exageradamente! — comentou Huang Jiao'e.

— Essa é a minha função — defendeu-se Min. — No meu lugar, você faria o mesmo.

Embora a conversa estivesse animada, de vez em quando saíam algumas faíscas. As duas tinham sido amigas e companheiras, mas agora Min trabalhava na administração, muito acima de operárias da linha de montagem como Huang Jiao'e.

Min foi à banca ao lado comprar macarrão para o meu jantar.

— Se não fosse por Min, eu não teria vindo aqui — confidenciou Huang Jiao'e depois que ela se foi.

Dois dias antes, ela visitara a fábrica, mas não tinha gostado das condições de trabalho. Inicialmente, deveria ter-se transferido no dia anterior, mas hesitou; naquele dia, finalmente, deixara sua fábrica sem pedir autorização a ninguém nem recuperar seus dois meses de salário. Havia muitas maneiras de deixar uma fábrica. A operária podia demitir-se com a autorização do chefe e receber tudo a que tinha direito. Podia tirar uma licença temporária, garantindo, assim, o emprego ao retornar. Algumas operárias negociavam com os patrões, ao sair, uma parte do dinheiro que tinham para receber. Mas nada era pior que o *kuangli* — literalmente, "sair à louca" —, exatamente o que fizera Huang Jiao'e.

Perguntei-lhe por quanto tempo pretendia ficar.

— Veremos — respondeu ela. — Estou testando eles, e eles estão me testando.

Min voltou para a mesa.

— Se você se sair bem, será promovida.

E acrescentou, ainda na defensiva:

— Nosso salário também não é alto: 800 iuanes. Se trabalhar horas extras, poderá ganhar mais que eu.

— Mas ficaria morta de cansaço! — disse Huang Jiao'e.

— Existem diversas maneiras de ficar cansada — retrucou Min. — No meu trabalho atual, o corpo fica cansado e o coração também.

Ela estava em plena ascensão. Entre suas novas responsabilidades constava servir chá aos clientes em visita, e ela havia se matriculado num curso semanal de inglês para gerentes de fábrica.

—Você sabe o que significa "perdoar"? — perguntou Min a Huang Jiao'e, dizendo esta palavra em inglês. E ficou decepcionada quando a amiga respondeu que sim.

A OUTRA NOTÍCIA DE MIN só foi dada por causa da insistência de Huang Jiao'e. Um conterrâneo chegara a Dongguan e conseguira emprego na linha de montagem. Ele e Min tinham namorado por algum tempo no ensino médio, mas não se viam havia três anos. Uma semana antes, ele viera visitá-la.

— Ainda gosto dele — anunciou ela.

E logo acrescentou:

— Mas ele é muito baixo: só 1,65 m.

Foi então dando os detalhes:

— Ele fuma, bebe e é encrenqueiro. A situação da família não é boa. Ele tem uma madrasta.

— E o que a família faz? — perguntei.

— Não sei — respondeu ela. — Não quero saber. No fim das contas, temos de contar com nós mesmos.

Os dois tinham passado o dia juntos. No almoço, Min serviu chá ao antigo namorado enquanto ele via televisão, num aparelho instalado acima da cabeça de Min. Nos restaurantes chineses baratos, há sempre um aparelho de televisão ligado no máximo volume, e os olhos dos patrões e dos empregados geralmente estão grudados nele.

— Por que não conversamos? — indagou Min. — Por que você fica o tempo todo olhando para a televisão?

Depois que ele se foi, Min enviou-lhe uma mensagem pelo celular. *Como foi nosso dia juntos?*

Eu me senti muito pressionado, respondeu ele. *Estou muito confuso.*

Na noite da véspera, eles tinham conversado pelo telefone. Min foi direto ao ponto:

— Você acha que temos um futuro?

Ele disse que precisava de três dias para pensar.

— Quer dizer que terei a resposta em dois dias — disse ela. — Qualquer que seja a resposta dele, estará bem para mim.

Mas a verdade é que ela já estava sonhando com o rapaz, que tinha algum treinamento como cozinheiro.

— A gente podia voltar para casa e abrir um pequeno restaurante — disse ela. — Esse trabalho como migrante não tem futuro.

— Você quer casar? — perguntei.

A conversa deixou-me perplexa:

— Não se trata disso — respondeu ela, impaciente. — Estou com 18 anos. Não quero perder tempo. Se ele não estiver bem-intencionando, quero que me diga logo.

NO FIM DAS CONTAS, Min já havia decidido tudo. Três dias depois da conversa com o antigo namorado ela recebeu uma mensagem pelo celular às sete horas da manhã: *Estou aqui no portão da fábrica.* Ela não acreditou e desceu as escadas correndo. Ele saíra do turno da noite e tomara o ônibus direto para a fábrica dela. Min tinha de trabalhar, de modo que o rapaz ficou do lado de fora esperando das oito horas até o meio-dia. Os dois almoçaram juntos e depois ele se foi, enquanto Min retornava ao trabalho.

— Ele disse que vocês têm futuro? — perguntei

— Não — respondeu Min. — Mas como ele veio, eu já sabia.

Recentemente, ela tomara o ônibus — era uma viagem de duas horas — para passar a tarde com ele.

— Ele não é alto, não é bonito, não tem dinheiro, seu emprego não é bom — disse Min.

Esperei que algo se seguisse a essa lista de defeitos.

— Mas você gosta dele — disse eu, finalmente.

Min não disse nada, mas sorriu.

Agora, o rapaz estava deixando Dongguan porque o pai queria que ele trabalhasse mais perto de casa. Mal havia encontrado uma perspectiva de estabilidade, e Min já o via desaparecer também, mas ela não se deixou abalar.

— A gente vai se falar pelo celular — disse.

Mas ela também não ia ficar parada. Naquele mesmo mês, o chefe autorizou sua demissão e devolveu os dois meses de salário, e Min voltou à feira de emprego. Trabalhara no departamento de recursos humanos de sua fábrica exatamente 24 dias, e a partir disso podia iniciar uma nova carreira.

A feira de emprego de Dongguan era o lugar mais duro de uma cidade por si só implacável. Por 10 iuanes, aproximadamente 1 dólar e 25 centavos, qualquer pessoa podia chegar aos estandes das empresas e fazer entrevistas para as centenas de ofertas de emprego. Mas era preciso coragem: falar com estranhos, vender-se, expor-se à rejeição na frente de todo mundo ao redor ouvindo. Min disse que detestava a feira de emprego porque a fazia sentir-se "descartável". As ofertas de emprego reduziam seres humanos às únicas características que importavam, e raramente esses pontos essenciais precisavam de mais de vinte palavras para serem expressos:

RECEPCIONISTA. VOZ SUAVE. BOA APARÊNCIA E
DISPOSIÇÃO. DOMÍNIO DO OFFICE E DO CANTONÊS.

TORNEIRO MECÂNICO. 18 A 22 ANOS, SEXO MASCULINO,
EXPERIÊNCIA EM FÁBRICA ESTRANGEIRA. NÃO
ACEITAMOS MÍOPES. NEM ALÉRGICOS.

VENDEDOR. DISPOSIÇÃO PARA ENGOLIR SAPOS E
PEGAR NO PESADO. PARA HOMENS E MULHERES
RESIDENTES NO CAMPO. CRIANÇAS NÃO
SERÃO ACEITAS.

Num sábado de grande movimento, a maior feira de empregos de Dongguan podia receber sete mil visitantes. No meio da manhã, todas essas pessoas pareciam congeladas numa massa compacta, tornando praticamente impossível qualquer movimento individual; eventualmente, um grupo se destacava para se dirigir a determinado estande, embora não ficasse claro o que de uma hora para outra podia tornar um daqueles empregos mais interessante que todos os outros. Os grupos geralmente gravitavam em torno dos estandes com cartazes coloridos, quase sempre reproduzindo imagens de longos prédios sem janelas inseridos em paisagens de concreto; nos estandes mais simples, via-se apenas um homem ou uma mulher com uma prancheta nas mãos.

A feira de emprego ocupava um quarteirão inteiro, num prédio de quatro andares onde antes funcionavam um caraoquê e um boliche. Negociar o futuro das pessoas revelava-se mais lucrativo que a indústria do entretenimento.

SECRETÁRIAS. 18 A 25, PELO MENOS 1,55M, FEIÇÕES HARMONIOSAS.

GUARDAS DE SEGURANÇA. 20 A 26, PELO MENOS 1,72M.

A discriminação era a regra. Os chefes gostavam de empregadas do sexo feminino, bonitas e solteiras, e só consideravam a contratação de homens para certas funções técnicas. Determinada fábrica podia vetar a contratação de pessoas da província de Henan; outra recusava-se a contratar qualquer um de Anhui. Às vezes, a família inteira de um candidato era esquadrinhada, pois se considerava que as pessoas com irmãos tinham mais probabilidade que os filhos únicos de *chiku nailao*, isto é, engolir sapos e pegar no pesado. Quem tivesse menos de 1,60m estaria perdendo seu tempo na feira de emprego.

A altura era uma universal obsessão chinesa. Num país que ainda tinha na memória experiências de subnutrição e mesmo fome, a altura era sinal de fortuna e mesmo de classe social: em qualquer canteiro de obras, os exércitos de camponeses ficavam uma cabeça aquém da altura das pessoas cujas casas construíam na cidade. No Ocidente, os trabalhadores braçais tendiam a ser maiores que seus compatriotas de colarinho branco, mas na China era o contrário: as classes mais escolarizadas podiam, literalmente, olhar de cima para baixo as classes inferiores. No caso das mulheres, as exigências de altura física estavam associadas às atividades mais glamorosas:

— Se eu tivesse pelo menos mais 10 centímetros, poderia vender carros — disse-me certa vez uma mulher que trabalhava num salão de cabeleireiro.

A idade era outro problema: na feira de emprego isto significava qualquer pessoa com mais de 35 anos, idade limite para muitos cargos.

— As pessoas com mais de 35 anos são inferiores intelectualmente e do ponto de vista da energia — explicava um gerente de fábrica numa publicação promocional lançada pela companhia que administrava a feira.

Recomendação do jornal às pessoas dessa faixa etária: "Não fique falando sempre de sua experiência anterior. Você deve ter a mentalidade de quem está começando do zero." De uma forma perversa, os limites etários evidenciavam a mobilidade social. No estande de uma empresa fabricante de cabeceiras de cama a lista de empregos e limites de idade parecia um verdadeiro cronograma do progresso na carreira:

CONTADOR: 25

GERENTE DE DEPARTAMENTO DE MARKETING: 30

SUBGERENTE DE PRODUÇÃO: 35

As vagas mais frequentes eram para auxiliares administrativos, recepcionistas, vendedores, seguranças e cozinheiros, com alta procura também por moldadores e técnicos de manutenção. Uma empresa procurava "profissionais com experiência na operação de maquinaria Mitsubishi e Fujitsu". Os nomes das funções eram bastante específicos e às vezes intrigantes: AGRUPADORES DE MODELOS, OPERÁRIOS DE APLIQUES, SOLDADORES DE VASOS DE PRESSÃO. O poderio industrial da moderna China era aqui esfacelado em pedacinhos, e os fragmentos eram pessoas.

As entrevistas na feira de emprego eram breves e de uma franqueza brutal. Os recrutadores não se davam o trabalho de fingir que os empregos merecessem cartas entusiásticas para o pessoal em casa; os candidatos reconheciam francamente sua ignorância. Era rara uma entrevista que durasse mais de cinco minutos. A contratação geralmente era feita ali mesmo, e ninguém buscava referências.

No estande da fábrica de moldes Hengfeng via-se uma jovem sentada.

— Nosso salário não é alto — dizia imediatamente a recrutadora. E acrescentava: — Você já trabalhou com computadores?

— Sim, aprendi a usar computadores na escola.

— Bem, nosso salário é de apenas seiscentos.

Outro estande, outra mulher:

— O que você sabe fazer?

— Fico em contato com os clientes, sobretudo por e-mail, e quando eles vêm ao escritório, posso recebê-los. Se o emprego for mais técnico, não sei de nada.

O que você sabe fazer? Na maioria das cidades chinesas, onde para encontrar um emprego era necessário diploma universitário, dinheiro e relações, era uma pergunta rara. Na feira de emprego de Dongguan, nunca se ouvia: *Onde você estudou? Quem são as pessoas de suas relações?* E muito menos: *Você é aqui da região?* As perguntas eram sempre: *O que você sabe fazer? Sabe usar computadores? Fala inglês?* As ofertas de emprego, geralmente escritas à mão em cartazes impressos, pouco estavam ligando para as categorias a serem preenchidas. No espaço do endereço residencial, o empregador geralmente especificava o sexo da pessoa desejada; em vez da profissão, a empresa podia anunciar a altura mínima do candidato.

Nem todos os que se aproximavam da feira de emprego tinham coragem de entrar. Na calçada em frente, uma multidão se aglomerava diante de um gigantesco quadro de avisos eletrônico ao lado da entrada da feira, como se fossem pessoas fadadas a ficar apenas contemplando uma terra prometida à qual nunca chegariam. Os anúncios de empregos ficavam constantemente se movendo na vertical, como se fossem preços de ações, e a multidão olhava, hipnotizada.

Na segunda vez em que foi à feira, Min sabia exatamente o que fazer. Sonhava alto, abordando apenas as empresas com ofertas de empregos no departamento de recursos humanos.

— Não quero ser auxiliar de escritório, pois é uma função muito subalterna.

Nas entrevistas, ela fazia perguntas sobre a rotatividade da mão de obra e o tamanho da empresa; estava em busca de uma fábrica menor, com menor número de superiores a serem agradados. Saía pela tangente ante perguntas sobre o motivo de ter deixado seu emprego anterior. Era uma questão pessoal, dizia Min, que preferia não discutir.

E dessa vez ela não se mostrava mais sincera que das outras. No estande da companhia de produtos de borracha Shenxing disse ao encarregado do recrutamento que trabalhava em recursos humanos há um ano.

— Se dissesse menos, eles diriam que não tenho a experiência necessária — explicou-me depois.

Foi contratada ganhando 6 dólares a mais que a pessoa que substituiria.

Min começou a trabalhar dois dias depois no departamento de recursos humanos da empresa, que fabricava componentes de borracha para telefones celulares e teclados de computador. Sua jornada de trabalho durava oito horas, com folgas aos domingos. Os trabalhadores do seu nível dormiam em quartos com três outros, e o seu quarto dispunha de banheiro e telefone próprios. Ela ganhava 800 iuanes por mês, com direito a alojamento e refeições — o mesmo que no antigo emprego, com a possibilidade de um aumento caso se saísse bem.

No novo emprego, Min monitorava as contratações, o desempenho, as faltas e os salários dos 400 empregados da fábrica. Deixara de cuidar de máquinas para administrar pessoas, o que parecia melhor. Ela sondava os trabalhadores que passavam pelo portão da fábrica. *Você tem carteira de identidade? Por quanto tempo pretende ficar?*

Obrigada, dizia aos que não lhe agradavam. *Não temos vagas no momento.*

No dia 10 de cada mês, a mulher do dono da fábrica, originária de Taiwan, vinha pagar os salários e pedir a bênção de Buda. Min a acompanhava pela fábrica — no refeitório, no portão de entrada e junto a cada uma das perigosas máquinas —, e as duas pediam a Buda que protegesse os trabalhadores e permitisse que o negócio prosperasse. Em silêncio, Min pedia bênçãos para a família e os amigos e para seus avós no outro mundo, mas não falava sobre isso à mulher do patrão.

Aprendera a se relacionar com os companheiros de trabalho. Não muito tempo depois de chegar, foi chamada pelo chefão a seu escritório. A pessoa que substituíra, disse-lhe ele, falava demais e cometera erros.

— Você não fala tanto assim — observou ele.

— Não — concordou ela.

O patrão sorriu.

— Quando tiver o que falar, que fale — disse ele. — Se não tiver o que falar, não fale.

Era a regra secreta de sobrevivência no trabalho para os chineses, mas ninguém nunca a dissera a Min.

Dessa vez, ela cuidou melhor dos pais. Não lhes disse que estava deixando o emprego. Em vez disso, conseguiu um emprego, mandou 120 dólares para casa e telefonou aos pais para dar a notícia; a remessa de dinheiro foi uma tacada prévia para deixá-los calados.

— Eles não sabem como são as coisa aqui fora — disse-me ela. — De modo que eu primeiro faço e depois conto.

Todo mundo que ela conhecia estava em movimento, e muitos também ascendiam. Sua irmã em Shenzhen fora promovida a secretária executiva; a prima agora era gerente em Guangzhou. As duas amigas da fábrica tinham se separado. Liang Rong voltara para casa, para se casar com um rapaz escolhido pelos pais; Huang Jiao'e, depois de se transferir para a fábrica de Min, fora embora no mesmo dia que ela, empregando-se em seguida como controladora de produção numa fábrica de outra região da cidade. E o antigo patrão de Min estava de volta a Dongguan. Voltara de Pequim para trabalhar numa fábrica de tomadas com sede em Taiwan, mas Min não quis encontrar-se com ele. Os colegas de sua antiga fábrica diziam que ele queria namorar com ela. Ela foi olhar as antigas mensagens mandadas por ele pelo celular — *Seu irmãozão sente saudades* — e achou que era verdade. No fim das contas, o único adulto que tinha sido gentil com ela não merecia confiança.

As fábricas pequenas também tinham os seus problemas, e logo Min descobriria quais eram. O local de trabalho era desorganizado, e suas funções nunca ficavam claras; ela tinha de se virar para desempenhar todas as tarefas que lhe jogavam nos ombros. O novo patrão, como o anterior, era inseguro e vivia preocupado com questões hierárquicas. Min descobria que na China muitos homens tinham esse problema. Ele não gostava quando Min fazia coisas à sua revelia. Não gostava quando se mostrava amistosa com os seguranças. Sua reação era começar a entrevistar candidatas para o cargo dela — uma colega, uma rival ou uma substituta para Min — sem dizer-lhe nada. Ela ficava sabendo pela recepcionista.

Em agosto de 2004, dois meses depois de chegar, Min recebeu o pagamento e se foi sem avisar nada. Um antigo colega havia entrado para uma fábrica em Shenzhen e a convidou para trabalhar com ele, e ela aceitou. Passou a noite num hotel perto da fábrica, e enquanto ela dormia alguém arrombou a fechadura da porta. O ladrão levou 900 iuanes e o celular de Min, o único lugar onde ela tinha anotados os números de telefone de todo mundo que conhecia na cidade: o antigo colega que era seu único contato com o novo emprego, os amigos que fizera desde que saíra de casa e o namorado que voltara para casa.

O telefone celular era a primeira grande compra da maioria dos migrantes. Sem telefone, era praticamente impossível manter contato com os amigos ou conseguir um novo emprego. As cartas entre as fábricas, muitas vezes, se extraviavam, e era difícil fazer contato com uma operária em seu dormitório, onde o mesmo telefone público podia ser usado no corredor por cem pessoas. Nas fábricas, os telefones muitas vezes eram programados para não aceitar ligações externas ou para cortar automaticamente depois de alguns minutos. De qualquer maneira, as pessoas estavam sempre mudando de emprego, e os números de telefone do dormitório ou do local de trabalho logo ficavam desatualizados. Num universo em constante movimento, o celular era como um norte magnético, a única coisa que fixava uma pessoa em determinado lugar.

Aprendi tudo isso com meu próprio sofrimento. Quando cheguei a Dongguan, fiz amizade com muitos recém-chegados que não tinham telefones celulares ainda, e acabei perdendo-os de vista, um por um. Quando conheci Min, decidi comprar um *pager* para ela, mas essa indústria tinha se tornado obsoleta tão repentina e completamente nos últimos anos que os vendedores de lojas de produtos eletrônicos simplesmente riram quando eu lhes pedia um. Dei então um celular a Min para não perdê-la de vista também.

No mundo dos migrantes, o celular era uma metáfora do ritmo frenético da vida urbana. Um executivo de uma fábrica de calçados resumiu assim a perplexidade da migração: "Em casa, eles não têm telefone, e de repente estão aqui e têm na mão um Nokia 6850." Para descrever a vida rural, uma jovem corretora de seguros disse-me: "Na terra deles, eles passam o telefone celular de mão em mão." As pessoas usavam a terminologia dos celulares para falar de si mesmas: *Preciso me recarregar. Vou fazer um upgrade.* Os pais das jovens migrantes instintivamente desconfiavam dos celulares, e alguns chegavam a proibir que o comprassem. O telefone celular, permitindo e mesmo estimulando o contato pessoal com estranhos, era a própria negação da vida comunitária na aldeia.

Uma garota podia mostrar interesse por um rapaz oferecendo-se para pagar a conta do seu celular. Os casais faziam alarde de sua união compartilhando o celular, embora às vezes uma relação acabasse quando um dos membros do casal lia secreta ou inadvertidamente mensagens destinadas ao outro. Os migrantes que eu conhecia passavam muito tempo administrando seus telefones, mudando de número constantemente para aproveitar planos mais baratos e trocando de chip ao passar de uma cidade a outra, para economizar nas tarifas. Era o imediatismo predominante em Dongguan: economizar alguns tostões, ainda que significasse perder contato definitivamente com certas pessoas.

Os migrantes são um dos principais motivos pelos quais o mercado de celulares na China é o maior do mundo, mas a indústria não gosta muito deles. Eles eram os responsáveis pela baixa lucratividade desse mercado, segundo me disse um amigo que trabalhava na indústria de telecomunicações; eles supostamente puxavam os preços para baixo, por se disporem a pagar apenas pelos serviços mais baratos. A cultura popular também sentia seu impacto negativo: a qualidade da música pop chinesa havia se deteriorado nos últimos anos, segundo também fiquei sabendo, porque os migrantes escolhiam as melodias menos sofisticadas para os toques de chamada dos seus celulares.

Em Dongguan, centenas de fábricas produziam peças para telefones celulares, e no comércio da cidade parecia que um terço das lojas vendia celulares. Também prosperava o comércio de telefones roubados. Certos bairros eram conhecidos pelo alto índice de roubos de telefones; uma das táticas consistia em reduzir a velocidade de uma motocicleta junto a uma calçada e arrancar o telefone das mãos de um pedestre, no meio da conversa. Os telefones roubados podiam ser reembalados e vendidos como novos. Fabricados, vendidos, roubados, reconfigurados e revendidos, os celulares pareciam um recurso eternamente renovável no cerne da economia de Dongguan.

O celular também era o vínculo de Min com a cidade. Com o roubo do seu celular, as amizades de um ano e meio desapareciam como se nunca tivessem existido. Ela estava sozinha de novo.

5

Garotas da fábrica

São necessários duzentos pares de mãos para fazer um tênis. Tudo começa com o cortador, que aplica pedaços de tela em moldes curvilíneos irregulares, como num jogo de quebra-cabeça infantil. Vêm depois os costuradores. Eles costuram essas peças, formando a parte superior do calçado e acrescentando outros itens: um logotipo de plástico, orifícios para os cadarços. Depois, outro grupo de operários usa fornos de infravermelho para aquecer as solas e colá-las. Os montadores — que costumam ser homens, pois a tarefa exige mais força — aplicam a parte superior num molde ou forma de plástico, com a forma de um pé. Eles apertam bem a parte superior, passam cola na sola e comprimem uma parte contra a outra. Uma máquina exerce pressão de quarenta quilos sobre cada tênis. Os finalizadores removem as formas, verificam eventuais defeitos em cada tênis e colocam os pares em caixas de papelão. As caixas são dispostas em engradados, em grupos de dez, e despachadas para o mundo em apenas três dias. Cada tênis traz na lingueta a inscrição: MADE IN CHINA.

Se você usa tênis, é bem provável que já tenha usado um par produzido na fábrica Yue Yuen em Dongguan. Sediada em Taiwan, a empresa é a maior fábrica de tênis das marcas Nike, Adidas e Reebok, além de marcas menos conhecidas como Puma e Asics; todas essas marcas deixaram de ter fabricação própria há vários anos, tendo terceirizado a produção para fábricas capazes de fazê-lo com um custo inferior. O segredo da Yue Yuen é a integração vertical: cada passo do processo de manufatura é controlado, da concepção inicial à fabricação de colas, solas, moldes e formas, passando pelo corte, a costura e a montagem do produto final. Um terço dos calçados do mundo é produzido na província de Guangdong, e a fábrica Yue Yuen é a maior de todas.

Setenta mil pessoas trabalham na fábrica de Dongguan. Imagine toda a população da cidade de Santa Fé, no Novo México, com menos de 30 anos e empregada na fabricação de tênis. Por trás das paredes de tijolos do complexo, os operários dormem em dormitórios, comem em cantinas e compram em lojas da própria fábrica. Yue Yuen tem uma creche para os filhos dos empregados e um hospital com equipe de 150 pessoas; oferece também um cinema e um grupo teatral, atividades de voluntariado e aulas de inglês. A fábrica tem sua própria usina de eletricidade e uma equipe de bombeiros, e há ocasiões em que a Prefeitura de Dongguan toma emprestada a escada de incêndio da Yue Yuen, a maior da cidade, para combater incêndios. A Yue Yuen engarrafa a própria água. Os moradores locais dizem que também produz seus próprios alimentos, o que não é verdade, embora a certa altura a empresa tenha entrado em contato com agricultores da região para garantir seu abastecimento. Só mesmo um apocalipse planetário poderia interromper o fornecimento do que a própria indústria chama de "calçados esportivos de qualidade" para o mundo inteiro.

Para os jovens migrantes, a Yue Yuen representa estabilidade. O trabalho na linha de montagem proporciona apenas um salário médio — cerca de 72 dólares líquidos por mês, o salário mínimo municipal —, mas o pagamento é garantido todo mês, no dia certo. As jornadas de trabalho são de 11 horas por dia e 60 horas por semana, com folgas aos domingos, o que é raro numa indústria em que não é tão incomum assim trabalhar a noite inteira. Os operários da Yue Yuen dormem em quartos para dez em beliches de metal, o que também é melhor que a média. As jovens costumam pagar 100 iuanes a intermediários para conseguir emprego na fábrica; os homens pagam muitas vezes mais que isso. Oitenta por cento dos operários de Yue Yuen são mulheres, em sua maioria com idades entre 18 e 25 anos.

Uma migrante que consiga emprego na Yue Yuen pode nunca mais trabalhar em outro lugar. Com o passar dos anos, ela pode largar o emprego e voltar para casa — para acompanhar um parente doente ou noivar, para descansar ou ter um filho — e em seguida retornar à Yue Yuen. A operária pode trazer uma irmã, uma prima ou uma amiga de sua aldeia à fábrica, e a empresa estimula esse tipo de arranjo; havia o caso, por exemplo, de uma família que tinha dez de seus membros trabalhando na fábrica. A rotatividade é alta — 5%

ao mês, o que significa que mais da metade da força de trabalho muda a cada ano —, mas isso não leva em conta os muitos operários que se vão para depois voltar. Zhou Yinfang entrou para a Yue Yuen em 1991, quando tinha 17 anos. Conheceu seu marido na fábrica, tirou licença para ter dois filhos, conseguiu uma promoção e hoje gerencia 1.500 trabalhadores num cargo de chefia. "Gostaria de trabalhar aqui até me aposentar", disse-me; estava com 30 anos, mas sua voz já parecia o sussurro áspero de uma velha. Todos os chefes da Yue Yuen, segundo os operários, têm vozes roucas por terem passado anos gritando ordens em meio ao barulho das máquinas.

A mobilidade vertical é possível; as exigências da produção são tão intensas, que a Yue Yuen não pode deixar de promover seus próprios quadros. Quase todos os gerentes da empresa, dos supervisores de linhas de produção aos chefes de fábricas inteiras, são migrantes rurais que começaram na linha de montagem. Todo esse mundo é organizado por uma complexa hierarquia. Os gerentes são divididos em treze classes, de estagiário a diretor-gerente; costumam dirigir-se uns aos outros pelo título, não pelo nome. Uma cantina é reservada exclusivamente aos chefes de linha de produção, enquanto outra atende aos supervisores, uma graduação acima deles. Um filho é símbolo de status: somente os chefes de linhas de produção e seus superiores podem viver no interior da fábrica com esposa e filho. Os operários geralmente deixam os filhos na aldeia de origem, aos cuidados dos avós.

A sociedade fabril divide-se de acordo com a origem de cada gueto. Os trabalhadores de uma mesma província ficam juntos, falando dialetos que os outros não compreendem. Os que vêm de províncias com grande população de migrantes segregam-se mais ainda, de acordo com o município de origem. Os nativos das províncias vizinhas de Anhui, Henan, Shaanxi e Shandong conversam entre si em seus próprios dialetos; chamam-se de "semiconterrâneos", o que dá uma sensação de intimidade. A empresa não reprime esses preconceitos regionais: nas cantinas, os operários podem escolher entre pratos de Hunan, Sichuan ou Cantão. A contratação também é influenciada por estereótipos provinciais, e um patrão pode vetar uma província inteira se julgar que 100 milhões de pessoas de determinado lugar têm um mesmo traço de personalidade. *O pessoal de Henan vive se metendo em brigas. Os trabalhadores de Anhui são esforçados, mas não são confiáveis.*

Os trabalhadores podem passar o dia sem ir além dos portões bem-guardados da Yue Yuen, e é efetivamente o que muitos fazem, dizendo que o mundo lá fora é *luan*: caótico, perigoso. Mas a vida no interior das muralhas de Yue Yuen também pode ser turbulenta. Os pequenos furtos são corriqueiros; no horário comercial, os operários são impedidos de entrar nos dormitórios para reduzir esse tipo de delito. As brigas iniciadas no local de trabalho se estendem pelos dormitórios, onde os operários de uma mesma linha de produção são obrigados a se alojar juntos em nome da eficiência. As gangues prosperam dentro de Yue Yuen. Algumas roubam o salário dos operários nos dias de pagamento; outras preferem roubar partes de calçados. As gangues são altamente hierarquizadas. Determinado grupo pode surrupiar cadarços de tênis para fora da fábrica, enquanto outro contrabandeia solas. As partes são montadas e os tênis resultantes distribuídos em outras partes da cidade. No universo da pirataria chinesa, eles têm sua própria subespecialidade: a montagem ilegal de partes autênticas. As gangues se organizam de acordo com as províncias de origem, sendo as mais temidas as de Hunan.

Triângulos amorosos e aventuras extraconjugais são comuns, assim como os casos de gravidez fora do casamento e de aborto. Alguns anos atrás, uma jovem suicidou-se depois de uma decepção amorosa; outra deu à luz no banheiro de seu dormitório e jogou o bebê na privada. O bebê morreu e a jovem foi mandada de volta para casa.

— Temos aqui 70 mil pessoas. É uma cidade — diz Luke Lee, um executivo responsável pela saúde e pela segurança dos trabalhadores da Yue Yuen. — Qualquer problema que exista na cidade, temos também aqui na fábrica.

Nos fins de semana, quando as linhas de produção estão paradas, muda o clima no interior do complexo da Yue Yuen. Garotas que durante a semana andavam de coluna ereta e rostos fechados ficam lentas e langorosas. Passeiam de mãos dadas com as amigas, com os crachás de identificação da fábrica pendurados no pescoço ou presos à cintura. Falam alto em seus dialetos nativos, mostram a barriga, vestindo tops e jeans, ou então vestidos pretos de festa com sapatos de salto alto; às vezes, várias amigas saem com roupas iguais, proclamando ao mundo inteiro suas afinidades. Tomam sorvete e sentam-se descalças na relva em grupos de duas ou três, lendo revistas ou trocando confidências. Algumas vezes uma garota fica sentada sozinha, olhando sonhadora para o vazio.

Nos dormitórios não existe nenhuma privacidade. Uma garota pode plantar-se bem no meio de uma passagem para pentear o cabelo segurando um espelho na mão; outras, de short e chinelos de dedo, jogam baldes d'água no chão para fazer a limpeza. As ocupantes dos andares mais altos debruçam-se de braços nus no corrimão das varandas, acompanhando o movimento lá embaixo e chamando amigas aos berros, vários andares abaixo. Um aparelho de som portátil inunda a manhã quente com uma balada pop. *Eu te amo, te amando como um rato ama o arroz.* No ar, o cheiro de roupa que seca na corda; água sanitária, detergente e umidade são os odores permanentes da fábrica da Yue Yuen.

Numa manhã de domingo, em junho de 2004, várias jovens conversavam em seus beliches do Quarto 805, no Prédio J. Era como se estivessem nos momentos finais de uma madrugada de festa, e as garotas ainda estavam de pijama, embora já fossem onze horas.

— Quando a gente conhece um homem que não seja da nossa aldeia — comentava uma delas —, não conhece seu verdadeiro caráter nem sabe nada de sua família.

— Se você arrumar namorado quando está fora, seus pais vão ficar desmoralizados.

— Você pode fazer amizade com alguém, e depois volta para casa e perde o contato.

— Quando voltamos para casa, descobrimos que as pessoas sabem todo tipo de coisa a nosso respeito.

Dez garotas viviam no J805, um quarto do oitavo andar com duas fileiras de beliches de metal distribuídas em 200 metros quadrados. Como qualquer outro lugar da Yue Yuen, o quarto cheirava a roupa lavada e molhada. Cada uma delas tinha um armário para guardar roupas, lanches, maquiagem e bijuteria; elas decoravam o interior com fotos de estrelas de cinema recortadas de revistas, como faziam as estudantes americanas. Os espaços entre as camas eram um verdadeiro cemitério de sapatos: saltos altos, tênis, chinelos de dedo. O quarto J805 ficava num longo corredor de quartos idênticos, com reservados e chuveiros em cada extremidade. O prédio abrigava 2 mil operários.

No campo, era a estação de maior atividade no ano, época da colheita e da plantação de verão. Mas o ciclo global de fabricação de calçados estava arrefecendo. As garotas do J805 trabalhavam na fábrica 8 da Yue Yuen, que produzia calçados para a Adidas e a Salomon. Atualmente, trabalhavam apenas dez horas e meia por dia, mais metade do dia ou o dia inteiro aos sábados; no mundo fabril de Dongguan, essa era considerada a baixa temporada. Algumas garotas pretendiam tirar licença para ir às suas casas, mas isso ia depender da parte do tênis que fabricavam. As que trabalhavam na sola podiam ir. As cortadoras e costuradoras precisavam ficar.

Jia Jimei, uma migrante de Henan de 21 anos que trabalhava no departamento de solas, entrou feito um foguete pelo quarto, mostrando as compras que acabara de fazer: lanches para a viagem de trem e um aparelho de som portátil para a família. Acabara de receber uma licença de um mês para visitar os parentes.

— Nem consegui dormir nas duas últimas noites — disse. — Quando a gente fica sabendo que vai em casa, não consegue pensar em mais nada.

Tinha um narizinho arrebitado e olhos bem separados num rosto redondo que ficava mais atraente quando ela sorria. Sentou-se na parte inferior do seu beliche apertando um ursinho panda contra o peito.

Zhang Qianqian, uma jovem da província de Anhui que morava mais adiante no corredor, acompanhava os preparativos de viagem. Tinha uma constituição sólida, com ombros largos e uma expressão fechada no rosto; usava jeans e um relógio esporte preto que a fazia parecer durona. Era uma cortadora, de modo que não viajaria.

— Quando visito a família, morro de tédio — disse Qianqian. — Não temos televisão nem aparelho de som. E quase todo mundo foi embora, de modo que fico sozinha o dia inteiro.

Ela fez uma pausa e prosseguiu:

— Minha avó levanta-se de madrugada para fazer o café da manhã e me chama para comer, mas às vezes eu ainda estou dormindo. Aí o meu pai diz: "Você fica aí deitada na cama e nem quer se levantar para tomar o café que sua avó preparou." Em casa, eles estão sempre nos criticando.

— Quando a gente visita a família, não dá para ficar — concordou Li Xiaoyan, companheira de quarto originária de Hunan que também era cortadora.

As garotas tinham uma relação complicada com a terra natal. Na cidade, ficavam cansadas, sentiam-se sozinhas e estavam o tempo todo falando em voltar para casa; uma vez lá, logo ficavam entediadas e querendo ir embora de novo. Quando uma delas decidia deixar a fábrica, deixava as amigas mais próximas chocadas e inseguras. Ser uma migrante era ser abandonada constantemente pelas pessoas mais próximas.

Qianqian era uma veterana nessa matéria. Migrara três anos antes, trabalhara na Yue Yuen durante um ano e meio e voltara para sua terra por causa de atritos com o chefe, passando um tempo em casa. De volta a Dongguan, empregou-se em uma pequena fábrica de produtos eletrônicos na qual as condições de trabalho eram muito piores que as de Yue Yuen. Pediu demissão e voltou de novo para casa, dessa vez para o octogésimo aniversário da avó. Quatro meses atrás voltara a trabalhar na Yue Yuen.

— Vou para lá e para cá, e sempre acabo nesta fábrica — disse.

Jia Jimei já não tinha tanta certeza.

— Posso voltar para a Yue Yuen, mas ainda estou em dúvida — disse.

Uma semana depois, viajou para casa sem dizer às companheiras de quarto se voltaria.

Há um quarto de século se verifica na China o maior movimento migratório da história da humanidade, e o perfil das pessoas em trânsito está mudando. Os que deixavam suas aldeias rurais na década de 1980 e no início da década de 1990 rumavam para o desconhecido, frequentemente impulsionados pela necessidade da família de ganhar dinheiro e pelo desejo de construir uma casa própria na terra natal. Era considerado arriscado e mesmo vergonhoso que uma mulher solteira fosse embora por conta própria. Esses primeiros migrantes, muitas vezes, encontravam trabalho sazonal, e as estações eram as mesmas do campo. Eles voltavam para casa para ajudar na época de semeadura e também na de colheita. Quando ganhavam dinheiro suficiente, voltavam de vez para sua aldeia.

A nova geração chegou à idade adulta quando a migração já era aceita como um atalho para uma vida melhor. Mais jovem e com mais escolaridade que a geração anterior, ela não está fugindo da pobreza do campo, mas procurando as oportunidades da cidade. Já não existe vergonha associada à migração. Vergonha, agora, é ficar em casa.

Os novos migrantes estão perdendo os vínculos com a terra natal. As viagens de volta à casa já não são determinadas pelo calendário das colheitas nem sequer pelos feriados tradicionais, como o Ano-novo lunar. Os migrantes mais jovens vão e vêm em função de seus planos pessoais de troca de emprego ou obtenção de licença, por sua vez frequentemente vinculados às necessidades do ciclo produtivo. São as estações da fábrica, não mais as do campo, que definem agora a vida do migrante.

Cada vez mais os migrantes têm a aparência e a atitude da população das cidades. As revistas voltadas para eles lançadas na década de 1990 deixaram de circular ou sobrevivem a duras penas. Nas cidades industriais do sul, já não se ouvem canções sobre as experiências dos migrantes; os operários da linha de montagem ouvem atualmente as mesmas canções pop que os adolescentes urbanos. Os migrantes de hoje gastam o dinheiro livremente — em roupas, cabeleireiros e celulares —, e podem mandar dinheiro para casa só em casos de necessidade. Os novos migrantes são mais ambiciosos e mais difíceis de contentar que seus antecessores. Avaliou-se que 12% dos migrantes que haviam deixado a terra natal na década de 1990 estavam satisfeitos com a vida que levavam, contra 27% da geração de uma década antes. Isso não significa necessariamente que os novos migrantes queiram retornar. Mas indica que sua referência já passou a ser a cidade, e talvez esse aumento das expectativas seja uma promessa de mais chance de sucesso. Ou talvez signifique dizer que a nova geração está prestes a ser desapontada.

NÃO FOI FÁCIL TRAVAR CONHECIMENTO com as garotas da fábrica da Yue Yuen. Elas marcavam encontro para me conhecer e não apareciam; se eu as encontrasse depois, não davam qualquer explicação nem se desculpavam. Ninguém se dispunha a aceitar o celular que eu oferecia para que pudéssemos nos manter em contato, talvez para não assumirem uma responsabilidade. Elas podiam mostrar-se amigáveis num dia e frias no seguinte, e se eu começasse a conversar com uma garota num dormitório, as outras me evitavam. Uma delas orientou as companheiras de quarto a que mentissem e me dissessem que ela havia deixado a fábrica, porque as amigas lhe disseram que eu não era confiável. A empresa me concedia livre acesso aos dormitórios; o mais difícil era conquistar a confiança das moradoras. À sombra da gigantesca fábrica de tênis, elas esvoaçavam, inacessíveis como mariposas e mais ariscas que qualquer pessoa que eu tivesse conhecido na cidade.

As garotas também se mostravam desconfiadas entre si, e muitas vezes eram rudes umas com as outras. Frequentemente nada sabiam das pessoas com as quais viviam e trabalhavam; à medida que eu as conhecia melhor, muitas vezes me pediam notícias das outras. A maioria parecia ter uma ou duas amigas verdadeiras que viviam longe, talvez em outra fábrica, preferindo abrir-se com elas a fazê-lo com as muitas outras mais próximas. Seria talvez a defesa que tinham ante o fato de viverem numa colônia de estranhos: davam como certo que alguém que dormia no beliche ao lado poderia desaparecer da noite para o dia.

Era preciso muita força de vontade para que uma operária migrante mudasse sua situação. Numa fábrica grande como a Yue Yuen, contudo, a pressão para se adaptar e aceitar era particularmente grande. Em público, todas as garotas afirmavam que não aprovavam ter um namorado na cidade, embora muitas já o tivessem; diziam que continuar estudando era inútil, embora algumas fizessem aulas às escondidas para se tornar mais qualificadas. A Yue Yuen era um bom lugar no qual trabalhar: todos os que lá trabalhavam o diziam. Mas quem quisesse algo diferente precisava de toda a força para libertar-se.

Em julho, a estação mais quente do ano no calendário dos agricultores, o ritmo de trabalho na Yue Yuen diminuía sensivelmente. Os dormitórios se esvaziavam à medida que mais e mais trabalhadores de férias partiam para casa. Os que permaneciam trabalhavam apenas oito horas por dia, cinco dias por semana. As jornadas de trabalho normais do mundo dos colarinhos brancos ocidentais eram o paraíso aqui.

Qianqian acordou depois das dez horas naquele domingo, no exato momento em que eu chegava para visitá-la. Bocejou, espreguiçou-se e foi lentamente descendo do alto do seu beliche. Vestiu um top verde, calças jeans com bordados florais que desciam por uma das pernas e um gasto par de sapatos de salto alto e bico pontudo.

— No ano inteiro, só esses poucos meses são um bocadinho mais divertidos — disse.

Dois beliches adiante uma companheira de quarto praticava inglês baixinho, sentada na cama. Frequentava a aula semanal oferecida pela fábrica. As frases de seu manual para lá de manuseado eram estranhas.

ESTE É LOO. ELE É DO PERU.

Uma delas fazia sentido:

NÃO PERCA A OPORTUNIDADE.

Qianqian desceu as escadas, passou pelos outros prédios de dormitórios e pelo portão da fábrica. No lado de fora, na calçada, a luz do sol era tão forte, que a rua parecia de um branco ofuscante, como numa fotografia superexposta. Qianqian entrou numa loja de departamentos e logo se dirigiu às bancas de sapatos de salto alto cobertos de lantejoulas. Pescou uma sandália amarela de plataforma cuja tira ostentava três reluzentes corações cor-de-rosa, como num doce do dia dos namorados.

— Está na moda este ano — disse.

Na seção de presentes, apontou para uma moldura dentro da qual havia rosas falsas; dera uma igual a uma amiga como presente de aniversário.

De volta à rua quase deserta, gritou para uma menina que passava.

— Qu Jimei! Onde é que você andava?

Uma garota com mechas vermelhas no cabelo se deteve. Carregava uma mochila de náilon da Nike.

— Estou indo para casa — disse.

— Está indo para casa? Agora?

— Agora.

Qianqian segurou a mão da menina por um momento.

— Bom, então até logo — disse.

Vendo a outra se afastar, comentou:

— A gente faz tantas amigas assim na fábrica, e depois elas se vão.

— Vocês mantêm contato? — perguntei.

— É difícil. Às vezes a gente troca endereços.

A melhor amiga de Qianqian na cidade era uma moça que ela conhecera durante a primeira vez que trabalhara na Yue Yuen. As duas tinham saído da fábrica na mesma época, voltado para suas respectivas aldeias e depois dado um jeito de partirem novamente juntas. Ela visitava frequentemente a amiga nos dias de folga. O esforço necessário para manter contato explicava o motivo de as garotas da fábrica terem poucas amigas de verdade. A coisa mais fácil do mundo era perder alguém de vista.

Sentamo-nos numa praça banhada pelo sol em frente a uma loja de departamentos e tomamos sorvete. Sentou-se conosco uma garota que vestia uma blusa típica da fábrica, com seu listrado azul e branco, e que parecia conhecer Qianqian. Em vão se abanou com um cartão-postal que iria levar ao correio.

— Deixei a fábrica — anunciou.

Estava tão quente que ninguém respondeu. As duas garotas estavam sentadas em silêncio, observando-me enquanto eu tomava notas.

— Você sabe ler inglês? — perguntou Qianqian à outra, que deu uma risada sarcástica:

— Eu nem mesmo terminei o ensino fundamental!

Depois que a outra se foi, Qianqian explicou que tinham trabalhado juntas numa pequena fábrica próxima.

— Yue Yuen é melhor — disse. — Oferece mais benefícios. Tem também uma biblioteca e um centro de atividades. A gente pode jogar xadrez e entrar para o clube Hula-Hoop.

Perguntei-lhe se ela participava de alguma dessas atividades e ela respondeu que não.

Foi então descendo a rua, encontrando outras amigas que iam para casa, dizendo oi e até logo a pessoas que muito provavelmente jamais voltaria a ver. De longe, os pais de Qianqian também a pressionavam para voltar, e no entanto queriam que ela mandasse mais dinheiro. Ela lhes dera quase 5 mil iuanes nos dois primeiros anos de trabalho, mas não enviara mais nada desde então. Em sua aldeia, era tradição que os pais construíssem a casa em que o filho do sexo masculino viveria depois de se casar; o irmão menor de Qianqian tinha apenas 14 anos, mas os pais já se preocupavam com a despesa.

— Todas as outras pessoas da aldeia já construíram suas casas — dissera-lhe o pai. — Como se explica que a minha ainda não tenha sido construída?

— Eu ia lhe fazer a mesma pergunta — retrucou Qianqian.

Da terra natal, as famílias tentavam influenciar as filhas. *Mande mais dinheiro. Não vá arrumar namorado aí fora. Case-se logo. Volte para casa.* Em sua maioria, as garotas faziam o que bem queriam. Os pais de Qianqian nem sequer sabiam o número de seu telefone dentro da fábrica: quando queria falar com eles, ela telefonava. Eles estavam sempre em casa.

As ruas ao redor da fábrica da Yue Yuen estavam cheias de oportunidades para gastar dinheiro ou investir em si mesmo. Nas tardes dos fins de semana, o Centro de Treinamento em Informática Esperança ficava apinhado de trabalhadores sentados em frente aos computadores aprendendo a usar o Word e o Excel. (Na fachada, um cartaz anunciava em inglês: MICROSOFT WORD.) Numa das lojas, era possível comprar camisas sociais masculinas por 20 iuanes, e um estúdio fotográfico oferecia opções dos mais desejados cenários: paisagem pastoral, colunas coríntias, mansão no campo. Os varejistas tentavam satisfazer os saudosos da terra natal com ofertas que tinham apelos regionais. BOLOS DE GERGELIM HENAN ZHOUKOU. BARBEIRO DE WUHAN. Uma das lojas consistia numa fileira de cabines telefônicas de plástico presas a uma parede, um tipo de empreendimento que só existia nas cidades de migrantes. Afixado na parede em frente via-se o horário dos trens para cidades de toda a China: vinte e cinco horas até Ningbo, quarenta até Chengdu. O posto de saúde da cidade de Shangjiang anunciava testes de gravidez de um minuto, a cura de doenças venéreas e abortos. O hospital dentro da Yue Yuen também fazia abortos, mas quase ninguém o procurava. As clínicas próximas ofereciam os mesmos procedimentos, e ninguém precisava ficar sabendo.

Fora dos portões da Yue Yuen, vi certa vez um homem falando rapidamente a um microfone, como os camelôs dos velhos tempos. "Se você tem dor de estômago, dor nas costas ou reumatismo, aqui está a solução." Pairava no ar um cheiro acre de álcool, e sobre uma manta estendida na calçada eram exibidas cobras em conserva, uma estrela-do-mar e garrafas com um líquido pardo, da cor de um chá forte. Várias cobras, aparentemente mortas, entrelaçavam-se num balde de plástico; o homem as misturou com um pau, como um ensopado. Fumava um cigarro atrás do outro, e com sua tosse seca não parecia muito qualificado para oferecer conselhos médicos. Mas apesar disso uma multidão de rapazes e moças disputava os folhetos de propaganda que ele distribuía.

VINHO DE COBRA PARA FORTALECER OS RINS

> Receita: Os principais ingredientes deste produto são cobra-real, *Krait*, cobra prateada, e assim por diante; no total, sete tipos de cobras venenosas e muitos tipos de ervas medicinais.
>
> Posologia: Tomar meio *liang* ou um *liang* pela manhã e à noite.

Num outro dia, no mesmo trecho de calçada, um homem deitado sobre a barriga, com as pernas aleijadas enroscadas debaixo de si, escrevia no chão com um toco de giz. Um ajuntamento de jovens migrantes havia se formado para ler sua história: ele tinha ficado viúvo, o filho estava doente e ele viera de muito longe para mendigar. Em sua cuia havia já algumas cédulas, e enquanto estive ali mais duas pessoas lhe deram dinheiro.

Da rua principal em frente à fábrica da Yue Yuen saíam becos a intervalos regulares entre as lojas. Essas passagens estavam sempre cheias de lixo, e as paredes dos prédios eram revestidas de anúncios de clínicas para tratamento de gonorreia e sífilis; na China, esses panfletos multiplicavam-se onde quer que prosperasse a prostituição. Descendo um desses becos, olhei certa vez pela janela de um prédio de um só andar. Jovens estavam sentadas à sombra, com a cabeça curvada para a frente, costurando. Era também uma fábrica, do pior tipo.

As garotas que trabalhavam na Yue Yuen raramente se arriscavam por essas passagens. Os becos não davam para outras ruas com escolas de informática e salões de cabeleireiro: iam dar no campo. Um pouco além da fronteira do mundo da fábrica, homens e mulheres que passavam da meia-idade trabalhavam no cultivo de verduras e legumes, debaixo de um céu nublado que não os protegia dos raios solares intensos.

O CALENDÁRIO TRADICIONAL CHINÊS divide o ano em vinte e quatro segmentos, fornecendo instruções agrícolas para cada quinzena. O ano começa com *lichun*, o início da primavera, no dia 4 ou 5 de fevereiro, época da semeadura de primavera. O calendário estabelece quando plantar melões, feijões, cereais, beterraba e uvas e quando colher arroz, trigo, maçãs, batatas, rabanete e repolho. Faz a previsão dos dias de calor e de chuva forte. Fixa o momento adequado à proteção das plantações contra o vento, à eliminação das pestes e ao recolhimento de estrume, à capinação e à irrigação, ao ajuste das cercas para o gado e às boas-vindas ao ano-novo. O calendário foi padronizado durante a Dinastia Han Ocidental e, com variações regionais, organiza os ritmos da vida no campo há dois mil anos.

As garotas da Yue Yuen não sabem nada dos ciclos agrícolas. Quando voltam para casa, os pais geralmente não querem que trabalhem; quando ajudam no campo, sofrem queimaduras e ficam com a pele empolada por falta de hábito. Uma migrante descreveu para mim um dia típico na terra natal: observava os horários da vida no campo com o restante da família, mas passava a maior parte do dia vendo televisão.

> Levanto às 6h30. Vejo televisão — *News Focus*, e depois os seriados. Faço isso até uma ou duas da tarde. Tiro uma soneca e dou uma caminhada. Janto e vou para a cama às dez da noite.

O calendário global da fabricação de tênis também se acelera na primavera. As máquinas ganham ritmo em março e o aceleram em abril, maio e junho, produzindo calçados para a temporada de compras de verão nos Estados Unidos e na Europa. Em julho — quando, segundo o calendário agrícola, urge que apressem os trabalhos para a colheita de verão antes da chegada das chuvas —, a indústria de calçados entra em calmaria. As encomendas chegam ao nível mais baixo em agosto, quando as linhas de produção podem operar com apenas 20% de sua capacidade. Em setembro e outubro, os negócios se avolumam e as máquinas funcionam a pleno vapor, antecipando-se ao pique de produção do fim de ano. Novembro e o início de dezembro são o período do tudo ou nada, quando todo o mundo trabalha muitas horas extras para atender à demanda do Natal. Depois dos feriados, o ciclo arrefece, até a volta da primavera.

As moças conhecem intimamente as estações da indústria do calçado, assim como seus ritmos cotidianos. Nas instalações cavernosas da fábrica Yue Yuen, fazer tênis é uma ciência medida no cronômetro. Em frente a cada estação da linha de montagem um cartaz plastificado informa de quantos segundos um operário precisa para concluir determinada tarefa. Uma linha de montagem da Yue Yuen leva dez horas para produzir um tênis, contra vinte e cinco dias quatro anos atrás, e o número de calçados produzidos por trabalhador aumentou 10%.

A fábrica tem sua própria hierarquia. Os melhores empregos estão no departamento de desenvolvimento, onde os trabalhadores produzem pequenas quantidades de calçados de amostragem e não são muito pressionados. Vêm em seguida os cortadores e os encarregados das solas: como são os primeiros na linha de montagem, eles dão o ritmo e desfrutam mais liberdade. As funções mais estressantes são as de costura e montagem, no meio da cadeia de produção. Esses operários sofrem pressão dos dois lados: os que estão acima empurram trabalho para eles e os que estão adiante imploram que trabalhem mais depressa. Não há muito espaço para o erro: inspetores de qualidade e clientes ficam igualmente de olho nessas seções inferiores da linha de montagem, pois é mais fácil identificar imperfeições num calçado concluído. Os operários têm um ditado:

Os da costura sofrem críticas mortais,
Os da montagem trabalham até morrer,
Os do corte brincam com a morte.

Quando a Yue Yuen montou sua primeira fábrica na China, em 1989, a Coreia do Sul dominava o mercado mundial de tênis. Em sua primeira década no país, a Yue Yuen muitas vezes obrigava os operários a trabalhar até a meia-noite e concedia um único dia de folga por mês.

— Desde que entregássemos os produtos aos clientes a um certo preço, eles não queriam saber como administrávamos as fábricas — diz Allen Lee, chefe de operações da Yue Yuen para a Adidas em Dongguan. — Não discutíamos sobre se devíamos pagar horas extras; pôr papel higiênico nos banheiros; se os operários deviam lavar as mãos nem sobre quantos podiam dormir em cada dormitório. Nossos métodos de gerenciamento eram repressores: sua tarefa é esta, e se for necessário ficar acordado três dias e três noites para concluí-la, é o que será feito.

A mão de obra chinesa, barata e motivada, era ideal para a atividade intensiva da costura de calçados esportivos, e na década de 1990 a China se tornou a líder nesse mercado em todo o mundo. Depois que as grandes marcas americanas passaram a ser atacadas pelos sindicatos e pelas organizações de defesa dos direitos dos trabalhadores devido às árduas condições de trabalho em suas fábricas, a Nike e a Adidas começaram a pressionar os fornecedores a melhorar o ambiente de trabalho. A Yue Yuen adotou uma jornada de trabalho de onze horas e passou a dar folga aos domingos a todos os empregados; muitos operários pediram demissão, insatisfeitos com o corte das horas extras. A empresa criou uma unidade de supervisão das condições de trabalho e uma ouvidoria onde os trabalhadores podiam buscar ajuda e registrar reclamações. Aperfeiçoou as medidas de segurança, proibiu a utilização de produtos químicos que ofereçam riscos para a saúde e aboliu as práticas militarizadas de ginástica. Mas, ao mesmo tempo que forçam as fábricas a tratar melhor os operários, as grandes marcas também as pressionam a cortar os custos. Às vezes, esses dois objetivos são conflitantes. A fábrica da Yue Yuen que atendia a Adidas costumava fornecer uniformes aos operários. Em vista das pressões da Adidas para que diminuísse os custos, começou a cobrar pelos uniformes, mas o cliente também fez objeção à nova prática. A Yue Yuen decidiu então aboli-los, e hoje os operários trabalham com suas próprias roupas.

Em 2001, a Adidas implantou um programa chamado Lean Manufacturing (Manufatura Enxuta), para aumentar a eficiência e reduzir o desperdício na Yue Yuen. Os operários dizem que, embora trabalhem menos horas, o tempo que passam na linha de montagem é mais estressante; as tarefas são distribuídas com precisão e praticamente não há tempo ocioso. As linhas de montagem foram reestruturadas em pequenas equipes, para que os operários possam se revezar em diferentes tarefas em períodos de poucos dias, ao passo que antes podiam fazer a mesma coisa por um mês inteiro. Isso torna a produção mais flexível, mas é exaustivo para os operários. Também em nome da eficiência, a disposição nos alojamentos foi reformulada, e os operários deixaram de morar com os amigos, passando a conviver com os colegas da linha de montagem.

A pressão se torna ainda maior em virtude da aceleração do ritmo do ciclo da moda mundial. Há uma década, as grandes marcas de calçados para esporte davam às fábricas noventa dias entre o recebimento de uma encomenda e a entrega do produto; alguns anos atrás, eram sessenta dias, e agora são trinta. As encomendas diminuem, para permitir uma reação rápida quando a moda muda de direção, e os operários vivem nesse ciclo imprevisível. Só na quinta-feira são informados pelo chefe da necessidade de fazerem ou não horas extras no sábado. Nas épocas de produção mais intensa, o departamento encarregado dos solados funciona com turnos duplos; os empregados alternam os meses entre o turno diurno e o noturno, com o relógio biológico desorientado e o corpo na luta para acompanhar o ritmo.

Os executivos afirmam que as exigências do mercado só contribuíram para melhorar a situação da Yue Yuen. "Se não tivéssemos toda essa pressão, não estaríamos melhorando", diz Allen Lee. "Como dizia Darwin, só os mais fortes sobrevivem." Um estudo realizado pela Adidas constatou que os operários inicialmente ficavam estressados com o programa Manufatura Enxuta, mas, com o tempo, acabavam se acostumando.

Agosto é a época de irrigar as plantações de milho e preparar o solo para a plantação de trigo no inverno. Na fábrica da Yue Yuen, uma nova estação começava antes do previsto: o longo período de preparação para o Natal. Depois do ritmo manso do verão, as moças faziam horas extras todos os dias da semana e trabalhavam aos sábados. Na linha de montagem, trabalhavam mais rápido e falavam menos. Mas os corpos se rebelavam.

— Estou com uma dor de cabeça terrível — queixou-se Qianqian certa manhã, no início de agosto. — Supostamente estamos na baixa estação, mas as encomendas não param!

Na véspera, ela completara 22 anos; planejara visitar a melhor amiga para comemorar, mas passou o dia do aniversário fazendo horas extras.

No Quarto J805 Jia Jimei estava de volta, depois de visitar a família. Ela estava sentada em seu beliche, apática e séria.

— Como foram as coisas em casa? — perguntei.

Ela deu um sorriso econômico.

— Tudo bem.

— O que você fez?

— Nada. Fiquei pensando em não voltar para cá — disse com a voz pausada, como se estivesse acordando de um sonho. — Mas não há nada para fazer lá. Se houvesse algo para fazer perto de casa, seria melhor ficar por lá. Mas não há. Sinto-me muito mal por estar aqui. Não queria voltar ao trabalho.

Na parte de cima do beliche, Wu Yongli estava mais alegre. Com seus 19 anos e os traços bonitos num rosto delicado, vestia nessa manhã de verão um elegante vestido preto com tiras finas e uma gargantilha com um medalhão em forma de coração.

— Não ligue para ela — disse Wu Yongli. — Ela ainda não se acostumou à ideia de ter voltado.

Mudanças ainda mais incômodas delineavam-se no horizonte: uma vez por ano a fábrica promovia um rodízio nos dormitórios. O objetivo era contabilizar as pessoas que tinham partido ou chegado ao longo do ano e assegurar que as equipes de produção estivessem vivendo juntas, mas o fato é que o rodízio virava a vida de todo o mundo de cabeça para baixo.

— Já fizemos amizades aqui — disse Jia Jimei. — E agora podemos ser separadas novamente.

NAQUELE MESMO MÊS, os operários foram transferidos para novos dormitórios. Numa fábrica do tamanho da Yue Yuen, garotas que se viam diariamente de uma hora para outra ficavam sem saber como encontrar de novo as amigas. Muitas perdiam contato definitivamente.

Depois da mudança, Qianqian desapareceu, e passei o mês de setembro tentando encontrá-la. Fui várias vezes a seu novo dormitório — quatro andares abaixo do anterior —, mas as companheiras de quarto não sabiam onde ela se encontrava. Pediram-me notícias de outras operárias que também tinham perdido de vista. Telefonei à família de Qianqian numa aldeia rural em Anhui; o pai me disse que ela continuava trabalhando na Yue Yuen. Segundo a administração da fábrica, Zhang Qianqian, a empregada número 28.103 da

Fábrica Número 8, Prédio B, Segundo Grupo de Cortadores, ainda estava registrada na empresa. No papel, ela continuava vivendo no dormitório, trabalhando na linha de montagem, cortando materiais para a parte superior dos tênis Adidas. Mas na realidade tinha desaparecido, o que mostrava a precariedade do regime de horários e controle que parecia organizar tão bem a vida na fábrica.

Saindo pelo portão da Yue Yuen, descendo a rua principal e atravessando o cipoal de ruas sujas cheias de banquinhas de alimentação e lojas, encontramos um bairro de prédios baixos de tijolos aparentes. As portas dos apartamentos são de metal. A região tem muitos terrenos baldios e construções inacabadas, e parece abandonada e superpopulosa ao mesmo tempo. No inclemente verão do delta, os vizinhos se sentavam do lado de fora de camiseta ou pijama e jogavam mahjong, enquanto as galinhas ciscavam o terreno sujo.

Numa tarde de domingo, em meados de outubro, fui levada a esse local por uma jovem que eu conhecera no antigo dormitório de Qianqian. Ela me conduziu pelos becos e chegamos a um prédio de tijolos aparentes, subimos um lance de escada e atravessamos uma porta metálica. Entramos num apartamento de um único cômodo, com uma cama de casal acima da qual havia um cartaz pendurado.

SUCESSO

O sucesso dá a impressão de estar muito, muito distante de você, enquanto o fracasso parece estar sempre a segui-lo. Você deve superar com bravura um fracasso após o outro, e então o sucesso virá em sua direção.

Perto do cartaz, arrancada de um calendário, via-se a imagem de uma mulher de seios à mostra com uma urna grega nas mãos. Qianqian estava sentada na cama, de camiseta, short e descalça. Ao me ver, deu um sorriso fugaz e relutante, como se não tivesse gostado muito de ter sido encontrada.

Depois do pagamento de agosto, ela deixara a Yue Yuen, abandonando a linha de montagem e renunciando aos atrasados que a empresa lhe devia. Desde então, ficara com várias amigas, entre elas uma jovem chamada Ge Li, que dividia esse apartamento com o namorado. Qianqian pensava em voltar para casa ou em trabalhar em outra fábrica.

— Por que saiu da Yue Yuen? — perguntei a ela.

— Perdeu a graça — respondeu, e embora eu insistisse de diferentes maneiras, ela não disse mais nada.

NAS SEMANAS SEGUINTES, a pressão da produtividade continuou aumentando na fábrica, à medida que o Natal se aproximava. No campo era o período do *lidong*, o início do inverno — época de consertar as cercas. Numa tarde de domingo de novembro, fui ao prédio de apartamentos de tijolos aparentes e portas de metal e perguntei a Ge Li se ela tinha notícias de Qianqian.

Ela não sabia da amiga havia já algum tempo.

— Ela ainda não decidiu se volta para casa ou para a fábrica — disse Ge Li.

— Mas o que ela está precisando decidir exatamente? — perguntei.

Ge Li sacudiu a cabeça.

— Não sei o que ela está pensando de verdade. Não falamos sobre isso.

Ge Li deixara recentemente a Yue Yuen e pretendia voltar para casa em breve para apresentar o novo namorado aos pais. Depois que se fosse, eu não teria mais como encontrar Qianqian. Talvez o significado de fracasso no mundo dos migrantes fosse este: não um acidente nem alguma tragédia que tivesse nome, mas apenas um afastamento gradual, até que a pessoa desaparecesse.

FUI À YUE YUEN PELA ÚLTIMA VEZ em janeiro de 2005. As garotas da fábrica usavam jaquetas leves de algodão, e tinham os ombros arqueados por causa do frio. Sentir frio parecia ser uma decisão pragmática: em Dongguan, o inverno não durava o suficiente para justificar gastos com um casaco. Jia Jimei retornava ao quarto quando eu me aproximei, e ela sorriu ao me ver. Havia feito mechas vermelho-escuras no cabelo.

O trabalho na fábrica diminuíra após o Natal, e o calendário tradicional voltava a prevalecer, enchendo as ruas de multidões alegres que voltavam para casa a fim de comemorar o ano-novo. Os migrantes que acabavam de chegar à cidade muitas vezes vagavam solitários e sem rumo, mas os que iam para casa eram diferentes. Caminhavam com determinação, em grupos; pareciam felizes e sabiam para onde iam. Levavam dinheiro no bolso e sacolas de compras com presentes para a família: CD players, mantas, doces para as crianças pequenas.

No campo, era a época do *dahan*, o Grande Frio, a estação de boas-vindas ao ano-novo, mas, de acordo com o calendário de Dongguan, era hora de colher as recompensas de um ano de trabalho árduo — a única colheita que importava então.

6

A ESTELA SEM NOME

Os pais dos migrantes tinham instintos terríveis. A todo o momento davam conselhos errados; especializavam-se em informações superadas e em conservadorismo nascido do medo. Alguns deles, inicialmente, proibiam os filhos, e especialmente as filhas, de ir embora. Uma vez que o migrante chegasse à cidade, no entanto, a mensagem dos pais mudava radicalmente: mande dinheiro para casa — quanto mais, melhor. Certos pais pressionavam as filhas a se casar, mas somente se fosse com um rapaz da província natal, o que parecia tão absurdo quanto dizer a uma pessoa que vivia em Nova York que só namorasse gente de Ohio. Com relação ao trabalho, a recomendação era invariavelmente errada: diziam que os filhos não deveriam ficar pulando de fábrica em fábrica, o que geralmente era a melhor maneira de progredir.

Os migrantes aprendiam depressa a lidar com os pais: desobedeciam, resistiam e mentiam. Mantinham distância. Chunming não voltou para casa durante os três primeiros anos na cidade. As garotas se mostravam realistas quanto a essas transgressões.

— Eles não sabem como são as coisas aqui fora, de modo que primeiro eu faço, depois eu conto — disse Ming.

Uma nova vida começou no dia em que chegaram à cidade, e elas fariam o que fosse necessário para protegê-la. O passado não importava, o presente era tudo. A família era uma armadilha que poderia puxar para baixo se não tomassem cuidado.

Desde minha mudança para a China eu sempre resistira à influência de minha família, e talvez por alguns dos mesmos motivos. A China de meus pais estava atrasada cinquenta anos; os chineses sempre respeitaram os eruditos e menosprezaram os comerciantes, segundo eles me ensinaram na infância, mas as pessoas que eu conhecia contradiziam tudo isso. Não procurei encontrar parentes que ainda vivessem no país. Queria conhecê-lo à minha maneira. E a história familiar parecia uma armadilha: uma maneira preconcebida de perceber a China em termos trágicos, uma visão totalmente dissociada da realidade atual.

Quando comecei a fazer contato com as migrantes em Dongguan, empreendi também uma investigação de minha história familiar. Inicialmente, eram projetos distintos, um estudo comparativo: não podia haver nada em comum entre o caos fervilhante do mundo fabril do sul da China e as sóbrias cidades cinzentas do nordeste, com suas usinas de aço e seus antigos e orgulhosos monumentos de pedra. Eu gostava dos ritmos dessas viagens de ida e volta entre o sul e o norte, entre o futuro e o passado e de volta ao futuro.

Quanto mais eu aprendia, no entanto, mais enxergava as ligações. Quase cem anos atrás, meu avô também fora um migrante. Deixara sua aldeia, mudara de nome e tentara adaptar-se à era moderna. Quando ele era jovem, a China estava saindo de um longo isolamento autoimposto para restabelecer contato com o mundo — o que se repete nos dias atuais. Meu avô saiu de casa aos 16 anos, para nunca mais voltar, embora na época, provavelmente, não o soubesse, como os migrantes de hoje talvez não o saibam. *Chuqu*, ir embora: também é assim que a história de minha família começa.

Em meus anos na América, onde eu crescia, meus pais raramente falavam do passado. Existe um tipo de exílio que está presente em tudo o que se perdeu: as avenidas penumbrosas da capital, a casa grande e os criados, o jardim sombreado por caquizeiros, ao qual retornaremos um dia, quando o regime cair e pudermos recuperar o que de direito nos pertence. Mas os chineses que fugiram do comunismo raramente se permitiam esse tipo de devaneio. O jeito era ir em frente e construir uma nova vida; contabilizar perdas não fazia nenhum sentido. Os migrantes e imigrantes que conheci compartilhavam esse pragmatismo, que parece profundamente arraigado no temperamento chinês. O presente é o que interessa, e o passado vai ficando para trás.

Na infância, eu ouvia, relatados por meu pai, apenas fragmentos da história de nossa família, e os revirava em minha mente sem parar, até que cada um deles se transformasse numa história independente, misteriosa e completa. As histórias nunca se ligavam, ou, então, o faziam de um jeito secreto que não estava ao meu alcance.

As quatro melhores escolas de mineração da América estão em Michigan, no Colorado, no Novo México e na Virgínia Ocidental.

Nós carregávamos as barras de ouro na cintura quando viajávamos.

Deixamos nossa coleção de selos para trás ao fugirmos dos comunistas. Deixamos tudo para trás.

Todo dia eu ia ao Consulado americano em Taipé e esperava que o funcionário chamasse meu nome.

A China também vinha em pedaços. Era os suéteres que minha avó materna nos mandava de Taiwan, embrulhados com naftalina e saindo das caixas de papelão com um cheiro de sótão. Ao usar um deles para ir à escola, eu me sentia radicalmente diferente de todo o mundo, *cheirando* diferente. A China era o jornal do Kuomintang que chegava à nossa caixa de correio vindo de Taiwan, dobrado várias vezes e saltando da embalagem de uma só vez, como se não pudesse esperar para dar notícia de tão longe. Eram os jogadores chineses de pingue-pongue, com braços que pareciam de borracha e rostos pálidos, para os quais meus pais torciam — inexplicavelmente, em minha opinião — quando chegavam as Olimpíadas. A China era a emoção dos discos de vinil que meu pai trouxe de sua primeira viagem à República Popular em 1975, quando Mao ainda vivia.

O Sol se levanta a leste,
A República Popular cresce;
Nosso líder supremo Mao Tsé-tung
Aponta o caminho a seguir.
Nossa vida melhora a cada dia,
Nosso futuro brilha em glorioso esplendor.

A canção se chama "Louvor à Pátria". Eu tinha 6 anos quando a ouvi pela primeira vez, e o ensolarado paraíso comunista celebrado por ela já se desintegrara havia muito tempo. No entanto, até hoje, seus primeiros compassos me deixam arrepiada.

Eu sabia várias dessas canções de cor. O chinês foi minha primeira língua, e minha infância foi marcada por suas canções de ninar e suas baladas desde os primeiros anos, como a lembrança de uma vida que tivesse vivido antes desta. A família de meu pai era da Manchúria, a região que os chineses chamam simplesmente de Dongbei, o Nordeste, e muitas das canções que primeiro ouvi e aprendi vinham de lá. Eu não sentia um vínculo muito forte com a China durante minha infância e adolescência, mas sabia que era de Dongbei.

Minha casa fica no rio Songhua, no Nordeste,
Onde há florestas e minas de carvão
E soja e sorgo nos campos e colinas.
Minha casa fica no rio Songhua, no Nordeste,
Onde estão meus compatriotas
E também meu pai e minha mãe envelhecendo (...)
Fugi de minha aldeia natal,
Abandonei seus inesgotáveis tesouros.
Vagando, vagando,
Vagando dias inteiros pelo passo.

Era o Passo de Shanhai, imponente fortaleza de pedra no litoral leste da China, onde a Grande Muralha se debruça sobre o mar. Construída na dinastia Ming para guardar a fronteira norte do país, ela assinalava o ponto em que a civilização tinha fim e começava a imensidão manchu.

Para mim, a canção mais triste era a que falava da Grande Muralha, cantada por um nordestino exilado depois da invasão japonesa. As torres de observação da Muralha haviam sido construídas ao longo dos séculos para proteger a China de seus inimigos ao norte. Depois que o Exército japonês invadiu a Manchúria, em 1931, a Muralha adquiriu outro significado — ela demarcava as terras sob o jugo japonês. A canção era um reconhecimento tácito de que a Grande Muralha fracassara, pois o inimigo já se encontrava em Dongbei.

A Grande Muralha tem dezesseis mil quilômetros
E adiante dela está minha cidade.
O sorgo é grande, a soja, perfumada.
Há ouro por toda parte e as calamidades são raras.
Desde que a grande catástrofe começou de repente
Estupros, saques e sequestros, desgraças amargas demais a suportar

Desgraças amargas demais a suportar, fugindo para terras desconhecidas
Famílias separadas, pais mortos
Lembrando por toda a vida a hostilidade e o ódio
Dia e noite pensando apenas em voltar para casa (...)

Que quatrocentos milhões de compatriotas se ergam juntos:
A Grande Muralha de nossos corações terá dezesseis mil quilômetros de comprimento.

Minha mãe e meu pai aprenderam essas canções na infância, assim como eu. Elas contavam a história da geração dos pais deles, que viviam longe de casa, afastados, pela guerra, dos parentes que nunca mais voltariam a ver. Na tradição chinesa, a poesia obedecia a padrões estritamente esquematizados: idealmente, o eu desaparecia na experiência do poema. Os versos dessas canções concentravam uma emoção que nunca era expressada.

DEPOIS DE ANOS DE FRAGMENTOS, pedacinhos de canções e lascas de memória, eu finalmente me sentei um dia com meu pai e pedi a ele que me contasse tudo o que sabia sobre a história de nossa família. Ele me falou da ascensão da família a partir de origens humildes, nos anos finais da dinastia Qing. Relatou quanto meu avô quisera deixar a terra natal para conhecer o mundo. Lembrou-se da retirada caótica do Exército japonês e das sirenes que alertavam sobre os ataques aéreos, o que significava que naquele dia não haveria escola. Mas a história contada por meu pai estava cheia de lacunas: suas lembranças da China eram lembranças de infância, expressas por meio da visão de mundo de uma criança.

> Brincávamos de esconde-esconde. Meu pai tirava uma soneca. Escondi-me na varanda, do outro lado da cama em que ele dormia, e fiquei com medo de sair. Mas ele descobriu que eu estava escondido ali e disse "Saia daí", e começou a brincar conosco. Era minha única lembrança dele.

Conversei com os irmãos de meu pai, que tinham emigrado para a América com aproximadamente 20 anos. Um incidente de meio século antes fora registrado de maneiras diferentes, cada versão terminante e distinta: pedaços da China que traziam com eles e que se haviam enrijecido com o tempo, como preciosos seixos desgastados. Conheci a parte da família que permanecera na China, inclusive os primos e parentes distantes de meu pai que nunca tinham deixado a aldeia de nossos antepassados. Alguns tentavam entender o passado, mas a maioria não pensava assim: tendo deixado a China ou permanecido no país, eles preferiam não tocar nessa ferida.

Meus parentes não gostavam de contar suas histórias pessoais. Muitas vezes começavam por insistir em que não tinham nada a dizer. As palavras iniciais frequentemente narravam um desconhecimento, uma negação, até mesmo uma morte, como se quisessem pôr fim à história antes mesmo que ela pudesse começar. Nem mesmo um só deles, ao que me parecia, acreditava que suas lembranças realmente tivessem importância. *Na verdade, minha experiência da China era muito superficial* — eis a primeira coisa que minha tia Nellie me disse. *Não sabemos muito sobre a história da família*, disse meu tio Luke, *pois nunca tivemos oportunidade de falar a esse respeito.* A história de meu pai começava com uma ausência: *O pai do meu avô. Ninguém sabia o nome dele.* Eles negligenciavam os detalhes e minimizavam os lances dramáticos. Às vezes, quando relatavam algo particularmente doloroso, riam. Talvez numa realidade em que tanta gente tinha sofrido, a história de uma pessoa não importasse. O sofrimento apenas tornava as pessoas mais parecidas umas com as outras.

As jovens das cidades fabris do sul não pensavam assim. Numa cidade sem problemas com o passado, cada uma vivia, contava e escrevia a própria história; em meio a esses milhões de lutas solitárias, o individualismo lançava raízes. Expressava-se nos cursos de aperfeiçoamento e na feira de emprego, nas disputas com os pais e nas lições diligentemente copiadas nos cadernos de anotações: *Não deixe passar a oportunidade. Morrer pobre é pecado.* Os detalhes dessas vidas podiam ser banais e sem interesse, mas essas jovens me contavam suas histórias como se fossem importantes.

Em algum momento do reinado do imperador Kangxi, talvez por volta de 1700, um agricultor chamado Zhang Hualong deixou sua terra na superpovoada planície do norte da China e rumou para a pradaria manchu, onde as terras virgens eram tão abundantes, que qualquer um poderia recomeçar a vida. Naquela época, toda aldeia do norte da China parecia ter sido deixada por algum migrante; tal como hoje, eram frequentemente os mais jovens e cheios de iniciativa que se iam. Zhang Hualong tinha dois filhos, que viajaram mais para o norte para se estabelecer numa aldeia chamada Liutai, na provínciacia manchu de Jilin. O lugar que escolheram era conhecido como Vale dos Pobres, por causa do clima ruim e das terras pantanosas. Quatorze gerações de Zhang viveram ali. Eu pertenço à décima primeira.

Tal como aconteceu com os migrantes da década de 1980, não foi nada auspiciosa a jornada de meu antepassado mais antigo de que se tem notícia. Em 1644, os manchus, um grupo étnico que vivia na fronteira nordeste da China, conquistaram o país e fundaram a dinastia Qing. Logo depois, os governantes Qing proibiram a entrada na Manchúria de chineses han, o maior grupo étnico do restante do país. Seu objetivo era monopolizar os recursos naturais da região e preservar sua terra de origem: acreditavam que, enquanto a fronteira permanecesse intacta, seu povo haveria de manter a vitalidade e barraria a corrupção e a decadência que acabavam inevitavelmente levando as dinastias à ruína. Para isolar a Manchúria, os imperadores ordenaram a construção de um muro de barro de 320 quilômetros sustentado por salgueiros. Ele começava na Grande Muralha, a nordeste, e cortava a maior parte das atuais províncias de Liaoning e Jilin, com postos de controle fortificados em toda a sua extensão.

A fronteira ficou conhecida como Barreira do Salgueiro, e se revelou ainda mais vulnerável que a Grande Muralha. Foi concluída em 1681, e é possível que vinte anos depois meu antepassado a tenha atravessado para se estabelecer em Liutai, que significa "sexto posto" — uma das torres fortificadas construídas ao longo da fronteira expressamente para impedir a passagem de pessoas como ele. Os chineses que entravam ilegalmente para dedicar-se à agricultura eram chamados de *liumin*, errantes. Nos dois séculos seguintes, meus antepassados pioneiros dedicaram-se à agricultura, plantando sorgo e soja e vivendo em cabanas de madeira cercadas de florestas.

No fim do século XIX, a população da Manchúria começou a aumentar, com a chegada de agricultores que fugiam da seca e da fome no norte da China. Essa migração, envolvendo 25 milhões de pessoas em meio século, seria a maior da história do país até a onda atual. A economia da região progrediu enormemente, novas ferrovias estabeleceram a ligação entre o interior e os mercados litorâneos e externos e os estrangeiros produziam profecias tão cabeludas quanto as que se ouvem hoje. Em 1910, o cônsul-geral britânico em Tianjin escrevia:

> Não resta dúvida de que a Manchúria haverá de se transformar, num futuro não muito distante, numa concorrente da América no abastecimento de produtos agrícolas para os mercados da Europa. Os moinhos

de farinha de Harbin (...) estão colocando seus produtos nos mercados locais a preços com os quais os moinhos americanos não podem competir (...) O que os Estados Unidos podem perder com a diminuição da venda de produtos agrícolas deverá ser mais que compensado com o aumento do comércio de produtos manufaturados.

Minha família tirou amplo proveito desse desenvolvimento econômico. Meu bisavô, Zhang Ya'nan, comprou uma fábrica de óleo e um moinho de farinha, e com o dinheiro ganho nesses empreendimentos tornou-se o maior proprietário de terras de Liutai. Por volta de 1890, Zhang Ya'nan supervisionou a construção de um grande complexo residencial para a família, com cinco salões centrais e oito alas. Os salões eram ocupados pelos retratos e tabuletas dos ancestrais, enquanto os seus contemporâneos comiam, trabalhavam e dormiam nas alas. Era assim que vivia uma família chinesa: os mortos interagiam com os vivos e a devoção filial determinava a própria arquitetura das casas. O complexo era chamado de Xinfayuan, que significa "Nova Origem". Era cercado de muralhas altas, com pistolas Mauser instaladas em cada canto e uma milícia armada para defendê-lo contra bandidos. A medida da prosperidade de uma família estava nos alimentos que consumia, e em Xinfayuan até os empregados comiam bolo de passas recheado com pasta de feijão doce. As porções eram tão generosas, que inspiraram uma canção de cujos versos meu pai ainda se lembrava um século depois.

Xinfayuan, um belo lugar,
Os cães vão à frente, as pessoas trazem a comida,
Dois e meio jins de bolo recheado de feijão.

Nos últimos anos da dinastia Qing, meu bisavô foi contemplado com um título do serviço civil imperial e recebeu 300 taels de prata da corte para construir um templo ancestral. Era a tradição: quando alguém recebia uma condecoração, era obrigado a observar o devido respeito confuciano pelos antepassados. Meu bisavô teve quatro mulheres — outro hábito da época — e montou uma escola no complexo residencial da família para que seus nove filhos, dos dois sexos, pudessem estudar. Provavelmente em virtude da ascensão de meu bisavô, a corte conferiu ao pai dele um título militar imperial, o de marechal terceira patente da dinastia Qing, fornecendo à família dinheiro para construir um arco para celebrar sua devoção filial. Foi assim que surgiu do nada uma ilustre linhagem familiar. Um agricultor tornou-se marechal e um proprietário de moinho, membro do governo: na fronteira, construir uma nova vida não levava muito tempo.

Meu bisavô também cumpria os outros deveres de um patriarca confuciano. Supervisionou a redação de uma genealogia familiar que remontava ao antepassado que havia migrado para a Manchúria. E estabeleceu uma sequência de nomes a serem adotados pelos descendentes por vinte gerações, e que formavam um poema.

Feng Li Tong Xing Dian
Hong Lian Yu Bao Chao
Wan Chuan Jia Qing Yan
Jiu Yang Guo Em Zhao

A fênix se posta no palácio da prosperidade comum
O cisne une e nutre a dinastia dos tesouros
Dez mil gerações passam na permanente celebração familiar
Nove ornamentos ostentam a estima da nação.

Minha família demorou a prosperar, alcançando a glória no exato momento em que chegava ao fim o estilo de vida Qing. A propriedade, o templo, as tabuletas, retratos e relíquias seriam destruídos no agitado século que começava; muitas vidas seriam ceifadas. Mas nem tudo se perdeu. Meu nome chinês é Tonghe: a primeira letra do meu nome foi decidida há um século por um bisavô que eu nem conheci.

Na aldeia onde meu avô Zhang Chun'en nasceu em 1899, quase todo mundo tinha meu nome de família. Na infância, ele frequentou a escola da família, onde decorou longos trechos dos Quatro Livros e dos Cinco Clássicos da época de Confúcio. Não tinha a menor importância que ele não entendesse nem uma só palavra desses textos; a finalidade da educação era incutir na criança os comportamentos adequados, ensinando-lhe desde cedo as virtudes da obediência, do respeito e da moderação. O supremo objetivo do aprendizado era passar no exame para o serviço público e tornar-se um funcionário imperial, sistema que persistia praticamente inalterado havia mil anos.

Mas esse mundo já estava desmoronando quando meu avô era criança. O século XIX havia trazido confrontos traumáticos com o Ocidente; depois da derrota chinesa nas Guerras do Ópio das décadas de 1840 e 1850, a monarquia foi obrigada a aceitar uma série de "tratados desiguais", abrindo os portos ao comércio exterior e conferindo privilégios jurídicos e econômicos às potências ocidentais e ao Japão. Os reformistas culpavam a educação tradicional chinesa pelo humilhante declínio. Sua campanha levou à abolição do exame para o serviço público em 1905 e à disseminação de escolas modernas. Em 1911, quando meu avô entrava na adolescência, a dinastia Qing chegou ao fim, sendo substituída por uma república.

Ainda na infância, meu avô já estava determinado a migrar — naquela época, como hoje, todos os caminhos para o sucesso conduziam para longe da aldeia. Seu irmão mais velho, cujo nome era Zhang Feng'en, viria um dia a administrar a propriedade familiar. Como segundo filho da primeira mulher, contudo, meu avô tinha uma posição privilegiada: podia ir embora. Na primavera de 1913, ele se matriculou na Provincial de Jilin. Era a primeira escola da província a transmitir o que então era conhecido como Novo Ensino, que trocava os clássicos por matemática, história, geografia e ciências naturais. Três anos depois, ele deixaria a aldeia natal para frequentar a Universidade de Pequim, líder em uma rede nacional de escolas modernas.

A maioria dos alunos pertencia às ricas famílias de comerciantes do litoral; meu avô era ali um intruso que destoava, como um rapaz de uma cidade mineradora do Colorado que ganhasse uma bolsa de estudos em Harvard. Mas a universidade, verdadeiro centro de ensino progressista, também atraía outros jovens ambiciosos das províncias. Mao Tsé-tung, que trabalhava na biblioteca da faculdade, foi contemporâneo do meu avô. É provável que meu avô tenha encontrado dificuldades com o Novo Ensino. Nos arquivos da Universidade de Pequim encontrei um livro amarrado com barbante que listava, em caligrafia emaranhada, as notas das provas dos alunos do curso preparatório de direito em 1917. As matérias estrangeiras não eram o forte do meu avô.

HISTÓRIA OCIDENTAL: 70

LITERATURA INGLESA: 70

LÍNGUA CHINESA: 80

LÓGICA: 90

COMPORTAMENTO: 100

Se o sistema tradicional ainda estivesse em vigor, meu avô teria se formado na universidade com máximo louvor e obtido emprego no governo. Mas o Novo Ensino levou-o para outros caminhos: ele ganhou uma bolsa de estudos da província para estudar na América, de modo que deixou a faculdade depois do segundo ano. Casou-se com uma jovem chamada Li Xiulan, escolhida por sua família; três dias depois do casamento, tomou um navio para a América.

Na época, minha avó estudava na Escola Normal Feminina de Pequim, uma das primeiras faculdades do país a aceitar estudantes mulheres. Ela se formou em educação física e música; participou de protestos estudantis, fumava cigarros e escolheu para si um novo nome, Li Xiangheng, por ter caracteres menos comuns que o seu antigo nome. Depois de se formar, passou a ensinar no colégio da cidade de Jilin, a capital da província.

Durante sete anos ela mandou cartas à América, a terra que a obrigara a viver sozinha entre os 20 e os 30 anos, a terra que mais tarde também levaria seus filhos, um a um. Suas cartas não chegaram até nós. Tudo o que ficou da jovem que ela foi resume-se a algumas frases concisas do diário do meu avô, como o rápido lampejo de um animal selvagem visto de relance na floresta: sua solicitude, sua solidão, os arroubos de raiva.

> Xiangheng pretende voltar para casa porque minha mãe está doente.
>
> Comprei um par de sapatos para mandar para Xiangheng.
>
> Em sua carta, Xiangheng faz um escarcéu, dizendo ter sofrido uma grande injustiça.
>
> Recebi três cartas de Xiangheng, todas me exortando a voltar para casa. Como meus planos ainda não foram concluídos, não posso voltar.

Minha avó também queria ir para a América, mas meu bisavô é que fazia a lei. Os países estrangeiros não eram para as mulheres, dizia. Uma mulher devia ficar em casa.

> 1° de janeiro de 1926
> O caos na China causa grande preocupação. Certamente chegará um dia em que a China será próspera. Ainda viverei para vê-lo. Todo mundo deve trabalhar duro para que chegue esse dia.
>
> Minha conduta pessoal deve ser digna e preciso ser mais frugal nos meus hábitos.

Almocei com o meu senhorio, Harry Weart. Seus vizinhos, um velho casal, gostam de brincar com cães e pássaros e ficam falando de seus animais de estimação. Não suporto esse tipo de conversa.

Meu avô chegou à América em 1920. Era a época do gim fabricado em fundo de quintal, das festas de embalo e de Al Capone, mas ele nem se dava conta. Nas páginas de seu diário, escrevia sobre o rumo mais adequado para sua formação acadêmica e a situação política na China. Eram dois assuntos interligados: adquirindo a necessária capacitação na América, ele aprenderia o que era preciso para ajudar sua pátria a se tornar um país moderno. Flertou com a literatura e a economia até se decidir pela engenharia de minas: o desenvolvimento industrial seria a salvação da China.

Durante os sete anos que passou na América, a situação na China se deteriorou. O governo nacional praticamente deixou de existir, enquanto senhores de guerra com seus exércitos particulares se digladiavam em todo o país. Nos diários americanos do meu avô na década de 1920 as figuras que mais aparecem são os guerreiros chineses Wu Peifu e Zhang Zuolin.

26 de janeiro

Zhang Zuolin já libertou Ivanov [o diretor russo da Ferrovia Oriental Chinesa], de modo que a questão de Harbin está temporariamente resolvida. A causa do incidente em Harbin estava diretamente relacionada com a volta de Feng Yuxiang ao nordeste. Um deles é favorável a uma aliança com os russos e o outro, com os japoneses, mas cada um cuida apenas dos próprios interesses.

A China ainda não tem alguém que fabrique maquinaria. Seria maravilhoso que a coisa pudesse começar comigo no futuro.

28 de janeiro

Hoje caiu neve pesada com muito vento, e as estradas ficaram quase intransitáveis. Meu colega Backland casou-se hoje às cinco horas (...)

A Manchúria e a Mongólia tornaram-se um dos maiores problemas mundiais. Se não cuidarmos direito disso, será difícil impedir que se transformem numa segunda Coreia. É essa a pátria dos meus antepassados. Como é que eu poderia entregá-la a alguém? Juro que assumirei a responsabilidade pela defesa do território e o bem-estar do povo.

4 de março
Meus óculos se quebraram e eu fui ao oculista para fazer um novo. Gastei 24 dólares americanos. Muito caro!

As florestas de Jilin são naturalmente apropriadas para a fabricação de papel, e Jilin exporta anualmente grande quantidade de produtos de couro e ainda mais peles, sendo muito bem servida por suas ferrovias. Vou estudar a possibilidade de trabalhar na indústria do papel.

4 de junho
Trabalhei na agrimensura no Monte Franklin hoje. As árvores eram exuberantes e perfumadas e o ar, fresco. As primeiras horas da manhã são muito frias, e à noite minha garganta fica coçando (...)

Se a China quiser tornar-se próspera e forte, precisa desenvolver sua indústria siderúrgica; caso contrário, não poderá resistir aos avanços de países estrangeiros. Atualmente, depende completamente das importações de maquinaria. Se houver uma guerra e um bloqueio comercial, a China certamente será derrotada.

12 de novembro
Limpei hoje uma máquina de cortar carvão e a desmontei. Foi muito interessante.

Para governar uma nação e educar seu povo, ou para ocupar um lugar, é necessária uma boa propaganda. Depender exclusivamente do poderio militar levará à derrota.

Milhares de estudantes chineses foram para a América nas duas primeiras décadas do século XX, na primeira grande onda de migrantes interessados em estudar. Eles viam no ensino ocidental a melhor maneira de ajudar a China, e procuravam matérias práticas, como economia, ciências naturais e especialmente engenharia — a profissão escolhida por mais de um terço dos estudantes chineses na América entre 1905 e 1924. Meu avô frequentou a Faculdade de Mineração de Michigan, numa antiga região de mineração do cobre perto da fronteira com o Canadá. Formou-se em 1925, no trigésimo terceiro lugar de uma turma de quarenta e quatro; aparentemente, ainda enfrentava problemas com o Novo Ensino.

★★★

FOI POR ACASO QUE ENCONTREI os diários do meu avô. Meu pai dizia que nossa família tinha abandonado todos os pertences durante a Segunda Guerra Mundial, a guerra civil, a fuga para Taiwan e a viagem para a América. Mais de um ano depois de eu ter começado a pesquisar nossa história, numa conversa telefônica com meu pai, perguntei-lhe se ele ainda tinha algo que tivesse pertencido ao meu avô. Surpreendentemente, ele disse que tinha dois diários, um da época em que o pai dele vivia na América e o outro do período em que a família vivia em Chongqing, durante a guerra. Os dois somavam quase mil páginas.

— Não tem muito interesse — disse meu pai. — Ele escreve apenas coisas do tipo "hoje o Exército japonês está cercando a cidade". Coisas assim.

— Na verdade, parece bem interessante — disse eu.

Ao ler as páginas de seu diário, vim a conhecer o avô que nunca conhecera em vida. Era um jovem em busca de um objetivo, que sonhava com uma série de carreiras. Conseguia emprego e os abandonava mais ou menos com a mesma frequência que os migrantes, pois logo perdia o interesse e ficava preocupado de não estar aprendendo o suficiente. Vivia solitário e sem rumo.

> 14 de julho
> Na fábrica, quando tenho tempo livre, fico pensando em todos os tipos de problemas. Sinto-me como um barco flutuando sozinho no meio do oceano. Ainda que deseje paz, o coração não pode alcançá-la.
>
> 18 de novembro
> Trabalhei durante quase dois anos. Às vezes fico achando que não estou interessado. Mas temos de enfrentar o trabalho mesmo sem interesse. Hoje, com a situação complicada da China, é precisamente o momento para que um homem tome a decisão firme de abrir sua própria empresa. Preciso me esforçar muito, 120%.

O investimento em si mesmo era um tema constante em seu diário. Depois de concluir os estudos, meu avô passou dois anos estagiando em minas e fábricas do nordeste e do meio-oeste. Matriculou-se num curso noturno em Chicago para estudar máquinas elétricas. As páginas do diário estão cheias de palavras e expressões inglesas estranhas que ele tentava aprender: *Goodman*

Standard Shortwall Machine. Ratio of cement sand and slag. Pyramid Pump Open Hearth Mixer Blast Furnace Corrugated Underframe Door. E copiava conselhos edificantes dos titãs da indústria americana.

As dez coisas dignas de serem lembradas segundo Marshall Field:

1. A importância do tempo
2. O êxito da perseverança
3. O prazer de trabalhar
4. O valor do caráter
5. A dignidade da simplicidade
6. O aperfeiçoamento do talento
7. A alegria de criar
8. A virtude da paciência
9. A sabedoria da economia
10. O poder da bondade

De longe, a família o pressionava a voltar. Ao ler a resposta de meu avô no diário — *Meu desejo de voltar para casa é grande, mas ainda não concluí meus estudos* —, lembrei-me de Chunming, que manifestara convicção quase idêntica no diário dela. *Quem sabe por que não irei ver a família no ano-novo? O motivo principal: realmente não quero perder tempo. Preciso estudar!*

Mas no fundo essas viagens eram empreendimentos diferentes. As garotas da fábrica vão para a cidade para melhorar seu padrão de vida; meu avô saiu de casa para um dia voltar, em condições de melhor servir à pátria. Poderíamos dizer que meu avô saiu de casa *pela* pátria, ao passo que as garotas só estão pensando em si quando saem de casa. Em seu diário, o pensamento de Chunming constantemente gira em torno de seu tema favorito, que é ela mesma — a maneira como a cidade a vinha mudando, o jeito como os outros a viam e os mais ínfimos detalhes de sua aparência física: *Meus olhos não têm pálpebras duplas, mas não são muito pequenos*, escreveu. *O fato de terem uma pálpebra não afeta a visão. Não tenho lábios finos, mas minha boca é capaz de falar de forma convincente. Falo alto e com determinação, e não suavemente, mas sempre foi assim, desde meu nascimento.* Nas centenas de páginas de seu diário, meu avô jamais chega a traçar um autorretrato dessa natureza. Suas anotações parecem poemas clássicos, concisas e controladas, sugerindo a presença do indivíduo, mas sem deixá-la visível.

Enquanto esteve na América, meu avô mudou de nome. Os caracteres escolhidos para o novo nome, Shenfu, aparentemente eram originários de uma frase antiga, *shenshenzhengfu*, que pode ser traduzida como "muitos homens diligentes alistados no serviço". Era a aspiração de meu avô: um exército de homens dedicados ao serviço, o eu que desaparece por trás do nome.

Meu avô voltou para a China no verão de 1927. No primeiro dia em casa, seu pai deu uma festa na aldeia para celebrar a volta do filho preferido, que cobrira a família de honra ao transferir-se para a América. No segundo dia, o patriarca apareceu com uma vara de madeira chamada *jiafa* — usada nas famílias tradicionais para disciplinar as crianças e os empregados — e o espancou. Na América, o filho tinha deixado a literatura para estudar engenharia de minas sem a aprovação dos pais, não importando que o pai estivesse a 11 mil quilômetros de distância e nada entendesse do sistema universitário americano. Numa família chinesa, a palavra do pai era lei. A surra foi tão violenta que meu avô ficou vários dias sem poder sentar-se.

O pai de meu avô queria que ele ficasse em casa e ajudasse a administrar a propriedade, mas o jovem resistia: detestava as confusões da vida no complexo residencial da família e só pensava em ir embora dali. Arrumou emprego como chefe de mineração na mina de carvão de Muling, perto de Harbin, no extremo nordeste do país.

Em 1931, o Exército japonês invadiu o sul da Manchúria. Em questão de seis meses os militares tinham ocupado toda a região, fundando o autodenominado Estado independente de Manchukuo, que era basicamente uma colônia japonesa. Com a invasão japonesa, meus avós fugiram "para dentro do canal", ao sul da fronteira entre a Manchúria e o resto da China. Em 1937, o Exército japonês invadiu o território chinês propriamente dito, avançando por rodovias e ferrovias para capturar cidades ao norte e a leste. A população da parte do território chinês que não havia sido ocupada transferiu-se para o interior, minha família inclusive. A Manchúria tornou-se um lugar distante que as crianças ficariam conhecendo apenas pelas histórias e canções.

Fugi de minha aldeia natal,
Abandonei seus inesgotáveis tesouros.
Vagando, vagando,
Vagando dias inteiros pelo passo.

***

A GUERRA PRODUZIU UM MILHÃO de migrantes. Durante os oito anos da Guerra de Resistência à Agressão Japonesa, como os chineses chamavam a Segunda Guerra Mundial, a capital do país foi duas vezes transferida — de Nanquim para Wuahn e, no fim de 1938, para Chongqing, bem no interior do sudoeste, tão distante das artérias de transporte e dos modernos meios de comunicação que o Exército japonês não poderia aventurar-se sem pôr em risco suas linhas de abastecimento. Em seu baluarte na montanha, o governo chinês se manteve firme e esperou que os Exércitos aliados derrotassem o Japão.

Quando a guerra estourou em 1937, meu avô ajudou a embarcar equipamentos de uma mina de carvão na província de Henan, onde trabalhava como gerente, para a província de Sichuan, a mais de 800 quilômetros. Como funcionário da Comissão Nacional de Recursos, órgão governamental incumbido da construção da base industrial do país para enfrentar a guerra, ele era enviado a distantes áreas de mineração a fim de supervisionar a produção de bens estratégicos. Geralmente ia antes e escrevia para a minha avó quando a situação se apresentava segura, para que ela fosse ao encontro dele. Cada um dos cinco filhos do casal nascera numa remota cidade mineradora. Nellie, a mais velha, nasceu na mina de carvão de Harbin, onde meu avô trabalhou depois de voltar da América; meu tio Luke e meu pai vieram ao mundo numa região carvoeira da província central de Henan. Carvão em Sichuan, minha tia Irene; mercúrio em Hunan, meu tio Leo. O isolamento desses lugares tinha relação com o idealismo do meu avô. A maioria dos estudantes que voltava do exterior vivia nas grandes cidades, mas o meu avô considerava que seu trabalho seria mais útil nas regiões atrasadas do país.

Os vínculos pessoais se desfaziam: na confusão da guerra, a coisa mais fácil do mundo era perder contato com alguém. A família podia chegar a um novo lugar, matricular as crianças na escola e ter de partir novamente algumas semanas depois. Em seis anos, enquanto cursava a escola fundamental, contou-me meu tio Luke, eles se mudaram sete vezes. A comunicação com a família que permanecia na aldeia natal era difícil; as cartas enviadas para casa, na Manchúria, tinham de percorrer rotas complicadas por trás de linhas inimigas. O mais espantoso era que as pessoas conseguissem se reencontrar. Um belo dia, perto do fim da guerra, um estudante universitário bonitão, chamado Zhao Hongzhi, entrou na cantina dos empregados de escritório da mineradora em Chongqing e reconheceu o meu avô. A família dele e a minha tinham feito amizade uma década antes nas minas de carvão de Henan. Zhao foi convidado a jantar na casa da família e começou a fazer a corte à minha tia Nellie, que conhecera na infância.

As famílias também se reconstituíam durante a guerra. Enquanto o irmão mais velho do meu avô ficara em casa para administrar a propriedade, seu filho, chamado Zhang Lijiao, foi para Pequim estudar, na época em que minha família lá vivia. Nas famílias chinesas tradicionais, irmãos e primos por parte de pai são considerados igualmente próximos. Meus avós deram a Lijiao um lar e pagaram seus estudos; desde a infância, meu tio Luke e meu pai olhavam com respeito o "Irmãozão Lijiao". Quando a família se mudou para Chongqing para fugir do avanço japonês, Lijiao foi junto.

A guerra foi uma época frustrante para o meu avô. Ela espalhava morte e ruína mas também gerava oportunidades perdidas, interrupções do trabalho e ônibus quebrados. Às vezes ele se questionava se o trabalho valia a pena.

> 17 de julho de 1940
>
> Esses poucos anos passaram depressa, sem grande significado. Em primeiro lugar, não tenho amigos, pois vivo há muito tempo na montanha, longe do restante do mundo. Depois, não tenho ideais na vida, só sei de minas e mineração. Qual o objetivo supremo da vida? Ainda não consegui decidir. Quarenta e dois anos se passaram desse modo. É digno de pena e arrependimento.

No verão de 1939, meu bisavô Zhang Ya'nan adoeceu e retornou da cidade de Jilin, a capital provincial, para a propriedade rural da família. Patriarca de uma família importante, ele poderia esperar um funeral à altura, mas deixou instruções para ser enterrado numa túnica de tecido branco, com chapéu branco e uma sandália de palha — a austera vestimenta de um monge. No chapéu, deveria haver a inscrição *baohen zhongtian*: "Com pesar até o fim dos tempos", manifestação de dor pelo fato de a pátria continuar sob ocupação japonesa. Meu avô só tomaria conhecimento da morte do pai no ano seguinte. Assegurar um enterro condigno para os próprios pais era um dos principais deveres de um filho dedicado, mas a guerra impedia a volta para casa.

24 de março de 1940
Fui surpreendido com a informação de que meu pai falecera no dia cinco deste mês. No verão passado ele desenvolveu um tumor no estômago. Nos três meses do inverno, só podia comer derivados de leite em pó. Em sua doença, sentia saudade de nós. Este ano, completou 75 anos. Sempre teve boa saúde e poderia ter chegado aos 80 ou 90. Só por causa das calamidades do nosso país, sentia-se infeliz, o que apressou seu fim. Não podemos continuar vivendo debaixo do mesmo céu que esse inimigo (...)

Depois de 18 de setembro de 1931, saí de casa. Lá se vão nove anos. Meu avô e meu pai já se foram. Muita coisa mudou na minha vida. Para ser um filho e um neto, como poderei retribuir ao meu país, como poderei retribuir ao meu avô e ao meu pai?

Tendo completado 45 anos quando a dinastia Qing caiu, Zhang Ya'nan já vivera o bastante para assistir ao desaparecimento do mundo que conhecera, substituído por outro no qual as filhas queriam viajar e os filhos abandonavam os pais na velhice para trabalhar em lugares estranhos. Ele não concordara com essas decisões; é possível que tenha ficado com raiva e ressentido quando o filho saiu de casa. Mas o diário chinês tradicional não era lugar para revelações de caráter pessoal, e o filho não escrevia sobre essas coisas.

Minha família vivia em Chongqing quando os japoneses capitularam, em agosto de 1945. Uma das prioridades do governo era retomar o controle da importante infraestrutura industrial da Manchúria; meu avô e um amigo e colega dele, chamado Sun Yueqi, foram nomeados para supervisionar a retomada do controle chinês sobre as minas do nordeste. A principal riqueza da região ficava por baixo de uma cidade remota chamada Fushun: a maior mina de carvão do país, na época também a maior mina de poço aberto do mundo.

Era uma missão perigosa. A guerra terminara, mas outra tinha de começar. O conflito entre o governo do Kuomintang (KMT) e os comunistas — que conhecera uma delicada trégua nos anos da guerra — voltava à tona, e o nordeste se afigurava um campo de batalha decisivo. Os comunistas estavam em vantagem: ajudados pelas tropas soviéticas, que haviam invadido o nordeste nos últimos dias da guerra, os guerrilheiros comunistas rapidamente avançaram sobre a Manchúria, capturando territórios e equipamentos de guerra deixados pelos ocupantes em debandada. No outro lado do país, os soldados do KMT que se encontravam em sua base de guerra em Chongqing não podiam voltar com rapidez.

Sun Yueqi foi incumbido inicialmente de cuidar da reativação da mina de Fushun, mas se eximiu, alegando que tinha negócios a cuidar em outro lugar e recomendando que meu avô fosse enviado em seu lugar. O fato deve ter parecido uma ordem do destino ao meu avô. Finalmente chegava uma missão que lhe permitiria integrar os papéis disparatados que vinha desempenhando na vida: estudante no exterior, especialista em mineração, exilado manchu, patriota chinês. Meu avô aceitou a missão, embora não dissesse à minha avó aonde estava indo. A caminho de Chongqing, deteve-se para se despedir da filha, minha tia Nellie, no colégio onde estava internada. Ela tinha 15 anos e a coisa não lhe pareceu de grande monta: a vida inteira vira o pai ir embora para trabalhar em outro lugar.

Ele chegou a Shenyang, a maior cidade da região nordeste, no dia 7 de janeiro de 1946, a primeira vez que pisava o solo pátrio em quinze anos. Um velho amigo chamado Dong Wenqi, na época prefeito da cidade, disse ao meu avô que tivesse cuidado.

— Você está vindo de Chongqing — disse ele. — Não sabe como são as coisas aqui.

Meu avô também foi advertido por um contato do lado soviético. O russo lhe disse que esperasse até que a situação em Fushun se tornasse mais segura, e durante uma semana meu avô se deteve em Shenyang.

Até que começaram os boatos: as pessoas diziam que ele estava com medo; viajara tanto, para chegar a Shenyang e não fazer nada. Na manhã de 14 de janeiro seu chefe na Comissão Econômica do Nordeste telefonou para obter informações sobre o impasse no andamento da missão. Furioso com as insinuações de covardia, meu pai partiu naquele mesmo dia para a mina com cerca de seis engenheiros de mineração e alguns seguranças da ferrovia local. Na mina, eles se transformaram praticamente em prisioneiros, vigiados pelos soldados soviéticos e pela polícia comunista chinesa. Em dois dias, não conseguiram fazer nada, e foram instruídos a partir. Na noite de 16 de janeiro meu avô e sua equipe, escoltados, embarcaram num trem soviético de volta a Shenyang. Às nove da noite, soldados armados entraram no trem numa estação deserta a oeste de Fushun. Ordenaram que meu avô e os colegas saltassem e os tocaram a passo de marcha até uma colina próxima. Na noite escura de inverno, em plena imensidão manchu, foram todos assassinados pelos soldados a golpes de baioneta.

Meu avô disse algumas palavras ao morrer, segundo um relato jornalístico da época.

— Sou do governo central — disse. — Morro no cumprimento do dever e não me queixo.

Em Chongqing não houve notícias. Certo dia, minha avó foi ao templo tentar informar-se do paradeiro do marido. No templo, o visitante jogava dois pedaços de pau até que caíssem em determinada posição, para em seguida puxar uma vara de bambu com um número. Esse número era o número da sorte, expressa num poema de significado muitas vezes ambíguo. A sorte vinha com uma classificação que variava de "muito melhor" a "muito pior".

Nesse dia, a sorte da minha avó se revelou "muito pior". E o significado do poema era tão claro, que o meu pai, na época com 10 anos, ainda se lembrava dele e o recitava para mim sessenta anos depois, palavra por palavra:

> *Nos últimos dias o leme de navegação se perdeu,*
> *Ainda hoje é buscado em pleno mar.*
> *Ainda que o objeto original pudesse ser de novo encontrado,*
> *Exigiria muito esforço e deixaria cansado o seu coração.*

Em Shenyang, corriam boatos de que meu avô e seus seis colegas tinham sido assassinados. Dong Wenqi, o prefeito e amigo do meu avô, recebeu um telefonema de um comandante militar soviético da região. Dong Wenqi foi ao quartel e rememoraria a cena quarenta anos depois, em suas memórias:

> Vi um caminhão estacionado no meio do pátio com um caixão em seu interior, envolto em tecido negro. Saltei no caminhão e abri o caixão; sem dúvida, era Shenfu. Ele ainda vestia o terno Zhongshan azul-escuro que ambos tínhamos mandado fazer em Beiping [Beijing]. O corpo tinha sofrido dezoito estocadas.

O corpo do meu avô foi lavado e fotografado; as fotografias mostravam numerosos ferimentos de baioneta e marcas de corda nos pontos em que os braços tinham sido amarrados. O caixão foi levado para o Templo do Deus da

Guerra em Shenyang, onde ficou exposto à visitação durante três meses. *As roupas ensanguentadas que usava quando sofreu as dezoito estocadas ficaram em exibição no templo*, escreveu Dong Wenqi, *para reforçar os sentimentos de profundo ódio ao inimigo.* As fotos do corpo foram muito divulgadas, inclusive usadas como propaganda. Quando a notícia do assassinato chegou, em fevereiro de 1946, estudantes promoveram manifestações em grandes cidades chinesas, nas quais exigiam a evacuação das tropas soviéticas da Manchúria. Em Chongqing, cerca de vinte mil estudantes protestaram contra as mortes e a presença soviética no nordeste. Do outro lado do mundo, em Fulton, Missouri, Winston Churchill pronunciava, em 5 de março, seu famoso discurso da Cortina de Ferro, em que mencionava as ações soviéticas na Manchúria como exemplo das intenções hostis do país.

O crime nunca foi esclarecido. O KMT sustentava que os comunistas tinham matado meu avô e a equipe, como advertência ao governo para que ele se mantivesse fora da Manchúria. Os comunistas, por sua vez, diziam que o KMT tinha promovido o assassinato para voltar a opinião pública contra eles. A União Soviética atribuía a culpa a "grupos de bandidos" locais. Ninguém queria assumir a responsabilidade pela morte de um grupo de civis desarmados, um ato de covardia que também tinha nítidas características de um ato político chinês. O objetivo não era declarado, mas a mensagem ainda assim era bastante clara: a velha guerra tinha terminado, começara outra, e a morte do meu avô era a primeira de uma série de muitas que ainda viriam.

AS CRIANÇAS SE LEMBRAM DE como receberam a notícia. Numa tarde de inverno, sua mãe foi chamada à casa de um amigo. Ao retornar, entrou em seu quarto e começou a chorar tão alto que os filhos podiam ouvi-la. Saiu em seguida do quarto, reuniu as crianças e lhes disse que o pai delas havia sido morto.

— Não se preocupem — disse-lhes. — Eu estou aqui.

E garantiu que nunca mais a veriam chorar de novo.

Depois da morte do meu avô, minha avó entrou para a vida pública: sob certos aspectos, esse tipo de exposição se coadunava com sua personalidade forte. Ela foi escolhida representante na Assembleia Nacional, e passava a maior parte do tempo na capital, Nanquim. A certa altura, montou um negócio de distribuição de carvão para complementar a renda da família. Tinha dito a verdade: os filhos nunca mais a viram chorar. Mas os cabelos ficaram grisalhos e ela começou a fumar muito; aos olhos dos filhos, parecia que ficara velha da noite para o dia. Também nisso a profecia do templo acertara. *Ainda que o objeto original pudesse ser de novo encontrado, exigiria muito esforço e deixaria cansado o seu coração.*

Minha avó sempre achou que os comunistas tinham matado seu marido. Segundo ela, Sun Yueqi, o amigo do meu avô que não foi a Fushun, devia ter morrido em seu lugar. Mas Sun Yueqi era um sobrevivente. Acabou passando para o lado dos comunistas em 1949 — um ano de muitas deserções — e chefiando o Comitê Revolucionário do Kuomintang Chinês, um partido de nenhuma expressão que existia para sustentar a ficção de que a China não era um país de um só partido. Anos depois, meu pai, segundo me diria, voltaria a ter notícias dele.

> Quando eu já estava na América, trabalhando na IBM, Sun Yueqi me mandou um cartão de Natal. Disse que queria me ver da próxima vez que eu fosse a Pequim.
>
> Nunca mais voltei a vê-lo. Eu me recusava.

Sun fez uma longa carreira no governo e morreu aos 102 anos de idade.

O funeral foi adiado por mais de um ano. Depois do reinício oficial da guerra civil, no verão de 1946, houve uma série de batalhas em torno da aldeia de Liutai; a região mudou de mãos três vezes no primeiro ano da guerra. Finalmente o governo decidiu enterrar meu avô num parque de Shenyang que abrigava o túmulo do primeiro imperador da dinastia Qing. Só os três filhos homens puderam comparecer ao funeral, fato que minha tia Irene recordaria com indignação sessenta anos mais tarde. Para comparecer ao serviço fúnebre do pai, meu pai, Luke e Leo, então com 3 anos, atravessaram pela primeira vez o canal na fronteira com a Manchúria. Seu primo Lijiao, que se tornara professor da Universidade de Pequim, também acompanhou minha avó.

O cortejo fúnebre teve escolta armada. Dizia-se que os comunistas queriam eliminar a família inteira, um tipo de punição da época imperial conhecido como *miemen*. Mais de dez mil pessoas se acotovelavam à passagem, tentando aproximar-se para prestar homenagem e ver o pesado caixão de sândalo. Meu pai, que tinha 10 anos, lembrava-se de ter ficado impressionado com a multidão. No parque imperial de Beiling — que significava "túmulo do norte" — o corpo do meu avô foi depositado perto da "alameda dos espíritos", um caminho pontuado por gigantescas estátuas de pedra de seres humanos e animais da corte que deviam servir ao imperador depois da morte. Uma pequena peça de mármore negro, com a inscrição TÚMULO DO SR. ZHANG SHENFU, era a única homenagem póstuma. À direita do túmulo havia uma alta placa de pedra conhecida como estela, na qual tradicionalmente se gravava a história da vida da pessoa, fazendo o elogio de seus feitos e talentos.

O governo mandara redigir uma inscrição que culpava os comunistas da morte do meu avô. Mas minha família rejeitou esse julgamento oficial na estela. Lijiao, como a maioria dos jovens intelectuais da época, era um fervoroso defensor dos comunistas, e discordava da versão oficial sobre a morte do tio. Minha avó também se opunha à história oficial, embora seus motivos fossem pragmáticos: ela achava que os comunistas podiam vencer a guerra. Uma tabuleta que acusasse o Partido Comunista de um assassinato político não seria vista com bons olhos pelo novo regime. Era melhor não dizer nada, pensava ela.

Depois do funeral, no fim de 1947, minha família se mudou para Pequim. No ano seguinte, os comunistas capturariam Shenyang e também o nordeste, mas a essa altura minha família já estava em fuga para Taiwan. Depois da vitória comunista, Lijiao seria transferido para Harbin e o país seria tragado por movimentos políticos que impediriam a livre circulação. Não restaria em Shenyang nem um parente sequer que pudesse cuidar do túmulo do meu avô. E a estela junto a ele continuaria sem nenhuma inscrição por quase meio século. Com o passar dos anos, os moradores de Shenyang que conheciam a história se afastavam ou passavam ao largo. Os habitantes da cidade passaram a se referir ao túmulo como *wuming bei*: a estela sem nome.

A revolução comunista chegou a Liutai no verão de 1946. Agentes do partido se espalharam por aldeias de toda a Manchúria, avaliando a "situação de classe" de cada família e confiscando terras e gado das propriedades ricas para distribuir entre os mais pobres. Uma segunda onda de reforma agrária, o movimento do outono de 1947 conhecido como "Limpar os porões", tinha o objetivo de identificar outras propriedades ocultadas pelas famílias. Militantes do partido instruíam os aldeãos a denunciar os proprietários de terras em assembleias públicas conhecidas como "sessões de luta"; suas vítimas eram amaldiçoadas, humilhadas e espancadas. A terceira onda, no inverno de 1948, foi a mais radical, culminando com a morte de incontáveis "inimigos da revolução". A escalada de violência era considerada essencial para a eliminação do velho sistema. *Para corrigir os erros*, escreveu Mao Tsé-tung num ensaio de 1927 sobre a revolta camponesa, *é necessário ir a extremos, caso contrário os erros não poderão ser corrigidos.*

Em Liutai, os militantes e aldeãos comunistas invadiram a propriedade de nossa família em Xinfayuan. Destruíram as calhas de madeira da residência e queimaram os livros da biblioteca; apoderaram-se da coleção de amostras minerais da época de estudante do meu avô e a atiraram no rio. O novo governo da aldeia requisitou a ala leste da casa principal da propriedade para instalar seu gabinete, enquanto a ala oeste era transformada em depósito e local de moagem do arroz. Várias famílias pobres se instalaram na ala oeste e na casa dos fundos, posterior, onde a minha família costumava fazer oferendas aos antepassados.

Zhang Feng'en, o irmão mais velho do meu avô, fugiu da aldeia quando os ataques tiveram início, e passou a viver em Pequim com Lijiao e o restante da família. Feng'en fora a vida inteira o primogênito e o chefe da casa, mas em Pequim essa condição não servia de nada. Minha avó criticava sua mentalidade retrógrada e sua indolência e sempre reclamava de seu hábito de cuspir no chão. Ele ouvia essas repreensões em silêncio. Na capital, conhecia o seu lugar: não passava de um velho do campo que já vivera demais.

Mas as crianças gostavam dele. Quando estavam sozinhos, ele lhes contava histórias de uma grande propriedade de família que elas não tinham chegado a conhecer.

— Você tinha muitas concubinas? — perguntavam os meninos, cheios de curiosidade, mas só na ausência da mãe.

— Não, só o meu pai tinha concubinas — respondia o velho, com certo pesar.

A chegada da revolução a aldeias rurais como Liutai inaugurou a tendência dos movimentos de massa da era comunista. As campanhas políticas viriam em ondas, cada uma mais radical que a anterior; a violência era aprovada como manifestação de pureza revolucionária. A história não conta muito a respeito da reforma agrária da década de 1940 e das vidas que arruinou, talvez porque os movimentos posteriores tenham-se desenvolvido nas cidades, deixando vítimas mais conhecidas. E os historiadores não deram atenção a pessoas como o meu tio-avô, que foi obrigado a fugir, abandonando a própria casa e passando o resto dos dias a viver de favor na casa dos outros. Sua mulher teve destino ainda pior. Quando o marido fugiu para Pequim, ela permaneceu na aldeia. E assim devia ser: uma mulher não podia viajar. Uma mulher devia ficar em casa. Minha tia-avó apanhou até morrer, muito provavelmente de pessoas que conhecera a vida inteira, num dos surtos de violência revolucionária que engolfaram a aldeia da minha família no fim da década de 1940. Eu nem sequer sei o nome dela.

O mapa de Pequim do meu pai é diferente do meu. Anos atrás, ele e minha mãe me visitaram e nós fomos de carro para o campo, a nordeste da cidade. No carro, meu pai desenrolou um mapa rodoviário e começou a ler em voz alta os nomes das cidades: Gubeikou, Xifengkou. Eram passagens famosas da Grande Muralha construídas pelos imperadores Ming; eu as conhecia como locais turísticos que eram invadidos nos fins de semana de verão. Para o meu pai, eram lugares que se haviam rendido sem lutar, um a um, à medida que o Exército de Libertação Popular fechava o cerco a Pequim, quando ele tinha 12 anos.

— Não houve uma batalha por Pequim — disse-me o meu pai. — E sabe por quê? Os generais sediados aqui nunca tinham sido leais a Chiang Kai-shek. Bandearam-se para o lado dos comunistas sem lutar.

Era o outono de 1948, e minha avó estava certa: os comunistas venciam a guerra. À medida que se acumulavam as derrotas militares e as deserções, as pessoas tentavam fugir para as regiões periféricas do país. A ilha de Taiwan, a 160 quilômetros do litoral da China, era um refúgio possível; as famílias de comerciantes de Xangai davam preferência à colônia britânica de Hong Kong. Algumas pessoas falavam em fugir para o sudoeste, região que salvara a China durante a guerra contra os japoneses: a partir das bases nas montanhas de Chongqing e da província de Guangxi, na fronteira chinesa com o Vietnã, os refugiados poderiam um dia lutar para voltar ao coração do país.

As famílias se fragmentavam antes do avanço comunista. O pai podia partir com os filhos mais velhos enquanto a mãe e os menores ficavam, ou, então, a família deixava o filho menor aos cuidados dos avós enquanto o restante seguia em frente. Essas separações eram consideradas temporárias: todo o mundo esperava que o KMT logo retomasse a iniciativa militar. Minha avó não sabia para onde ir. Voltou a visitar o templo, e os pauzinhos disseram: vá para Taiwan.

No outono de 1948, Chiang Kai-shek e sua mulher, Soong Mayling, foram a Pequim. Visitaram o Palácio de Verão, um amplo parque a noroeste da cidade construído pelos imperadores da dinastia Qing como refúgio do calor do verão. Por acaso, Zhao Hongzhi, o namorado da minha tia Nellie, também visitava o Palácio de Verão naquele dia. Tirou, então, uma fotografia do presidente da China e de sua mulher quando passavam pela última vez pelos jardins e pavilhões, indo além do lago orlado com salgueiros. No ano seguinte, perdida já boa parte do país, Chiang Kai-shek transferiu a capital de volta a sua base no período da guerra, Chongqing. Muitas famílias o acompanharam, mas depois a capital foi novamente transferida, para a vizinha Chengdu. Finalmente, em dezembro de 1949, Chiang Kai-shek tomou um avião para Taiwan, onde formaria um novo governo, deixando para trás muitos dos que o haviam seguido até o fim.

NEM TODO O MUNDO QUERIA ir embora. Minha avó convidou Lijiao e Zhao Hongzhi a que acompanhassem a família a Taiwan, mas eles não quiseram. Zhao era estudante universitário e Lijiao, professor; como muitos intelectuais da época, eles apoiavam os comunistas e sonhavam com a construção de uma nova nação. Meu pai e meu tio Luke eram jovens demais para ter opiniões políticas. Zhao e Lijiao já tinham idade, e essa maturidade selou o destino deles.

Segundo o folclore da família, minha tia Nellie também queria ficar. Ainda no início do ensino médio, ficara dividida entre o desejo da família e as simpatias comunistas. Também estava apaixonada — o namorado, Zhao, acreditava na revolução e pretendia ficar. Mas convenceu Nellie a partir, para ajudar a mãe com os quatro filhos menores. Os dois combinaram que, aonde quer que fossem dar, cada um publicaria no maior jornal da cidade um anúncio classificado de "Procura-se pessoa", para que pudessem se reencontrar.

— Absurdo! — exclamou Nellie quando lhe contei recentemente essa versão da história. — Ele queria que eu fosse para Taiwan com as crianças e depois voltasse para a China.

Como filha mais velha, Nellie sempre fora a preferida do pai. Encarava esse favoritismo como um direito natural, mas aprendera a não fazer alarde dessa predileção. Quando lhe perguntei se quisera ficar para trás naquele outono de 1948, ela fez que não:

— Não fazia diferença ir embora ou ficar — respondeu —, mas tinha essa enorme responsabilidade de cuidar das crianças menores.

Numa tarde de verão em Pequim, visitei Zhao Hongzhi, seu antigo namorado. Ele estava com 80 anos e acabava de se mudar para um prédio no mesmo quarteirão que o meu. Sua mulher estava em casa e era a primeira vez que eu a via. Ela não deixou transparecer nenhuma emoção ao me cumprimentar: era a sobrinha da antiga namorada de seu marido, que chegava para falar daquele velho caso de amor.

Na sala de estar, Zhao falava com todo tato de sua infância e da aproximação com minha família. Sua mulher caminhava pelo apartamento e finalmente se sentou à mesa da sala de jantar, ao lado, para ler o jornal. De vez em quando, remexia as páginas para que ficássemos sabendo que continuava lendo. A refrigeração do apartamento ainda não fora instalada, e o calor era de derreter.

— Nellie estava envolvida em atividades comunistas? — perguntei a Zhao.

— Não — respondeu ele. — Ela ainda estava no ensino médio.

— Mas sempre ouvi dizer que ela não queria deixar a China.

— Ela não queria deixar a China.

Arrisquei olhar para ele. Zhao estava sentado perfeitamente ereto no sofá, rijo como um jovem cadete, insolente. Em silêncio, apontou para si mesmo, o polegar voltado para o próprio peito como um punhal que encontrasse o alvo. Na sala ao lado, não se ouvia o jornal.

NESSE OUTONO DE 1948 a Assembleia Nacional ainda não havia sido dissolvida. Minha avó estava em Nanquim, tentando freneticamente tirar os filhos de Pequim, ante o avanço das tropas comunistas. Não havia mais passagens de barco para Xangai e o aeroporto municipal tinha sido fechado. Minha avó procurou um brigadeiro chamado Zhou Zhirou, sacando o único trunfo de que dispunha.

— Meu marido morreu pelo país... e eu preciso salvar meus filhos — disse.

As crianças rumaram de Pequim para Nanquim num cargueiro DC-3 de transporte militar, que decolou de uma rua da cidade improvisada em pista de aviação. Foi um dos últimos voos que partiram de Pequim, em outubro de 1948.

Zhao Hongzhi acompanhou minha família para se despedir. Voltava para casa de bicicleta quando o DC-3 passou por cima, levando embora o seu amor, como na última cena de *Casablanca*. Anos depois, escreveria, num ensaio:

> Despedi-me do meu amor de infância, que na época frequentava o Colégio Feminino de Tianjin Nankai. Quando o avião decolou e passou por cima de mim, eu voltava do aeroporto, passando de bicicleta pelo Zoológico de Pequim. Eu lhe dissera que em uma semana iria para a zona liberada. Na época, achava esse tipo de comportamento heroico e galante.

Zhao recebeu uma carta da minha tia, da ilha de Taiwan. Nellie decidira formar-se em línguas estrangeiras, matéria que Zhao considerava adequada a mulheres. Depois disso, não teve mais notícias dela: durante quatro décadas não haveria qualquer contato entre Taiwan e a China. Após a partida de Nellie, Zhao deixou a faculdade e viajou com colegas para "áreas liberadas" fora de Pequim que já estavam sob controle comunista. E adotou um novo nome, Lisheng, que significava "estabeleça uma vida": durante a revolução, era comum adotar um novo nome que simbolizasse um rompimento com o passado. No inverno seguinte, os estudantes marcharam ao lado dos soldados comunistas quando entraram na capital. Zhao arranjou emprego na Secretaria Municipal de Educação. Durante o Movimento Antidireitista de 1957, cujo alvo eram os intelectuais que faziam críticas ao regime, perdeu o emprego de professor e foi mandado para o campo, como trabalhador braçal. Lá ficou por vinte anos. Já estava na casa dos cinquenta quando recuperou o emprego e a carteira do Partido Comunista. Nessa época, já não queria pertencer ao partido, mas não teve coragem de recusar.

Nunca ouvi Zhao dizer que se arrependera de ter permanecido na China. Não era do temperamento chinês falar de arrependimentos: eles seriam muitos, e não havia qualquer sentido. De um modo obscuro, ele parecia orgulhoso da escolha que fizera, e a lembrança tinha uma aura dourada, sem qualquer mácula de tudo o que acontecera desde então.

— Eu queria ficar, para ajudar a China — disse-me. — Éramos muito idealistas. E quem pode dizer que estávamos errados?

★★★

O navio que levou os refugiados da guerra civil a Taiwan chamava-se *Prosperidade*. Nellie foi na frente com os três meninos e uma criada da família que fora ama de leite do meu pai, e que era chamada de Mamãe Wang pelas crianças. A viagem durou dois dias e duas noites, e quase todo mundo ficou enjoado. Quando o navio chegou ao porto de Keelung, em Taiwan, Nellie viu os antigos colegas e os alunos do pai a esperá-los no píer. Mas ninguém podia saltar do navio sem a devida identificação — mesmo nos caóticos momentos finais da guerra civil, a burocracia chinesa não deixou de funcionar —, e nenhuma das crianças tinha documentos. Nellie ficou histérica. Até que viu alguns tripulantes que retiravam bagagem do navio por uma saída lateral, para a qual conduziu os filhos. Mamãe Wang ficou para trás; tinha os pés atados, segundo a antiga tradição chinesa, e ficou com medo de perder o equilíbrio na passarela estreita.

— Você tem de vir, caso contrário vamos voltar — ordenou Nellie, e Mamãe Wang obedeceu. O navio efetivamente voltou à China com muitos dos passageiros ainda a bordo: eles se tornaram residentes da China comunista, depois de terem praticamente entrado em Taiwan. Minha avó e minha tia Irene conseguiram ir para Taiwan duas semanas depois.

Para eles, a ilha nunca seria uma pátria; de seu ponto de vista, era apenas um ponto de passagem, até o dia de retornarem ao continente. Os refugiados da China eram chamados de *waishengren*: gente das províncias externas. Viviam à parte dos taiwaneses e nunca aprenderam o dialeto local. Na escola, os filhos aprendiam de cor os nomes das montanhas e dos rios da China e entoavam canções sobre uma Grande Muralha que talvez nunca vissem. *A Grande Muralha de nossos corações terá dezesseis mil quilômetros.* O país de sua infância e de seus antepassados se tornou a terra da lembrança, um lugar a ser recriado na imaginação.

Meu pai viveu em Taiwan onze anos, quase tanto tempo quanto passara na China. Quando me contou a história da nossa família, o relato sobre a China levou várias horas; Taiwan foi dispensada com três frases.

> Vivemos em Taipé durante cerca de seis meses e depois nos mudamos para Taichung. Só comíamos galinha no ano-novo lunar e duas ou três melancias no verão. Minha mãe era deputada quando morreu.
>
> Um a um, viemos para a América.

O governo indenizou a família após a morte do meu avô. Minha avó usara o dinheiro para comprar barras de ouro e títulos do governo chinês; esses títulos perderam o valor, mas o ouro sustentou a família durante anos. *Carregávamos as barras de ouro na cintura ao viajarmos*, lembraria meu pai. Como eram filhos de um mártir da pátria, o governo pagava seus estudos e até seus uniformes.

No quarto aniversário da morte do pai, Nellie, que frequentava o primeiro ano da faculdade, escreveu um poema que foi publicado no *Diário Central*, o jornal do KMT:

Já se vão quatro anos, Pai,
A relva cresceu sobre o túmulo,
As planícies do norte novamente se cobrem de neve,
Ah!, tua filha vagando pela ilha no mar
Envia sentidas saudades.

As coisas que se perderam
Podem ser de novo encontradas,
Mas o que eu perdi
Foi o amor do meu pai,
Roupas rasgadas podem ser costuradas,
Mas, ah!, tenho aqui
Um coração dilacerado!

16 de janeiro, hoje faz quatro anos,
No dia em que o povo entoou a canção da vitória,
Foste a primeira vítima da independência,
Liaoning, a mina de carvão de Fushun —
O lugar aonde ninguém ousava ir,
Mas tu...

Talvez seja mesmo como tantas vezes disseste:
"Para viver, é preciso viver com vontade,
Para morrer, é preciso morrer com propósito."
"Uma estrada é feita de passos humanos,
O sucesso depende de trabalho duro" (...)

Sim,
As lágrimas que jamais deixarão de cair,
As histórias de ressentimento que jamais terminarão,
A dívida de sangue que jamais será lavada,
A ferida que jamais será curada,
Transformam o sofrimento em força de viver!

Mas eu sinto ódio!
Pai.

Muitas pessoas escreveram cartas para Nellie, nas quais se diziam comovidas com o poema. Um jovem que se autodenominava "Vagabundo" enviou vários poemas. Eles ignoravam a dor de minha tia; a morte de seu pai, escrevia ele, deveria inspirar todos na tarefa da construção nacional. O jovem não sabia o endereço de Nellie, de modo que escreveu simplesmente no envelope: Zhang Ailei, cidade de Taipé, Universidade Nacional de Taiwan.

Gritar é loucura
Só o silêncio é força
Uivar de desgosto é desanimar
Só o ferro na fornalha vira aço.

Na véspera da tempestade
Não há ondas no mar
Em lugares profundos
Água corrente não faz barulho

Recomponha-se do sofrimento
Até uma caneta pode ser uma arma

É o ódio
É uma dívida de sangue
Oh, que dívida!

Não é apenas sua
Não é apenas dele
Não é apenas minha

Pertence a todo mundo
Que tem ossos
Que tem carne e sangue
Que tem forma humana e um coração
Que tem uma alma
Pertence a todos nós!

Nellie guardou os poemas; achou que eram melhores que os dela. No ano seguinte, o jovem entrou para a Universidade Nacional de Taiwan e os dois se encontraram. O nome dele era Zhao Yanqi, que se tornou seu marido, enfim.

Eram anos muito difíceis para a parte da minha família que permaneceu na China. Em 1950, um ano depois da vitória comunista, Lijiao, o primo do meu pai, casou-se com uma enfermeira chamada Zhu Shulan, e os dois se mudaram para Harbin, onde ele começou a trabalhar como professor numa universidade rural. Os dois tiveram dois filhos e uma filha. Em 1957, Mao Tsé-tung fez um discurso em que convidava os intelectuais a criticar o desempenho do Partido Comunista. Lijiao, na época reitor da universidade, sugeriu publicamente que o partido reconhecesse a capacidade e o conhecimento dos intelectuais. O nível de educação de uma pessoa, dizia, não podia ser usado como medida de seu compromisso revolucionário.

Foi uma declaração ponderada, mas no contexto da época era puro veneno. Os dirigentes do país, surpreendidos com as crescentes críticas ao Partido Comunista e ao próprio Mao, voltaram-se contra as próprias pessoas que eles haviam estimulado à manifestação. Mais de 500 mil pessoas foram qualificadas de "direitistas" e demitidas do emprego ou enviadas para o campo para a realização de trabalhos braçais. Lijiao perdeu o cargo de reitor e teve o salário cortado. Seu ataque de sinceridade era agravado por suas origens: o pai e o avô tinham sido proprietários de terras na Manchúria, e a família do tio fora para Taiwan. Essa história familiar para sempre o tornaria suspeito aos olhos do partido.

Já nos primeiros anos do ensino fundamental os filhos de Lijiao entendiam que sua linhagem estava condenada. Em todos os formulários que tinham de preencher na escola havia um espaço para "situação de classe". As crianças escreviam "proprietário de terras", invocando o fantasma de uma propriedade familiar que muito antes de eles nascerem já havia desaparecido. Os professores intimidavam os filhos dos donos de terras; as crianças trocavam insultos no vocabulário da luta de classes: *O seu pai é um direitista! Sua família é de proprietários de terras!* A China de Mao era uma aristocracia ao contrário: a linhagem sempre fora uma obsessão nacional, mas agora, quanto mais alta tivesse sido a posição de uma família, pior para ela.

A Revolução Cultural, que teve início no verão de 1966, deu o tiro de misericórdia na ordem estabelecida. Durante mais de um século os dirigentes e os pensadores chineses tinham lutado para adaptar as tradições ao mundo moderno. A Revolução Cultural oferecia uma resposta simples: jogar tudo fora. Na década que se seguiu, grupos de estudantes radicais conhecidos como Guardas Vermelhos espancavam e às vezes matavam os próprios professores. Dezessete milhões de estudantes foram para o campo trabalhar em fazendas empobrecidas, um tipo de vida de que as populações rurais chinesas fugiam havia séculos. A educação, tradicionalmente sinal de realização e caminho para a mobilidade, foi considerada "contrarrevolucionária". A Revolução Cultural despedaçou tudo o que o povo chinês havia muito considerava sagrado, como um vaso antigo atirado contra a parede. Acabou com o mundo de certeza moral e valores confucianos em que foram criados o meu avô e as incontáveis gerações antes dele.

E o que ficou em seu lugar? Por algum tempo, bastava o fervor radical. Entretanto, quando a Revolução Cultural finalmente chegou ao fim e dirigentes pragmáticos como Deng Xiaoping assumiram o poder, os chineses se viram num vácuo, destituídos de suas crenças e vazios como recém-nascidos, contemplando um mundo em ruínas que de alguma forma tinham de reconstruir.

Em 1968, os Guardas Vermelhos foram ao túmulo do meu avô em Shenyang. Desenterraram o caixão e espalharam os restos mortais; quebraram o túmulo e a lápide. Golpearam a base da estela até que se quebrasse, mas deixaram intacta a estela propriamente dita. Aparentemente, ninguém sabia o que era aquilo: sua superfície em branco nada revelava.

Um após outro, os filhos se foram para a América, como antes fizera o pai deles. Mas o meu avô fora para o exterior com o objetivo de algum dia retornar e ajudar a China. Os filhos de meu avô deixavam o país natal para fazer carreira, não havia mais uma China para a qual retornar. O dinheiro para a emigração era, em parte, tomado emprestado a amigos, em parte financiado com barras de ouro, o dinheiro que tinha sido doado à família após o assassinato do meu avô. Sua morte era transformada em jornada para a América.

> Naquela época, quem quisesse vir para a América [contou-me o meu pai] precisava de US$ 2.400 num banco. Minha irmã mais velha se foi sem grandes problemas. Juntamos US$ 2.400 reunindo economias e empréstimos. Ela gastou parte desse montante, mas também ganhou dinheiro e devolveu os US$ 2.400, de tal maneira que Luke também pôde ir para a América com o mesmo valor. Eles tinham quatro anos de diferença. Mas Luke e eu tínhamos apenas dois anos de diferença, de maneira que, quando chegou a minha vez de partir, o dinheiro ainda não havia sido reposto (...)
>
> Havia uma caixa amarela na qual guardávamos as barras de ouro, e aos poucos tudo se foi. Tentamos conseguir dinheiro emprestado com amigos, mas ninguém queria nos ajudar. Meu pai já se tinha ido: por que haveriam de nos ajudar?
>
> Era a mim que cabia tentar conseguir o dinheiro emprestado. Lembro-me de ter ido à casa da família de um amigo e ter ficado sentado lá. Eles me ignoraram. Finalmente, disseram que o pai não estava em casa, mas eu sabia que ele estava almoçando.

Depois de conseguir o dinheiro, o passo seguinte era obter visto de saída. Qualquer pessoa que deixasse Taiwan tinha de se comprometer com os funcionários do Consulado americano a retornar assim que concluísse os estudos.

> Formei-me em 1957 e fiz um ano e meio de serviço militar. Concluí o serviço militar em janeiro de 1959. Diariamente ia ao Consulado americano em Taipé com um livro e ficava esperando o funcionário chamar o meu nome. Até que, por volta de cinco da tarde, ele chamava o meu nome e dizia que já era tarde demais. Depois de seis meses, eu finalmente consegui.

Minha avó forçava os filhos a ir embora. Achava que Taiwan era pequena demais; a América era o único lugar para concluir os estudos. Mas a viagem de navio pelo oceano Pacífico era cara demais para ser feita mais de uma vez. Toda vez que ela se despedia de um filho, sabia que era para sempre.

A um oceano de distância, os filhos continuaram fazendo o que era esperado que fizessem. As moças tinham mais liberdade para estudar o que queriam; Nellie se formou em pedagogia e Irene, em inglês. Meu pai, dono da língua mais afiada numa família de grandes oradores, sentiu-se atraído pela política e o direito. Mas pressupunha-se que os rapazes estudassem ciência e engenharia, como fizeram os pais deles, e também todos os melhores estudantes que iam para o exterior. Quando Luke concluiu o ensino médio, a mãe lhe perguntou:

— O que pretende estudar? Espero que siga os passos do seu pai.

Luke concordou. A mãe lhe deu um livro intitulado *Geologia de campo*, que trinta anos antes, quando estudava na América, seu pai tinha usado. E assim chegou ao fim a única conversa que Luke teve com a mãe sobre o futuro.

Minha avó conhecia os pontos fracos e os pontos fortes dos filhos, e não se eximia de os dizer a eles. Nellie era inteligente, mas não tinha persistência para a profissão médica que pretendia abraçar. Luke era teimoso e tinha futuro na academia. Meu pai era inteligente, mas falava mais do que devia. Irene era esforçada, mas muito chorona. Leo era mau aluno, mas seria bom nos negócios. Todas essas profecias haveriam de se confirmar. Nellie desistiu da medicina e se tornou professora do ensino fundamental e de alunos especiais; Luke se tornou professor de geologia e chefe de departamento na Universidade de Maryland. Meu pai estudou engenharia elétrica e mais tarde mudou para a física; trabalhou com pesquisas científicas na IBM e foi nomeado decano e vice-presidente da Universidade de Ciência e Tecnologia de Hong Kong. Irene, que na infância chorava muito, ao ser provocada pelos irmãos mais velhos, fortaleceu o próprio temperamento e se tornou uma executiva da indústria farmacêutica, e, posteriormente, diretora de uma empresa de biotecnologia. E o meu tio mais moço, Leo, tornou-se um empresário bem-sucedido e rico em Taiwan. Desse modo, minha avó decidiu o destino de todos os filhos.

MINHA AVÓ MORREU DE ENFISEMA em 1965. Irene a visitava em Taiwan naquele verão; meu pai e meus tios haviam se juntado para pagar sua viagem de volta. No leito de morte, minha avó chamou por Irene. Tinha economizado todo o dinheiro enviado da América por eles e queria que o entregassem ao filho caçula, Leo, o único que não tinha ido para o exterior: como os quatro irmãos mais velhos não cumpriram a promessa de retornar a Taiwan, o Consulado americano recusara-lhe o visto. Minha avó disse a Irene onde encontrar as roupas com as quais queria ser enterrada. "Vista-me com elas agora, pois depois que eu morrer será mais difícil", disse. Ela sempre controlara tudo, até o fim.

Meu pai voltou à China pela primeira vez em 1975. Participava de uma delegação de físicos escolhida pela Academia de Ciências dos EUA — uma das primeiras delegações americanas à China, numa época em que os dois países não mantinham relações diplomáticas. A ciência era considerada terreno neutro, sem necessidade de envolvimento do governo: foi a ciência que levou meu pai à América e foi ela também que o trouxe de volta. Ele tinha 39 anos. Deixara a China continental aos 12, e ao retornar deparava com um país diferente. Num evento nacional de atletismo, ficou emocionado quando o locutor chamou a "Província de Jilin". Ele ouviu a aclamação, e era como se toda a propaganda antichinesa que lhe fora incutida em Taiwan se esvaísse naquele momento. "Senti como se enfim estivesse realmente na China", disse. "Durante todos aqueles anos eles diziam que Taiwan era a China, mas a China verdadeira era essa."

Ele viu resquícios da era radical que chegava ao fim. A delegação do meu pai visitou uma comuna — mas uma comuna falsa, como ele soubera depois, montada para impressionar os que iam lá. Em visitas a campi, meu pai ficou atônito ao observar que os alunos contestavam os professores. Era uma consequência da Revolução Cultural, mas, ainda assim, achava ele, um avanço em relação ao jeito antigo de fazer as coisas. Certo dia, meu pai visitou a antiga escola em que cursara o ensino médio, pouco menos de um quilômetro a leste da Cidade Proibida. Enquanto espreitava pelo portão, um homem de chinelos e camiseta veio falar com ele. Era o chefe do comitê revolucionário da escola, posição equivalente a diretor, naquela época. O homem fez uma pergunta:

— Quantas horas leva o trem até a América?

Meu pai solicitou autorização para se encontrar com o primo Lijiao. Disse aos organizadores da delegação que o primo ensinara na Universidade de Pequim no fim da década de 1940, mas que não tinha ideia do que lhe acontecera desde aquela época. Veio então a resposta de que Lijiao fora mandado para uma região remota do noroeste; logo, não poderia encontrar-se com meu pai. Era mentira, como meu pai soube mais tarde: Lijiao vivia com a mulher na cidade de Harbin, no nordeste, mas naquele momento teria sido politicamente perigoso para os dois encontrarem-se com um visitante estrangeiro.

A Revolução Cultural estava em suas etapas finais, mas ainda podia causar muitos estragos. O primeiro-ministro Chu En-lai estava hospitalizado com câncer; o Bando dos Quatro, facção esquerdista identificada com os maiores excessos da Revolução Cultural, estava no comando. Certo dia, meu pai ficou surpreso ao ouvir os acompanhantes oficiais do governo dizerem que Deng Xiaoping, o dirigente mais comprometido com a modernização e as reformas no partido, logo seria deposto. Os guias estavam tão preocupados com seu próprio futuro, que deixaram escapar o comentário na frente do meu pai. No mês de abril, Deng foi expurgado da liderança do partido pela terceira e última vez. Em nossa casa, num subúrbio de Nova York, ouvíamos a toda a hora os discos que meu pai trouxera da China.

O Sol se levanta a Leste,
A República Popular cresce;
Nosso líder supremo Mao Tsé-tung
Aponta o caminho a seguir.
Nossa vida melhora a cada dia,
Nosso futuro brilha em glorioso esplendor.

Meu pai voltou à China pela segunda vez em 1979. Os Estados Unidos e a China tinham estabelecido relações diplomáticas; Deng Xiaoping estava solidamente no comando, reabilitando os milhões de vítimas da Revolução Cultural e lançando reformas econômicas que logo mudariam a face do país. Meu pai novamente solicitou um encontro com Lijiao, e dessa vez ele e a mulher foram trazidos a Shenyang para encontrá-lo. Quando o trem que levava meu pai entrou na estação, ele viu Lijiao à espera na plataforma e pôde perceber que ele chorava.

Lijiao queria saber tudo o que havia acontecido naquele intervalo de trinta anos. Meu pai lhe contou como a vida fora dura em Taiwan, explicou que a mãe dele criara sozinha os cinco filhos e que a maioria dos amigos da família se afastou depois da morte do pai. Lijiao tentou explicar como a vida era melhor com os comunistas. Não disse ao meu pai que desfilara pelas ruas como inimigo de classe quando do começo da Revolução Cultural, nem que depois fora enviado para uma fazenda de arroz localizada perto da fronteira com a União Soviética, na qual teve de trabalhar. Tampouco disse que naquele exato momento seus dois filhos estavam voltando à cidade depois de dez anos de trabalho na lavoura, nem que nenhum dos dois estudara além da oitava série. Ele não contou como haviam morrido seu pai e sua mãe.

A certa altura, a mulher de Lijiao perguntou ao meu pai:

— Você sabe o que tem acontecido aqui na China?

— Sim — respondeu meu pai. — Mais que você.

Meu pai voltaria com frequência à China, à medida que evoluía o intercâmbio científico com o Ocidente. Em 1982, ficou com a família de Lijiao, em Harbin; o filho mais moço de Lijiao se lembra do meu pai assistindo em pé, por alguns minutos, ao noticiário noturno da televisão e comentando:

— Não posso ver essas notícias falsas.

Em 1984, meu pai subiu à tribuna na Praça Tiananmen, nas comemorações do trigésimo quinto aniversário da revolução comunista.

Depois da minha mudança para Pequim em 2000, meus pais vinham me visitar ao menos uma vez por ano. Às vezes eu achava que eles tinham esquecido como lidar com os chineses. Não tinham paciência para a interminável conversa fiada e as fórmulas de polidez que constituíam a base de interação social, e tratavam de se livrar de visitas a parentes que, eu sabia, esperavam ansiosamente por revê-los. Às vezes me deixavam embaraçada: meu pai certa vez se referiu à faxineira de um amigo como *yongren*, que literalmente significa "uma pessoa que é usada", antiga forma de designar criados que não era ouvida desde a revolução comunista. Mas continuavam sabendo tudo a respeito da história, da língua, da literatura e da cultura chinesas, e por alguma misteriosa capacidade extrassensorial sempre sabiam quais os melhores restaurantes da cidade.

Quando conto a história da minha família a amigos americanos, eles me perguntam como é que o meu pai podia voltar à China e conviver com funcionários do partido responsável pelo assassinato do pai dele. Quando morei em Praga, conheci emigrados tchecos que se opunham de tal maneira ao regime comunista, que se recusavam a ensinar a língua tcheca aos filhos nascidos nos Estados Unidos. Os exilados cubanos são tão virulentamente anticastristas, que jamais retornarão ao país enquanto Fidel continuar no poder. Mas os imigrantes chineses são diferentes: por mais terríveis que tenham sido os sofrimentos impostos às suas famílias na China, eles retornam, quaisquer que sejam os termos em que o governo os autorize a fazê-lo. É, em parte, um pragmatismo tão arraigado que releva o passado, mas é mais do que isto. Para eles, a China não é um sistema político nem um grupo de dirigentes, mas algo maior que trazem em si mesmos, a lembrança de um lugar que já não existe no mundo. A China os lembra do seu lar, com o peso de suas tradições, a riqueza de sua língua, com seus cinco mil anos de história, que às vezes parece um eterno e repetitivo ciclo de tragédias e sofrimento. A atração da China é forte, e foi por isso que resisti por tanto tempo.

A casa ficava no número 6 de Fenzi Hutong. Beco do Pó Facial: durante a dinastia Ming, era um dos bairros proibidos de Pequim, batizado em referência às prostitutas de maquiagem pesada que viviam nele. A casa era atualmente o Lar de Idosos Jardim Florido, um asilo mantido pela seção local do Partido Comunista. Era um prédio vermelho de um andar com telhas amarelas, num beco de casas decadentes com quintal. Abri a porta da frente, atravessei um corredor escuro e cheguei ao que outrora fora o pátio central de uma casa chinesa tradicional.

Sessenta anos atrás, meu pai vivera ali. Fora a última residência de sua família antes de deixarem a China no outono de 1948. E fora ali, numa tarde fria e clara de janeiro de 2004, que eu dera início à pesquisa sobre a história da minha família na China. Meu guia era Zhao Hongzhi, o homem de 80 anos que um dia fora namorado de minha tia Nellie. O pátio agora era coberto, e as árvores que antes o adornavam já não existiam. Por uma treliça se espraiavam no teto flores e heras falsas de plástico. Dois velhos estavam sentados lendo jornais; um deles se debruçava ao peso de uma corcova que lhe dava a forma de um ponto de interrogação.

Zhao chegou ao pátio atrás de mim. Apontou na direção dos quartos à esquerda.

— Ali é que ficava a cozinha.

Apontou então para a direita.

— Ali eram os quartos.

— Silêncio, por favor — pediu uma enfermeira. — Eles estão descansando.

Zhao apontou novamente, como em busca da presença fantasmagórica de pessoas que só ele era capaz de ver.

— Ali é que a sua avó dormia. Às vezes eu dormia na sala de estar, logo ao lado do quarto em que ela dormia. Sabe como é, eu era afilhado dela.

DEIXAMOS A CASA NÚMERO 6. Soprava um vento forte e Zhao caminhava depressa, a passos largos. Era um homem alto, de cabelos grisalhos, nariz pronunciado e maçãs do rosto bem-definidas, talhadas com precisão; aos 80 anos, com todo o sofrimento por que passara, ninguém haveria de lhe negar um longo repouso no Lar de Idosos Jardim Florido. Mas ele tinha outros planos.

— Você sabe do meu envolvimento com a sua tia? — perguntou Zhao.

Respondi que sim, embaraçada.

— Ela se casou com Zhao Yanqi, o seu tio. Eles ganharam muitos prêmios de dança de salão. Já eu nem sei dançar — disse ele, como se essa única falha o tivesse tirado da disputa.

Caminhamos alguns quarteirões até o apartamento dele. A mulher tinha deixado a cidade por alguns dias e ele se mostrava efusivo. Pegou um envelope com fotografias. A primeira era um retrato de estúdio do meu pai com os irmãos, em preto e branco, na véspera de irem embora da China. Zhao estava de pé na fila de trás, formoso e sério, com seus óculos de aro fino; a seu lado, Nellie parecia uma criança, com o rosto redondo e o suéter felpudo. Meu pai, na frente, tinha um rosto moreno magro e a cabeça erguida para um lado, com o olhar interrogativo dessas crianças que parecem perguntar como é que vieram dar neste mundo. Outra foto: minha tia no passadiço coberto de sua casa em Ottawa, já aos seus 60 anos, elegante, com o corpo modelado num vestido chinês marfim com flores vermelhas.

— Sua mulher não se importa? — perguntei.

— Ela é muito aberta.

Para comprovar, outra foto: ele e Nellie juntos.

— Ela permitiu até que tirássemos esta foto juntos.

Zhao Hongzhi não conseguira se unir à minha família pelo casamento, mas se tornara o guardião da sua história. Quando vinham a Pequim, meus tios e tias sempre o visitavam. Quando algum parente distante morria, ele era o primeiro a saber. E quando eu quis conhecer a casa no número 6, meu pai me disse que eu deveria procurar Zhao Hongzhi, pois ainda vivia em Pequim, e só ele se lembraria do caminho.

Acho que minha família era a ligação com uma vida que ele poderia ter vivido, se as coisas tivessem sido diferentes. Zhao preservara zelosamente esse vínculo ao longo de décadas de turbulência política. Na época da revolução, quando escolheu o nome Lisheng, este nome simbolizava mais que sua nova consciência política. O caractere *li* era usado por todos os homens da geração do meu pai em nossa família. A mensagem política ocultava um significado pessoal: Zhao renascera como comunista e como membro de nossa família.

Nós compramos a casa no número 6 de um jeito estranho. Durante a guerra, ela fora usada pelo exército de ocupação japonês; mais tarde, passaria às mãos de Sun Yueqi, o amigo do meu avô que não fora a Fushun. Depois da morte do meu avô, Sun Yueqi vendeu a casa a preço módico à minha avó. Seria talvez sua maneira de se penitenciar, embora nunca chegasse a dizê-lo.

Minha família perdeu essa casa duas vezes. A primeira foi em outubro de 1948, quando fugimos da China; depois voltamos a perdê-la para o desenvolvimento econômico. A antiga casa foi derrubada e reconstruída como um restaurante; em seguida funcionou como um jardim de infância e mais tarde sede da seção local do Partido Comunista, até passar a funcionar como asilo de idosos. Os moradores pagam 100 dólares por mês, e há espaço para trinta leitos no local outrora ocupado por minha família. Os atuais moradores em breve também terão de ir embora: a construção será demolida para a abertura de uma nova linha do metrô.

Na década de 1990, minha família solicitou ao governo a reintegração de posse da casa, nos termos de uma lei que autorizava a recuperação de residências confiscadas durante a Revolução Cultural. A Prefeitura rejeitou o pedido, mas pagou 90 mil dólares de indenização. A família dividiu o dinheiro em sete partes: para meu pai e os quatro irmãos que viviam no exterior, para a família de Lijiao e para uma tia-avó em Pequim. O dinheiro não significava muito para nós. Mas a filha da minha tia-avó pretendia estudar na América, e o dinheiro ajudou a pagar a viagem. Há quase cem anos que minha família deixa a China para se instalar na América. Meu avô retornou, e sua morte permitiu comprar a casa no número 6; meio século depois, ela seria transformada em mais uma viagem para a América. O que fazia sentido, pois a história de uma família começa quando alguém sai de casa.

7

QUADRADO E REDONDO

Ninguém nas fábricas de Dongguan recebera a educação necessária para enfrentar a situação. No passado, a educação na China sempre fora bem dirigida, e os caminhos eram claros. Durante a dinastia Qing, um filho do sexo masculino lia os Quatro Livros e os Cinco Clássicos para se preparar para o serviço público imperial. Em Taiwan, meu pai e os irmãos tinham estudado ciências a fim de poder ir para a América. Durante a Revolução Cultural, os estudantes da China continental decoravam o Livro Vermelho para sobreviver às campanhas políticas de Mao. Mas não havia um currículo específico para Dongguan. O mundo da fábrica era um lugar sem tradição nem linhagem, e as pessoas tinham de aprender a se redefinir. Muitos rapazes e moças tinham abandonado os estudos para começar a trabalhar; as pessoas de nível universitário que eu conhecia tinham se formado em cursos risivelmente distantes de seus atuais empregos. Uma professora que se formara em educação política treinava gerentes de fábrica, enquanto um repórter do jornal local tinha estudado contabilidade e trabalhado em gerenciamento florestal. Do ponto de vista de Dongguan, as necessidades da economia chinesa mudavam tão depressa, que o sistema educativo já nem tentava acompanhar.

Se o currículo tradicional era irrelevante, contudo, os cursos profissionalizantes proliferavam na cidade. À noite e nos fins de semana suas salas de aula mal-iluminadas ficavam cheias de adolescentes com seus uniformes de fábrica, acumulando conhecimentos que jamais aprenderam na escola. Inglês e informática eram os cursos mais procurados, mas também havia os que buscavam atender às necessidades específicas da indústria local. Havia palestras sobre a fabricação de peças de plástico; seminários sobre modelagem por injeção. Essas aulas não transmitiam conhecimentos abrangentes: geralmente ensinavam apenas o suficiente para que os alunos conseguissem empregos para os quais não estavam realmente qualificados. Este era o lema da educação em Dongguan: qualquer outra coisa de que você viesse a precisar poderia ser conseguida depois.

Não se sabe tudo o que é preciso saber, reiteravam os professores aos alunos. *Mas pela prática se aprende.*

Uma jovem migrante me disse que estudava numa escola mantida pela Empresa de Consultoria de Gerenciamento Empresarial Suren. O nome, Suren, ficou em minha mente: significava "moldar pessoas". Em seus cursos, operários de linha de montagem aprendiam a se comportar num escritório; universitários formados buscavam empregos como secretárias, atendentes e auxiliares de venda. "Nós os qualificamos em quatro meses", disse-me Huang Anguo, um gerente do curso, quando o entrevistei. "Somos a única escola que oferece esse tipo de treinamento." O valor da matrícula — 680 iuanes, cerca de um mês de salário de um operário comum — dava direito a quatro manuais que Huang, com aparente relutância, permitiu que eu lesse:

GERENCIAMENTO EMPRESARIAL

SECRETARIADO EXECUTIVO

ETIQUETA E QUALIDADE

INTERAÇÃO SOCIAL E ELOQUÊNCIA

O currículo era tão inovador, disse-me Huang, que os professores não tinham encontrado manuais adequados, e tiveram de escrevê-los eles mesmos. Convidou-me então a assistir a uma aula. Eu disse que estava interessada.

Você precisa agarrar a oportunidade, caso contrário ficará para trás.

No dia seguinte, visitei outra escola, mantida pela Companhia de Desenvolvimento do Talento e da Inteligência Zhitong de Dongguan. Seu Curso Especial de Treinamento para secretárias-executivas também era voltado para as operárias de fábricas que queriam subir no mundo administrativo. "Desenvolvemos nossos próprios conteúdos educativos para preparar esse grupo de pessoas", disse-me Liu Lijun, gerente do departamento de treinamento. Mostrou-me em seguida uma série de manuais:

> GERENCIAMENTO EMPRESARIAL
>
> SECRETARIADO EXECUTIVO
>
> ETIQUETA E QUALIDADE
>
> INTERAÇÃO SOCIAL E ELOQUÊNCIA

Eu não disse a Liu Lijun que acabara de visitar uma escola concorrente com um plano de trabalho idêntico. Nem dei a entender que uma escola poderia ter roubado o currículo da outra; de qualquer maneira, era mais provável que ambas o tivessem copiado de algum outro lugar. Simplesmente agradeci a Liu Lijun os livros e aceitei o convite para fazer um semestre do Curso Especial de Treinamento para Secretárias-executivas.

Respeite a opinião dos outros e não saia apontando seus erros.

> Eu fui embora quando tinha 15 anos. Primeiro, trabalhei com vendas numa cidade perto de casa. Então vim para Dongguan, onde trabalhei como operária e depois como assistente na Fábrica de Televisores Shijie Yaxin.
>
> Numa fábrica com mil ou dez mil pessoas, é muito difícil ser descoberta pelo patrão. Você mesma precisa se descobrir. Precisa se aperfeiçoar. Para conseguir sair da fábrica, tem de estudar.
>
> Você está aqui porque não quer ser uma operária comum, com uma vida sem interesse. Se ficar esperando que sua empresa a promova, vai envelhecer esperando.

A autora dos comentários se chamava Tian Peiyan. Tinha 17 anos e vestia um blazer azul e uma gravata de listras vermelhas, como se estivesse saindo do catálogo de um internato da Nova Inglaterra. Ao falar, suas delicadas bochechas se ruborizavam e o interlocutor podia ouvir a respiração na cadência das frases, como a de alguém que estivesse apostando corrida. Embora pudesse parecer estranho que uma adolescente externasse advertências sobre o envelhecimento, o fato é que o discurso de Tian Peiyan era convincente: antiga aluna da Zhitong, trabalhava então como consultora educacional da escola.

Outra oradora, Chen Ying, trabalhava na linha de montagem de uma empresa chamada VTech, uma fabricante de telefones sem fio. Com o rosto grande e os lábios cheios, com 20 anos já, tinha muita pressa de se aperfeiçoar. Na fábrica, às vezes as pessoas comentavam com ela:

— Você já está tão velha, e continua trabalhando como operária.

> Sou exatamente como vocês. Concluí o ensino fundamental. Trabalhei na linha de montagem até emburrecer. Já nem sabia mais em que estava pensando.
>
> Certo dia, perguntei a uma amiga:
>
> — Qual a finalidade da vida? Por que trabalhamos tanto?
>
> Minha amiga não soube responder.
>
> Fui procurar nos livros. Mas eles também não tinham respostas. Pensei:
>
> — Se uma pessoa trabalha na linha de montagem, a vida tem algum sentido? Não.
>
> Então comecei a fazer este curso. Em um mês, aprendi muito. Antes, eu nem podia dizer uma palavra que fosse na frente de outras pessoas. Era tímida e medrosa. Que acham agora da minha eloquência?
>
> Acho que todos vocês querem aprender o que eu aprendi. Deixem a linha de montagem. Não permitam mais que ninguém os olhe com desprezo. Não permitam que as pessoas digam: "Vocês são apenas operários." Temos de erguer a cabeça e dizer: "Nós também podemos fazer sucesso."

Nas noites quentes da primavera de 2005, quando os trabalhadores voltavam para a cidade dos feriados de ano-novo, a escola de Zhitong recrutava alunos para seu curso de secretariado. Os professores faziam apresentações gratuitas em locais da cidade onde os cursos seriam promovidos. Essas apresentações se prolongavam por várias noites, e ficavam invariavelmente lotadas. Certos alunos em potencial voltavam muitas vezes, sem que conseguissem se decidir pela matrícula.

Alunos recém-formados relatavam como tinham abandonado a linha de montagem, contando suas histórias de transformação pessoal como se fossem fiéis convertidos que davam seu testemunho num culto. O tempo que haviam passado na linha de montagem os deixara ignorantes e estupidificados — *mamu*, palavra que tinha uma conotação de arrepiar quando dita por uma adolescente. Tinham descoberto o curso de secretariado, que por sua vez lhes permitiu descobrir a si mesmos. Eu estava perdido, mas me encontrei. Hoje ganho 1.200 iuanes por mês trabalhando na administração. *Que acham agora da minha eloquência?* Cada depoimento triunfal, no entanto, ocultava uma advertência: mude logo ou poderá ser tarde demais.

> Muitos alunos nossos trocam de emprego antes mesmo de concluir os três meses do curso. Alguns passaram a ganhar 1.200 iuanes por mês. O retorno do investimento é na proporção de um para quinhentos.
>
> Se não trabalhar muito nesses dois ou três anos, você vai passar a vida inteira na camada mais baixa da sociedade. Quando chegar aos 24 ou 25 anos e constituir família, seu companheiro também poderá ser um trabalhador comum. Juntos, poderão ganhar mil iuanes por mês. Mas se progredir, a pessoa com quem se casar poderá ser um gerente. Seu mundo será bem diferente.

O principal professor se chamava Deng Shunzhang. Tinha 40 anos e chegara ao delta do rio Pérola depois de uma vida profissional instável na província natal de Hunan, em que trabalhou como professor do ensino médio, funcionário público, vendedor de anúncios de jornal e gerente de uma loja de cassetes de música. Em Dongguan, gerenciara fábricas — de brinquedos, solas de sapatos, árvores de Natal e bonequinhos de Papai Noel de plástico —, mas não parecia um típico administrador de fábrica. Tinha bondosos olhos escuros num rosto fino cor de nozes; falava com convicção, fazendo os gestos precisos de um artista da ópera de Pequim, e nunca elevava a voz. Qualquer que fosse o tempo, estava sempre de terno, colete e gravata.

O professor Deng era o primeiro adulto bondoso que muitas das migrantes tinham conhecido em Dongguan, e durante as sessões informativas elas tiravam as dúvidas que há muito mantinham em segredo. *Como enfrentar assédio sexual do chefe? A China é um país socialista ou capitalista? Se alguém grita com a gente e a gente chora, quer dizer que somos fracas?* O professor Deng respondia a cada uma com paciência. Deixava as lições mais difíceis para as antigas trabalhadoras de fábrica que tinha sob seus cuidados.

Vocês vão envelhecer esperando.
Deixem a linha de montagem.
Cada um tem de descobrir a si mesmo.
Sou igual a vocês.

Mais de duzentas jovens se matricularam na classe de primavera do Curso Especial de Formação de Secretárias-executivas. Cada aluna pagava 780 iuanes adiantados — para muitas delas, mais de um mês de salário. Nos três meses seguintes, frequentariam as aulas três noites por semana. Era tempo suficiente para tornar-se alguém.

As aulas eram dadas no sexto andar de um prédio de escritórios situado no lado oposto da rua, em frente à fábrica de telefones sem fio VTech; no térreo havia uma loja de telefones celulares. Juntas, a VTech e a Pioneer, uma fábrica vizinha que produzia DVDs, empregavam dezesseis mil trabalhadores, um enorme manancial de possíveis alunos com cargas horárias fixas. Como tudo mais em Dongguan, a educação girava em torno das exigências da produção. As aulas iam das 20h30 às 22h30, e portanto não interferiam nas horas extras. Quando a jornada de trabalho de uma fábrica se prolongava, os professores davam uma aula a mais para as alunas que tivessem perdido a hora.

À noite, depois das jornadas de dez horas na linha de produção, as moças da fábrica se encaminhavam para o curso. As ruas em torno da fábrica ficavam cheias de bancas que vendiam frituras, sucos de frutas, acessórios para cabelo e sutiãs com enchimento. Essas bancas eram iluminadas com lâmpadas penduradas em fios, que reluziam contra a noite úmida como num carnaval fora de época. As garotas abriam caminho pela loja de celulares sempre cheia e com uma iluminação chamativa, passando por um anúncio gigante que mostrava três mulheres de biquíni numa praia. Cada uma dessas modelos usava uma tiara e exibia um telefone celular, seduzindo as garotas com prazeres futuros: sexo, glamour, o último modelo da Nokia.

Na sala de aula, havia bancos de metal baixos e carteiras de proporções infantis nas quais as alunas se sentavam aos pares. A parede do fundo era toda tomada por um anúncio do próprio curso, que exibia a foto de uma secretária com uma minissaia provocante e acima dela o slogan: O TREINAMENTO AUMENTA A COMPETITIVIDADE. Até o banheiro, com seu único sanitário e a torneira que vazava no piso, vinha com instruções: PARA EVITAR UMA SITUAÇÃO EMBARAÇOSA, FAVOR TRANCAR AO ENTRAR.

Todas as aulas começavam com uma exortação de Liu Jieyuan, o diretor da escola, que falava com a animação artificial de um vendedor de utensílios de cozinha num programa de televisão exibido tarde da noite. No primeiro dia do semestre, ele disse a uma turma de vinte e cinco moças:

— Gostaria de pedir-lhes que não viessem à aula de uniforme.

— Mas nós viemos direto da fábrica — objetou uma delas.

— Gostaria que tentassem alcançar o melhor de si e não dessem desculpas. OK?

O tema do dia era "Elevar os padrões de conduta e ostentar charme e personalidade". O professor Fu era um rapaz de ar sério, de camisa social branca, calças pretas e gravata; todos os professores deviam usar gravata em aula. Havia muitas outras regras que as alunas teriam de aprender nos três meses seguintes, mas o professor Fu começou a aula com uma história.

— Qual é o seu sonho? A moça do meio na última fila...

Ela se levantou.

— Desde que saí de casa...

E ela caiu sentada, olhando para os lados, paralisada de medo por ter sido chamada a falar.

— Levante-se direito — foi dizendo o professor. — Tenha confiança.

Ela voltou a se levantar, mais empertigada. Caiu de novo, recomeçou, parou outra vez e finalmente disse de supetão:

— Desde que saí de casa, quero ser assistente do departamento de vendas.

A turma aplaudiu. A moça se sentou.

— Muito bem — fez o professor. — Vou dizer então qual era o meu sonho.

> Quando eu era pequeno, gostava muito de história. Queria estar nos livros de história. Queria dar uma grande contribuição à pátria.
>
> Quando cresci, percebi que isso não seria possível. Decidi então que queria ir à Praça Tiananmen para saudar as Forças Armadas. Mas fiquei pensando que talvez não realizasse meu sonho. Ir à Tiananmen saudar os soldados não é realista para uma pessoa do campo. Deixarei isso para as futuras gerações.
>
> Mais tarde, decidi que levaria minha família do campo para a cidade, para criar meus filhos na cidade e permitir que tivessem um futuro melhor. Quando a gente progride, faz com que nossa família suba um patamar.
>
> Creio que vocês vieram para Dongguan pelo mesmo motivo. Trazemos nas costas o mesmo fardo. Todos queremos tirar nossas famílias

> do campo e trazê-las para a cidade, queremos dar essa contribuição a nossas famílias. Não é mesmo?
>
> Quem sai do interior pode contribuir para o progresso de toda a família. Seu esforço fará diferença na vida dos seus pais.
>
> Desde que cheguei a Dongguan, sofri muitos reveses. Muitas vezes tive vontade de voltar para casa. Mas é preciso perseverar. Se voltarmos, será como se nunca tivéssemos saído.

Ele se voltou para o quadro-negro e escreveu: *Como formar uma boa imagem em matéria de etiqueta: vestuário.*

— A cor das roupas é muito importante. Vou dizer-lhes agora que tipo de temperamento as pessoas irão atribuir a vocês conforme as cores com que se vistam. Por favor, tomem nota.

> O vermelho representa entusiasmo.
> O laranja representa emoção.
> O amarelo representa inteligência.
> O violeta representa mistério.
> O verde representa frescor.
> O preto representa calma.
> O branco representa pureza.
> O azul representa dignidade.

O professor Fu falou de muita coisa nesse primeiro dia. Deu dicas sobre como conquistar confiança. *Exercite expressar-se de uma forma ousada. Entre num local com autoconfiança.* Em busca de inspiração, recorreu à história. *Meu ídolo é Mao Tsé-tung. Chiang Kai-shek destruiu os diques do rio Amarelo para deter o Exército japonês: isso é ousar.* A enchente que deteve os japoneses também matou centenas de milhares de agricultores chineses, fato não mencionado pelo professor Fu. Era uma aula de etiqueta, não de história.

Às 21h15, ele interrompeu a aula para cantar um trecho de uma canção muito conhecida. A lição: *Quando estiver gostando de algo, você deve se manifestar.* Às 21h30, uma aluna levantou a mão para responder a uma pergunta, a primeira vez que alguém tomava coragem. Às 22h15, a aula terminou, alguns minutos mais cedo, e o diretor Liu retornou, para mais um discurso de motivação.

— Diga a si mesma que está integrada à turma do escritório — disse ele às alunas. —Você não é como todas essas outras pessoas na rua.

Era a mais estranha confusão de ideias que eu jamais encontrara, associando o primado do indivíduo a regras ao mesmo tempo *New Age* e rígidas: *O violeta representa mistério.* A mensagem era moderna — expresse-se, tenha confiança —, mas vinha com pressupostos tradicionais: *Você irá contribuir para o progresso de sua família.* E não se podia dizer propriamente que faltasse história naquela classe em Dongguan: ela era simplesmente irrelevante. Como poderia uma operária de 17 anos aprender alguma coisa com Chiang Kai-shek, que afogou o Exército japonês e de quebra matou centenas de milhares de compatriotas?

Nas semanas seguintes, outras regras viriam em rápida sucessão. *Ao servir chá, encha apenas 70% da xícara. A sombra violeta combina com a maquiagem de toda mulher asiática. Na busca do sucesso, o conhecimento contribui com 30% e as relações interpessoais, com 70%. Segure o fone com a mão esquerda e disque com a direita. Ao sorrir, a boca deve abrir-se de maneira que os dentes não apareçam, com os lábios achatados e os cantos da boca ligeiramente voltados para cima. Na hora da sesta, não se deite na cadeira ou sobre a mesa.* Nenhum ato era tão elementar que não justificasse instruções; as aulas pareciam às vezes um curso intensivo para marcianos que tentassem se passar por seres humanos. Os heróis da história nunca mudavam. Chiang Kai-shek e Mao Tsé-tung vinham à frente, com Hitler em terceiro lugar. Sua importância estava na eloquência; o dirigente nazista era um magnífico orador. Etiqueta, não história.

Mas eu notei algo: as alunas não adormeciam. Não pareciam entediadas. Nenhuma delas jamais deixou a sala para ir ao banheiro durante as duas horas de aula; tinham medo de perder alguma coisa importante. A vida inteira, aquelas moças tinham aprendido com professores e manuais que tentavam explicar-lhes o mundo moderno. Sabiam de cor e salteado toda aquela baboseira de regras, princípios de autoajuda e exortações confucianas. Selecionavam aquilo de que precisavam, e entenderam a lição principal muito antes de mim: se você tiver a aparência e o comportamento de uma pessoa de classe mais alta, irá se tornar essa pessoa.

Depois do primeiro dia, nunca mais vi nenhuma das moças com a blusa do uniforme da fábrica na escola.

***

EM MINHA PRIMEIRA VISITA, VOLTEI para a cidade no táxi com o professor Fu. Era apenas a segunda aula que ele dava na vida, e a primeira fora naquela mesma manhã. A maior parte do seu material didático era obtida na internet. O professor Fu era a própria encarnação do *ethos* educativo de Dongguan: *É fazendo que se aprende.* Ele ainda cursava a faculdade, mas já começara a trabalhar; como quase todo mundo na cidade, levava a vida em ritmo acelerado. Estava se formando em gerenciamento de recursos humanos e seu ídolo era um guru do tema em Taiwan que cobrava 1.200 iuanes por palestra. Eu me perguntava como tudo aquilo combinava com o outro ídolo dele, Mao Tsé-tung.

Perguntei ao professor Fu há quanto tempo ele estava em Dongguan.

— Que dia é hoje?

— 29 de março.

— Estou aqui há vinte e dois dias — respondeu ele.

Enquanto o táxi percorria as ruas escuras, ele me falou de algo que vira logo após chegar. Num cruzamento, um carro avançou o sinal vermelho; alguns metros adiante, o professor Fu viu um motociclista deitado numa poça de sangue. Pensou que as duas coisas estavam ligadas e que ele devia passar a informação a alguém, mas não sabia a quem.

— Talvez a pessoa não tivesse família aqui, exatamente como eu — especulou, pensando no motociclista morto. — Pode levar muito tempo até que sua família seja informada.

Chegamos ao prédio no qual o professor Fu dividia um apartamento com quatro outros professores. O pessoal do interior raramente diz "Oi" ou "Até logo", e a vida na cidade aparentemente não mudava esse hábito. Ele preferia dizer o que as pessoas costumam dizer em Dongguan quando se despedem: "Cuidado lá fora."

Em Dongguan, o aprendizado era feito em lugares humildes. As salas de aula, despojadas e escuras, sofriam frequentes cortes de energia, e os computadores, tão sujos e velhos, pareciam relíquias arqueológicas. Os alunos eram pobres e tinham pouco estudo, e até os professores se desculpavam do forte sotaque caipira. Praticamente nenhum dos instrutores era formado; muitos, como o professor Deng, carregavam um triste histórico de fracassos nos negócios. Mas, apesar de tudo isso, eram revolucionários.

Nas escolas chinesas, os alunos não falavam em aula; muitas vezes, nem sequer tomavam notas até que o professor o permitisse. O currículo era imposto por uma comissão governamental. Os professores jogavam os alunos uns contra os outros para fazê-los estudar mais, e todo o sistema girava em torno das provas: prova para ser admitido em uma boa escola de ensino fundamental e, depois, para entrar no ensino médio e, finalmente, numa boa faculdade, ou qualquer faculdade, pura e simplesmente. Tal como acontecia com a prova para o serviço público imperial, o sistema educacional era concebido para beneficiar poucos: anualmente, apenas 11% da população em idade universitária faziam o ensino superior. Os estudantes que não conseguiam passar no funil eram encaminhados para escolas profissionalizantes, onde aprendiam a operar máquinas e a consertar carros, mas o currículo geralmente era tão ultrapassado, que essas escolas serviam mais para fazer hora enquanto eles não começavam a trabalhar.

A China vem tentando reformar seu sistema educacional. Alguns professores adotaram a "educação de qualidade", dando ênfase à criatividade e à iniciativa dos alunos em detrimento do aprendizado mecânico. Para tanto, as escolas mais ricas e progressistas introduziram matérias eletivas como artes e música. Outro objetivo é tornar a educação superior mais acessível: nos últimos anos, o governo aumentou consideravelmente o número de vagas nas faculdades. Mas a educação permanece um dos terrenos mais conservadores da sociedade chinesa, num universo de professores e gestores tacanhos, limitações de caráter político e a histórica obsessão das provas e notas.

As escolas profissionalizantes de Dongguan pertenciam a outro mundo. Livres do peso da história, podiam ensinar o que bem queriam. Concentravam-se sem rodeios nas capacitações práticas; os professores usavam material da internet ou extraído da própria experiência no trabalho em fábricas e empresas. Não jogavam as alunas umas contra as outras nem davam notas. Como elas estavam ali para melhorar suas perspectivas de emprego, era irrelevante. Os professores ignoravam a escrita e a redação — pedra angular do ensino tradicional —, em favor da oratória. Saber falar ajudaria as alunas a conseguir um emprego melhor, um preço mais baixo ou a vender mais do que estivessem vendendo.

— O negócio de todos nós são as vendas — lembravam os professores às alunas, incessantemente. — E o que estamos vendendo? Nós mesmos.

Esses professores vinham das camadas intermediárias e mais baixas da indústria. O professor Deng trabalhara durante uma década em fábricas de Dongguan. O professor Duan Mu, que ensinava oratória, fora vendedor de uma empresa de produtos eletrônicos, enquanto uma jovem que trabalhara num escritório de advocacia dava aula de etiqueta e maquiagem. A maioria dos professores tinha cerca de 20 anos, e, tal como as alunas, vinha de longe para fazer a vida em Dongguan; ao contrário da maioria dos chineses de boa formação, esses professores não olhavam com desprezo para os trabalhadores.

— Essas moças são muito mais capazes que eu — disse-me o professor Duan Mu depois de sua primeira aula. — Sair de casa para trabalhar na fábrica requer muita autoconfiança.

As turmas em Dongguan eram predominantemente femininas; uma pesquisa efetuada com quatro mil trabalhadores em Shenzhen, ali perto, mostrou que um terço havia frequentado cursos profissionalizantes, e a proporção de mulheres era muito maior que a de homens. As moças, para começar, tinham ido menos longe na educação formal, o que refletia um tradicional preconceito dos pais em relação às filhas. O desejo de progredir era mais premente nelas: as famílias pressionavam as filhas a voltar para casa e a se casar, mas um emprego melhor podia calar os pais e melhorar as perspectivas de casamento. O desequilíbrio entre os gêneros em Dongguan provavelmente também era um fator: numa fábrica dominada por mulheres, estudar era uma maneira de não se perder na multidão. *Numa fábrica com mil ou dez mil pessoas, é muito difícil ser descoberta pelo patrão. Nós é que temos de nos descobrir.*

Em um semestre do curso de secretariado dei-me conta de estar assistindo a uma revolução secreta na educação chinesa. Os renegados do sistema educativo tradicional ganhavam uma segunda chance. As fábricas também estavam empenhadas em moldar pessoas. Esses cursos não tinham provas nem notas, e assim é que deveria ser. A prova era o mundo lá fora; a prova era a vida.

Depois das cores do vestuário, as moças passaram a aprender como gesticular e como postar-se de pé, sentar-se, cruzar as pernas, caminhar, carregar documentos e abaixar-se para apanhar algo no chão do escritório. *A mulher deve sentar-se de forma a ocupar um terço ou metade da cadeira. Gesticule de maneira espontânea, e não forçada.* No início de maio, o professor Fu dedicou uma das aulas à etiqueta em refeições e banquetes. No quadro-negro, escreveu as regras de quem comparece a um jantar formal:

1. Entre na fila para se servir.
2. Sirva-se ordeiramente.
3. Sirva-se várias vezes, mas em pequenas quantidades.

4. Escolha poucos alimentos, evitando mistura.
5. Não leve sobras para casa.

Beber era uma forma de socialização muito comum e importante nos locais de trabalho na China, embora a constante pressão transformasse o prazer em obrigação. As instruções do professor Fu sobre consumo de álcool eram detalhadas e implacáveis. Do ponto de vista dele, beber era trabalho.

> A ordem a ser observada no momento de brindar com os copos é a mesma que prevalece no ato de apertar mãos. Devemos começar pela pessoa mais importante ou mais velha, e assim por diante.
>
> Evite embriagar-se.
>
> Para ter uma vida social na China é preciso aprender a beber, assim como os homens devem fumar cigarros.
>
> Antes de ir a uma festa, você deve se alimentar ou tomar algum remédio, se for alérgico a álcool.

O professor Fu passou então a tratar da etiqueta nas refeições ocidentais. Escreveu no quadro-negro:

Antepasto → Pão → Sopa → Prato principal → Sobremesa → Fruta → Bebida quente

— Obtive essa informação na internet — disse —, mas nunca fiz uma refeição ocidental. Mas hoje temos a sorte de ter aqui conosco a jornalista Zhang, que cresceu na América.

Ele veio em minha direção. Eu me levantei e caminhei para a frente da sala. *Entre num local com autoconfiança.*

Expliquei à turma em que momento dessa sequência se pode pedir uma taça de vinho. Esclareci que às vezes não há aperitivos nem sopa. Disse que podia parecer muita comida, e realmente era, o que explicava o fato de tantos americanos serem obesos. As alunas anotavam tudo.

— Perguntas?

O professor Fu levantou a mão.

— Sempre fiquei imaginando o que seriam os antepastos.

Dei então uma explicação sobre diferentes tipos de saladas e frutos do mar.

O professor Fu levantou novamente a mão e pediu que eu expusesse as regras de uso dos utensílios. No quadro-negro, tracei um diagrama da disposição dos pratos e talheres numa mesa. Falei sobre a colher de sopa e a colher de sobremesa, o garfo para salada e o garfo para o prato principal. Mostrei como cortar um bife, como segurar a faca com a mão direita e o garfo com a esquerda e passar o garfo para a outra mão no último momento.

— Parece muito complicado? — perguntei à turma.

— Sim!

— Quando não souberem o que fazer — prossegui —, olhem as pessoas ao redor e façam o que elas estiverem fazendo.

"E se fizerem algo errado", ia começar a dizer, "não tem importância". Mas me detive a tempo. A chave do sucesso era o comportamento correto: eis o que se ensinava, em suma, naquela turma. Espontaneidade era coisa de americanos. A aula daquele dia terminou com um treinamento em matéria de bebidas.

— Se seu chefe estiver um pouquinho bêbado, talvez você tenha de assumir no lugar dele — disse o professor Fu, com a solenidade de alguém que falasse da necessidade de uma aterrissagem de emergência num Boeing 747.

Repassou então as regras do jogo de adivinhar os dedos e do jogo de bater com as mãos, dois passatempos ligados à bebida muito populares na China, em seguida dividindo as alunas em pequenos grupos para praticá-los.

DUAS SEMANAS DEPOIS DE INICIADO o semestre uma jovem se aproximou do lugar onde eu me sentava no fundo da sala. Eu ainda não a vira abrir a boca na sala de aula, e ela ficou ruborizada ao se apresentar. Eu tinha a sensação de que acabara de ser integrada ao plano de autoaperfeiçoamento de alguém.

Seu nome era Jiang Haiyan. Tinha um belo rosto largo de expressão sonhadora, traços delicados e algo indistintos e cabelos castanhos tingidos presos num rabo de cavalo. Aos 16 anos, trabalhava na linha de montagem da VTech porque os pais não podiam pagar ao mesmo tempo a educação dela e a do irmão mais velho.

— Achei que, entre mim e ele, seria mais fácil eu sobreviver no mundo do trabalho, pois ele não enxerga muito bem — disse-me ela enquanto jantávamos, pouco depois de nos conhecermos. — De modo que menti para os meus pais, dizendo que queria parar de estudar.

Seu irmão estava na faculdade de design.

Aquele ato de autossacrifício confuciano encobria na verdade uma vontade feroz de vencer na vida. Por meio de uma prima que trabalhava na VTech, Jiang Haiyan conseguiu emprego na linha de montagem das minúsculas peças eletrônicas que compõem um telefone sem fio. No terceiro dia de treinamento o patrão pediu uma voluntária para trabalhar no departamento de produção. Jiang Haiyan não tinha a menor ideia do que fosse o departamento de produção, mas levantou corajosamente a mão, imaginando que qualquer coisa seria melhor que o tédio da linha de montagem. No departamento de produção, mentiu, dizendo ao novo chefe que trabalhara no escritório de outra fábrica em Dongguan.

— Durante quanto tempo trabalhou no escritório? — perguntou ele.

— Um ano — respondeu Jiang Haiyan.

— Por que então entrou para esta fábrica como operária? — insistiu o chefe.

Pressionada, ela se fez eloquente.

— Queria me desenvolver nessa área — respondeu Jiang Haiyan.

O patrão lhe confiou a tarefa de verificar eventuais defeitos nos telefones prontos; passado um mês, ela foi transferida para o depósito, para cuidar dos registros informatizados dos materiais da fábrica. Sua história era como as histórias de todas as migrantes que eu conhecera: conseguira progredir com audácia e mentiras.

Como tinha apenas 16 anos, Jiang Haiyan tomara emprestada a carteira de identidade de uma prima para entrar para a fábrica.

— Todo mundo na fábrica me conhece como Chen Hua — explicou. — Só minha prima e duas amigas me conhecem como Jiang Haiyan.

— Não é estranho ser chamada por outro nome? — perguntei.

— Não, agora já sinto como se fosse o meu nome — ela respondeu. — Na fábrica, eu sou Chen Hua. Quando alguém me chama de Jiang Haiyan, tenho de pensar um segundo para me lembrar: "Sou eu."

Ela era cheia de iniciativa. Já fizera um curso de computação e fazia ginástica no corredor do dormitório para manter a forma. Carregava um livro de bolso com frases em inglês para estudar nas horas vagas: *It's nice to meet you. It's been donkey's years.* Quando nos despedimos depois do jantar, ela retornou ao dormitório para ler um livro sobre vendas tomado de empréstimo na biblioteca da fábrica. Seu sonho era ser secretária num escritório.

★★★

UM TEMA JAMAIS ABORDADO em sala de aula era a ética. As alunas aprendiam como funcionava um escritório e usavam esse conhecimento para mentir e conseguir empregos para os quais não estavam preparadas. Quando esse estratagema funcionava — o que frequentemente acontecia —, seguia-se inevitavelmente um telefonema em pânico para um antigo professor: "Que faço agora?" Numa manhã de domingo, eu ia visitar escolas na companhia do professor Deng quando o celular dele tocou no táxi.

— Como vai? — perguntou ele. — Coordenação de capacidade de produção? OK. Digamos que uma fábrica tem três áreas de produção, cada uma delas capaz de produzir dez mil aparelhos de tevê por mês. Isso é capacidade de produção. Se uma das áreas de produção já está funcionando na capacidade máxima, mas ainda assim precisa atender a uma encomenda urgente, pode se coordenar com outras áreas de produção para tomar emprestada uma parte da sua capacidade. Qual sua outra pergunta?

Depois de desligar, ele me disse que uma ex-aluna acabara de conseguir emprego e não entendia o trabalho que tinha de fazer, mas não queria revelar sua ignorância aos novos colegas.

— Tenho alunos que ainda me telefonam dois ou três anos depois para pedir conselhos — disse.

Os professores não diziam explicitamente aos alunos que fossem desonestos; era simplesmente um fato da vida. Quando passei a conhecer melhor o professor Deng, perguntei-lhe a respeito.

— Nas entrevistas para conseguir emprego — explicou ele —, muitas vezes se pergunta às garotas se elas têm experiência. Elas dizem que sim, mas na realidade não têm.

Eu procurava abordar o tema com cuidado, mas o professor Deng se antecipou.

— Sim, e a pergunta seguinte é: "O que você fazia no emprego anterior?" Nós lhes ensinamos os detalhes do trabalho na fábrica, para que elas possam responder de forma convincente.

— Mas elas estão mentindo — ponderei.

— Sim.

— E se não quiserem?

— Cabe a elas decidir — disse o professor Deng. — Mas nesta sociedade as pessoas que são honestas demais acabam perdendo as oportunidades.

Mais tarde fiquei sabendo, não pelo professor Deng, mas por suas alunas, que a escola Zhitong vendia diplomas falsos. Eram livrinhos com uma capa aderente de plástico, parecidos com os álbuns de fotografia baratos que algumas das moças levavam na bolsa. Um diploma falso de uma faculdade técnica custava 60 iuanes — cerca de 7 dólares e meio —, enquanto o de uma escola profissionalizante custava a metade. A educação formal não era valorizada em Dongguan, mas até então eu não me dera conta do pouco que valia.

Numa noite do início de junho Chen Ying chegou ao curso usando uma saia longa amarela e um top que combinava com ela. Era a jovem que se havia manifestado na primeira sessão de apresentação; até então, usava apenas jeans e tênis, como as demais meninas. A roupa servia para anunciar que agora ela era outra pessoa. Deixara o emprego na fábrica e estava indo à feira de empregos três vezes por semana, esperando conseguir trabalho num escritório ou como ajudante num departamento de vendas.

— É como diz o professor Deng: "Não há necessidade de ficar nervosa" — disse-me ela. — Na verdade, eu até gosto de fazer entrevistas.

Na aula seguinte, Chen Ying estava vestida com mais apuro ainda: uma diáfana saia verde-musgo rendada, com sapatos de salto alto e meia. Antes do início da aula, uma jovem de outra turma se aproximou dela e se apresentou. Chen Ying se levantou, apertou a mão da jovem e as duas ficaram conversando por algum tempo.

Eu nunca vira uma migrante apertar a mão de uma estranha e ficar conversando com ela. Nem mesmo os chineses da cidade ficavam à vontade com algo tão simples. Os chineses têm dificuldade de lidar com estranhos; quando alguém não se enquadra no universo bem-conhecido de parentes, colegas e amigos, a reação habitual é ignorar. Nas festas, meus amigos chineses de Pequim ficavam invariavelmente perdidos: grudavam no grupo com o qual tinham chegado, aferrados à mesma posição como uma esquadrilha de aviões de combate que voasse na única formação conhecida.

Os professores do curso obrigavam as alunas a se desligar do grupo. Ao longo do semestre, cada uma delas tinha de fazer um discurso de apresentação. E o início era sempre do mesmo jeito: *Eu sou como vocês.* Era engraçado que uma pessoa começasse assim a própria história, e nem sequer era verdade. Mas é provável que só se afirmando parte do grupo aquelas jovens tomassem coragem de se destacar dele. Quando Chen Ying se levantou naquele dia e apertou a mão de uma estranha, lembrou-me mais que nunca de uma americana.

AS ALUNAS TINHAM PERDIDO O MEDO de falar em público e passaram a competir para responder às perguntas. Tomaram a iniciativa de saudar os professores; saudaram a mim. Conversadoras e barulhentas, eram todas amigas agora. Mas já se aproximava o momento em que teriam de deixar para trás essa comunidade. Agora, quando se encontravam, a primeira pergunta era: "Já foi à feira de empregos?" As que já tinham se aventurado contavam suas experiências, como viajantes que retornassem de terras distantes onde os nativos se mostravam implacavelmente inquisitivos e cruéis:

> Ela me perguntou:
>
> — Se você tentar vender algo e o cliente recusar, o que você fará?
>
> Eu não sabia o que responder, e disse:
>
> — É normal que isso aconteça.
>
> Na entrevista, eles me perguntaram:
>
> — E se três telefones tocarem ao mesmo tempo? O que você faria?
>
> Eu respondi:
>
> —Vou atender aos três, descobrir qual é o mais importante e cuidar primeiro dele.

Uma jovem esguia com corte de cabelo masculino, bem curtinho, relatou sua entrevista numa empresa de telecomunicações chamada Huawei Technologies.

> Eu sempre quis trabalhar na Huawei, e então fui ao evento de recrutamento que eles promoveram. Tinha um monte de gente sentada numa sala e a diretora de recursos humanos apontava para uma delas e fazia uma pergunta. Depois, dizia:
>
> — Muito bem, pode retirar-se agora.
>
> Finalmente, ficamos só três homens e eu. A diretora olhou para mim e disse:

— Você não atende às nossas necessidades. Pode retirar-se.

Eu pensei:

— Que vergonha para mim! Mas essa mulher nem me conhece. Como pode saber se eu atendo às necessidades ou não?

Então fiquei sentada onde estava e não saí.

A recrutadora se dirigiu então a um dos homens:

— Fale-me do seu maior motivo de orgulho.

Ele ficou muito nervoso. Disse que ainda estava em busca de emprego e não tinha reais motivos de orgulho.

Eu lhe disse discretamente:

— Você pode pensar em algo que fez na escola e que o deixou orgulhoso.

A recrutadora me ouviu e olhou para mim.

Finalmente, os três homens foram eliminados. Apenas eu fiquei. Ela me olhou e disse:

— Aqueles três eram seus rivais e concorrentes, mas você tentou ajudá-los. Por quê?

E eu respondi:

— Não penso neles como rivais. Se fôssemos escolhidos, no futuro seríamos colegas e teríamos de ajudar uns aos outros.

A mulher disse:

— Eu lhe disse que você não atendia às nossas necessidades, mas você permaneceu. Por quê?

E eu disse:

— A senhora não me conhece. Não sabe se eu atendo às necessidades ou não. Eu sempre tive uma excelente impressão da Huawei, mas devo dizer que não fiquei nada satisfeita com sua atitude hoje em relação aos candidatos a emprego. Venha ou não a me tornar uma empregada da Huawei, o fato é que, como cliente da Huawei, não fiquei muito satisfeita.

A mulher sorriu. Ficara muito satisfeita com minha resposta, e eu fui contratada.

No dia 2 de junho, a aula teve início com uma notícia emocionante dada pelo professor Duan Mu, que ensinava oratória.

— Recebi uma excelente notícia. Uma das alunas já encontrou trabalho.

Um burburinho tomou conta da sala. Uma jovem chamada Ma Xiaonan conseguira emprego como recepcionista. Era a primeira pessoa da turma a ser contratada, o que serviu para lembrar a todas que já era hora de se mexerem. A aula daquele dia e todas as que se seguiram foram dedicadas à busca de emprego. O professor Duan Mu falou sobre a melhor maneira de se apresentar a um recrutador e a necessidade de fazer o maior número possível de entrevistas, ensinando também a identificar e a fugir dos esquemas de pirâmide. No fim da aula, cada moça se levantou e declarou seu lema pessoal:

> A pessoa mais triste do mundo é aquela que não tem metas nem sonhos.
> Se você é jovem, tenha confiança.
> A pessoa mais importante do mundo: você mesma.

Ma Xiaonan nunca mais voltaria à aula. Era o único sinal de seu sucesso: o fato de ter desaparecido.

JIANG HAIYAN TAMBÉM QUERIA ir embora. Começou a visitar a feira de empregos para fazer entrevistas, mas o chefe dela na VTech tentou impedi-la. Ele estava com carência de mão de obra, explicou, e precisava da ajuda dela. Jiang Haiyan recorreu automaticamente a outra mentira — a prima que morava em Shenzhen sabia de um emprego de recepcionista na fábrica em que trabalhava —, mas o chefe lhe pediu que ficasse.

— Quero pedir demissão — explicou-me ela. — Mas não é tão fácil dizer essas coisas.

— Seu chefe é uma pessoa má? — perguntei. — Não parece que seja.

— Não, é uma boa pessoa — disse ela. — Mas várias outras foram embora, e ele realmente está com problema de falta de pessoal.

— Se você já tomou sua decisão — prossegui —, precisa dizer isso a ele, que terá de deixá-la partir.

Seu dilema me parecia tipicamente chinês. Ela mentira para conseguir emprego e para progredir na empresa; verdade não era um problema para ela. Mas agora o chefe a fazia se sentir culpada por abandonar o grupo, e ela não sabia como lidar com a situação. Na sociedade chinesa tradicional, preservar a harmonia com os outros era o segredo do bem-viver. O critério moral não era necessariamente o que fosse certo ou errado, mas o relacionamento com as pessoas ao redor. E era preciso ter muita coragem para romper com isso.

Certo dia, depois da aula, Jiang Haiyan foi pedir conselhos a Wu Chen, que ensinava etiqueta e maquiagem. A professora Wu imediatamente se apossou do tema.

— Onde você trabalha? — perguntou.

— No depósito.

— Já foi na feira de empregos?

— Sim.

— Ir embora é um direito seu — disse a professora Wu.

— Mas eles retiveram um mês do meu salário — ponderou Jiang Haiyan.

— Conheço muita gente nessa situação — atalhou, rápida, a professora Wu. — Mas se você realmente tomou uma decisão, deve ir embora. Se for preciso, esqueça esse mês de salário. Os sonhos têm um preço.

Eram conselhos ousados, exatamente o que o curso procurava incutir nas alunas. Mas ainda assim Jiang Haiyan não conseguia se decidir. Junho se foi e chegou o mês de julho; logo o semestre chegaria ao fim, e a turma diminuía a cada aula, à medida que as alunas encontravam emprego. Jiang Haiyan comprou um diploma falso de escola técnica mas receava usá-lo nas entrevistas. Continuava negociando com o chefe, mas sem chegar a uma solução; ela estudou a possibilidade de se matricular em mais um curso, dessa vez para aprender inglês:

— É tão difícil saber o que fazer! — disse.

Podia-se dizer que Jiang Haiyan estava com medo, e, com certeza, parte dela estava. Mas a situação era mais complicada que isso. Ela queria saber como tratar as outras pessoas — basicamente, como as regras chinesas de comportamento tradicionais se adequavam ao moderno mundo do trabalho. Mas isso não constava do currículo do curso.

O delta do rio Pérola atraía pregadores e gurus de todos os tipos em matéria de motivação e gerenciamento. Em seus níveis mais altos, o mercado era dominado por especialistas em corporações de Taiwan; certos seminários executivos eram tão exclusivos, que apenas as pessoas convidadas podiam frequentá-los. A linguagem do autoaperfeiçoamento também impregnava a vida comercial: os discursos das empresas de vendas diretas e dos caçadores de talentos se baseava na linguagem das altas aspirações. Nas livrarias de Dongguan, paredes inteiras eram ocupadas com livros de autoajuda. Algumas delas nem mesmo tinham outras seções. Dale Carnegie era um clássico de sempre, embora ficassem evidentes certas operações de corte e colagem nem tão cuidadosas. *Como fazer amigos e influenciar pessoas* e *Como evitar preocupações e começar a viver. O caminho rápido e fácil para a boa oratória.* Os segredos do empreendedorismo chinês vendiam bem — *As trinta e seis estratégias da população de Wenzhou para ganhar dinheiro* — e as listas numeradas suscitavam uma fé quase mística. *Sete segredos de um líder que se fez sozinho. Cinquenta e nove detalhes que decidem o êxito ou o fracasso nas vendas.* Alguns livros ofereciam conselhos de relacionamento — *Por que os homens gostam das peruas* —, mas os livros sobre negócios eram dez vezes mais numerosos que os de caráter pessoal. A autoajuda podia ser uma invenção americana, mas os chineses depuraram o gênero, dando-lhe um novo nome, para refletir suas preocupações mais acanhadas: *chenggong xue*, estudos de sucesso.

Numa tarde úmida de maio de 2005 passei por uma livraria no calçadão próximo ao meu prédio. Num palco improvisado em frente à loja, um homem se dirigia a uma multidão de centenas de pessoas, em sua maioria migrantes do sexo masculino que usavam calças e paletós sem qualquer combinação.

— Eu queria escrever um livro — dizia ele. — Será que esperei até aprender tudo para poder escrevê-lo? Não. Aprendi à medida que escrevia, e escrevia à medida que aprendia. O programa de computador é capaz de identificar todas as palavras que escrevi errado. E é para isso que servem os editores de texto.

O riso tomou conta dos ouvintes. O homem tinha estatura mediana, com uma calvície avançada e um rosto rechonchudo, branco e reluzente como uma almôndega na fervura. Era o mais improvável porta-voz do sucesso que se pudesse imaginar.

— Quer dizer então que vocês querem ser empreendedores — prosseguiu. — Estão esperando pela situação ideal. Será que um dia ela será ideal? Não. Agindo agora é que vocês poderão torná-la ideal. Já sabem tudo o que precisam saber? Não. Mas é fazendo que vão aprender, e esse aprendizado vale a pena.

O discurso tomou então um rumo inesperado.

— Agora vou falar de cópias. Acho muito importante copiar. Todo o mundo está sempre falando da importância da inovação. Mas é preciso investir muito tempo para inovar, e o risco é alto. Por que não fazer uso de coisas cujo funcionamento já foi comprovado em outros lugares? Copiar é isso.

O nome do sujeito era Ding Yuanzhi, e não havia muito tempo ele era professor de física do ensino médio. Dizia-se que seu livro, *Quadrado e redondo*, teria vendido seis milhões de exemplares. Agora, Ding Yuanzhi percorria o país ensinando a manipular as coisas para alcançar o sucesso, tal como fizera.

> Diariamente você sentirá uma pressão intangível que não lhe permite parar de lutar. Todos nós somos pessoas, mas outras pessoas frequentam restaurantes e espetáculos caros, enquanto você vai apenas aos de baixa qualidade (...) Por que as outras pessoas podem desfrutar coisas luxuosas enquanto você desfruta apenas coisas de baixa qualidade? Quando pensa nessas coisas, você não se sente humilhado? (...)
>
> Diariamente, nas ruas, passam incontáveis carros Mercedes-Benz. Hoje, não temos um carro desses; não é nenhuma tragédia. A tragédia é que nem ousamos desejá-lo.

Quadrado e redondo era uma distorção de um livro americano de autoajuda. Não exortava as pessoas a se conhecer, a olhar além do sucesso material ou a cultivar a honestidade nos relacionamentos e na maneira de encarar os próprios fracassos. Não tentava modificar os leitores. Ao contrário, ensinava-lhes como fazer melhor o que já sabiam tão bem: mesquinhez, materialismo, inveja, competição, soberba e subterfúgio. *Quadrado e redondo* era o equivalente literário de postar-se numa esquina de Dongguan para pregar os méritos da violação de direitos autorais. A audiência já estava no papo.

Quadrado e redondo pintava o panorama de um mundo frio e desalentador de relações complicadas, intensas manipulações políticas no local de trabalho, amigos de duas caras, negociatas e chefes preocupados com status e dotados de poderes absolutos sobre o destino de cada um. Colegas passavam a perna uns nos outros em frente aos superiores. Patrões se valiam da própria autoridade para depreciar os outros e receber propinas. Os homens mais cínicos conseguiam as mulheres mais atraentes. Dinheiro e status constituíam a medida da felicidade. A honestidade e a sinceridade nunca eram a melhor política. Se o governo estivesse atento, certamente teria proibido o livro: eu nunca descortinara uma visão tão sombria da sociedade chinesa, tão tranquilamente aceita como fato consumado. Na fachada, *Quadrado e redondo* era um livro para ensinar a se sair bem na vida em sociedade sendo uma boa pessoa. Pregava o ideal tradicional do *neifang waiyuan:* quadrado por dentro, redondo por fora, uma pessoa capaz de combinar integridade com habilidade nos relacionamentos interpessoais. Mas o livro encerrava o assunto da integridade em setenta páginas, ao passo que a habilidade para a vida em sociedade ocupava quase duzentas, de modo que qualquer um podia ver claramente quais eram as prioridades.

Eu sempre achara as interações sociais entre os chineses desnecessariamente complicadas. A tradição confuciana, que não dava ênfase ao indivíduo, mas ao seu papel numa complexa organização hierárquica, conferia grande importância a questões como status, autocontrole e manifestações de respeito. Havia milhares de anos os chineses viviam em comunidades densamente povoadas, e tinham desenvolvido uma fina capacidade de causar e de detectar desfeitas, exercendo poder por meios indiretos e manipulando situações em benefício próprio, tudo por trás de uma fachada de requintada cortesia. Os próprios chineses se queixavam frequentemente de que viver nessa sociedade era *lei*, cansativo. Mas eu ainda não percebera quão cansativo era realmente, até ler esse livro, que dedicava oito páginas à melhor maneira de sorrir e quarenta e cinco a ensinar como fazer com que os outros baixem a guarda.

Apertar as mãos: *Um aperto de mãos muito rápido demonstra sua indiferença pela outra pessoa.*

Pagar propinas: *Tente não adquirir o hábito de dar alguma coisa a alguém toda vez que essa pessoa o ajudar.*

Pedir favores: *Se tiver um pequeno pedido a fazer, faça primeiro um pedido de maior monta, para que a outra pessoa recuse. Quando ela estiver se desculpando, espere a oportunidade de fazer o pequeno pedido.*

Agradar: *Lembre-se dos aniversários e das comemorações importantes dos chefes de departamento, dos clientes antigos, das mulheres, dos pais e dos filhos deles.*

Agradar mais: *Se alguém estiver usando uma roupa de 200 iuanes, diga-lhe: "Este traje deve ter custado trezentos e tanto..."*

Barganhar: *Se quiser comprar roupas baratas, pergunte antes o preço das caras. Se quiser comprar roupas caras, pergunte antes o preço das baratas.*

Ajudar os outros: *Não aceite presentes e jantares de agradecimento (...) É preferível que as pessoas se lembrem dos favores que lhes fizemos e da dívida que têm conosco.*

Agradar mais ainda: *Fazer com que as pessoas se achem importantes é uma forma eficaz de suscitar o seu entusiasmo.*

Uma boa maneira de acabar com a confiança de uma pessoa era olhar em outra direção enquanto ela estivesse falando. Encarregar os subordinados de cuidar das coisas e ao mesmo tempo limitar a própria presença era bom para aumentar a importância pessoal. Fingir falar ao telefone com clientes durante reuniões facilitava barganhas com os fornecedores. Compartilhar os segredos financeiros de uma empresa com subordinados era uma boa maneira de conquistar sua lealdade. E visitar uma pessoa doente no hospital era a melhor maneira de forjar um bom relacionamento. *Se um homem quiser se aproximar de determinada jovem, deve aproveitar-se de um momento em que ela esteja doente para se insinuar. O efeito é certeiro, pois nesse momento ela estará debilitada e necessitada de conforto.*

QUADRADO E REDONDO ERA BASICAMENTE uma rejeição, ponto por ponto, das virtudes pregadas há dois mil anos pela tradição chinesa.

Formação intelectual: *Os que estudaram mais trabalham para os outros; os que não estudaram tanto são os patrões.*

Modéstia: *Se as outras pessoas não o conhecem bem, sua modéstia não será considerada sinal de virtude, mas de incompetência.*

Família: *[Um amigo] assinou um contrato temporário com a Universidade de Shenzhen, mas a mulher (...) o exortou a voltar para casa, dizendo: "Se não voltar, pedirei divórcio." Ele achou que a mulher era mais importante que o trabalho e assim desistiu do cargo e voltou para casa. Mas ela ainda assim pediu divórcio.*

Lealdade: *Se você se dá muito bem com seu melhor amigo, a amizade é verdadeira, então. Mas se houver um negócio de um milhão de dólares envolvido e nenhum dos dois tratar de passar a perna no outro, vocês têm problemas mentais.*

Honestidade: *Uma "mentira caridosa" pode ser necessária. Por exemplo, a sinceridade pode acabar com um paciente com uma doença incurável. Uma mentira pode ajudar a prolongar a vida e permitir que ele viva tranquilamente os dias que lhe restam.*

As partes mais deprimentes do livro eram as dedicadas aos relacionamentos. Invariavelmente, as regras da guerra nos negócios podiam ser aplicadas a questões pessoais. *Propor inicialmente metas que o adversário possa aceitar* era um princípio relevante ao mesmo tempo numa negociação difícil e num primeiro encontro amoroso. Uma boa maneira de romper com a namorada era "Ser cortês": *De repente, ele se torna extremamente atencioso com a namorada. Quando ela o ajuda, ele diz obrigado. Quando alguém está indo embora, ele diz até logo. Esse tipo de excesso de cortesia torna a pessoa fria e distante.* Essa tática também era útil para se livrar de amigos que pediam favores.

Se tudo mais desse errado, o autor sugeria um infalível método pessoal para derrubar as defesas dos outros:

> Para despertar e mobilizar a consciência dos outros, e apelar para suas intenções mais nobres, uma técnica importante é chorar (...) Morda o lábio inferior e deixe aflorar as lágrimas enquanto olha fixamente para a frente. Da próxima vez que se sentir prejudicado, faça desse modo, e acredito que ninguém poderá ficar insensível.

O AUTOR DESSE MANUAL de inescrupulosa manipulação psicológica abriu a porta de seu apartamento em Shenzhen vestindo uma camisa de malha de mangas curtas, calças cáqui e com os pés descalços. Pessoalmente, parecia mais velho e mais triste, com vincos profundos ao redor do nariz e da boca. Fez-me entrar num sofisticado apartamento de solteiro, com piso de madeira escura, tapete branco felpudo, um sofá verde curvilíneo, e me serviu uma Pepsi, depositando-a cuidadosamente numa mesa de tampo de vidro.

Professor de física do ensino médio na província de Hubei, Ding Yuanzhi chegara a Shenzhen em 1987, e conseguira emprego como professor — mediante subterfúgios, é claro. Ficara sabendo que o diretor da escola em que queria trabalhar era apaixonado por *O sonho do quarto vermelho*, um romance do século XVIII. Certa noite, Ding Yuanzhi foi visitá-lo em casa. Não declarou o objetivo da visita; pelo contrário, como deixaria registrado nas páginas de *Quadrado e redondo*, conduziu a conversa para uma longa discussão sobre o romance.

> Quanto mais conversávamos, mais nos dávamos bem, e várias horas transcorreram sem que percebêssemos. De repente, o diretor caiu em si e se deu conta de que já passava das dez horas. Como se tivesse acabado de acordar, perguntou-me: "*Ai*, o que foi mesmo que o trouxe aqui?"

> Naquelas horas de conversa, eu já conquistara a benevolência do diretor, de modo que, quando cheguei a falar do meu desejo de vir trabalhar em Shenzhen, ele naturalmente não tinha como recusar, e concordou em que eu poderia ensinar (...)
>
> Passei à frente de muitos concorrentes nessa transferência para Shenzhen. E não precisei gastar nem um centavo.

Pouco depois, Ding Yuanzhi e um amigo decidiram abrir uma firma de relações públicas. Também esse era um passo calculado.

— Achamos que seria fácil dizer: "Somos a primeira empresa de relações públicas da China" — explicou-me Ding Yuanzhi. — Imaginamos que o Ministério do Comércio não saberia do que se tratava, de modo que seria mais fácil conseguir a autorização.

O problema era que Ding Yuanzhi e o amigo tampouco sabiam muito de relações públicas. Montaram um evento de divulgação, mas não conseguiram atrair clientes. Começaram então a oferecer treinamento em relações públicas para executivos, e Ding Yuanzhi descobriu que tinha talento para isso. Começou a ler os livros de Dale Carnegie e a aparecer na televisão.

A publicação de *Quadrado e redondo* em 1996 também seguiu por rumos nada ortodoxos. Ding Yuanzhi não assinou efetivamente um contrato de edição; simplesmente comprou um número de série de um editor e imprimiu e distribuiu o livro por conta própria. Nos fins de semana, visitava livrarias nas proximidades de Shenzhen, montava uma mesinha com um cartaz na calçada e começava a dar autógrafos. O texto de *Quadrado e redondo* foi escrito num nível de dificuldade elementar, de modo que até os trabalhadores das fábricas podiam entendê-lo.

— Os trabalhadores migrantes precisam de conforto para o coração — disse Ding Yuanzhi. — Precisam saber que o sucesso é possível. Esses livros são um consolo para eles.

Perguntei-lhe o que achava dos outros livros de análise de casos de sucesso que eram vendidos na China. Ele não lera nem um deles sequer.

— Todos os livros publicados na China copiam suas ideias de outros — disse. — A China realmente não tem ideias originais.

Quando lhe perguntei sobre seu próximo projeto, Ding Yuanzhi saiu da sala e voltou com uma edição chinesa de *Vantagem competitiva*, de Michael Porter. Seu próximo livro, disse com voz suave, reciclaria essas ideias, mais uma vez com um texto primário.

— Meu livro, basicamente, vai digerir os conceitos de Porter de uma maneira compreensível — explicou. — Há muitos chefes em Shenzhen que só têm o ensino fundamental, mas com uma verdadeira sede de aprender. *Copiar é isso.*

Esse encontro com Ding Yuanzhi foi uma verdadeira decepção. Ele não tinha a menor qualificação para se apresentar como professor de casos de sucesso. Não era um orador inspirado nem tinha ideias originais; seu negócio de relações públicas nunca chegara a lugar nenhum. E nenhuma pessoa que o conhecesse levaria a sério seus conselhos sobre como seduzir belas jovens. Mas Ding Yuanzhi tivera coragem de fazer algo que outros não fizeram. Abrira uma empresa. Dava palestras. E tinha escrito um livro sobre como alcançar o sucesso. A ação era a única coisa que distinguia as pessoas bem-sucedidas. *A diferença entre as pessoas de sucesso e as fracassadas não está na qualidade de suas ideias nem na medida de suas capacidades*, escrevera ele, *mas na confiança que têm em seu próprio julgamento e na coragem de agir.* Chen Ying assumiu o risco de mudar de emprego, ao passo que Jiang Haiyan não teve coragem. No fim das contas, era a única diferença que importava entre elas.

Numa noite de domingo de julho de 2005 as alunas da segunda turma do Curso Especial de Treinamento para Secretárias-executivas se formaram. Para a cerimônia, as carteiras da sala de aula foram dispostas num quadrado, e o espaço do meio foi usado para discursos e apresentações. Em diferentes pontos estavam espalhados punhados de amendoim, balas, biscoitos e copos de plástico com água quente. Os professores trajavam camisa social, calça escura e gravata. Cerca de cinquenta alunas compareceram, entre elas as formandas, as que haviam se formado em turmas anteriores e as do semestre que estava para começar. O diretor Liu, servindo de mestre de cerimônias, apresentou formalmente os professores, um a um, e eles eram saudados com aplausos. O professor Yang entoou uma canção intitulada "Nos encontraremos de novo em vinte anos".

Voltaremos a nos ver em vinte anos,
Como então será linda a nossa grande pátria!
O céu estará renovado; a terra, também; a visão da primavera, mais esplêndida;
As cidades e as aldeias, mais gloriosas ainda.

— Acho que se voltarmos a nos encontrar daqui a vinte anos — disse o diretor Liu — todas vocês serão milionárias e empresárias importantes.

Leu então os nomes de todas as formandas — cerca de metade da turma — que já haviam conseguido novos empregos e por isso não tinham comparecido. Chen Ying estava na lista; encontrara emprego no escritório de uma fábrica de equipamentos.

— Esperamos que estejam indo bem no trabalho.

Várias formandas fizeram discursos.

> Em dez anos, é o meu momento de maior orgulho, pois nunca antes participei de uma cerimônia de formatura. Agora estou trabalhando na equipe de vendas de uma firma. É muito cansativo e fico na rua o dia inteiro. Estou aprendendo muito.

> Meu nome é Ye Fangfang. Espero que se lembrem de mim. Graças a vocês, deixei de ser uma pessoa tímida e me tornei confiante. Aprendi a me comportar. É isso a integração do quadrado com o redondo. Sempre me lembrarei de vocês.

No meio da cerimônia, faltou energia e algumas alunas começaram a acender velas. Jiang Haiyan, que vestia saia e sapatos de salto alto com meias, surpreendeu-me ao cantar uma canção e prender a atenção de todos com sua presença. Durante uma canção intitulada "O som dos aplausos", as formandas formaram um círculo no salão iluminado a velas e apertaram as mãos dos professores, agradecendo solenemente a cada um deles. O diretor Liu anunciou que a terceira turma do curso teria início em uma semana.

Somente quatro das formandas que já haviam encontrado emprego conseguiram chegar a tempo para a cerimônia. Era a verdadeira medida do êxito da escola: a ausência de tantas jovens, espalhadas pelo delta do rio Pérola, impossibilitadas de estar ali naquela noite porque já tinham seguido em frente. Os professores também iam tomar seu rumo. O professor Fu se formara na faculdade, deixando a escola e transferindo-se para Xangai, ao encontro da namorada. O professor Duan Mu fora promovido e assumia novas responsabilidades gerenciais.

No ano seguinte, todos os que eu tinha conhecido na escola Zhitong passariam por uma grande mudança de vida, ou várias. Chen Ying assumiria um emprego no setor de vendas de uma fábrica de fita adesiva e passaria em seguida a uma fábrica de aparelhos de ar refrigerado, onde coordenaria uma equipe de vinte pessoas no setor de aquisições e produção. Quando saímos para jantar, um ano depois, ela era outra pessoa. Falava comedidamente, usava uma elegante carteira e se sentou tranquilamente para jantar num restaurante com mesas de madeira antiga. Ganhava 1.600 iuanes por mês — duzentos dólares — e era cortejada por três homens, todos gerentes. Tinha apostado com uma amiga para ver quem comprava um carro primeiro.

— Se alguém quisesse que eu voltasse a ser o que era antes — disse-me —, acho que não teria coragem de continuar vivendo.

Jiang Haiyan voltaria para casa, retornaria por breve período para arrumar emprego e voltaria de novo para casa, a fim de ajudar a família a administrar uma loja de alimentos e artigos de papelaria. Os pais não queriam que ela continuasse em Dongguan, pois consideravam a cidade violenta. Presa aos compromissos familiares, Jiang Haiyan não queria se indispor com os pais.

— Não quero que eles pensem que eu faria isso, pois seria muito difícil para todos — explicou-me quando a visitei em sua aldeia.

O professor Deng cortaria os laços com a escola Zhitong para ganhar mais ensinando técnicas de gerenciamento para executivos, a 5 mil iuanes por sessão.

— Estou com 42 anos — disse-me. — Preciso pensar na velhice.

Certa noite, depois da aula, ele esqueceria a pasta com o celular num táxi, e todas as antigas alunas perderam contato com ele.

Quando a cerimônia se aproximava do fim, a luz voltou e as alunas entoaram uma última canção, "Amigas". A música tomou conta do ambiente enquanto o professor Deng entregava seu cartão de visita às formandas e o diretor Liu distribuía os diplomas, livrinhos encapados com seda vermelha. No interior vinham impressos o nome e o logotipo da Companhia Zhitong de Desenvolvimento do Talento e da Inteligência de Dongguan, no lugar onde tradicionalmente estaria o nome da escola.

Amiga, oh!, amiga,
Tens pensado em mim,
Se estás feliz,
Por favor, esquece-me.

Amiga, oh!, amiga,
Tens lembrado de mim,
Se estás passando por dificuldades,
Por favor, diz pra mim.

Amiga, oh!, amiga,
Tens lembrado de mim,
Se encontraste teu rumo distante,
Simplesmente vai e deixa-me.

8

Um encontro de oito minutos

Havia várias maneiras de encontrar um marido, e quando uma migrante arrumava emprego, a preocupação seguinte era essa. Certas garotas aceitavam os serviços de uma casamenteira da aldeia natal, embora corressem o risco de ser apresentadas a um rapaz sem muito futuro que nunca tivesse se afastado de casa. As que tinham vivido algum tempo em Dongguan pretendiam que as amigas as apresentassem a possíveis pretendentes, mas quando se conhecia um homem na cidade sempre havia coisas não sabidas a seu respeito, como, por exemplo, se ele tinha mulher e filhos na cidade natal. Algumas moças contratavam os serviços de agências de encontros, mas muita gente considerava esse um método "direto" demais. As mais ousadas conheciam homens na internet. Os riscos dessa opção tinham inspirado uma canção chamada "Amor QQ"; QQ era o nome do site de relacionamento mais conhecido da internet chinesa.

Este aqui diz ser bonitão
De coração generoso e bom comportamento
Perguntando com quantos anos estou
E quantas vezes já dormi com estranhos
Deixando-me sem palavras
Que é-época é esta?
Trate logo de dizer-lhe "bye-bye"
Oh! Amor QQ
Verdadeiro ou falso, quem vai saber?

Estava fora de questão olhar para o outro lado. A vida na cidade era muito solitária, e ficava mais fácil poder compartilhar. E o casamento era um dever filial; quando um migrante completava 20 anos, a pressão dos pais para que se casasse era constante, sobre ambos os sexos. Ninguém queria virar o execrado *daling qingnian*, expressão que significava literalmente "jovem envelhecido", definida no dicionário como "homens ou mulheres solteiros entre 28 e 35 anos de idade". A cronologia tradicional da aldeia ia ao encontro do pragmatismo da cidade: uma jovem precisava se casar cedo, quando sua cotação estava no máximo.

O Clube de Amizades de Dongguan era a maior agência de encontros da cidade. Criado para ajudar mulheres a encontrar parceiros numa cidade cuja população feminina era estimada em 70%, o clube já tinha mais de cinco mil sócios. Era mantido pela Federação Chinesa de Mulheres, organização de alcance nacional formada por senhoras bem-intencionadas que se julgavam no dever de "guiar as massas", quisessem ou não as massas ser guiadas por elas. Os participantes do sexo feminino eram o dobro dos do sexo masculino, o que, segundo as organizadoras, era melhor que a proporção de quatro mulheres para um homem que prevalecia na cidade, ou de cinco para um ou mesmo três para dois — tal como a população de Dongguan, o coeficiente sexual da cidade era um dado estatístico altamente variável, segundo as fontes.

Nos Estados Unidos, as agências de encontros são organizadas de maneira que um estranho possa convidar um dos sócios para um encontro. Isso, no entanto, parecia indecente para a maioria dos chineses. Preferia-se fazer com que os sócios se encontrassem nas tardes de domingo na sede do clube, no segundo andar de um velho prédio de escritórios, para eufemísticas "trocas de informações". O clube também organizava passeios nos fins de semana. Na China, um encontro amoroso era uma atividade de grupo.

O HOMEM AO MEU LADO se levantou.

— Olá. Meu número de filiação é 2.740.

E voltou a se sentar.

Li Fengping, a senhora de meia-idade que dirigia o setor de encontros do clube, objetou.

— Só isso? O senhor precisa se apresentar.

O sujeito se levantou de novo.

— Sou de Hunan. Inicialmente, fiz prova apenas para uma escola técnica, mas depois estudei por conta própria, para me bacharelar.

E se sentou novamente.

Trinta pessoas estavam reunidas no salão principal do clube numa tarde de domingo do outono de 2004. O lugar parecia uma sala de aula, com suas lâmpadas fluorescentes e suas cadeiras de plástico, e talvez por isso os sócios se tivessem segregado como colegiais, os homens sentados em fileiras nas laterais e as mulheres reunidas em grupos, por questão de segurança.

— Sou de Guangdong. Trabalho com vendas.

— Eu sou de Jiangxi. Sou uma pessoa muito simples.

Uma mulher que usava um suéter verde-musgo e jeans brancos se levantou.

— Olá.Vivo em Dongguan há bastante tempo, e trabalho com vendas. Sou de Hunan. Meu objetivo aqui hoje é me dar mais oportunidades.

As apresentações eram quase sempre sucintas e terrivelmente tímidas. As pessoas informavam o número de sua carteira de sócio e suas províncias de origem, mas não os nomes; diziam-se "pessoas comuns". Os homens eram eletricistas, advogados, executivos de publicidade e operários; as mulheres trabalhavam como enfermeiras, auxiliares administrativas, professoras, vendedoras e operárias. Boa percentagem de ambos os sexos era de divorciados. De vez em quando ressoava uma voz da escola da autoajuda, e o clima se tornava mais íntimo, confessional:

> Já passei por muita coisa. Fiquei com muitas feridas. Hoje, superei.

> Eu tenho curso superior. Estudei computação. Sou gerente de um escritório. Meu objetivo é encontrar alguém que me ame e que eu possa amar.

— Agora — disse Li Fengping, quando acabaram as apresentações — todo mundo pode se aproximar e travar conhecimento com quem quiser.

Ninguém se mexeu.

Depois de um silêncio ensurdecedor, a mulher de suéter verde-musgo se manifestou.

— Tenho uma sugestão a fazer. No futuro, devíamos ter encontros mais profissionais, para não haver tantos momentos como este, de constrangimento, e não perdermos tanto tempo.

— Sim, deveria haver mais planejamento — concordou um homem que estava sentado perto dela.

O encontro ameaçava degenerar num festival de acusações. Sempre que eu observava chineses num contexto de grupo, podia sentir na carne como ocorrera a Revolução Cultural. As pessoas ficavam aterrorizadas ante a perspectiva de serem obrigadas a se destacar do grupo, mas do ponto de segurança no interior do grupo eram capazes de se voltar contra alguém com uma rapidez e uma ferocidade de tirar o fôlego.

De repente, uma linda professora do ensino fundamental, de olhos negros ardentes, se levantou.

— Qual o seu nome? — perguntou a um homem refestelado numa cadeira contra a parede.

Ele se endireitou para responder.

— E de onde vem? — prosseguiu ela.

— De Guizhou.

— Gosto muito de você.

E se sentou. Aplausos delirantes.

E, de repente, silêncio de novo.

O homem sentado ao meu lado — o sócio 2.740 — se levantou e saiu. Voltei-me para Li Fengping e sugeri que as pessoas pudessem circular livremente.

— Não podemos colocar uma música? — sugeriu alguém.

No fim das contas, a pressão de atravessar um salão para se aproximar de um estranho sob os olhos de trinta outras pessoas era demais. A maioria dos sócios tratava de escapar dessas reuniões assim que possível. O sujeito elogiado pela professora não fez qualquer esforço para se aproximar dela, e ela também permaneceu sentada, olhando em frente com uma expressão determinada.

DEPOIS DA REUNIÃO, APROXIMEI-ME da mulher de suéter verde-musgo. Era mais baixa do que parecia à distância — mal passando de um metro e meio —, com uma silhueta curvilínea e um par de inquietos olhos negros num rostinho bonito em forma de coração; usava batom rosa reluzente e trazia no cabelo um pregador chamativo com imitações de pedras preciosas. Tinha 29 anos e trabalhava em vendas.

— Antigamente, eu ignorava minhas questões pessoais e só pensava em trabalho — disse-me. — Mas agora estou pensando no assunto, e é por isso que estou aqui.

Perguntei o que procurava num homem.

— Não me importa o nível de educação da pessoa, nem seu emprego ou quanto ganha — foi dizendo. — Para mim, o sentimento é o mais importante.

A mulher era Wu Chunming. Depois de conhecê-la naquele dia, foi do que dissera aos sócios do clube que me lembrei: *Meu objetivo aqui hoje é me dar mais oportunidades.* Além disso, a sua voz: cortante e sem qualquer sentimento de vergonha do forte sotaque do interior, que não se apagaria nem com muitos anos na cidade. Sua voz era do tipo que vencia discussões, atravessava canteiros de obras e fazia os homens se endireitarem na cadeira e prestarem atenção.

Com o tempo, fui tomando conhecimento dos detalhes da história de Chunming: o começo numa fábrica de brinquedos, a ameaça de ser levada para um bordel, a ascensão à posição de gerência e o enriquecimento com a venda de remédios tibetanos e de lotes em cemitérios. Quando o governo proibiu as vendas diretas, Chunming conseguiu emprego como repórter no *China Inspection and Quarantine Times*. O jornal era mantido pelo órgão governamental encarregado de inspecionar importações e exportações, e o trabalho que ela efetuava não teria sido reconhecido como propriamente da profissão por nenhum jornalista convencional. Chunming decidia escrever uma matéria sobre determinada empresa; o objeto da escolha, temendo enfrentar problemas com a passagem de seus produtos pela alfândega, pagava ao jornal para ter uma cobertura favorável. O preço de uma boa matéria era estabelecido de acordo com uma tabela, exatamente como na publicidade. Dois mil iuanes compravam uma breve menção, ao passo que uma reportagem completa podia custar 50 mil iuanes. Era o jornalismo como extorsão, e Chunming trabalhava por comissão, saindo-se muito bem. Posteriormente, trabalharia durante dois anos no departamento de vendas de uma empresa de materiais de construção, até que, em 2001, abriu com o primeiro namorado um negócio de materiais de construção por atacado. O empreendimento durou seis meses, durante os quais Chunming perdeu os 100 mil iuanes que investira — todas as suas economias dos tempos das vendas diretas, menos o dinheiro que tinha gastado na reforma da casa da família. Quando a conheci, estava trabalhando como vendedora numa empresa sueca que fabricava tintas e outros revestimentos da construção civil.

As violentas reviravoltas na vida de Chunming refletiam o ethos de "ou vai ou racha" do sul da China. Mas talvez a parte mais inacreditável de sua história fosse o fato de, na mais pragmática das cidades, ainda estar em busca de romance — como dissera o sujeito: *Encontrar alguém que me ame e que eu possa amar.*

Seu primeiro namorado foi o motorista da empresa de material de construção em que ela trabalhava. Chunming não morria de amores por ele no início, mas os dois passavam muito tempo juntos e ele sabia agradar às mulheres. Tendo já completado 25 anos, ela nunca dormira com um homem.

Logo depois que começaram a se encontrar, Chunming sentiu que ele não era o homem certo para ela. Vivia pedindo dinheiro emprestado aos pais e não tinha a dedicação dela ao trabalho.

— Ele não era capaz de realizar as coisas mais importantes e não queria se incomodar com as pequenas — resumiu Chunming.

Ele chegou a bater nela em duas ocasiões.

— Ele usou as mãos assim, batendo com violência no meu rosto — explicou-me ela, esticando a mão com a palma para cima. — Na primeira vez, eu chorei muito. Ele prometeu que nunca mais faria aquilo. Na segunda vez, eu não reagi. Fiquei absolutamente calma. Existe um ditado de que o homem que bate uma vez voltará a bater. Hoje eu sei que é verdade.

Isto aconteceu em 2002, mas Chunming ainda ficou com o namorado por mais um ano e meio. Eles moravam num apartamento alugado de três cômodos, em frente à Wal-Mart, no centro de Dongguan.

— Sempre que eu dizia que queria acabar, ele não respondia ou então dizia que eu estava brincando com as emoções dele. Eu não sabia como me livrar dele — prosseguiu Chunming. — Eu dizia que a gente tinha de se separar, mas voltava do trabalho e ele continuava lá. Eu não sabia o que fazer.

Ela passou então a usar vias indiretas, escrevendo-lhe cartas em seu diário: *Desta vez decidi realmente que vou romper com você. Nós não temos futuro.* As páginas estavam borradas, pois ela chorava ao escrever. Ela deixava o diário na mesa da cozinha, mas ele não dizia nada.

Foi necessária a intervenção de outra mulher para resolver a questão. Certo dia, uma mulher da cidade natal do namorado telefonou a Chunming e revelou que estava tendo um caso com ele. Chunming ficou aliviada, e quando disse ao namorado que sabia da outra mulher, ele juntou suas coisas e se foi sem discutir. Desde então, ela não tivera qualquer relacionamento sério, apesar de muitos flertes. Às vezes era o suficiente para ela; no futuro, quando tivesse ganhado dinheiro, sonhava, teria um apartamento e um carro e amantes sempre que quisesse. Em outros momentos, esses namoros eventuais a deixavam ainda mais solitária.

— Quando a gente tem apenas amantes — disse-me — é como se estivesse sempre flutuando no mar, sem nunca chegar a um porto.

CONTADORA, 25 ANOS, PROCURA HOMEM DE
GUANGDONG REALIZADO PROFISSIONALMENTE, UM APARTAMENTO,
CORAÇÃO AMOROSO E SENSO DE RESPONSABILIDADE.

As mulheres queriam um homem com um bom emprego e renda fixa. Os homens queriam uma mulher jovem e saudável. As mulheres queriam um homem com mais de 1,70m de altura e apartamento próprio. Os homens não se preocupavam com altura ou bens imóveis, mas queriam uma mulher de temperamento afável. Algumas mulheres davam preferência a homens da província de Guangdong, apresentando as vantagens da residência local, enquanto outras achavam que um homem da região exerceria excessiva influência sobre elas. Os homens não se importavam com o local de residência. As mulheres apresentavam muito maior número de exigências que os homens.

Os sócios do Clube Fazer Amigos preenchiam fichas com seus dados pessoais e o que buscavam num companheiro ou companheira. Da ficha constavam a ocupação e o estado civil do sócio, além de detalhes pessoais como altura, peso e estado de saúde. Havia também características que só podiam mesmo ser exigidas num clube de encontros chinês, como identidade política, propriedade de um apartamento e dados sobre a saúde e a situação financeira dos membros da família. A identidade política dizia respeito ao fato de a pessoa ser membro do Partido Comunista; poucos sócios do clube eram assim tão entusiásticos, e a maioria simplesmente escrevia "massas". As fichas também especificavam se a pessoa sustentava os pais ou irmãos mais moços — e os que não tinham esse tipo de responsabilidade faziam questão de assinalar que os pais eram saudáveis ou que os irmãos já eram crescidos.

No verso de cada ficha encontrava-se uma foto. Mulheres de saia rendada e sapatos de salto alto posavam em parques ou sobre rochas no meio de lagos artificiais, como donzelas esperando o príncipe encantado; homens de terno faziam pose em colinas. Homens e mulheres eram fotografados em frente a sofisticados prédios de apartamentos nos quais com quase toda certeza não moravam. Muitas das fotos eram tiradas em estúdios de fundo de quintal, nos quais os sócios se esforçavam para parecer naturais em frente a uma imagem da Grande Muralha ou debaixo de uma árvore de papel ou junto a uma cerca de madeira de um tipo que eu nunca vi na China. Um sujeito que dizia ter a dança como hobby aparecia em pose de discoteca, tendo como pano de fundo uma paisagem urbana pintada com luminosos do McDonald's. As fichas eram arquivadas por sexo e ano de nascimento: MULHER 78, MULHER 77. Um número considerável de MULHERES 71 e MULHERES 72 eram divorciadas com filho. As candidatas de mais idade conviviam na terrível categoria das MULHERES ACIMA DE QUARENTA.

A maioria dos sócios não estava em busca de amor. Não estavam preocupados em caminhadas à beira da praia ou passeios de balão; suas principais preocupações eram de caráter pragmático. CORAÇÃO EMPREENDEDOR. BOA SITUAÇÃO ECONÔMICA. TRABALHO E RENDA ESTÁVEIS. SEM AMARGURA. As mulheres pareciam obcecadas com a altura: tal como acontecia na feira de empregos, a estatura física era uma garantia de qualidade — certeza de que o homem seria saudável, estável, afortunado. Embora muitas mulheres insistissem em encontrar um homem com pelo menos 1,70m de altura, algumas admitiam sair com um de 1,65m. Mas ninguém queria namorar um homem com menos que isto.

Os arquivos indicavam os motivos pelos quais os relacionamentos não davam certo. PROCURO ALGUÉM DE 28 A 34 ANOS COM PERSONALIDADE ABERTA E QUE NÃO JOGUE. PROCURO PESSOA REFINADA QUE NÃO SEJA VICIADA EM VINHO NEM EM MULHERES. Eventualmente, uma mulher mais corajosa jogava a cautela para o alto: BUSCO ALGUÉM ENTRE 35 E 45 ANOS, O RESTO É COM O DESTINO. Muitas mulheres consideravam que a propriedade de um apartamento era um pré-requisito para qualquer encontro. Era algo comum nos classificados pessoais na China, que às vezes se pareciam com inventários de bens imóveis, como neste anúncio publicado numa revista voltada para o público feminino rural:

> HOMEM DE 27 ANOS (...) DIVORCIADO, TEMPERAMENTO ABERTO (...) PROPRIETÁRIO DE UMA CASA COM TIJOLOS APARENTES E CINCO CÔMODOS, MOBILIADA, UTENSÍLIOS MODERNOS, E DE UMA MOTOCICLETA, PROCURA MULHER PARA SER SUA PARCEIRA NA VIDA.

A preocupação com as propriedades não tinha o caráter mercenário que aparentava. Tal como no caso da altura, a propriedade de um apartamento era uma marca, um sinal de que se podia confiar naquele homem.

— As mulheres não estão realmente preocupadas em encontrar parceiros muito ricos — explicou-me um homem chamado Tang Ao, dono de outra agência de encontros da cidade. — Simplesmente querem uma certa segurança.

Todos os sócios com os quais conversei manifestaram algum motivo de insatisfação com o clube. Os homens não tinham estudado e eram uns pobretões, fiquei sabendo. Homens casados em busca de casos extraconjugais às vezes também se infiltravam, usando identidade falsa. O clube era administrado por "um bando de avós", disse Chunming. E no entanto, toda vez que eu passava por lá, já encontrava alguns sócios, examinando atentamente MULHER 78 ou HOMEM 71, sempre buscando.

À medida que subia na vida, Chunming deixava muita gente para trás. Amigas dos tempos da linha de montagem voltavam para a aldeia natal para casar e ter filhos. A maior parte das melhores fábricas não empregava mulheres com mais de 25 anos; as mais velhas ficavam relegadas a fábricas mais modestas ou a empregos humildes como o de arrumadeira. Para uma migrante, a mobilidade social era uma tática de sobrevivência: a melhor maneira de ficar na cidade uma vez passado o primeiro frescor da juventude.

Todas as amigas de Chunming, mulheres no fim da casa dos vinte ou início da casa dos trinta, tinham sobrevivido a esse processo de seleção. Como ela, a maioria provinha de aldeias rurais, embora algumas poucas tivessem crescido numa cidade e frequentado alguma faculdade. Geralmente dirigiam fábricas que produziam alguma peça microscópica da vasta cadeia de abastecimento que se estendia de Dongguan ao restante do mundo. Uma delas, juntamente com o marido, produzia peças de metal para ornamentação de bolsas de mulher; outro casal fabricava a cola usada para prender o salto dos sapatos. Uma mulher de 26 anos estava à frente de uma fábrica de solas de sapato, enquanto outra se especializava em tacos de madeira e outra ainda vendia materiais de construção, mas estudava a possibilidade de se transferir para o negócio de roupas íntimas por atacado. Para Chunming, essa rede de amigos era uma verdadeira família. Nas viagens de vendas, ela muitas vezes aparecia inesperadamente no apartamento de uma amiga para ficar alguns dias; suas mudas de roupa e escovas de dente estavam espalhadas por diferentes pontos do delta do rio Pérola. Certa vez, encontrando-me com ela em Shenzhen, Chunming estava fora de casa há cinco dias mas trazia consigo apenas uma bolsinha com espaço suficiente para o celular e o batom.

Conviver com o círculo de amigas de Chunming era como contemplar uma dessas ilusões de ótica em que duas coisas aparecem ao mesmo tempo. Na cidade, elas pareciam completamente integradas na classe média. Tinham apartamentos e carros ou faziam planos para comprá-los em breve. Tomavam aulas de direção e tiravam férias; iam à manicure, faziam dieta e apreendiam passos de danças latinas. Estavam sempre informadas sobre a mais nova churrascaria brasileira ou o melhor lugar onde comprar sorvete de iogurte. Em outras ocasiões, a aldeia parecia marcada de forma indelével em seu DNA. Seus apartamentos podiam ser mobiliados com gosto, mas no banheiro o sanitário invariavelmente era de se agachar. Seus conhecimentos médicos limitavam-se à sabedoria popular das avós: para se recuperar de qualquer doença, cozinhavam galinha com ginseng, e quando o tempo esfriava tomavam sopa de pulmão de porco, para evitar infecções respiratórias. Continuavam viajando longas distâncias de ônibus e trem, e eram raras as que já tinham entrado num avião. A tradição lhes vinha ao espírito, sobretudo, quando viajavam para casa no Ano-novo, percorrendo em um dia uma distância que haviam atravessado ao longo de anos.

CHUNMING RARAMENTE FALAVA DE SEUS primeiros tempos na fábrica. Não creio que fosse exatamente por se sentir envergonhada: era mais pelo fato de que a garota que tinha trabalhado na linha de montagem, que escrevia um diário, se esforçava para aprender cantonês e decorava as treze regras de moralidade de Benjamin Franklin era muito diferente da pessoa em que ela se transformara. Ela continuava a buscar incansavelmente o próprio aperfeiçoamento. As prateleiras de seu apartamento eram quase inteiramente ocupadas por livros de autoajuda: *Cem histórias de sucesso*, *As nove chaves para a liderança e o sucesso de Mary Kay* e uma série de manuais de etiqueta com títulos como *Tom* e *Crasse* (de todas as maneiras de escrever incorretamente a palavra *classe*, esta era a mais grosseira). Na parede da sala de estar via-se uma gigantesca fotografia de Chunming cheia de glamour, com batom cor-de-rosa brilhante e um reluzente prendedor de cabelo com pedras incrustadas. O apartamento era um reflexo do seu temperamento: meticulosamente montado e impiedosamente autocrítico.

Tudo era uma oportunidade para aperfeiçoar a própria educação. Nas novelas coreanas, Chunming ficava sabendo que o garfo deve ser segurado na mão direita e a colher, na esquerda, mas que o garfo deve passar à mão esquerda quando houver uma faca na direita. Também foi na televisão coreana que ela viu Tupperwares pela primeira vez. Certa vez, dei-lhe um DVD do filme *A Princesa e o Plebeu* — ela me havia pedido filmes americanos —, e de um entretenimento tipicamente hollywoodiano ela extraiu uma lição de moral marxista.

— O jornalista pobre podia ter ganhado muito dinheiro com a história da princesa — resumiu. — Ao abrir mão dessa oportunidade de ganhar muito dinheiro, ele se tornou uma pessoa mais íntegra.

Ela não sabia quem era Audrey Hepburn, mas considerava que não era "tão bonita quanto Julia Roberts".

Seu poder de observação era implacável; em certo sentido, estava tão empenhada em tomar notas a meu respeito quanto eu em observá-la. Da primeira vez que nos encontramos, ela escolheu o lugar — o European Style Coffee Western Restaurant — e pediu o mesmo prato que eu: espaguete à bolonhesa. Notou que eu sempre bebia cerveja no jantar, e certa noite anunciou que vinha treinando em casa e já se sentia em condições de tomar um copo comigo. Perguntou como eu gostava do bife, em que país os homens eram mais atenciosos e como as mães americanas criavam os filhos. Estava constantemente experimentando novas versões de si mesma, pintando o cabelo, fazendo permanente ou cortando-o. Usava sempre roupas combinando, e eu nunca a vi usar duas vezes a mesma roupa.

Até minha chegada a Dongguan, a maioria dos chineses que eu conhecia era de pessoas sofisticadas, que sentiam de forma aguda a diferença que havia entre nós. Queriam saber se eu me considerava americana ou chinesa; e ficavam invariavelmente surpresos, e mesmo ofendidos, ao saberem que eu não lia chinês com fluência ou que namorava americanos. Faziam sermões sobre a democracia, a guerra no Iraque e a incapacidade da imprensa estrangeira de entender a China. Seu país vivera 150 anos de submissão ao Ocidente, e essa história conturbada sempre se interpunha entre nós quando conversávamos. Era o mundo do meu avô e de todos os meus parentes, o mundo em que continuavam vivendo muitos chineses.

Chunming e suas amigas não estavam nem aí para nada disso. Não lhes importava que meu chinês fosse ruim ou que eu não soubesse os nomes de grandes escritores chineses, e nunca perguntaram minha opinião sobre a democracia. Tinham nascido sem muitas vantagens, mas também sem o fardo nacional que recaía nos ombros da parte educada da população, especialmente os homens. Quando eu conhecia algum amigo homem de Chunming, essas preocupações geralmente vinham à tona. Certa vez um amigo cirurgião, chamado Ah Qiang, perguntou o que eu fazia, e eu respondi que estava escrevendo um livro sobre mulheres migrantes.

— *Nanfengchuang* publicou muitas reportagens sobre o assunto — disse, referindo-se a uma revista chinesa. — Você pode usar esse material e economizar muito tempo.

Chunming suspirou profundamente.

— As pessoas podem ter pontos de vista diferentes — disse. — Ela pode ver as coisas de outra forma, e é sobre isso que pretende escrever.

Tive vontade de pular e aplaudir.

Ela se voltou para mim.

— Não é mesmo?

— Exatamente.

Ah Qiang insistiu.

— Você deveria escrever sobre os problemas com a Constituição chinesa — disse-me. — Temos uma Constituição maravilhosa, mas nos níveis mais baixos do governo os funcionários a boicotam.

— Isso não tem nenhuma relação com o tema sobre o qual ela está escrevendo — atalhou Chunming, exasperada, pegando seu celular e começando a verificar as mensagens recebidas, sinal de que estava encerrada a conversa.

Chunming me entendia instintivamente. De certa forma, estava empenhada no mesmo sentido: enxergar a vida de outro ponto de vista e escrever sua própria história. Guardara todos os volumes do diário que vinha escrevendo desde que saíra de casa. "Um dia, se eu puder, vou querer escrever", disse. "Escreveria apenas sobre as coisas mais simples e comuns."

Numa noite de domingo de dezembro de 2004 Chunming convidou-me a ir a um restaurante de Hunan com amigos seus: uma enfermeira chamada Ah Ning, de pele muito clara e uma voz rouca sensual, e dois rapazes que trabalhavam como supervisores numa fábrica. Chunming estava elegante num suéter preto e calça xadrez de boca larga, tendo na mão uma bolsa Fendi falsificada. Os homens usavam a habitual camisa do trabalho na fábrica.

Assim que me sentei, um deles se voltou para mim.

— Em sua opinião, quais as diferenças entre Kerry e Bush?

— Ele está querendo que você diga em quem votou — disse Chunming.

— Votei no Kerry — respondi, relutante, nada desejosa de que a conversa tomasse esse rumo.

— Acha que a China está preparada para a democracia? — perguntou ele, frisando que não era a opinião que tinha. — Se pudéssemos votar — prosseguiu —, eu votaria em Chiang Kai-shek. Considero que foi um bom dirigente.

E depois de breve pausa:

— Você se considera mais chinesa ou mais americana?

Três garrafas de cerveja Tsingtao apareceram na mesa. Meu interlocutor estava visivelmente agitado: a única coisa melhor que me provocar com questões políticas era fazê-lo tomando cerveja.

— Posso até ficar bêbado hoje — anunciou.

Chunming saiu em minha defesa.

— Acho um absurdo quando as pessoas se forçam a beber.

Ah Ning rapidamente mudou de assunto. Acabava de se matricular num curso de dança moderna, disse.

— Também quero aprender a dançar! — disse Chunming. — Quero aprender chá-chá-chá.

— Eu quero aprender ioga — fez Ah Ning.

Voltou-se então para mim.

— Você sabe misturar bebidas?

— Que tipo de bebidas? — perguntei.

— Coquetéis — disse ela.

Respondi que sabia fazer alguns mais conhecidos.

— Adoraria saber fazer coquetéis — explicou Ah Ning. — Seria capaz até de trabalhar de graça num bar, só para aprender.

— Fui recentemente a uma festa com clientes num hotel — contou Chunming. — Havia muitos estrangeiros, e estávamos bebendo vinho gelado. Eu segurava a taça pela copa, mas alguém disse que devemos segurá-la pela haste.

Ela arregalou os olhos, como costumava fazer quando surpresa ou muito interessada em algo.

— São tantas regras! Mas é bom aprender essas coisas, pois sempre haverá um momento na vida em que iremos a esse tipo de festa.

O rapaz tentou entrar na conversa perguntando a Chunming em que trabalhava.

— Minha empresa é de capital estrangeiro — disse ela, com frieza.

Creio que os dois homens não disseram uma única palavra na segunda parte da refeição. Depois do jantar, Chunming e Ah Ning levaram os dois a um táxi; eles moravam num bairro distante, o que significava que viajariam uma hora até em casa.

Tomamos outro táxi para ir a uma academia de ginástica que oferecia aulas de ioga. Chunming se recostou e deu um suspiro. Aquele sujeito era um conterrâneo de Hunan, disse-me; fora apresentado por uma amiga que queria aproximá-los. O sujeito lhe telefonara naquela tarde, dizendo que passaria apenas um dia na cidade.

— Ele é da mesma região de Hunan que eu. Caso contrário, não o teria convidado para jantar — disse ela.

— Ele é muito infantil — disse Ah Ning.

— É insuportável — concordou Chunming. — Não tem nada a dizer. E é três anos mais moço que eu.

Eu não disse nada, mas senti certa pena do rapaz. Dei-me conta também de que fora o meu primeiro encontro *às escuras* na China.

NA ACADEMIA, A AULA DE DANÇA já tinha terminado, a turma de ioga só se reunia duas vezes por semana e nenhum dos professores estava presente. Ah Ning de repente se deu conta de que estávamos perto do Clube Fazer Amigos.

— É possível que haja alguma atividade lá esta noite. Vamos ver!

Fomos andando pela rua e subimos as escadas do clube. O salão principal estava quase deserto: ninguém queria fazer amigos naquela noite. Chunming e Ah Ning sentaram-se e começaram a passar os olhos pelos arquivos dos sócios masculinos.

— São tantas mulheres lindas, mas olhem só para esses homens! — disse Chunming.

Ela percorria rapidamente as fichas.

— Olho primeiro as fotos — explicou. — Pela foto não se pode saber se alguém presta. Mas as fotos são úteis para descartar os realmente ruins.

Mostrou então um sujeito rechonchudo, de ar infeliz, fotografado ao lado de uma cerca falsa.

— Só mesmo as pessoas de classe mais baixa ainda tiram essas fotografias de estúdio. Esse é o tipo de coisa que não faço há dez anos! É muito melhor tirar uma foto num parque ou num ambiente natural.

Ah Ning parecia ter saído com um número considerável de sócios do clube. Mostrou-me a foto de um homem recostado numa árvore.

— Ele parece alto, mas pessoalmente não é. É apenas porque está ao lado de uma árvore.

Passou a outra foto.

— Este homem parece ter uma cara boa, mas na verdade não é uma boa pessoa.

Mais uma.

— Este sujeito tem 48 anos. Eu lhe disse: "Mesmo que eu o aceitasse, meus pais jamais o aceitariam."

E outra.

— Este cara tem problemas mentais.

Ah Ning se divorciara recentemente e não estava medindo esforços para arrumar um namorado. Saíra com mais de vinte sócios do clube, e certa vez fora a quatro encontros num só dia.

— Conheci um cara que se dizia perfeitamente feliz vivendo em seu quarto alugado de 8 metros quadrados — contou-me Ah Ning. — Eu perguntei: "É mesmo? Está mesmo tão feliz assim no seu quarto de 8 metros quadrados?"

Um encontro com um professor também não deu em nada.

— Quando ele acabou de mascar o chiclete, ficou brincando com ele nos dedos. Eu não aguentei. Um professor! Ele ensina às crianças!

— Toda vez que me encontro com um desses homens, sinto vontade de chorar — disse Ah Ning.

— Depois de me encontrar com um desses — disse Chunming —, tenho vontade de vomitar.

Ela pegou outro fichário — MULHERES 74 — para me mostrar sua foto. Era um retrato em preto e branco de uma Chunming com ar de menina, de cabelinho aparado, numa imagem de *flou* artístico — talvez artístico demais, pois só dois homens lhe telefonaram depois de ver a foto. O que ela buscava num companheiro: BONDADE, HONESTIDADE, BOM HUMOR, QUE TENHA UM APARTAMENTO. Sua ficha era a única em que eu encontrara essa exigência de bom humor.

— O apartamento não é uma exigência absoluta — disse. — Poderíamos comprar um apartamento juntos. Só que eu preferia que ele já tivesse um.

Mas de maneira alguma ela sairia com alguém com menos de 1,70m, pois um homem baixo assim não a fazia sentir-se segura.

DEPOIS DE DEIXARMOS O CLUBE, Ah Ning falou mais do sujeito com problemas mentais.

— Fui a um encontro com ele e ele me disse que tinha sido hospitalizado por duas semanas, com tendências suicidas — explicou. — Inicialmente, me senti na obrigação de ajudá-lo, pois sou enfermeira. Mas depois vi que não podia me envolver.

O sujeito continuou enviando mensagens de texto para o celular dela nas horas mais estranhas.

— Realmente não entendo como alguém com problemas mentais pode ser chefe da contabilidade de um hotel cinco estrelas — comentou Ah Ning.

— Ele mentiu para você, simplesmente — disse Chunming.

Fomos então à loja de sorvete de iogurte TCBY, na qual Chunming passou por momentos de terrível hesitação até conseguir pedir um sundae de iogurte de mirtilo e *cheesecake*. Explicou a Ah Ning que estava menstruada, que não devia ingerir nada gelado, e a amiga pediu uma bebida quente de leite e morango. A bebida tinha uma cor rosada artificial, como se fosse lixo industrial.

A visita ao Clube Fazer Amigos não fora em vão. Haveria naquele fim de semana uma nova atividade chamada Encontro de Oito Minutos, e Ah Ning contou o que já tinha ouvido falar desses encontros rápidos. Chunming estava animadíssima. Gostava de experimentar novas possibilidades e era por natureza otimista. Essas qualidades a ajudaram a sobreviver em Dongguan, embora nem sempre contribuíssem muito na hora dos encontros românticos.

— O problema — disse Ah Ning — é que às vezes oito minutos é tempo demais.

★★★

A vida na cidade muda as expectativas das jovens do interior a respeito do casamento. As pesquisas mostram que a migração aumenta a probabilidade de que uma mulher do meio rural encontre marido por si mesma, case-se mais tarde, queira menos filhos, dê à luz num hospital, busque a igualdade de condições no casamento e encare o divórcio como uma alternativa aceitável. Mais de 60% das migrantes entrevistadas numa dessas pesquisas mencionavam "construir um lar feliz" ou "ter um parceiro na carreira" como objetivo do casamento, enquanto menos de 10% assinalavam a alternativa "poder contar com alguém na vida".

Na sociedade tradicional, a jovem passava a viver com a família do marido depois do casamento, submetendo-se aos ditames da sogra. Também dava à luz na casa dos sogros, como símbolo dos direitos da família do marido sobre o bebê. Mas a migração vem libertando a geração mais nova desse tipo de obrigação: na cidade, muitas vezes o próprio casal financia seu casamento, e é mais provável que uma migrante grávida passe uma temporada na casa da própria família para dar à luz, e não na do marido.

Durante muito tempo os estudiosos acreditavam que a vasta maioria das migrantes acabava voltando à aldeia natal para casar, ter filhos e trabalhar na agricultura. Nas décadas de 1980 e 1990, muitas delas efetivamente seguiram esse caminho, mas a situação das novas migrantes está mudando. Aumenta o número de jovens que se casam com outros migrantes e montam casa nas cidades de adoção. Quando voltam a suas províncias de origem, frequentemente elas se transferem para uma cidade maior, em vez de se estabelecer novamente na aldeia natal. E o casamento não assinala necessariamente o fim da migração: muitas vezes os jovens casais voltam para a aldeia natal para se casar e em seguida partem novamente.

O convívio com Chunming e suas amigas convenceu-me de que o senso comum — segundo o qual a maioria das migrantes acaba retornando ao mundo rural — estava equivocado. Todas as amigas do seu círculo estavam longe de casa havia anos; era evidente que nunca retornariam. Entretanto, como era caro e trabalhoso mudar oficialmente de endereço, elas ainda não eram consideradas moradoras de Dongguan. Os pesquisadores que estudavam casos de migrantes de retorno à terra natal faziam suas pesquisas nas aldeias rurais, onde só podiam concluir que uma pessoa como Chunming estava temporariamente afastada de casa. Não tinham como saber que ela já havia se instalado em algum outro lugar.

***

Chunming foi a dois encontros arranjados por meio do Clube Fazer Amigos. Da primeira vez, um homem chegou de táxi de outra região de Dongguan. Ela desceu para encontrá-lo na calçada em frente ao seu prédio. Os dois se olharam bem.

— Oi — disse ele.

— Oi — disse ela.

— Você é bonita — disse ele.

— Vamos então ser amigos — disse ela.

O táxi não se fora ainda, de modo que o sujeito entrou de novo e desapareceu.

O segundo encontro ocorreu numa lanchonete perto do prédio em que Chunming morava. O homem se perdeu e chegou meia hora atrasado, então ela começou a comer sozinha. Eram nove horas da manhã. Quando ele finalmente apareceu, ficou chateado porque Chunming não o havia esperado. Ele tentou assumir o comando e pedir uma sopa para ela, mas ela recusou.

— Ele pediu uma sopa quente e leite de soja gelado — contou-me Chunming. — Já imaginou? Um líquido gelado e um líquido quente: era o seu café da manhã.

Após a refeição líquida, o homem sugeriu que os dois fossem dar uma caminhada.

— Nove horas da manhã e ele querendo dar uma caminhada!

Chunming disse ao sujeito que tinha coisas a fazer, mas ele se fez de desentendido.

— Vamos então ser amigos — disse ela.

Finalmente ele entendeu. Depois disso, Chunming desistiu do Clube Fazer Amigos. Começou a se interessar mais por encontrar pessoas pela internet, acreditando que podia conhecer homens de classe social mais elevada.

Certo dia em que eu estava em seu apartamento, Chunming me mostrou como funcionava o serviço QQ de conversa pelo computador. Quando estava on-line a pessoa tinha acesso a uma lista de quem também estava conectado naquele momento, podendo escolher características como província de origem, cidade de residência, idade e sexo. Ela me avisou que as pessoas falavam muito de sexo.

— São coisas que a gente não pode ficar dizendo no mundo real — explicou — e então diz na internet.

Ela já estava conectada havia alguns minutos quando um homem se dirigiu a ela. Era um amigo de um amigo, e lhe fora apresentado como possível par romântico.

Está trabalhando?

Sim, e você?

Não, estou em casa.

Onde está?

O sujeito, originário da província de Shandong, trabalhava como urbanista em Dongguan. Tinha 27 anos, três a menos que Chunming, embora ela mentisse, dizendo-lhe que tinha 25 anos. A conversa evoluiu rapidamente e eles ligaram as câmeras de vídeo, para poderem ver um ao outro. O rapaz parecia sério e corpulento, e usava óculos.

Sinto muito, não sou nada bonito. Ficou assustada?

Chunming se virou para mim:

— Parece um cara honesto.

Não mesmo, escreveu ela. *Achei você legal.*

Você é casada? Tem namorado?

Não.

Ah, então é mais conservadora, né?

Não, não sou conservadora, mas sou mais tradicional.

Em que sentido?

Ela se recostou na cadeira, olhando para mim, pensando em voz alta: "Em que sentido?"

O rapaz estava impaciente. *Sexo?* Ela frequentemente era levada pela conversa; o rapaz digitava muito mais depressa que Chunming. As pessoas de boa formação sabiam digitar, mas Chunming não tinha muita escolaridade.

Não, não em matéria de sexo, escreveu ela. *Para ser honesta, entro na internet para encontrar namorado.*

Por que a meta tem sempre de ser casamento?

Não tem de ser. Fazer amigos também é bom.

Até onde você vai? Ele estava querendo saber se ela faria sexo com um homem que fosse apenas amigo, segundo interpretação que a própria Chunming me passou.

Quando podemos nos encontrar? Estarei livre depois do trabalho.

— Oh, não! — gemeu ela. — Ele quer me encontrar!

Chunming se encontrou com o rapaz naquela noite. Ele parecia uma boa pessoa e tinha um bom emprego, segundo ela me disse depois. Mas era muito feio, barrigudo e com uma enorme espinha bem embaixo do nariz. Nos meses subsequentes, ela ficou oscilando entre esses dois pontos de vista conflitantes. *Ele é muito feio. Ele frequentou uma escola de elite. É muito maduro para a idade. É muito feio.* Ela o acompanhou a uma loja para comprar um sofá para o apartamento dele. Dormiu com ele uma vez, mas não conseguia se decidir a começar um relacionamento.

— A maioria dos casamentos na China não tem nenhuma relação com amor — disse ela. — Talvez eu me case assim. Mas ainda não estou pronta para aceitar esse tipo de compromisso.

Dongguan não era apenas um lugar onde as mulheres jovens podiam mudar seu destino. As mais velhas também viam na cidade o lugar ideal para reformulações. Certo dia, visitei uma agência de encontros chamada Companhia Metrópolis de Planejamento do Destino da Cidade de Dongguan. Era um clube menor que o Clube Fazer Amigos, e supostamente também mais exclusivo. Os sócios tinham de ser formados em escolas profissionalizantes ou ganhar pelo menos 2 mil iuanes por mês. Conversei com o diretor-executivo da empresa e suas duas assistentes, uma experiência na qual os três falavam ao mesmo tempo, sem deixar de atender aos celulares que não paravam de tocar. Uma das assistentes era jovem e tranquila; a outra, Xiang Yang, era uma mulher corpulenta de meia-idade, de rosto avermelhado e usava um chapéu de pele de pelos eriçados. Ambas eram solteiras, e aparentemente trabalhavam ali, em certa medida, para melhorar suas perspectivas de casamento.

O diretor-executivo pretendia espalhar filiais pela cidade recorrendo ao modelo das franquias. Pela leitura de seu cartão de visita, contudo, pude sentir que não esquecera de se garantir por todos os lados.

PLANEJAMENTO ESTRATÉGICO
NEGÓCIOS DE TURISMO
PLANEJAMENTO IMOBILIÁRIO
PRECEPTORES E GOVERNANTAS
AGÊNCIA DE HABILITAÇÃO DE ALVARÁS
DESIGN CRIATIVO
FORMAÇÃO ARTÍSTICA

AGÊNCIA DE MARKETING
ADMINISTRAÇÃO DE IMÓVEIS
AUDITORIA ANUAL DE ATIVOS
SISTEMA DE INFORMAÇÃO AO CLIENTE
FESTAS E CERIMÔNIAS
CAÇADOR DE TALENTOS
CONSULTORIA JURÍDICA
CONTABILIDADE FINANCEIRA
CONSULTORIA DE GERENCIAMENTO
PLANEJAMENTO MATRIMONIAL
AGÊNCIA DE EMPREGOS
INVESTIGAÇÕES CIVIS
AUDITORIA FISCAL

Enquanto conversávamos, uma mulher de meia-idade entrou para se informar sobre os serviços do clube. Com um belo rosto afilado, ela usava um blazer escuro e sóbrio com calças combinando. Xiang Yang ofereceu-se para nos acompanhar até o centro de atividades do clube, mais adiante na mesma rua. Quando deixávamos o escritório, notei que a janela da frente estava coberta de anúncios imobiliários.

O nome da mulher era Sun Cuiping, e ela era da província de Anhui. Fora demitida de seu emprego numa loja de departamentos, e se divorciara ao descobrir que o marido tinha um caso. Fora então convidada por amigos de Dongguan a vir conhecer a cidade, à qual chegara há vinte dias.

—Você é muito corajosa — disse-lhe eu.

Espantava-me que uma mulher que tivera sua vida estragada por um destruidor de lares decidisse vir a Dongguan, conhecida por sua população de mulheres adúlteras e garotas de caraoquê.

—Você devia escrever sobre a vida das mulheres de meia-idade — disse-me Xiang Yang. — As coisas são muitos difíceis para nós. Acabo de conhecer a Irmã Sun, e sei apenas de parte de sua história. Mas dá para perceber que ficou ferida.

Ela ainda falava quando notei que a Irmã Sun chorava. Estava parada no meio da calçada e nos dera as costas, para que não víssemos o seu rosto. Qualquer manifestação de maior emotividade nos chineses sempre me surpreendia: as pessoas pareciam ter total controle da situação, até que de repente começavam a chorar no meio da rua em plena luz do dia. Mas a Irmã Sun começou a remexer na bolsa; dei-lhe então um lenço de papel.

— Dê tempo ao tempo — sugeri, balbuciando frases genéricas de conforto. — Encare as coisas com mais calma.

Continuamos a caminhar. Xiang Yang se mostrara até ali estranhamente reservada, mas disparou a falar como se a Irmã Sun nem estivesse presente.

— Irmã Sun é da geração dos anos 60 — disse. — Tem boa aparência, é alta, capaz. Mas a sociedade lhe disse que não a quer. Foi bela quando jovem, mas já atingiu certa idade. Não pode evitar os cabelos brancos, nem esconder as rugas.

E ela prosseguiu nesse tom declamatório, sacrificando a Irmã Sun retoricamente diante dos nossos olhos. Fiquei estupefata com sua insensibilidade, mas quando arrisquei dirigir o olhar para Irmã Sun pude ver que concordava discretamente com a cabeça.

— Muitas amigas minhas dessa idade estão se divorciando — disse Irmã Sun.

— Se pelo menos tivesse acontecido mais cedo! — proclamou Xiang Yang, dramática.

— É a época da vida em que o homem está em situação econômica mais confortável, e pode exercer muitas atividades — prosseguiu Irmã Sun. — Ele vai ao hotel, e encontra mulheres jovens. Vai à sauna, e encontra mulheres jovens. Vai ao barbeiro, e também encontra mulheres jovens.

— Na sociedade de hoje, a situação econômica dos homens está melhorando, mas sua moral só piora — concordou Xiang Yang. — Precisamos fazer com que a sociedade apoie mulheres de meia-idade como Irmã Sun.

Chegamos ao centro de atividades, que oferecia aparelhos de ginástica, mesas de mahjong e um salão de leitura. Xiang Yang desembestara completamente.

— É um momento absolutamente crucial — disse. — Se a Irmã Sun não for salva agora, poderá ser arrastada para sempre, como as algas marinhas.

Eu não respondi: começava a ter uma boa ideia do motivo de ela continuar solteira. Teria gostado de passar mais tempo com Irmã Sun, sem os comentários e interpretações; era insuportável ver uma mulher chorar, enquanto outra a comparava às algas marinhas. Irmã Sun me deu seu número de celular em Dongguan, para que pudéssemos nos encontrar outro dia. Ao retornar ao meu apartamento, era como se tivesse passado por uma experiência emocional angustiante, como se eu é que me tivesse debulhado em lágrimas na calçada.

Nos meses seguintes, telefonei muitas vezes para a Irmã Sun, mas seu celular fora desligado. Nunca fiquei sabendo se pudera encontrar em Dongguan aquilo que buscava, fosse o que fosse.

Dongguan era a capital chinesa da prostituição. Os negócios e o comércio do sexo andavam de mãos dadas; uma saída noturna com um sócio ou um cliente muitas vezes terminava nos bares de caraoquê, casas de massagem, salões de beleza ou saunas que serviam de fachada para a prostituição na cidade. Os clientes mais fiéis dessa indústria eram aparentemente donos de fábricas de Hong Kong e Taiwan, homens com dinheiro para gastar, distantes de suas esposas. Todos os meus amigos homens de Pequim conheciam a fama de Dongguan; os que tinham visitado a cidade haviam sido abordados em saguões de hotéis ou pelo telefone, em seus quartos, à noite: *Senhor, está interessado numa massagem?* Eu tinha curiosidade sobre esse mundo, mas precisava de um acompanhante masculino para me enfronhar.

Eu conhecia um americano chamado Ben Schwall, que vivia na cidade. Era um louro de cabelo cortado bem rente e constituição de jogador de rúgbi, que trabalhara no comércio de diamantes em Taiwan. Estava agora à frente, em Dongguan, de uma série de empreendimentos de venda de sistemas de segurança, luminárias e, inevitavelmente, celulares. Telefonei-lhe então para perguntar se poderia me apresentar a garotas de caraoquê que se prostituíam. Ben já fazia negócios na China havia algum tempo e levou o pedido a sério, promovendo uma saída noturna com um empresário local que era seu amigo. "Esses caras são meio rudes", foi avisando.

Seu amigo nos apanhou numa minivan Honda novinha em folha que comportava oito passageiros. Custara 280 mil iuanes, informou enquanto entrávamos, e ele tinha outra igual, além de um BMW.

Perguntou então a Ben:

— Ela é sua mulher?

— Não, somos apenas amigos.

— Então eu tenho uma chance — riu ele.

Seu nome era Gong Yaopei, mas todo mundo o chamava de *Lao Gong*, Velho Gong, que também era um jeito familiar de se referir a um marido. Tinha cerca de 50 anos, um belo rosto magro e olhos cansados, como a maioria dos empresários chineses que eu conhecia. Parecia ainda mais cansado ao sorrir.

Perguntei a Lao Gong o que ele fazia. Ele respondeu falando muito sem dizer grande coisa, algo na esfera dos instrumentos científicos utilizados por inspetores sanitários para encontrar micróbios em alimentos.

— Como foi que entrou num negócio tão especializado? — perguntei.

Ele não respondeu diretamente. Preferiu dizer que antes vendia aparelhos de infravermelho usados por inspetores na medição de longas distâncias. O mundo dos negócios na China era o reino do oportunismo, e muitos empresários se envolviam numa série de empreendimentos especializados sem qualquer relação uns com os outros. Um colega de turma de uma amiga chinesa minha administrava restaurantes, uma rede de farmácias e uma escola de inglês.

Lao Gong nos levou a um restaurante japonês de 8 mil metros quadrados, cuja principal atração era aparentemente o fato de ter 8 mil metros quadrados. Parecia um palácio: quilômetros de carpetes vermelhos felpudos, reservados de bambu artificial, tanques gigantescos com lagostas e moluscos da Califórnia. As recepcionistas acorriam para atender Lao Gong e recuavam à medida que ele avançava, como cortesãos receosos de dar as costas ao imperador. Descobriu-se que Lao Gong tinha mais um negócio — decoração de interiores — e que aquele restaurante lhe devia dinheiro.

— É assim que eu como de graça — disse ele. — Quanto mais, melhor.

Ele nos conduziu por um labirinto de corredores, abrindo as portas, imponente, à medida que passávamos. Pude ter uma rápida visão de salões do tamanho de restaurantes inteiros, onde esquadrões de devoradores de sushi podiam sentar-se juntos.

— Ele é o rei de Dongguan — maravilhava-se Ben.

Juntou-se a nós para o jantar um outro empresário de rosto vincado e olhos plácidos e ainda mais cansados; ele e Lao Gong cresceram juntos ("A família dele perseguiu a minha durante a Revolução Cultural", disse Lao Gong). Os demais convidados eram o gerente de uma agência bancária e um professor que foi apresentado por Lao Gong como "chefe do departamento de música de uma escola do ensino médio, muito bom no caraoquê". Ben explicou-me a natureza da amizade dos dois com Lao Gong: o gerente bancário aprovava seus créditos e o professor garantia as notas de seu filho na escola.

Uma jovem chamada Rong Rong se sentou ao lado de Lao Gong. Estava concluindo a faculdade de língua inglesa em Guangzhou. Usava um terninho de lã marrom impecavelmente talhado, com sapatos de salto alto e uma bolsa cara. Rong Rong parecia uma estudante universitária numa entrevista para conseguir emprego, exceto pelo fato de que na China nenhum universitário se vestia daquele jeito. Era a amante de Lao Gong, mas eu não conseguia acreditar. Uma garota como ela podia conseguir emprego numa multinacional ou fazer pós-graduação no exterior.

— Por que uma garota como ela estaria com um sujeito como ele? — perguntei a Ben.

Ben conhecera Rong Rong por intermédio de Lao Gong três anos antes, quando ela ainda era uma caloura na faculdade. Ele deu de ombros:

— Ela gosta de ganhar presentes.

Durante a refeição mais sofisticada que eu jamais fizera em Dongguan — sashimi fresco, bife de Kobe, caranguejo ao curry, saquê — os homens faziam circular um maço de papel grampeado. Pedi para dar uma olhada: era uma lista de resultados de partidas de futebol que estavam para acontecer na primeira divisão inglesa. Todos eles eram grandes apostadores que visitavam cassinos de Macau várias vezes ao ano.

Esses homens eram conhecidos na China como *dakuan*: empresários que se haviam feito sozinhos na vida e cuja riqueza estava impregnada de uma dose forte de corrupção. Eram vistos como pessoas vulgares e esbanjadoras; quando um deles era detido, geralmente na companhia do funcionário que se beneficiava de suas propinas, era motivo de comemoração. Para muitos chineses da elite, os *dakuan,* com sua ganância imoral, representavam tudo o que havia de errado no país. Talvez fosse uma distorção da minha parte, mas o fato é que eu gostava deles. Quando Lao Gong e seus amigos me perguntaram sobre o que versava meu livro, ouviram o que eu tinha a dizer e não se preocuparam em expor imediatamente como eu deveria escrevê-lo; não fui pressionada a demonstrar minha lealdade à China. Eles aceitavam as coisas tal como se apresentavam, o que em grande medida explicava seu sucesso. Não estavam preocupados em provar nada.

Já o professor era diferente; fazia questão de classificar, definir e explicar tudo direitinho, e começou por mim.

— Mas está escrevendo seu livro de um ângulo positivo? — perguntou.

Expliquei que não havia ângulo positivo ou negativo, que esperava que o livro refletisse a realidade das coisas. Mais tarde eu o ouviria comentar com mais alguém: "Ela está escrevendo um livro pelo ângulo positivo."

Em seguida, ele passou a se ocupar de Ben.

— Quando voltar para a América terá perdido o hábito de comer comida ocidental?

Ben respondeu que gostava tanto da comida chinesa quanto da ocidental.

— Mas você gosta mais da comida chinesa ou da ocidental? — insistiu o professor.

— Da chinesa — respondeu Ben, obediente, comentando em inglês comigo: — Estou vendo aonde ele quer chegar.

— A comida chinesa é a melhor do mundo — declarou o professor. — E todos os chineses são gente boa.

— É mesmo? — espantei-me. — *Todos* os chineses são gente boa?

— Não — respondeu Lao Gong, que até então se abstivera de participar da conversa. — Setenta por cento dos chineses são maus.

Ele falou com tal convicção e autoridade que o professor não ousou contestá-lo. E a coisa ficou por ali mesmo: *Setenta por cento dos chineses são maus.* Dava para perceber porque um deles era o rei de Dongguan e o outro apenas um professor que era muito bom no caraoquê.

O CLUBE DO HOTEL SILVERWORLD tinha entrada própria, flanqueada por dezesseis recepcionistas que nos saudavam com reverência à medida que passávamos. O saguão fora decorado como uma boate de luxo: interior negro, iluminação violeta fluorescente, uma parede inteira coberta por prateleiras de vidro com garrafas de Chivas Regal, Johnnie Walker e vinho Great Wall. As garrafas eram iluminadas por trás, como se fossem obras de arte raras. Fomos introduzidos num salão privado com sofás voltados para três telas de televisão. A tela gigante do meio servia para os vídeos de caraoquê; a da direita, para escolher as canções e pedir bebidas. O empresário amigo de Lao Gong sintonizou a tela da esquerda no jogo do Liverpool com o Manchester United, passando a ignorar as outras pessoas pelo resto da noite. O dinheiro é mais importante que o sexo: nenhuma novidade nisso.

Rong Rong e Lao Gong se sentaram no sofá. Ela pegou uma uva numa travessa na mesa em frente e rapidamente a colocou na boca do amante; ele a engoliu sem hesitação, como uma foca treinada. Os garçons trouxeram travessas de frutas, copos, gelo, rodelas de limão, soda, Chivas, vodca. Esse desfile de ofertas prosseguiria por toda a noite, com pessoas que entravam e saíam, oferecendo cigarros, buquês de rosas vermelhas, animais de pelúcia de tamanho exagerado e performances de danças típicas. Uma mulher conhecida como *mami* entrou para fazer o levantamento dos clientes que queriam sexo e dos que pretendiam apenas cantar.

Até que entraram as garotas. Eram sete, usando vestidos de noite dourados com listras, que as deixavam com aparência de colegiais no baile de formatura. Enfileiraram-se perto da porta, com os ombros nus bem diante do enorme ar-condicionado. Algumas se acotovelavam e davam risinhos, mas nenhuma erguia a cabeça para olhar para um cliente. Cada uma das moças trazia à cintura uma etiqueta de plástico com um número de quatro algarismos. Foram esses números que mais me impressionaram: o Hotel Silverworld tinha capacidade para dez mil garotas. Em certas regiões da Mongólia, nem mesmo os números de telefone tinham tantos dígitos.

Quando um cliente gostava de uma garota, dizia o número à *mami*, e a moça se sentava ao lado dele no sofá, com a mão em sua coxa. Os clientes podiam ser extremamente seletivos, de modo que a *mami* mandava sempre sucessivas levas de garotas, e o sujeito podia descartar uma após outra, como um sultão entediado com seu harém. Mas geralmente havia alguém capaz de satisfazer até mesmo aos mais exigentes. O Hotel Silverwood não era grande, pelos padrões de Dongguan, e empregava trezentas garotas.

UMA JOVEM CHAMADA AH LIN, número 1.802, se sentou ao meu lado.

— Será que algum desses caras quer sair? — ela sussurrou.

Ah Lin tinha 17 anos, uma pele leitosa e o rostinho perfeitamente redondo de uma criança. Fizera dois anos de ensino médio em Chongqing antes de tomar o rumo do mundo do trabalho; o pai era um migrante e a mãe trabalhava na lavoura. Inicialmente Ah Lin pretendia um emprego em uma fábrica, mas os amigos diziam que trabalhar num bar de caraoquê era mais lucrativo. Ela era virgem quando começou, e na época chorava quando os homens a assediavam. Atualmente, ela tinha relações sexuais com um cliente cerca de quatro noites por semana.

A jornada de trabalho no Silverworld ia das 19h30 às 23h30. Uma garota ganhava 200 iuanes por noite — vinte e cinco dólares — para sentar-se com um cliente, servir-lhe drinques, dar-lhe frutas na boca, aplaudir quando cantava e suportar seus amassos, beijos e apalpadelas.

— Quem é mais popular ganha mais — explicou Ah Lin.

Perguntei-lhe o que significava ser "mais popular".

— Quando se tem seios maiores — respondeu ela, sem rodeios. — Ou então mais estilo.

Se uma garota saísse com um cliente para fazer sexo, o clube cobrava 800 iuanes por encontro, numa operação batizada de *kuaican*, ou *fast-food* — lanchinho. Passar a noite inteira custava mil iuanes, embora um cliente satisfeito pudesse pagar o dobro ou o triplo desse valor em gorjetas. Certas garotas não gostavam de sair com os homens com muita frequência. As que o faziam chegavam a ganhar 20 mil iuanes por mês — 2.500 dólares, uma soma astronômica no mundo das migrantes. As meninas não podiam fumar, comer muito da comida pedida pelos clientes nem fazer sexo no salão de caraoquê. Fora isso, levavam uma vida despreocupada e desregrada. Numa cidade em que a vida da maioria das pessoas era pautada pelo relógio da fábrica, elas dormiam até a hora que bem quisessem e trabalhavam menos horas que qualquer outra pessoa que eu tivesse conhecido.

Ah Lin já conhecia suficientemente o mundo para tirar algumas conclusões. Os homens de Sichuan eram os mais insistentes no assédio e, além disso, sovinas. Os estrangeiros eram mais atenciosos que os chineses. Certos clientes queriam que a garota se tornasse sua namorada, mas Ah Lin jamais cairia nessa. Gostaria, contudo, de ter um namorado, e um dia pretendia casar-se. Em sua terra, ninguém sabia o que ela fazia para ganhar a vida. Dissera aos pais que trabalhava numa fábrica, e lhes mandava apenas parte do que ganhava, para que não ficassem desconfiados. Algumas dessas garotas tinham trabalhado em fábricas logo depois de sair de casa, mas jamais voltariam àquela vida. Não tinham nenhuma ilusão a esse respeito.

A *MAMI* É A AUTORIDADE suprema no mundo do caraoquê. Ela faz o contato entre os clientes que querem ter relações sexuais e as garotas que estão dispostas a sair determinada noite; qualquer garota pode eximir-se se estiver menstruada ou não estiver se sentindo bem. A *mami* recebe parte da renda de cada uma delas, algo em torno de 15%. Uma boa *mami* conquista a lealdade de suas meninas, e quando se transfere para outro clube, elas a acompanham.

Dois tipos de mulheres trabalham nos salões de caraoquê. As "DJs", que administram o salão, servindo comidas e bebidas e ajudando os clientes a escolher as canções, e as mulheres que bebem com os clientes, chamadas *zuotai xiaojie*, jovens que se sentam às mesas. As *xiaojie* geralmente fazem sexo com os clientes, e algumas DJs também. As DJs não cedem um percentual à *mami*, mas são obrigadas a trazer determinado número de clientes todo mês, caso contrário pagam uma taxa ao clube. Muitos clubes contratam DJs em número maior que o de seus salões, fazendo-as rivalizar no empenho de agradar aos clientes e ganhar mais dinheiro para o clube. Os profissionais de nível mais baixo na hierarquia são os garçons, que entram e saem como se fossem eunucos invisíveis: apartados do comércio do sexo, são os que ganham menos.

O mundo do caraoquê é fantasioso e irreal. Mocinhas que usam vestidos de noite acham graça em todas as piadas, até que a lisonja pareça tão natural quanto a respiração. "Você tem uma pele tão bem cuidada!", disse-me uma *xiaojie*, voltando-se em seguida para Ben e exclamando: "O seu chinês é tão bom!" Elas provocam os clientes e os chamam de *laogong*, marido; os homens parecem gostar, talvez porque não sejam capazes de imaginar, nem mesmo em seus sonhos mais delirantes, um mundo sem esposas. De vez em quando, alguém se apresenta para cantar, e todos aplaudem. O salão é escuro, sem janelas, e o copo está sempre cheio.

As jovens se mostravam extraordinariamente francas quanto ao que faziam para ganhar a vida. Encontrei muitas delas em clubes diferentes em duas noites sucessivas; quando dizia que estava escrevendo um livro sobre Dongguan e perguntava sobre o trabalho delas, nenhuma das moças se fazia de rogada ou negava que fizesse sexo com clientes. Eventualmente, eu percebia pequenas trapaças. Elas podiam exagerar os ganhos ou alegar que tinham sido enganadas ao serem atraídas para esse tipo de trabalho; várias me diziam, sem parecer propriamente convincentes, que pretendiam deixar aquele trabalho no dia seguinte. Mas não se mostravam cínicas nem endurecidas, como eu esperava. Tinham o frescor da meninice e o riso dos adolescentes, e às vezes começavam a chorar durante nossa conversa.

Eu não sabia bem o que pensar delas. Certamente seria terrível fazer sexo com os homens chineses que frequentavam os salões de caraoquê; nesse aspecto, tinham minha simpatia. Passavam, ainda, boa parte do dia entregues a atividades triviais — bebendo coquetéis, comendo amendoim, vendo vídeos de música —, e com isso ganhavam mais dinheiro num mês que alguém como Min num ano inteiro. A decisão de entrar para esse mundo era surpreendentemente casual. A maioria das jovens com quem conversei começara a trabalhar num clube de caraoquê porque uma amiga ou prima o fazia, assim como uma migrante iria para uma cidade ou fábrica por conhecer alguém lá. Uma vez lá, elas sempre encontravam motivos para permanecer: era um trabalho fácil, que remunerava bem e permitia que se aprendesse sobre o mundo.

As garotas do caraoquê provinham de circunstâncias mais favoráveis que as garotas da fábrica que conheci — o que também era surpresa para mim. Muitas vezes tinham crescido numa cidade pequena ou numa aldeia, e não no campo; em muitos casos, eram filhas únicas ou as mais novas da família, o que significava compromissos financeiros menos pesados. Um bom número cursara o ensino médio, o que as posicionava na elite do interior. Ah Lin, que fez dois anos do ensino médio, era a jovem de sua aldeia que mais tinha estudado.

— Lá em casa, eles esperam que eu abra caminho e vença na vida — disse ela. — Se soubessem que trabalho num lugar assim, jamais me perdoariam.

Em comparação com as garotas da fábrica, elas tinham mais liberdade de fazer o que queriam. Talvez tivessem liberdade em excesso, e a falta de um objetivo claro tenha feito com que perdessem o rumo depois de terem chegado à cidade. Ninguém as forçara a se prostituir. Na verdade, fizeram a opção por esperarem mais da vida. A maioria delas pretendia voltar para a terra natal, para montar uma loja de roupas ou um salão de beleza — quase todas conheciam alguém que o tivesse feito. Em um ano ou dois uma jovem motivada podia economizar o suficiente para consegui-lo. Mas era fácil se desencaminhar.

Na noite seguinte, em outro clube num hotel cinco estrelas, conheci Ding Xia. Tinha 23 anos, era alta, com maçãs do rosto esculturais e um nariz bem-desenhado — realmente bela, ao contrário da maioria das moças, que eram simplesmente magras e jovens. Estava fora de casa havia seis anos e dizia ter economizado 400 mil iuanes. Queria ganhar mais cem mil, dizia, para se mudar para uma cidade onde ninguém a conhecesse, abrir uma loja e levar uma vida simples. Mas sua história era inconsistente: para começo de conversa, montar uma loja custava apenas parte do montante mencionado por Ding Xia. Suas mentiras pareciam destinadas a justificar, talvez para ela própria, sua permanência ali.

Uma *xiaojie* também podia ascender e tornar-se uma *mami*. A *mami* do clube no qual Ding Xia trabalhava era do tipo *mignon* e muito pragmática; usava um terninho azul-marinho e carregava um walkie-talkie, apresentando-

-se no cartão de visita como GERENTE DE PROMOÇÕES. Disse-me que cuidava de sessenta meninas e que anteriormente dirigira um negócio de roupas.

— Muitas garotas passam de *xiaojie* a *mami*? — perguntei.

— Muito poucas — respondeu. — Um por cento.

— Por quê?

— É preciso estar capacitada — esclareceu ela.

Fez-me então um brinde com um copo de cerveja e polidamente se retirou. Assim que ela se foi, Ding Xia se virou para mim e disse:

— Ela já foi *xiaojie* aqui.

Levou então o indicador aos lábios. Ding Xia já estava naquele clube havia tempo, e sabia das coisas. Mas a maioria das pessoas entrava e saía dos empregos com tanta rapidez, que era fácil inventar o passado, juntamente com o futuro.

À MEDIDA QUE A NOITE chega ao fim, o mundo da fantasia se esvai: a comida acabou, as garrafas se esvaziaram e todos estão cansados de cantar. Algumas *xiaojie* pedem licença para ir trocar de roupa; retornam trajando jeans e casacões, que as fazem parecer assustadoramente jovens. Bocejam e repousam a cabeça nos ombros dos homens. Às vezes isso serve para preservar por mais alguns momentos a ilusão de que são suas namoradinhas — embora mais se pareçam com filhas afetuosas e sonolentas, que passaram da hora de ir para a cama.

Finalmente chega a conta da noitada. Há uma taxa relativa ao quarto, um valor das despesas com comida e bebida e mais 200 iuanes, em dinheiro, referentes a cada *xiaojie*. A vendedora de bichos de pelúcia volta para receber, mas o colega de Ben que a noite toda cobrira de atenções uma jovem rabugenta não quer mais gastar dinheiro com ela, agora que acabou. Ela reluta em se separar de um urso: outra filhinha, esta um tanto mimada. A DJ digita seus contatos telefônicos no Palm Pilot de um cliente, para futuras reservas de quartos, e todo mundo sai do salão de caraoquê ao mesmo tempo. Acompanhados pela *mami*, os homens se dirigem ao elevador, e as garotas desaparecem em outra direção.

Eventualmente, uma garota tira a sorte grande. Ah Ning, a amiga recém-divorciada de Chunming, começou a sair com um sujeito rico de Dongguan.

Certa noite, ela convidou Chunming e a mim para jantar. O bloco de apartamentos no qual morava parecia decadente; o pinga-pinga dos aparelhos de ar-condicionado escorria pelas paredes externas dos prédios em filetes cor de ferrugem, como se fossem lágrimas. Mas o apartamento era espaçoso e bem-decorado, com cores suaves e piso de madeira.

Ah Ning usava uma saia longa cor de marfim, decorada com ilhoses e que fazia conjunto com um cardigã. Parecia bela e feliz, e havia preparado um jantar com peixe assado, costeletas picantes e uma sopa de pés de galinha, papaia e tomate. Durante o jantar falou-nos de seu namorado, que viajara a negócios. Ele era oito anos mais velho. Os dois tinham retornado recentemente de um período de férias em Pequim, onde, na maior parte do tempo, ele apostara em jogos de futebol.

— O que ele faz na vida? — perguntou Chunming.

— Tudo — respondeu Ah Ning.

Chunming arregalou os olhos.

— Tudo?

— Ele foi criado aqui. Todo mundo aqui está envolvido em jogo e contrabando — explicou Ah Ning. — É simplesmente o meio em que foram criados.

Exortada pelo namorado, Ah Ning começara a apostar alto no mahjong, e havia pouco tempo perdera 6 mil iuanes — cerca de 750 dólares — num único jogo.

Cada detalhe parecia pior que o anterior.

— Ele é bom para você? — perguntei.

— Puxa, ele é tão bom comigo! — respondeu ela.

Chunming foi mais incisiva:

— Ele já foi casado?

Ah Ning baixou a voz.

— Sim, tem uma filha de uns 7 anos.

Naquele dia, Chunming deparara com um novo método de conhecer homens. Alguém mandara uma fotografia de uma bela mulher para um site de relacionamentos na internet, mas dera o número de telefone dela. Ela não sabia ao certo se tinha sido um equívoco ou uma brincadeira de mau gosto, mas o dia inteiro fora bombardeada com telefonemas de interessados.

Você é a mulher da foto?

Tem cabelos longos?

Tem 1,66m de altura?

Depois do jantar, Chunming foi para a sala de estar assistir a uma série de televisão sobre médicos na antiga Coreia que lutavam para ajudar a população de uma colônia de leprosos. Chunming achou comovente seus esforços humanitários, mas era constantemente interrompida por telefonemas de estranhos.

— Alô — dizia ela. — Quem fala?

Ficava então ouvindo. E depois:

— Sim, alguém mandou essa foto e a informação, mas não sou eu. Só o número de telefone é meu.

Pausa.

— Não faz mal, ainda podemos ser amigos — dizia ela em tom adocicado. — De onde você é? O que é que faz?

Os homens trabalhavam com automação industrial ou eram encarregados em fábricas; eram de Jiangsu e Gansu. Depois de conversar um pouco mais, Chunming dizia que estava ocupada no momento, mas que eles mantivessem contato. Era sempre ela quem interrompia a conversa. Depois de desligar, lia os torpedos que recebera. *Alô, eu sou gerente de fábrica em Tangxia.* Ela ficava radiante.

— Não faz mal. Sempre posso fazer novos amigos. E talvez alguns queiram comprar peças de nossa empresa.

Eu não podia deixar de admirar sua inventividade. Ela havia transformado um caso de confusão de identidades num serviço de encontros em benefício próprio, e ainda por cima com a possibilidade de convencer esses homens a fazer negócios com sua empresa.

— Essa mulher deve ser realmente linda — comentou Chunming, percorrendo as mensagens enviadas e as ligações não atendidas.

— E no entanto quando você diz que não é ela, eles continuam puxando conversa — comentei.

— Há muita gente solitária nesta cidade — disse Ah Ning.

NAQUELA NOITE, DECIDIMOS CONHECER a vida noturna local, centrada num shopping recém-inaugurado, que reunia vários clubes e bares. No interior, os estabelecimentos estavam escuros e vazios, com luzes de neon violeta, música bate-estaca e mulheres de maquiagem pesada que pelo ar de tédio infinito só podiam ser prostitutas. Chunming verificava as mensagens em seu celular enquanto caminhávamos.

— *Eu sou funcionário público. Já moro aqui há seis anos.*

— *O que vai fazer esta noite?*

— *Olá, podemos ficar amigos?*

Acabamos num bar perto da casa de Ah Ning. Ele estava cheio de jovens funcionários de escritório, e nós ficamos tempo suficiente para testemunhar algumas cenas estranhas. Depois de muita bebida e brincadeira, uma jovem se atirou sobre um homem que provavelmente era seu colega de trabalho. Ela passou os braços ao redor do pescoço dele e o puxou para si. O homem mais se submetia do que a abraçava: ficou com os braços pendurados e rígidos, como um soldado encarregado de montar guarda durante uma tempestade. Quando voltei a olhar, a jovem havia se recomposto e conversava com as amigas; aparentemente, o homem aproveitara para escapulir do bar. Perto dali, uma mulher de coxas carnudas numa minissaia de oncinha dançava numa gaiola de metal a poucos centímetros do solo. Depois de várias canções, ela engatinhou para fora da gaiola por uma abertura quadrada na parte posterior, como uma portinha para cães. Entrou de quatro no espaço aberto, limpou os joelhos e em seguida — num breve momento de glória apreciado apenas por mim — retomou a posição ereta de um primata. Caminhou em direção ao bar e pediu um drinque.

Uma amiga de Ah Ning veio ao nosso encontro. Cinco garrafas de cerveja Tsingtao apareceram na nossa mesa, e as mulheres se entregaram ao levantamento intensivo de copos. Ah Ning e a amiga bebiam depressa; vários homens de outra mesa se aproximaram para um jogo de dados. Por volta da meia-noite Chunming propôs que fôssemos para o apartamento de Ah Ning, onde passaríamos a noite. Os homens continuavam mandando mensagens pelo celular.

Onde você está?

O que está fazendo?

Você deixou meu corpo em chamas.

A UMA HORA DA MANHÃ o telefone tocou. Era a amiga de Ah Ning. Disse que Ah Ning estava bêbada e nem conseguia andar. Perguntou-nos se poderíamos ajudar. Chunming saiu. A amiga morava num apartamento acima, no mesmo prédio em que nos hospedávamos, e ao voltar Chunming disse que haviam deixado Ah Ning dormindo no sofá da amiga.

Às duas horas, o telefone voltou a tocar. Ah Ning estava vagando pelo corredor e se recusava a ir dormir. Será que poderíamos ajudar? Chunming saiu de novo. Com dificuldade, tentei voltar a dormir.

Às 2h30, Chunming voltou. Entrou no quarto de hóspedes em que eu dormia, acendeu a luz e sentou-se na cama com as pernas cruzadas.

— Preciso dizer-lhe uma coisa — começou.

Quando Chumming chegou ao apartamento da amiga, Ah Ning estava balbuciando coisas incoerentes, dizendo que precisava ir ao andar de cima explicar algo a um homem. Chunming e a amiga não entendiam o que ela dizia, mas, afinal, concordaram em levá-la aonde queria ir. O sujeito que abriu a porta era magro e moreno, e estava de short e camiseta. Na companhia de três homens em trajes semelhantes, estava jogando mahjong. O sujeito as deixou entrar, conduziu-as a outro cômodo, apontou uma cama na qual Ah Ning poderia ser deixada e voltou a jogar.

Chunming percebeu que aquele homem devia ser o namorado de Ah Ning. Não estava viajando e não pareceu nem minimamente preocupado com ela.

— Ela mentiu, dizendo que ele estava numa viagem a negócios, quando na verdade estava em casa jogando mahjong com os amigos — explicou-me Chunming. — Ela sempre diz que ele é tão bom com ela. E o sujeito é velho! E realmente muito feio!

Na manhã seguinte, passamos no apartamento do vizinho para deixar a bolsa de Ah Ning. O namorado abriu a porta. Tinha um rosto fino, duro e avermelhado, como um bife de carne seca; parecia ter uns 40 anos. Não disse nem uma palavra. Chunming estava certa: ele não parecia muito boa coisa. Ah Ning ainda dormia no quarto ao lado. Mal conseguia abrir os olhos e recebeu a bolsa sem dizer nenhuma palavra.

— Telefone-me quando acordar — disse Chunming.

Quando voltei a me encontrar com Chunming, perguntei-lhe sobre Ah Ning. O que ela comentara sobre aquela noite? Continuava com o namorado? Chunming disse que a amiga não fora sincera com ela a respeito e que não haviam voltado a falar no assunto. No fim das contas, o fato é que Ah Ning não tinha propriamente tirado a sorte grande no amor. Simplesmente fingia ser feliz. Tudo bem pesado, seu relacionamento parecia apenas mais um caso de identidade trocada.

9

Inglês de linha de montagem

Em Dongguan, eu costumava ir sozinha a restaurantes. Enquanto comia, fazia anotações em meu notebook ou lia uma revista americana. Invariavelmente uma garçonete ou o dono do restaurante se aproximava por trás, e contemplava em atitude reverente enquanto eu praticava a língua-mãe. "Seu inglês deve ser incrível", diziam, por fim.

Eu explicava que nascera nos Estados Unidos.

— Então o seu inglês provavelmente é de nível 8, não?

Eu explicava que os americanos não recebiam notas pela capacitação no inglês, como os chineses. O inglês era tão corriqueiro para mim quanto o chinês para eles, acrescentava, o que, no entanto, apenas aumentava a admiração.

— Mas então seu inglês deve ser no mínimo de nível 8!

As pessoas sempre ficavam decepcionadas ao descobrirem que eu sou jornalista. Diziam que com meu preparo eu poderia ser uma tradutora muito bem-remunerada numa empresa comercial. O inglês era o caminho para o bem-estar material e a satisfação; para eles, eu era como alguém que ganhasse na loteria mas não fosse buscar o prêmio.

QUASE TODOS NA CHINA tinham estudado inglês na escola, às vezes durante anos, mas era raro encontrar uma pessoa que falasse a língua. Os cursos enfatizavam a gramática e a aquisição de vocabulário; os professores muitas vezes tinham a língua tão presa quanto os alunos. Um dos fatores era a mentalidade de grupo: melhor guardar silêncio que se arriscar a fazer besteira ao abrir a boca. A ubiquidade do estudo do inglês parecia servir apenas para aumentar o respeito: apesar das muitas tentativas e do empenho esforçado, aquela língua continuava desafiando os que tentavam dominá-la.

O inglês também estava na base da vida de trabalho em Dongguan, onde era a língua de negócios para milhares de fábricas com clientes estrangeiros. O que não significava necessariamente que as pessoas de fato entendessem o inglês; aprendiam apenas o necessário para atuar no contexto limitado de sua indústria específica. Muitas vezes, falavam em abreviações e siglas, numa linguagem truncada que teria deixado qualquer americano confuso. Num formulário, FOB HK — abreviatura de "*Free on Board Hong Kong*" — indicava o lugar onde um comprador entrava na posse de um produto encomendado; as dimensões eram indicadas pelas letras L (comprimento), W (largura) e H (altura). Embalagem plástica era PP (*plastic packaging*) ou PE, embora neste último caso ninguém soubesse explicar o que significava. As máquinas da linha de montagem também funcionavam de acordo com um inglês capenga, dando aos operários instruções muitas vezes ininteligíveis para qualquer nativo da língua.

Quase todas as moças que conheci em Dongguan haviam em algum momento tomado a decisão solene de investir com determinação no estudo do inglês. Durante algum tempo, Min passou as noites estudando num manual cheio de orelhas de burro intitulado *Crazy English Crash Course* [Curso muito louco de inglês intensivo]; o primeiro terço do livro estava cheio de anotações feitas por sua irmã mais velha, numa tentativa anterior e fracassada de aprender a língua. Jiang Haiyan sempre levava um livrinho de bolso com expressões de uso corrente, e da última vez que estive com Chen Ying, a mulher da turma de secretariado que se tornara gerente, ela fazia planos de estudar inglês por conta própria a fim de enfrentar o teste vocacional. Até as garotas do caraoquê encaravam o inglês como uma forma de progredir: o domínio da língua poderia impressionar um cliente estrangeiro e convencê-lo a contratar uma *xiaojie* como funcionária ou secretária.

Às vezes os candidatos ao inglês fluente entabulavam comigo conversas tão absurdas quanto os diálogos de uma peça de Beckett.

Qual a sua idade?

Muito bom! Qual a sua idade?

Sim.

Não me surpreendi quando Chunming decidiu estudar inglês. Ela se matriculou num curso de línguas que prometia aos alunos que eles falariam como um americano da quinta série depois de um ano de estudo. "Deve ser muito bom", disse ela. "Um aluno da quinta série pode dizer praticamente tudo." A melhor propaganda do curso era o filho do dono, de 9 anos, que, segundo se dizia, falava inglês fluentemente. Chunming tinha lá os motivos dela para aprender a língua. "Aprendendo inglês", disse-me, "eu poderia frequentar novos círculos". A essa altura eu já a conhecia o suficiente para traduzir a observação: o inglês poderia ser outra maneira de encontrar um marido.

O curso de línguas ficava no Museu de Ciências de Dongguan, um amontoado confuso de formas em concreto que talvez parecesse futurista em 1994, quando foi construído. Chunming me levou até lá certa noite, depois do jantar. O museu estava fechado para reformas; no interior escuro, os andaimes presos às paredes pareciam uma doença de pele carcomendo o prédio. Subimos tateando cinco lances de escada, enquanto Chunming sussurrava as histórias do curso. O fundador passara vinte anos aperfeiçoando o método de ensino; recentemente, ele o havia patenteado. O curso tinha trezentos alunos. A mensalidade era em média 600 iuanes, aproximadamente 75 dólares.

No último andar do museu havia apenas um escritório com as luzes acesas. Na porta, lia-se o aviso:

LINHA DE MONTAGEM DO APRENDIZADO

Num amplo salão de teto baixo iluminado por uma lâmpada fluorescente meia dúzia de alunos estava sentado em longas mesas, separados uns dos outros. Em cada uma das mesas estava depositada uma máquina metálica oval com lâminas verticais giratórias, às quais vinham presos cartões; em cada um deles estavam impressas colunas de palavras que passavam pelos alunos em fluxo constante. Essas máquinas enchiam o salão com um permanente zumbido abafado, como um baralho ao ser embaralhado.

Uma dessas colunas de palavras passou por mim.

FODER

LIMPAR

RUDE

PIZZA

RASTEJAR

Em uma das extremidades do salão um homem mais velho estava sentado em frente a um computador. Entregou-me seu cartão de visita sem se levantar. Nele se lia, em chinês:

TECNOLOGIA EDUCACIONAL DINÂMICA DO SR. WU LTDA.

WU GUANXI, PRESIDENTE

CRIADOR DA FÁBRICA DE PROCESSAMENTO DA LÍNGUA DINÂMICA DO SR. WU

INVENTOR DOS EQUIPAMENTOS DE ASSESSORIA EDUCATIVA DINÂMICA DO SR. WU

CRIADOR DA CIÊNCIA EDUCATIVA DINÂMICA DO SR. WU

INICIADOR DA LÍNGUA MUNDIAL DINÂMICA DO SR. WU

INSTRUTOR-CHEFE DO INGLÊS AVANÇADO DINÂMICO DO SR. WU

CURSO DE TRADUÇÃO SIMULTÂNEA

O Sr. Wu tinha 45 anos, um rosto quadrado, uma papada ampla e larga e uma cabeleira desgrenhada que dava a impressão de que ele tinha acabado de sair da cama. Parecia bem acima do peso. Não se enquadrava na imagem de um professor ou mesmo na de um morador da cidade grande: mais se assemelhava ao tipo de funcionário público encontrado em alguma pequena aldeia chinesa. E não parecia muito dinâmico.

O princípio básico da escola do Sr. Wu era que o segredo para o domínio da língua inglesa estava em treinar as pessoas como se fossem máquinas. Depois de aprender o alfabeto e os fonemas da língua, o aluno se sentava em frente a uma das máquinas, para ver desfilarem as colunas de palavras inglesas. Tratava então de ler cada uma delas em voz alta e as anotava sem saber o significado, semana após semana, até chegar à velocidade máxima. Passava em seguida a outra máquina, que mostrava o significado das palavras em chinês; mais adiante, avançava para as frases curtas. A cada uma dessas etapas, escrevia a palavra ou a frase em inglês e a dizia em voz alta, sem entender o significado. Quando o aluno chegava à velocidade máxima — capacidade de escrever 600 frases em inglês em uma hora —, estava pronto para o estudo básico da gramática. Só então aprendia o significado das palavras, frases e sentenças que havia meses repetia.

O Sr. Wu dava ao seu método o nome de "ensino conduzido". Até onde eu conseguia entender, isso significava que não havia professores: cabia às máquinas transmitir o que os alunos precisavam saber. Seu aluno ideal estudava onze horas por dia: estudo durante quatro horas, almoço, repouso, estudo por mais quatro horas, jantar, estudo por mais três horas. Era exatamente a programação de uma fábrica em Dongguan, inclusive no limite de três horas extras diárias estabelecido pelas leis trabalhistas.

— Na linha de montagem, as pessoas podem ficar sentadas trabalhando durante oito ou dez horas sem parar — explicava o Sr. Wu. — Seria maravilhoso se também pudéssemos aprender dessa maneira!

Seu método ia de encontro ao puro e simples bom senso no que diz respeito ao aprendizado de uma língua: basicamente, que a fala, a compreensão e os professores são cruciais no processo. O Sr. Wu descartava tudo isso. Os métodos chineses de ensino davam excessiva ênfase à memorização, explicava; os alunos eram transformados em receptáculos passivos na sala de aula. O Inglês da Linha de Montagem os forçava a agir.

— As mãos, o cérebro, os olhos e a boca precisam aprender a reagir com rapidez e automaticamente — ensinava o Sr. Wu. — Não há tempo para traduzir uma palavra para o chinês ou para memorizá-la. O aluno é treinado a reagir instintivamente.

Obrigando tantas partes do corpo a funcionar, dizia ele, o Inglês da Linha de Montagem estimulava diferentes regiões do cérebro a processar mais intensamente. A ciência já havia demonstrado que os seres humanos usam apenas 5% do cérebro. O Sr. Wu vivia destilando fatos como esse. As pessoas escreviam em média duzentas sentenças por hora. As mulheres eram capazes de falar noventa sentenças por minuto, mas os homens chegavam apenas a setenta e cinco. Se uma pessoa estudasse inglês durante dez horas diariamente, seria capaz de trabalhar como intérprete simultâneo em três anos. O Sr. Wu mais parecia alguém que tivesse reduzido o universo a uma série de fórmulas químicas: nenhum fato isolado podia ser considerado errado, mas na combinação é que parecia faltar alguma coisa. De qualquer maneira, ele efetivamente tinha lá sua razão: havia de fato um problema na maneira como o inglês era ensinado nas salas de aula da China, e boa parte desse problema estava na passividade dos alunos. Eles podiam, mediante esforço árduo, chegar a uma nota perfeita no exame TOEFL — o teste mais usado para avaliar a proficiência na língua inglesa —, mas não conseguiam chegar à fluência por meio da memorização, por mais que tentassem.

Depois da exposição do Sr. Wu, Chunming e eu ficamos passeando pela sala de aula. Ela encontrou uma aluna que havia conhecido numa visita que fizera à escola. Liu Yixia tinha 21 anos, um rostinho redondo, olhos vivos e um corte de cabelo que a fazia parecer um boneco do Muppet Show. Passara um ano estudando inglês no curso, fazendo trabalhos burocráticos em troca de um quarto, refeições e aulas gratuitas. Sob o olhar atento de Chunming, Liu Yixia conversou comigo em inglês. Nem de longe se poderia considerar que falasse como uma americana na quinta série. Mas não tinha medo de falar, e não ficava escondendo a boca por trás da mão nem pedindo desculpas constantemente pelos erros que cometia.

Liu Yixia agora estava empregada como professora de inglês para executivos de fábricas — o que me surpreendeu, embora não devesse. Em Dongguan, simplesmente começar a saber algo já era suficiente para que alguém começasse a ensiná-lo aos outros. Perguntei-lhe o que pretendia fazer em seguida.

— Como se diz "comércio internacional"? — perguntou-me ela em chinês.

Eu respondi. Suas aspirações pareciam do tamanho do mundo, fáceis como dizer alguma palavra em voz alta.

Chunming e eu deixamos o prédio e atravessamos o vasto gramado em frente ao Museu de Ciências. Já era noite, e os holofotes projetavam enormes sombras no nosso caminho. "Eu simplesmente tenho de tomar uma decisão", disse Chunming. "Ainda este ano, vou começar a estudar inglês ou abrir meu próprio negócio."

Em seu primeiro ano fora de casa, Liu Yixia viveu, respirou e dormiu Inglês de Linha de Montagem. Trabalhava no escritório durante o dia e passava as noites estudando nas máquinas do Sr. Wu. Dividia um quartinho por trás da sala de aulas com duas outras mulheres; as três estudavam inglês, mas era Liu Yixia quem dava mais duro.

— Eu era um ano mais velha que as outras duas — explicou-me —, de modo que me sentia pressionada a ter melhor desempenho.

Ela vinha da província pobre de Jiangxi, no interior do país, onde seus pais cultivavam a terra e criavam patos. Sempre gostara de línguas; em casa, seus pais falavam vários dialetos e ela se acostumara a pular de um para outro, saindo-se bem ao começar a aprender inglês no ensino médio. Mas não fez o vestibular para a faculdade, e como a família não tinha dinheiro para continuar sustentando seus estudos, Liu Yixia foi para Dongguan trabalhar.

No curso do Sr. Wu ela se esforçou por melhorar a pronúncia, embora seja difícil entender como o tenha conseguido sem que houvesse alguém por perto para corrigir os erros. Ela era a estrela entre os alunos do Sr. Wu, mas os dois tinham um relacionamento difícil.

— Ele às vezes era muito mau comigo — disse-me ela. — E não permitia que eu decorasse as listas de palavras.

— Não permitia que você decorasse as listas de palavras? — perguntei.

— Queria que eu aprendesse inglês do jeito dele. E assim eu tinha de estudar minhas listas de palavras em segredo.

Liu Yixia teve outra briga com o Sr. Wu ao ir embora.

— Ele queria tirar uma fotografia minha — disse —, mas eu não deixei.

O Sr. Wu usava fotos dos alunos no material de divulgação do curso, mas Liu Yixia se orgulhava dos resultados que obtivera, e não queria que ninguém mais levasse crédito por isso.

— Tudo o que eu consegui foi graças ao meu esforço, e não por sua causa — disse ela ao Sr. Wu.

Mesmo para os padrões de Dongguan, Liu Yixia mostrava uma pressa louca. Nos nove meses transcorridos desde que deixara o curso do Sr. Wu, ela tivera seis empregos como professora, numa vertiginosa escalada pelas diferentes manifestações da incompetência gerencial. Num deles, tomou a iniciativa de visitar outras escolas para observar diferentes métodos de ensino; o patrão a acusou de fazer bicos às escondidas e a demitiu. No emprego seguinte, alguém achou que seria uma boa ideia abrir um curso de línguas sem hora marcada para as aulas. Toda vez que aparecia um aluno, Liu Yixia era convocada a dar aula.

— Eu dava aulas durante cinco a seis horas por dia, em todos os níveis — contou-me. — Numa hora, estava ensinando no nível elementar, logo depois passava para o avançado.

Ficou tão exausta, que foi embora depois de um mês, sem receber o salário.

Em seu emprego atual, Liu Yixia dava aulas durante duas horas toda noite e tinha o restante do dia para preparar as aulas e estudar as próprias lições. Ganhava 1.500 iuanes por mês — quase 200 dólares, uma quantia respeitável. Mas já estava entrando em conflito com o diretor. Ele queria que ela desse rapidamente um vasto conteúdo; já ela considerava que os alunos precisavam, primeiro, conquistar confiança na fala. Ele recusou seu estilo de ensinar, que incluía jogos e a participação dos alunos, dando preferência a aulas tradicionais. O diretor da escola não falava nenhuma língua estrangeira.

Todos os patrões de Liu Yixia achavam que ela fizera a faculdade de letras inglesas, pois era o que dizia nas entrevistas de emprego. Exatamente o seu feito mais impressionante — o fato de que dera um jeito de aprender uma língua estrangeira sem estudos formais — era o que ela escondia de quase todos.

SEIS MESES DEPOIS de nos conhecermos, visitei Liu Yixia em sua escola em Shijie — mais um bairro de Dongguan que eu ainda não conhecia. Ela deixara crescer o cabelo; usava óculos com armação prateada, um sóbrio vestido listrado e sapatos pretos de salto alto. Parecia amadurecida, embora vacilasse um pouco ao caminhar. Comendo costeleta de porco com arroz num restaurante *fast-food*, conversamos em chinês sobre a língua inglesa. Liu Yixia queria conseguir emprego como tradutora numa fábrica, para aperfeiçoar o inglês — *Como se diz comércio internacional?* —, mas, sem nenhuma experiência de trabalho em fábricas, ninguém a contrataria. Estava obcecada com o aprendizado da língua; durante o jantar, nossa conversa teve esse único tema.

Quando acabou de comer, Liu Yixia olhou para mim e perguntou:

—Você poderia me dar alguma dica para o meu inglês?

— O melhor é conversar o máximo que puder com pessoas que tenham o inglês como língua-mãe — respondi.

Enquanto eu ainda formulava a frase, já me dava conta de que o conselho não fazia muito sentido, pois raramente vira um ocidental em Dongguan, fora do saguão do Sheraton. Na verdade, a melhor maneira de aprender inglês seria namorar um estrangeiro — uma quantidade incalculável de *xiaojie* havia se tornado fluente desse modo —, mas eu não podia dizer isso a Liu Yixia.

— E que tal a indústria do turismo? — perguntei-lhe.

Ela colocou a palma da mão no alto da cabeça.

— Olhe bem para mim. Não tenho a altura exigida. As guias de turismo precisam ter pelo menos 1,60m de altura.

Verdade: era mais uma sugestão tola. Eu tinha esquecido que a altura de uma pessoa podia afetar de muitas maneiras a utilidade da língua inglesa num lugar como Dongguan. Enquanto isso, Liu Yixia estava preocupada com a estagnação do seu processo de aprendizado; trabalhar como professora nos cursos profissionalizantes de Dongguan mais parecia um beco sem saída. Numa cidade dominada pelas fábricas, os cursos particulares eram apenas mais um serviço de baixa qualidade. No sistema oficial de ensino, os professores gozavam de prestígio e benefícios, mas Liu Yixia nunca conseguiria entrar para esse mundo.

— Eles têm lá o seu sistema — disse. — Não aceitam o fato de que eu tenha ganhado experiência na sociedade.

Depois do almoço, Liu Yixia me levou de volta ao seu curso, instalado num prédio de quatro andares que àquela hora estava quase deserto. Alguns professores jogavam bilhar numa das salas de aula; em outra, dois rapazes cantavam caraoquê, as vozes esganiçadas ecoando pelos corredores. As salas só ficavam cheias à noite, quando os alunos saíam do trabalho. Normalmente, as escolas ficavam vazias à noite, mas em Dongguan os horários das aulas eram virados de cabeça para baixo, como se essas instituições estivessem ligadas a um fuso horário a meio mundo de distância.

Em sua sala de aula, Liu Yixia me mostrou seus manuais de inglês. Destacou aquele de que mais gostava, pois estimulava os alunos a praticar o que já haviam aprendido; e criticou outro por oferecer muito pouco conteúdo em cada lição. *From ABC to English Conversation* apresentava um diálogo sem qualquer ligação com a realidade de Dongguan:

> Aquilo ali são fábricas?
> Não, são parques.

Liu Yixia apanhou um pedaço de giz e começou a rabiscar palavras no quadro-negro. Perguntou-me qual era a diferença entre o som do *s* em *televisão* e o som do *g* em *change* [mudança]. Qual a sílaba tônica da palavra consultant [consultor]? Em que o som do *s* em *sea* [mar] diferia do som de *ts* em *cats* [gatos]? *Televisão. Mudança. Mar. Gatos.* Eram perguntas estranhas e que não tinham nenhuma relação entre si, mas era o que acontecia quando o professor era uma máquina.

Ela morava num dormitório com duas outras mulheres um andar acima da sala de aula. O quarto tinha dois beliches, um pequeno banheiro e mais manuais: sobre a mesa de Liu Yixia, debaixo de sua cama, dentro de uma mochila depositada no chão. Ela era uma tiete dos manuais de inglês.

— Eu devo ter uns trinta métodos de inglês — disse. — Nenhum deles pode ter tudo o que a gente precisa saber.

Um dos seus poucos bens que não era um manual era um álbum de fotografias. Nele podíamos ver Liu Yixia em poses típicas de uma migrante: em frente a uma repartição pública, visitando um parque com amigas. Ela apontou uma das fotos.

— Essas duas garotas agora decidiram "mergulhar no inglês". Querem passar um ano ou dois se dedicando só a isso.

As duas mocinhas estavam matriculadas no curso do Sr. Wu. Tinham rapado a cabeça para marcar bem o compromisso assumido, como faziam os monges budistas ao entrarem para um mosteiro. Para aprender inglês, era necessário renunciar ao mundo.

O Inglês de Linha de Montagem não era o único empreendimento linguístico de valor questionável em Dongguan. O interesse frenético pelo inglês, combinando a necessidade inadiável de aprender a língua com uma total ignorância da melhor maneira de fazê-lo, tornava-o um alvo fácil pra fraudes. Uma empresa chamada Ladder English caçava clientes entre pais mais ambiciosos. Por 5.500 iuanes — quase 700 dólares, um valor bem alto para uma família chinesa —, o curso fornecia material didático para crianças e visitas regulares de "consultores educacionais" à residência para o acompanhamento do progresso do aluno. Numa jogada de marketing, o curso convidava pais e alunos para aulas gratuitas marcadas pela vibração típica de um encontro de vendedores. Especialistas em educação infantil distribuíam generosos elogios aos métodos do curso, enquanto os pais se acotovelavam para matricular os filhos. Alguns professores conduziam as crianças a outra sala para ensinar-lhes algumas frases em inglês; quando os filhos retornavam, engatinhando numa língua estrangeira, os pais quase sempre se sentiam estimulados a matriculá-los imediatamente.

Na verdade, a Ladder English escondia muitas trapaças. Os especialistas em educação infantil e alguns dos pais que se mostravam mais entusiasmados nas aulas gratuitas eram na verdade empregados da empresa, segundo artigos publicados na imprensa local. Seus "consultores educacionais" visitavam as famílias apenas uma ou duas vezes, e não eram professores, mas vendedores, que ganhavam comissão de mil iuanes por cliente. Os vendedores tinham de dar uma contribuição monetária considerável ao entrarem para a empresa: na compra de revistas educativas, no pagamento de tarifas de transporte e no aluguel de salas para as aulas gratuitas. A Ladder English era basicamente um daqueles esquemas de pirâmide, alimentado pelo desespero de aprender inglês.

Ninguém da empresa — que funcionava no esquema de franquia — quis me receber. Em sua investida pelo mundo vertiginoso da incompetência gerencial, Liu Yixia trabalhara por pouco tempo na Ladder English, e descreveu suas táticas. Os vendedores eram instruídos a esperar em frente às escolas de ensino fundamental à saída das aulas para abordarem os pais em seus carros e simularem afeto por seus filhos.

— Quando a criança saía, a gente brincava com ela — contou Liu Yixia. — Em seguida, os pais e a criança eram convidados a uma palestra na Ladder English.

Liu Yixia deixou a empresa depois de dez dias.

— Achei que era um jeito de enganar as pessoas — comentou.

Outra tramoia dizia respeito aos professores estrangeiros. Jovens negros que se diziam do Canadá ou da Inglaterra apareciam nas escolas da região de Dongguan e ofereciam seus serviços como professores de inglês. Podia ter sido um momento decisivo no caminho para a diversidade racial na China, mas não foi. Um dos pais me contou que as crianças da turma de sua filha no jardim de infância tinham chorado ao verem o novo professor, pois nunca tinham visto uma pessoa negra. A escola o demitiu.

Certo dia, eu estava visitando Liu Yixia quando Joseph, outro professor, supostamente canadense, entrou na sala. Ele era negro, tinha cerca de 30 anos, um rosto atraente e um jeitão agradável. Cumprimentou-me num inglês de sotaque carregado.

— Você é casada? — foi logo perguntando.

— Qual o número do seu celular? — veio a segunda pergunta.

Quando Joseph deixou a sala, perguntei a Liu Yixia:

— De onde ele é?

— Ele diz que é do Canadá.

— Mas não é mesmo — ponderei. — Sei disso pela maneira como ele fala.

Ela ficou pensando por um momento.

— Ele também mencionou outro país. Gan Da...

— Uganda?

— Sim, Uganda.

Então finalmente entendi o mistério dos professores negros. Eram africanos, que chegavam àquele fim de mundo e se faziam passar pelo que não eram junto a diretores de escolas incapazes de detectar a impostura. Ao longo dos anos, mais de trinta mil alunos africanos tinham frequentado universidades na China, como parte da política oficial de Pequim de apoiar países aliados do mundo em desenvolvimento. Para eles, fazia todo o sentido permanecer no país como professores estrangeiros. Na escola de Liu Yixia, Joseph ganhava mais que ela, e trabalhava menos horas.

Liu Yixia me censurou por ter dado o número do meu celular a Joseph.

— Tome cuidado — disse. — Ele vai telefonar o tempo todo.

Acrescentou que Joseph costumava dar em cima das alunas; quando ele pedia o número do telefone, elas geralmente deixavam de aparecer na aula. De vez em quando, uma de suas alunas perguntava a Liu Yixia como dizer uma frase em inglês: *Podemos ser amigos, mas não quero namorar.*

Nas noites de quinta-feira, Liu Yixia ensinava inglês numa fábrica japonesa de produtos eletrônicos, e numa dessas vezes eu a acompanhei. Os quatro homens e quatro mulheres da turma trabalhavam em vendas ou eram gerentes todos mais velhos que ela.

Ela lhes devolveu os testes.

— Não se preocupem muito com a nota hoje — logo disse, rompendo de cara com uma milenar tradição chinesa. — Não é assim que podemos avaliar o inglês de vocês, mas no modo como podem usá-lo.

Os alunos começaram a repassar uma lição da semana anterior. Liu Yixia se voltou para um dos que estavam na primeira fila e disse em inglês:

— O que foi que aprendeu?

— Quer que eu fale em inglês? — perguntou ele, em chinês, o que já não parecia muito bom começo. Ele pelejou um pouco e por fim disse, em inglês:
— Aprendi algumas histórias. É muito interessante.

— Poderia contar-me algumas histórias inglesas? — pediu ela.

Longo silêncio. E depois, em chinês:

— Esqueci.

O aluno seguinte disse:

— Eu aprendi algumas palavras e expressões novas.

— Que mais?

Longo silêncio. E a seguir, em chinês:

— Não sei como dizer.

— Muito bem, sua vez — prosseguiu Liu Yixia, voltando-se para uma mulher na segunda fila.

Em chinês:

— É difícil dizer.

Liu Yixia passou a falar chinês.

— Aprender inglês é falar inglês. Se não falarem inglês, não estarão aprendendo inglês. Não precisam ter medo de errar. Eu cometo muitos erros. Nunca tive medo disso.

E era verdade. Liu Yixia não distinguia entre os sons do *l* e do *r*. Nem mesmo conseguia dizer a palavra *pronunciation* [pronúncia] — dizia "pronuntion". Às vezes não entendia o que os alunos diziam; eventualmente, os corrigia apesar de eles estarem certos. Muitas vezes respondia incorretamente a suas perguntas. Mas era uma professora instintiva, e de alguma forma tinha descoberto o segredo de aprender uma língua estrangeira, que começava pela audácia.

OS ALUNOS SE REUNIRAM ao meu redor durante um intervalo. No início da aula, eu lhes dirigira algumas palavras em inglês, apresentando-me e falando bem devagar para que pudessem me entender. Afinal de contas, todos eles tinham formação universitária, e estavam fazendo aquele curso havia meses. Entretanto, vendo-os pelejar com a lição do dia, dei-me conta de que provavelmente não tinham entendido nem uma só palavra do que eu dissera.

Os homens tomaram a frente.

— Qual é melhor, a China ou a América?

— As cidades americanas são muito mais seguras, certo? E as pessoas são muito mais qualificadas.

— Você sente muita falta da China?

— Ela vive na China há seis anos — respondeu, impaciente, a mulher com o melhor inglês entre os alunos. — Você ainda não entendeu isso?

Os alunos me fizeram muitas perguntas sobre a América. Mas nenhum deles se arriscou a conversar em inglês.

Depois do intervalo, eles passaram a uma lição sobre um acampamento. Liu Yixia lhes pedia que lessem um trecho em voz alta ou contassem uma história com as próprias palavras. Todos os alunos optaram por ler — e liam bem, muito melhor do que falavam. Em seguida, ela lhes pedia que contassem novamente a história. A mulher com o melhor inglês da turma tinha decorado o texto inteiro, palavra por palavra. O aluno seguinte tentou recorrer ao mesmo truque. Mas bastou esquecer uma única palavra do texto para parar, com seu extraordinário feito ameaçado de maneira cruel, até que Liu Yixia o estimulasse a prosseguir.

Eu me sentia estranha de estar numa fábrica em Dongguan, vendo aqueles jovens limitados pela própria timidez. A cidade se fizera na base da audácia e da improvisação; o segredo do sucesso consistia em aprender apenas o suficiente para conseguir um emprego burocrático, no ensino ou em qualquer outra atividade. Na turma de Liu Yixia, contudo, eu podia ver os limites desse modo de pensar. Aprender bem uma língua estrangeira exigia tempo, e não havia atalhos possíveis. Não dava para fazer de conta que se sabia inglês.

O azar perseguia o Sr. Wu. Seu curso foi despejado do Museu de Ciências após um desentendimento com a instituição, e a maioria dos estudantes debandou. Ele foi abandonado pela mulher, que deixou aos seus cuidados o filho de 9 anos. Transferiu então o curso de Inglês de Linha de Montagem para a própria casa. Os alunos se acotovelavam no último piso de um prédio de quatro andares; seu escritório ficava no terceiro andar, e a residência, no segundo. No dia de minha visita, havia no patamar da escada um monte de lixo, especialmente caixas de papelão e jornais velhos. O Sr. Wu me cumprimentou efusivamente e me levou a seu escritório, onde nos sentamos em bancos de metal, conversando no calor do verão em meio a ripas de madeira.

Seu espaço físico fora reduzido a dimensões bem modestas, mas as ambições do Sr. Wu continuavam grandiosas. Seu mais recente lançamento podia ser visto sobre a mesa: uma máquina de ensinar inglês inteiramente feita de plástico laranja e turquesa, a partir de um molde concebido por ele mesmo. O Inglês de Linha de Montagem chegara à era industrial. A máquina já podia ser fabricada em massa, e fiquei sabendo que o Sr. Wu já tinha produzido nada menos que quinhentas unidades. Estavam embrulhadas em papel jornal e espalhadas por todo o apartamento. Ele pretendia alugá-las aos estudantes interessados, para que pudessem estudar inglês em casa. As inovações do Sr. Wu tornavam os professores obsoletos, e já agora as salas de aula também deixavam de ser necessárias.

Eu lhe disse que queria saber mais sobre sua teoria do ensino de inglês.

— Já não se trata apenas de aprender inglês — interrompeu ele. — É uma questão de desenvolver o cérebro. Com esse método, é possível aprender matemática, história, qualquer coisa. Isto é que é maravilhoso — explicou, dando tapinhas de satisfação em sua invenção.

Suponha-se, prosseguiu o Sr. Wu, que um aluno de história quisesse se informar sobre a invasão da China em 1937 por tropas japonesas. Inicialmente, leria um texto sobre o episódio, impresso em cartões dispostos nos painéis móveis da máquina. Outra série de cartões passaria, com perguntas para testar o domínio do material: quando ocorreu a invasão? Qual era seu objetivo? Mais lembretes viriam em seguida, estimulando o aluno a formular novas ideias, que então seriam anotadas na forma de uma redação.

Perguntei ao Sr. Wu por que isso podia ser considerado melhor do que ler as informações numa página impressa.

— Quando a mão direita está escrevendo, o cérebro esquerdo está trabalhando — respondeu ele. — Quando o cérebro esquerdo trabalha, o olho direito também trabalha. Quando lemos um livro, os olhos simplesmente olham para a página. Mas quando lemos nesta máquina, os olhos se movimentam com rapidez.

Explicou então que estava desenvolvendo um currículo abrangente para a máquina, e que pretendia sair em busca de investidores.

— E já há alguém interessado? — perguntei.

Sim, disse ele. Um americano tinha manifestado interesse.

— Quem?

— Ele era de Seattle. Michael. — E o sr. Wu de repente parecia vago. — Guardei o cartão dele em algum lugar.

Levou-me então para conhecer a escola. Dez máquinas de Inglês de Linha de Montagem estavam amontoadas numa única sala, montadas sobre mesas separadas por poucos centímetros de distância. Meia dúzia de alunas lia palavras e frases em voz alta, como se estivéssemos num salão de telefonistas a murmurar numa língua que até poderia se parecer com o inglês, para quem prestasse bastante atenção. Eram as alunas obstinadas, jovens que haviam seguido o Sr. Wu quando ele se vira obrigado a trocar o Museu de Ciências pela própria casa. Movidas pela impaciência de aprender, elas se inclinavam em direção às máquinas. Cada uma delas tinha diante de si o alimento da noite: uma garrafa d'água, três ameixas. O ambiente era sufocante.

Acompanhei o Sr. Wu pela sala. Pensei que iria me apresentar a algumas alunas, mas ele preferiu me conduzir a uma das máquinas.

— Essas máquinas são muito mais difíceis de lidar que as novas — dizia. — Preciso de duas pessoas para transportar cada uma delas.

Àquela altura, começava a anoitecer, e eu comentei que já estava um pouco escuro para que as pessoas pudessem ler sem iluminação artificial.

— Não faz mal aos olhos — disse ele. — A luz do sol é que faz.

— Não estou dizendo que a luz do sol seja boa para os olhos — esclareci. — Digo apenas que não é bom ler no escuro.

— Não é verdade — retrucou ele, exaltado. — Isso só ocorre quando o globo ocular não se movimenta. Quando ele se movimenta, não importa que esteja escuro.

Aprendi algumas coisas sobre o Sr. Wu naquele dia. Ele não tinha nenhuma experiência em educação; antes de fundar a escola, trabalhara numa fábrica de aparelhos de aquecimento. Seu inglês era pobre, possivelmente inexistente: várias vezes, quando eu usava expressões inglesas na conversa, ele assentia com a cabeça e rapidamente tratava de mudar o assunto. A única palavra que o ouvia pronunciar em inglês era "okay", como na seguinte frase: "什么事连上大脑，那就 okay." A palavra soava estranha, isolada assim no fim de uma frase, que significava: "Quando fazemos contato com o cérebro, tudo fica okay."

O Sr. Wu não era muito bom no trato com as pessoas. Tinha enfurecido a direção do Museu de Ciências e irritado Liu Yixia, a estrela entre seus alunos. Dava para apostar que tinha feito tudo para que a mulher se afastasse, embora fosse difícil saber se isso tinha acontecido antes ou depois de ele começar a fabricar quinhentas máquinas de Inglês de Linha de Montagem e armazená-las em casa. No breve período em que mantivemos contato, ele também conseguira me deixar furiosa; era realmente irritante interagir com uma pessoa tão dogmática. Dava para perceber, basicamente, que os seres humanos tinham a capacidade de frustrá-lo. Ele preferia se referir a eles por partes: os globos oculares, as mãos, os cérebros. Globalmente, no entanto, as pessoas não faziam sentido para ele. Eram ineficazes; usavam apenas 5% do cérebro; tinham essa aversão enlouquecedora a ficar sentadas onze horas por dia em frente a uma máquina, a fim de aprenderem uma língua estrangeira. Parecia realmente que as pessoas não funcionavam: era como se o criador delas tivesse usado peças de primeira linha e errado tudo na hora da montagem.

Já as máquinas eram outra questão. Algum dia, com a dose certa de reparação, o Sr. Wu haveria de construir uma máquina perfeita de aprendizado em linha de montagem, capaz de permitir que as pessoas adquiram todo o conhecimento humano sem jamais sair de casa. Sua fé na tecnologia era absoluta; ele sabia que as máquinas eram a resposta. Parecia particularmente comovedor que um homem assim tivesse sido expulso do Museu de Ciências.

O autoaperfeiçoamento conduzia Liu Yixia a novas direções. Na biblioteca pública de Dongguan — de cuja existência eu ainda não tomara conhecimento —, ela consultava livros como *Tudo sobre o cérebro* e *A bíblia do ensino judeu em casa*. Queria aprimorar a memória e aprender a fazer negócios com base nos ensinamentos do Talmude. Começou a tomar pílulas para fortalecer o cérebro, pois o excesso de trabalho causava caspa e fazia o cabelo cair. Estava pensando em estudar japonês.

— Ouvi dizer que um chinês leva um ano para aprender inglês, mas só três meses para aprender japonês — explicou-me. — Ouvi dizer que os universitários de Pequim ganham mil iuanes a mais por mês a cada língua aprendida. É verdade?

Disse-lhe que talvez fosse melhor que ela buscasse, primeiramente, melhorar o inglês.

— Estou me matando para enriquecer meu vocabulário — prosseguiu ela. — Tenho decorado cinquenta palavras por dia.

— Cinquenta palavras por dia? — repeti, assombrada.

— Isso é muito ou pouco?

Da última vez que estive com Liu Yixia ela havia passado por mais uma transformação. Tinha tingido o cabelo e feito permanente, para que ficasse longo e crespo. Decidira que uma professora de inglês com cabelos negros comuns era *tu*, sem sofisticação.

— Fiz isso para ficar parecendo mais ocidental — disse.

Tinha decorado um manual inteiro de vocabulário do sétimo ano, cinco mil palavras. As garotas da escola do Sr. Wu tinham rapado a cabeça de novo para expressar seu compromisso com o aprendizado do inglês. E ele convidara Liu Yixia a ser sua sócia num novo empreendimento, prometendo-lhe um terço do lucro, mas ela não confiava nele. Continuava tratando as pessoas da mesma forma.

— Com seu nível de inglês — ele recentemente dissera a ela — você sobreviverá no máximo um ano como professora. Depois, não terá mais lugar aqui, pois eu terei ocupado o mercado todo. Aí, você terá de ensinar em outro lugar.

— Por que ele diria algo assim? — perguntei.

— Acho que estava tentando me obrigar a voltar a trabalhar com ele.

— Isso é terrível.

— Sim — concordou ela —, mas tenho pena dele. Está enfrentando tudo sozinho.

Ela recusou o convite do Sr. Wu. Preferiu entrar para uma empresa que atuava na internet, para gerenciar o site de língua inglesa voltado a clientes estrangeiros. Um mês depois, a empresa faliu e o proprietário desapareceu, com uma dívida de mais de 100 mil iuanes em salários dos empregados. Liu Yixia e seus colegas moveram uma ação para recuperar o que era seu, mas nenhum deles tinha muitas esperanças.

Alguns meses depois, na primavera de 2007, Liu Yixia conseguiu emprego no departamento de comércio internacional de uma fábrica de peças de telefone. Lidava com os clientes estrangeiros, acompanhando-os nas visitas à fábrica, e comparecia a feiras comerciais. O emprego exigia inglês em nível de sexta série e um diploma universitário.

— Não tenho aqui comigo — dissera ela ao ser entrevistada para o emprego.

Atualmente, Liu Yixia passa as noites ensinando inglês aos colegas ou dando aulas particulares em casa. Nos três empregos, ela ganha 5 mil iuanes por mês — o equivalente a 625 dólares, um excelente salário em Dongguan. Pretendia economizar e abrir um curso de inglês para crianças. Era seu plano quinquenal.

Depois de começar a trabalhar em comércio internacional, Liu Yixia me enviou por e-mail seus novos contatos. Era o sexto número de celular que ela me dava desde que nos tínhamos conhecido. *Às vezes fico muito cansada, mas às vezes me sinto riquecida*, escreveu. Seu inglês ainda era cheio de erros; ela continuava correndo demais para aprender. Mas como eu poderia criticá-la? Nos dois anos transcorridos desde que nos havíamos conhecido, ela conseguira exatamente o que queria.

Parte Dois:

A aldeia

10

A ALDEIA

Depois do roubo do seu celular no verão de 2004, Min recomeçou a vida do zero. Telefonou para o primo — o único número de telefone que sabia de cor — e ele a pôs novamente em contato com a irmã mais velha, e também comigo. Min voltou à feira de empregos e conseguiu uma vaga no departamento de recursos humanos de uma fábrica de bolsas de Hong Kong. Ganhava 800 iuanes por mês, sem horas extras e com folga aos domingos. Tinha 18 anos, e aquela era a quarta fábrica em que trabalhava em um ano.

Fui visitar Min em seu novo dormitório, que era bem limpo e fora recentemente pintado de branco, com fotos de estrelas do cinema chinês pela parede. Comendo macarrão chinês numa banca próxima, perguntei-lhe como ia o amigo.

— Está se referindo a meu namorado? — perguntou, rejeitando o habitual eufemismo chinês. — Desde que ele voltou para casa, não tive mais notícias.

— Você não manda torpedos para ele? — perguntei.

— Esqueci o número dele.

— Quer dizer então que você não consegue encontrá-lo, nem ele a encontra?

Ela assentiu.

— Talvez eu o encontre lá na aldeia no Ano-novo.

Perguntei a Min sobre suas duas amigas da antiga fábrica, aquelas que havíamos visitado juntas.

— Uma delas conseguiu emprego numa fábrica em Changping, mas não sei qual é a fábrica — explicou ela. — A outra voltou para a terra natal para ficar noiva, mas não sei onde é que fica a aldeia.

Na aldeia, todo mundo conhecia todo mundo e as pessoas se ligavam das mais diferentes maneiras. Já os amigos de Min da cidade só se relacionavam por meio dela; de uma só vez, ela perdera contato com quase todo mundo que conhecia.

— Não tenho mais amigos — disse.

De modo que recomeçou do zero. Na nova fábrica, conheceu Ah Jie. Ele era três anos mais velho e tão magro, que parecia um desses personagens de desenho animado traçados às pressas, com pernas muito longas e um sorriso tímido num belo rosto acanhado; quando se dirigia a estranhos, ficava ruborizado até a ponta das orelhas. Trabalhava como assistente na fábrica e atendia à maioria das exigências de Min quanto a um companheiro: tinha bom coração, não fumava, não bebia nem jogava e tinha mais de 1,70m. Quase imediatamente Ah Jie começou a pressionar Min para se casar. Ela respondeu que ele primeiro separasse algum dinheiro; na verdade, ainda não estava pensando em casamento.

— Quero economizar e talvez abrir um pequeno negócio. Se me casar tão cedo assim, terei de ficar em casa — disse-me ela. — Trabalhar a vida inteira na rua é melhor que ficar em casa.

Ela falou do namorado aos pais.

— De onde ele é? — perguntaram.

Ele não era da província de Hubei, que era a única preocupação dos pais de Min. Na China tradicional, a jovem sempre se casava na aldeia do marido, mas em geral ela era bem próxima, de maneira que ela eventualmente podia visitar a família. Agora, a migração permitia que duas pessoas de aldeias a milhares de quilômetros de distância se conhecessem e casassem. Para os pais de qualquer moça, era uma verdadeira catástrofe: sem o costume de fazer longas viagens, eles temiam que se a filha casasse com um homem de um local distante praticamente desaparecesse da vida deles.

Quando gostava de algum rapaz, Min fazia questão de saber o mínimo possível sobre suas origens.

— Sua família é pobre? — perguntou certa vez a Ah Jie.

— Muito pobre — respondera ele.

Era tudo o que ela sabia, e estava bem assim.

— Não quero saber da situação da família deles, nem quero que eles saibam da minha — explicou-me. — A gente só conta com a gente mesmo.

NAQUELE OUTONO, MIN PARECIA MAIS tranquila que nunca. Passava a maior parte do tempo livre com Ah Jie. A irmã mais velha, Guimin, se mudou para Dongguan e conseguiu emprego no departamento de expedição da fábrica em que Min trabalhava. As duas irmãs compartilhavam um quarto no dormitório e diariamente almoçavam juntas. À medida que o inverno se aproximava, faziam planos de visitar a aldeia. Ah Jie insistiu com Min em que o levasse para conhecer a família dela, mas ela decidiu que não o faria; achou que seria muito difícil, em vista da oposição dos pais ao casamento. As negociações de Guimin com o namorado, que vivia na província de Hunan, foram mais ásperas. Durante muito tempo ela garantiu que de jeito nenhum visitaria a aldeia, até que de repente mudou de ideia, fazendo planos para levar o namorado. Seus pais tampouco o aprovavam, mas Guimin era três anos mais velha que Min e estava disposta a enfrentá-los.

Numa tarde de domingo em janeiro, Min e eu fomos até um parque perto da fábrica e ficamos sentadas numa mureta junto a uma quadra de basquete. Ela usava roupas que havia comprado para a viagem: sua primeira calça jeans, uma jaqueta de brim e botas de salto avantajado. Na pálida luz do sol, chupamos laranjas e fizemos planos; ela me convidara para passar o Ano-novo em sua aldeia. Nesse dia, Min falou o tempo todo de sua aldeia. Os legumes no campo eram mais saborosos que na cidade, disse. Quando um cogumelo selvagem se esfarelava na mão, era venenoso, mas não havia problema em comer um cogumelo firme. Quando um porco estava com fome, empinava nas patas traseiras e guinchava. Muita gente roubava galinhas perto do Ano-novo, de modo que era necessário ficar de olho nelas. O melhor tratamento para a pele era pó de pérolas esmagadas misturado com clara de ovo fresco. A vida no campo era agradável, mas a pessoa podia passar o ano inteiro sem ver a cor do dinheiro.

— Você alguma vez pensou em viver no campo? — perguntou-me Min.

— Na China? — fiz eu. — Não.

— A pessoa deve se sentir muito sozinha — concluiu ela.

***

Nessas vidas cheias de passagens confusas por lugares estranhos havia sempre algo constante no universo do migrante: uma aldeia agrícola que era a sua terra. Hoje, a agricultura não traz muitas vantagens econômicas; as áreas de cultivo das famílias, em média com pouco menos de quarenta acres, são por demais pequenas para dar lucro. Em toda a China, no entanto, o cultivo familiar subsiste, pois é o que as pessoas sempre fizeram. A terra é menos uma fonte de renda que uma apólice de seguro: a garantia de que a pessoa poderá sobreviver e não passará fome.

A permanência desse vínculo com uma propriedade agrícola familiar tem contribuído para estabilizar a China numa época de migrações em massa. Suas cidades não geraram as favelas gigantescas de tantas cidades do mundo em desenvolvimento, pois o migrante que não consegue recomeçar a vida na cidade pode sempre voltar para casa e encontrar alguém lá. O adolescente pode sair em busca de trabalho, deixando os pais na lavoura. O marido que migra pode deixar a mulher cultivando a terra, e às vezes é o contrário que acontece. Um casal pode partir deixando os filhos pequenos aos cuidados dos avós. Na cidade, o migrante pode parecer perdido e desamparado, mas quase todos eles têm uma terra para a qual retornar.

O retorno à aldeia para comemorar o Ano-novo lunar no fim do inverno é o principal acontecimento do calendário do migrante: nas seis semanas próximas do feriado, quase duzentos milhões de pessoas viajam nos trens chineses. À medida que se aproxima o Ano-novo, a viagem passa a ser a principal preocupação no mundo da fábrica. As mudanças de um emprego para outro cessam, e os trabalhadores se concentram em economizar para voltar em alto estilo. Os casais entram em delicadas negociações: qual família será visitada e como está a relação? Esse tipo de avaliação pode ser dolorosa, e os migrantes infelizes com sua situação talvez acabem não visitando a família. O feriado é o ápice de todo um ano: é o momento de deixar o emprego, descansar, ficar noivo, começar de novo.

A visita à terra natal, muitas vezes, é tão traumática quanto a transferência para a cidade. As ferrovias chinesas são a única perna do sistema de transportes chinês que ainda funciona exatamente como na época do planejamento central. Na China, hoje, os que têm uma situação melhor viajam de avião e carro, e esses dois meios de transporte estão sintonizados com o mercado. As companhias aéreas melhoraram os serviços e diminuíram os preços; as rodovias são constantemente modernizadas para atender à indústria e ao crescente número de proprietários de carros. Mas as ferrovias continuam o meio de transporte dos pobres, às vezes parecendo servir apenas para entregar a miséria com mais eficiência.

Durante os feriados, um cidadão comum praticamente não consegue comprar passagem a preço justo. As empresas ferroviárias reservam passagens para os privilegiados e bem-relacionados ou, então, as vendem a cambistas, que cobram preços exorbitantes. Como as vendas não são informatizadas, os vendedores de bilhetes não sabem que assentos ficarão livres durante a viagem; um passageiro só consegue lugar marcado se sua viagem começar na estação inicial. As passagens só são postas à venda alguns dias antes da viagem, o que provoca aglomerações de passageiros desesperados que acampam à noite nas estações. Em viagens que duram horas ou dias, os vasos sanitários ficam entupidos e as torneiras param de funcionar, enquanto os passageiros se agacham nos corredores com a cabeça nas mãos. Os usuários raramente se queixam, mantendo o bom humor mesmo nas piores condições. Gastam boa parte de sua energia vigiando seus pertences. Esse é outro dos motivos pelos quais os trens estão sempre superlotados na época do Ano-novo: nenhum migrante pode voltar sem presentes.

Ao chegarem, os viajantes retomam o ritmo mais lento da vida no campo. A vida na aldeia é governada pela hierarquia: os homens mais velhos, principais responsáveis pelas decisões na família, determinam o que é melhor para a comunidade também. A família come e cultiva unida, e à noite as crianças muitas vezes dormem com os pais na mesma cama espaçosa. As crianças mais velhas disciplinam as menores, que obedecem. É comum aparecer um hóspede sem qualquer aviso e permanecer durante dias, sendo facilmente absorvido pelas rotinas comunitárias ligadas às refeições, ao sono e, atualmente, também à televisão. Não existem segredos na aldeia.

Na cidade, esse estilo de vida já não existe. Famílias pequenas vivem em apartamentos ao lado de vizinhos que não são parentes. Relações são estabelecidas com desconhecidos. Os jovens migrantes que foram para a cidade se acostumaram a viver livremente em meio a estranhos; entraram na competição por empregos; saíram para namorar quem bem quisessem. Por melhores que sejam as lembranças da infância rural, o fato é que a aldeia não conseguirá resgatá-los.

Não é uma história nova. A saudade do viajante que volta para casa é um tema clássico da literatura chinesa. Um dos primeiros poemas que as crianças aprendem na escola, do século VIII, fala de um homem que volta para a aldeia natal depois de uma vida inteira distante, para descobrir que seu lugar já não é mais ali.

Fui embora ainda jovem e voltei na velhice,
Com o mesmo sotaque, mas as têmporas grisalhas.
As crianças me veem, mas não sabem quem sou,
E perguntam rindo de onde vem o estranho.

Em sua viagem, Min levava uma jaqueta acolchoada, uma caixa de remédios tradicionais cujo principal ingrediente era pele de burro, uma bolsa Dooney & Bourke cor-de-rosa feita em sua fábrica, leite em pó Nestlé, uma caixa de biscoitos para presentear, duas camisas sociais masculinas, uma caixa de doces em forma de coração e mil iuanes — o equivalente a cerca de 120 dólares, um mês de salário dobrado dentro da roupa. De objetos seus levava apenas um telefone celular, um MP3 e um espelho de maquiagem; tudo mais que tinha consigo era presente para alguém. Era o mês de fevereiro de 2005, uma semana antes do Ano-novo lunar.

Nosso ônibus para Guangzhou ficou lotado em questão de minutos. Num aviso afixado em uma janela lia-se: BEM-VINDOS, SENHORES PASSAGEIROS, A ESTE LUXUOSO ÔNIBUS. EM VISTA DE RECENTES CASOS DE PERDA DE OBJETOS, SOLICITA-SE QUE NÃO DURMAM NA VIAGEM E FIQUEM ATENTOS. A maioria resolvia se arriscar e imediatamente caía no sono. As fábricas iam passando pelos dois lados da rodovia, mas Min já estava com a cabeça muito longe.

— Quando eu era criança, caminhávamos meia hora para chegar à escola — contou-me. — Certas crianças vinham de aldeias localizadas várias montanhas à frente. Havia javalis e lobos na época. A gente não via os lobos, mas dava para ouvi-los. Agora já nem podemos ouvi-los.

A estação ferroviária de Guangzhou estava superlotada; todo ano, nessa época, quatro milhões e meio de pessoas passavam por ali a caminho de casa, e novamente ao irem embora. A vasta praça de concreto em frente à estação tinha sido demarcada em zonas, e policiais, por toda parte, gritavam ordens que, por causa dos megafones usados, transformavam-se em uma algaravia ensurdecedora. À medida que se integravam à multidão, as pessoas instintivamente começavam a correr: ser chinês as condiciona a saber que nunca haverá o suficiente para todo mundo. Min e eu tínhamos lugares marcados, graças a uma prima dela que faria parte do percurso conosco, mas também começamos a correr. Naquela louca confusão, conseguimos nos espremer até o expresso noturno das 19h32, com seus bancos duros, rumo a Wuchang.

A vida no trem era comunitária, e no instante em que deixamos a estação os passageiros começaram a se comportar como se já estivessem em casa. Tiravam os sapatos e ficavam de camiseta; descascavam tangerinas e mascavam *guazi*, sementes salgadas de melão. Celulares tocavam constantemente, alegres e intrusivos: "Feliz aniversário", "Dixie". Um homem do outro lado do corredor abriu um jornal no piso por baixo do assento e se espremeu engatinhando no minúsculo espaço, até que só as pernas ficassem visíveis. Os corredores ficavam tomados por passageiros, que também se amontoavam nas pias de metal junto aos banheiros e ocupavam os espaços entre os vagões, agachados em fileiras com seus paletós escuros, como corvos pendurados num fio telefônico.

Vendedores ambulantes tentavam abrir caminho com seus carrinhos de metal, forçando a montanha humana a se reorganizar periodicamente. Vendiam coxinhas de galinha, cerveja quente e salsichas espetadas em enormes palitos. Os vendedores apregoavam: *Leite quente, leite quente, bom para a saúde.* Só os passageiros ricos compravam alimentos no trem. A maioria já trazia o lanche: ovos cozidos, biscoitos wafer e garrafas térmicas com um chá verde tão turvo, que provavelmente serviria para cultivar algas. Às 10h45 passou uma encarregada da limpeza. Estávamos a bordo havia apenas três horas, mas a mulher já empurrava uma montanha de cascas de amendoim, cascas de laranja e garrafas de plástico vazias. Ninguém no planeta produz lixo com a velocidade dos chineses em viagem.

O tempo passava lentamente para Min. Era apenas a segunda vez na vida que ela fazia uma viagem longa. Ela olhava pela janela; consultava o relógio; brincava com o celular. E regularmente me apresentava relatórios — *Ainda faltam nove horas* —, até que eu lhe pedi que parasse. Ela abriu a caixa de biscoitos que daria de presente e comeu alguns — "Tudo bem, ainda tenho muitas", assegurou-me, e foi ao encontro da prima. Voltou com uma asa de galinha embrulhada em celofane e algumas informações: uma das táticas mais usadas pelos ladrões era distrair o passageiro com uma carteira "encontrada", ao mesmo tempo que metia a mão em seu bolso.

Logo depois da meia-noite recebi pelo celular as boas-vindas a Hubei, a província natal de Min. Nosso sono era constantemente interrompido. Às três horas da manhã a família do outro lado do corredor acordou subitamente, como uma mola que fosse liberada, enchendo o vagão com seu falatório e seus risos, como se estivéssemos no meio da tarde. Às 6h57 chegamos à estação, despedimo-nos da prima de Min e tomamos um ônibus.

ÀS 10H12 O ÔNIBUS ATRAVESSOU o rio Yangtze e Min despertou num solavanco. Começou então a dizer em voz alta o nome de todas as pequenas cidades pelas quais passávamos: Huangshi, Meichuan, Huangmei.

— Estamos quase chegando — disse, com a voz carregada de expectativa.

A mãe de Min, Chen Meirong, esperava à beira da estrada, nas proximidades de uma cidade chamada Dajin. Tinha 42 anos, com uns olhos castanhos cavados e maçãs do rosto salientes — um tipo de beleza de constituição forte, raro entre os camponeses. Oferecia um sorriso largo, de muitos dentes, e tenho a impressão de que não parou de sorrir durante todo o primeiro dia da volta de Min. As duas não se abraçaram ao se reencontrarem — este não é um costume chinês — mas, enquanto conversavam, Min tocou o braço da mãe e acariciou-lhe a borda da orelha. Elas não se encontravam havia dois anos.

Dajin era uma cidade agrícola de rua única, na qual os fornecedores de rações animais e pesticidas ainda existiam em maior número que as lojas de venda de motocicletas e telefones celulares. O comércio à beira da estrada refletia o *ethos* rural do aproveitamento de tudo, sem jogar nada fora: em Dajin, era possível contratar os serviços de alguém para consertar um relógio, um fogão, um telefone ou um aparelho de televisão. Nas cidades grandes, já era difícil encontrar esse tipo de serviço; seus moradores apostavam mais na qualidade dos produtos novos. Nas bancas de venda na rua os produtos expostos com mais destaque eram malas resistentes, o que lembrava que a melhor alternativa local podia ser migrar.

Min estava cheia de planos de melhorias para a casa. Queria comprar um aparelho de DVD.

— Vamos comprar também um filtro de água quente — disse. — É muito mais conveniente.

De vez em quando, a mãe de Min olhava para mim por cima da cabeça da filha.

— Este lugar é terrível! — dizia, abrindo um enorme sorriso. — E nós somos tão pobres!

Ao tomarmos o desvio para a aldeia, a mãe de Min chamou um táxi local: uma motocicleta que puxava uma caixa de metal montada sobre duas rodas, com pranchas estreitas servindo de assento. Cinco jovens já estavam sentadas em seu interior, vestindo calças jeans justas e jaquetas largas — migrantes, como Min, que vieram para passar o feriado com a família. Enquanto o táxi percorria a estrada poeirenta, Min observava as pessoas na volta para casa. Uma jovem de calça preta de couro e botas de salto agulha atravessava uma plantação de arroz; um homem de terno risca-de-giz fina arrastava duas crianças birrentas, uma em cada mão. Um homem numa bicicleta sorriu e acenou.

— É o pai de um colega do ensino fundamental — disse Min. — Ele está velho.

Descemos do táxi em frente a uma série de casas de alvenaria de dois andares. O pai de Min caminhou em nossa direção — com seu rosto fino e alongado, o sorriso cansado — e ela pôde ver que ele também envelhecera. A casa estava sossegada. A irmã e o irmão menores de Min estavam em visita a parentes; outra irmã menor estava em casa, vendo televisão. Ela se virou rapidamente quando Min entrou e logo voltou a atenção para a tela.

Comendo *noodles*, fígado e ovos quentes — a mãe lhe servira três ovos, em homenagem à sua volta —, Min botou as novidades em dia. O pai disse que queria comprar uma motocicleta.

— Quanto custa? — perguntei-lhe.

— Sete ou oito mil — respondeu Min pelo pai.

— Tudo isso! — exclamei.

O pai de Min admitiu que talvez conseguisse uma por menos de 3 mil iuanes.

— Não vale a pena — disse Min. — O senhor vai querer passar o tempo todo consertando a motocicleta?

O telefone tocou. Era um amigo de Min, telefonando de Dongguan para saber se ela tinha chegado bem.

— Minha mãe está a ponto de ter um troço, de tão emocionada que ficou ao me ver — informou Min. — Minha mãe e meu pai envelheceram muito, e a casa está uma bagunça e muito fria. Só dá vontade de dormir.

O telefone voltou a tocar. Era Ah Jie, que iria passar a virada do ano em Dongguan.

— Não posso falar agora — disse ela, em voz baixa. — Tem muita gente aqui.

Como a mãe não aprovava o casamento, Min optara pelo caminho do menor esforço: ela mentira, dizendo à mãe que haviam rompido. Mas agora estava com seu segredo dentro de casa. Toda vez que o telefone tocava, ela podia ser desmascarada.

Dentro de poucos dias Guimin chegaria com o namorado. *Vou levar meu namorado para conhecer minha família*, escreveu-me Guimin em mensagem via celular, *muito embora eles não aprovem que eu esteja namorando alguém de tão longe.* Num outro dia, ela escreveu: *Já sou adulta e sei como levar as coisas. Eles realmente não precisam se preocupar com nada.* A mim, parecia que ela se preparava para uma batalha.

Assim que chegou, Min deu início a uma campanha para civilizar a família. Nos dias nublados, andava pela casa fechando as janelas; a umidade, informava à mãe, fazia mal à saúde. Quando o pai acendia um cigarro depois da refeição, levava um sermão: não devia estar fumando, e precisava lavar a boca com chá, caso contrário os dentes ficariam escuros. Min percorria a casa anunciando as melhorias que pretendia: um filtro de água quente, uma máquina de lavar, um caminho de cimento que atravessasse o quintal lamacento. Min instalou um saco plástico no canto do quarto das crianças e ordenou aos irmãos que colocassem o lixo ali. Observei enquanto ela repetia as instruções à mãe.

Ela estava inquieta com a iminente chegada de Guimin. Min temia que os pais não fossem cortêses com o namorado da irmã. As pessoas do campo não eram acostumadas a estranhos, dizia, e eles podiam ofendê-lo sem querer. Guimin era o assunto de toda a aldeia: nunca uma jovem dali trouxera um namorado de tão longe.

— Minha irmã está chegando com o namorado — dizia Min a cada vizinho que encontrava.

— De onde ele é? — vinha, invariavelmente, a pergunta.

— De Hunan — respondia ela, e ali mesmo a conversa acabava, pois não poderia haver uma resposta boa a semelhante informação.

A casa dos Lu fora construída em 1986, o ano de nascimento de Min. No térreo havia uma sala com um quarto de cada lado; o quarto das crianças tinha dois beliches e uma televisão sempre ligada em volume alto. Na sala havia uma mesa de jantar de madeira e por trás dela um santuário, com as tabuletas dos antepassados mortos, uma fotografia da avó de Min e, na parede, um painel que expunha em caracteres iridescentes a hierarquia do universo: CÉU, TERRA, NAÇÃO, PAIS, PROFESSORES. Na parede junto ao santuário viam-se diplomas acadêmicos datilografados dos dois filhos menores. LU XIU É A QUINTA NA SUA CLASSE. LU XUANQING É UM ALUNO "TRÊS VEZES BOM". Tudo o que cercava esses compartimentos era funcional. No andar de cima, havia no piso um buraco profundo para guardar cereais, pedaços de carne de porco e de peixe curado presos a ganchos, além de um compartimento cheio de nuvens de algodão até a altura do joelho — a colheita do ano, ainda por vender. De um dos lados da casa ficava a cozinha, com as paredes enegrecidas pela fumaça, e do outro um galpão para o boi e a porca com seus porquinhos. As galinhas ciscavam pelo quintal e punham ovos embaixo do armário da cozinha, onde eram guardados os pratos.

A energia elétrica era usada com parcimônia, para economizar, e o jantar geralmente era servido na penumbra. Não havia encanamento nem aquecimento. No frio úmido de um inverno em Hubei, a família inteira usava casacos e luvas dentro de casa, e as paredes e os pisos de cimento absorviam o frio como uma esponja. Se alguém permanecesse sentado por muito tempo, os dedos do pé ficariam dormentes, e os da mão também; o melhor remédio era beber um copo de água quente, segurando-o com ambas as mãos para aquecer também o rosto com o vapor. As crianças, muitas vezes, viam televisão de pé, dando pulinhos para recuperar a sensibilidade nos dedos dos pés.

Min agora gozava de prestígio em casa. Nas refeições, as crianças menores comiam depressa e se retiravam da mesa; Min permanecia, conversando com os pais e comigo. A mãe e as irmãs menores cozinhavam, limpavam a casa e lavavam a roupa, enquanto o pai alimentava os porcos e fazia pequenos trabalhos ao redor da casa. Min não participava das tarefas domésticas. Passava muito tempo ao telefone, planejando visitas a amigos que tinham voltado para casa. Ah Jie continuava fazendo contato com pequenas notícias: tinha ajudado Guimin a comprar a passagem de trem para casa. Sentia falta de Min. Sonhou que ela tinha fugido com outro rapaz.

Os três irmãos menores de Min continuavam morando com os pais. Sar, a terceira irmã, tinha 16 anos; com seus longos cabelos negros que chegavam à altura da cintura, ostentava o mesmo sorriso envolvente da mãe. Frequentava a mesma escola técnica na qual Min havia estudado, e pretendia encontrar trabalho em algum lugar depois de se formar, dentro de alguns meses. Xiu, a quarta irmã, e Xuanqing, o último filho e o único menino, ainda estavam no ensino fundamental. As crianças passavam a semana internadas em escolas da cidade e voltavam para casa no fim de semana; não sabiam muito sobre o funcionamento da casa. Certa manhã, Xiu ficou de pé na porta da cozinha observando enquanto os pais abatiam várias galinhas e arrancavam as penas.

— As crianças se recusam a fazer isso — disse a mãe de Min.

Em outra manhã, Sar chegou ao quintal com um pote de milho para alimentar as galinhas.

— *Turuu... turuu* — chamava.

Mas não havia galinhas à vista.

Mostrei-lhe um ajuntamento delas num vão por baixo da casa.

— São as suas galinhas?

Ela apertou os olhinhos.

— Parece que são as nossas. *Turuu... turuu...*

As galinhas a ignoraram.

A mãe veio lá de dentro.

— O que é que está fazendo? Essas galinhas não são nossas!

A mãe de Sar saiu em busca das fugitivas. Sar deu um risinho amarelo e entrou em casa.

NO SEGUNDO DIA EM CASA, Min levou os três irmãos menores e dois primos à cidade mais próxima, Wuxue, que ficava a uma hora de ônibus. Continuava pensando nas melhorias a serem feitas em casa: queria comprar um filtro de água quente e um secador de cabelo.

— As crianças nunca vão a lugar nenhum — disse-me. — Vamos levá-las à cidade para que se divirtam um pouco.

A primeira parada foi num cibercafé em que Min encontrou um colega de escola chamado Hu Tao. Ele tinha um rosto estreito e usava um minúsculo bigode quadrado que mais parecia um selinho trazido pelo vento. Vestia uma jaqueta de brim cinza e sapatos pretos pontudos, trazendo no rosto uma carranca tensa; parecia estar se preparando para ser um gângster. Hu Tao trabalhava no restaurante de um tio na cidade, mas esperava ir embora para encontrar trabalho.

— Ele gosta de mim — disse Min, sem que ele pudesse ouvir —, mas nunca tivemos nada. Além do mais, já tenho namorado. E ele não parece muito respeitável, não é mesmo?

O comércio estava muito movimentado, às vésperas das festas de fim de ano. Nas bancas, estavam à venda faixas de papel vermelho com votos de felicidades, ao lado de cartazes com a figura heroica do presidente Mao e slogans quase religiosos: *Ele é o grande libertador do povo*. Min percorria as lojas com as crianças, comprando coisas para a casa: meias para o pai, toalhas de rosto para as visitas, xampu. Barganhava muito e conseguiu um filtro de água quente por 11 dólares e um secador de cabelo por 3 dólares e 30 centavos. Comprou também copos descartáveis de plástico, mais higiênicos que os de porcelana usados pela família, raramente lavados. No supermercado, as crianças menores encheram o carrinho com bolos de arroz doce e biscoitos.

Wuxue tinha coisas que já não se veem nas cidades modernas do litoral, como um armazém de estocagem de cereais e uma estação militar de abastecimento de cereais — relíquias de uma época em que a população dependia do governo para obter a ração de cereais. Uma loja anunciava ternos masculinos da marca Old Fogey. Min viera a Wuxue pela última vez havia dois anos, e a nova visita a estava deixando amargamente decepcionada.

— Esta cidade não está com nada — dizia. — Não é tão desenvolvida como outros lugares que conheço.

Hu Tao desapareceu por algum tempo, mas voltou depois do almoço para levar as crianças a um rinque de patinação. Adicionara à sua imagem mais um acessório típico dos gângsteres: um cigarro preso atrás da orelha, o que o fazia parecer ainda menos respeitável. Numa banca de frutas, deteve-se para conversar com uma jovem de olhos negros irrequietos e cabelos oxigenados que já se descoloravam nas pontas. Ela caminhava à frente com Hu Tao, enquanto Min e as crianças seguiam atrás. Ninguém se preocupou em fazer as apresentações.

O rinque estava superlotado e escuro, iluminado apenas por uma bola faiscante de discoteca. Eram três horas da tarde. Min foi tateando pela parede, sentindo bem o que pisava e tentado manter as crianças à vista. Perto de um bar um pouco às escuras, numa das extremidades do rinque, Hu Tao se sentou numa banqueta, e a moça se sentou a seu lado.

— Acho que está na hora de irmos embora — disse-me Min.

Reunimos as crianças e percorremos em sentido inverso o caminho que já tínhamos feito. Junto a uma pequena elevação, Hu Tao reapareceu à nossa frente, sozinho. Tinha feito sua escolha, e a garota de cabelos maltingidos não fazia parte dela.

Perguntou então a Min sobre o lugar em que ela trabalhava. A fábrica produzia bolsas femininas e empregava cinco mil pessoas, disse ela. Os operários da linha de montagem ganhavam 800 iuanes por mês.

— Gostaria de ir embora de novo — disse ele. — As coisas lá em casa não estão nada boas.

— Como era na sua outra fábrica? — perguntou Min.

Ele tinha trabalhado uma pequena temporada em Dongguan.

— Nada boa. Quando você vai voltar?

— Cinco dias depois do Ano-novo — disse Min, fazendo então uma proposta: — Você nos ajuda a conseguir as passagens e vai embora com a gente. Nossa fábrica ainda está contratando.

Depois que se separaram, Min estava exultante.

— Ele vai conseguir passagens de trem para voltarmos para Dongguan — explicou.

Hu Tao recorreria aos seus contatos locais para conseguir as passagens, e Min o levaria para a cidade, conseguindo um emprego para ele na fábrica. Em seu segundo dia de volta à casa, ela já articulara o mais importante de tudo: a maneira de ir embora de novo.

Sete gerações dos Lu viveram na aldeia de Liemahuitou. As noventa famílias residentes, quase todas com o sobrenome Lu, vivem em casas de alvenaria ao lado de plantações de arroz, interligadas por caminhos com numerosos templos nos quais os aldeãos queimam incenso em homenagem aos antepassados. Plantações em terraços sobem do fundo do vale, sucedendo-se nas encostas que são de um cinza azulado como gavetas abertas de uma caixa de joias. A única coisa mais ou menos diferente na aldeia é a extravagância do nome: Liemahuitou, "cavalo selvagem voltando a cabeça". O nome faz referência à forma de uma montanha próxima. Sucessivas gerações viveram e morreram ali sem se afastarem 20 quilômetros de casa. Esse isolamento é celebrado num velho dito popular: *Viver uma vida inteira sem fazer uma viagem longa é sinal de boa fortuna.*

No início da década de 1990, contudo, jovens casais começaram a ir para a cidade para trabalhar, contrariando a vontade dos mais velhos. Quando o tio solteiro de Min se mudou para Wuxue para abrir uma loja, a família reclamou.

— Achamos que os solteiros não deviam ir embora para trabalhar, pois poderiam adquirir maus hábitos — disse-me o pai de Min.

Na última década, a migração se tornou a norma. As crianças da aldeia se vão durante o ensino fundamental, muitas ainda durante o primeiro segmento; tanto os meninos quanto as meninas partem, embora certas famílias prefiram que os filhos homens fiquem mais perto de casa. Os pais de Min trabalharam por algum tempo numa fábrica de sapatos em Wenzhou, no litoral leste, mas retornaram sem economias. Alguns migrantes da geração anterior à de Min tinham voltado para a aldeia, abrindo pequenos negócios. Da geração mais jovem, ninguém voltara: alguns haviam se casado e continuado a trabalhar longe de casa, e alguns poucos tinham comprado apartamentos em Wuxue, uma cidade vizinha.

A migração se tornou a principal fonte de renda da aldeia. Juntas, Min e a irmã mais velha tinham mandado para casa 600 dólares no ano anterior, contra apenas 240 dólares dos rendimentos dos pais com a venda de porcos e algodão. O dinheiro financiava os estudos das crianças menores, dando às irmãs uma voz nos assuntos familiares. Quando Guimin migrou pela primeira vez, foram seus argumentos que convenceram os pais a permitir que Min fosse além do ensino fundamental. O nível educacional alcançado pelas irmãs não era comum na aldeia.

— Nós tratamos nossas filhas como se fossem filhos — disse-me certa manhã a mãe de Min, sentada junto à janela de seu quarto, costurando um antiquado chinelo de veludo. Ela e o marido concluíram os primeiros anos do ensino fundamental, o que é raro em camponeses da sua geração.

"Muita gente na aldeia não concorda comigo", prosseguiu. "Eles dizem que as filhas não precisam estudar tanto, uma vez que, de qualquer maneira, vão se casar. Mas eu acho que é melhor ter o conhecimento que não tê-lo."

A ordem do nascimento era um fator determinante do destino de cada um. Guimin, a primogênita, fora embora após concluir o primeiro segmento do ensino fundamental, em busca de trabalho. Min, a filha seguinte, quase concluiu a escola técnica, e Sar vai se formar antes de ir ao encontro das irmãs.

Os dois menores, segundo a expectativa da mãe, vão fazer o ensino médio e a faculdade, agora que existe a possibilidade financeira.

— É o meu ideal, mas depende deles e do esforço que fizerem — disse a mãe de Min.

Alguns primos de Min tinham ido embora em busca de trabalho com apenas 12 anos. Das vinte e sete crianças que estudaram com Min até o sexto ano, dez foram logo trabalhar, em vez de prosseguirem os estudos e concluírem o ensino fundamental. Certos pais pareciam ver nos próprios filhos pouco mais que máquinas de fazer dinheiro: uma família da vizinhança exigia que cada uma das quatro filhas enviasse para casa 10 mil iuanes por ano. Outro camponês abriu uma conta bancária para que os salários das três filhas, que trabalhavam numa fábrica de suéteres, chegassem diretamente às suas mãos.

Os casais de migrantes enfrentavam os próprios dilemas. Um dos tios de Min trabalhava como pedreiro em Dongguan com a mulher, mas manteve os dois filhos adolescentes na escola da aldeia, na esperança de que um dia chegassem à faculdade. Mas os garotos saíram da linha, sem que houvesse quem os disciplinasse.

— Desde os 14 anos meu filho só pensa em garotas — queixava-se o tio de Min, certa noite, jantando na casa dos Lu. — Mas como poderia controlá-lo? Estou em Dongguan, e minha mulher também. — O filho estava na outra extremidade da sala, ouvindo. — Quando eu tinha a idade dele — prosseguiu o pai —, os garotos e as garotas nem se falavam. Mas hoje os jovens vivem num mundo diferente.

Na aldeia, só uma pessoa da faixa etária de Min pretendia ir para a faculdade: Lu Zejuan, uma de suas amigas de infância. No período em que Min esteve trabalhando em Dongguan, Lu Zejuan teve um colapso nervoso causado pela pressão dos estudos preparatórios para o vestibular. Min a visitou três dias depois de chegar; Lu Zejuan estava sentada diante da televisão, com uma jaqueta de náilon em cujo bolso da frente havia a inscrição *450 Fifth Avenue, New York*. Ela raramente saía de casa, para não ficar ouvindo fofocas a seu respeito. Quando Min convenceu a amiga a dar uma caminhada, certos vizinhos ficaram olhando fixamente para Lu Zejuan e balbuciaram o nome dela com hesitação, pois havia passado muito tempo desde que a viram pela última vez.

A migração havia se consolidado de tal maneira que a educação ficava parecendo a aposta mais arriscada. Wu Jianhan, colega de classe de Min procedente de outra aldeia, veio visitá-la e ficou vários dias. Usava calça negra de terno, camisa social branca e gravata de listras — todo dia, o mesmo ambicioso modelito, até quando estava ajudando o pai de Min a consertar o telhado do banheiro anexo. Ele havia feito vestibular, mas o irmão mais velho se recusara a pagar a matrícula.

— Ele diz que hoje em dia até quem sai da faculdade encontra dificuldade para conseguir emprego. Acha que eu devia simplesmente começar a trabalhar — disse Wu Jianhan certa manhã em que varria sujeira de galinha e dejetos de fogos de artifício na calçada em frente à casa dos Lu.

— É o ponto de vista dele. Eu tenho opinião diferente.

Wu Jianhan havia migrado e trabalhava em Pequim, mas se recusava a dizer que tipo de trabalho fazia.

Min e a irmã mais velha impunham respeito na aldeia porque já trabalhavam em escritórios. Ninguém mais fora para Dongguan, embora os migrantes da aldeia preferissem lugares igualmente distantes: as fábricas de calçados de Wenzhou, a uma distância de vinte e duas horas de ônibus; os salões de beleza de Harbin, a vinte e oito horas de trem.

— É o que todo mundo pensa aqui — explicou Min. — Quanto mais longe de casa, melhor.

Dois dias antes do Ano-novo, Min deixou sua mãe muito zangada. Um dos seus tios convidara a família para uma reunião, um dos grandes momentos das festas, mas o telefone tocou e alguém fez um convite mais interessante. Uma glamorosa e jovem tia, que tinha um salão de beleza em Wuxue, acabara de chegar e convidou Min para fazer compras na cidade.

— Por que vai sair, se está chovendo? — limitou-se a comentar a mãe, evidentemente contrariada com a grosseria de Min.

Min tinha consciência do que estava fazendo.

— Sou eu que estou ofendendo o meu tio, não a minha mãe, de modo que não tinha nenhuma relação com ela — raciocinou.

A tia de Min, Huang Caixia, passou pela casa para nos apanhar. Tinha 25 anos e trajava uma elegante jaqueta cintada e uma reluzente calça de cetim, com um par de tênis. A primeira coisa que fez foi lançar mão de um telefone celular vermelho, abri-lo como se fosse um estojo de maquiagem e exibi-lo à admiração geral. No ônibus até a cidade, ela e Min ficaram trocando dicas sobre tintura de cabelo e cantando em voz alta as canções que ouviam no MP3 de Min. Sua tia conhecia todas as letras.

As trinta e seis estratégias do amor
São como um jogo
E eu quero ficar com o controle remoto.
As trinta e seis estratégias do amor
É preciso cuidar do charme
Para marcar pontos e não bobear.

Min disse à tia que queria que o pai construísse um banheiro no interior da casa.

— Ele também poderia instalar nele a máquina de lavar, e haveria lugar para tomar banho — disse ela. — Poderiam até pôr alguns azulejos nas paredes, para que ficasse como um chuveiro de verdade.

— E um aquecedor elétrico — acrescentou a tia.

— E um aquecedor elétrico — repetiu Min —, para podermos tomar banho no inverno sem pegar resfriado.

A tia imaginou que o projeto custaria 5 mil iuanes, aproximadamente 600 dólares.

— Quando a gente viveu algum tempo na cidade, muda a maneira de pensar — explicou-me a tia. — Estamos constantemente pensando em como melhorar a vida no campo.

Ela e o marido trabalhavam em Wuxue e alugavam um apartamento, mas a filha de 4 anos vivia na aldeia com a avó. O casal pretendia levá-la para a cidade assim que tivesse economizado para comprar um apartamento. Quando se casaram, eles não tinham solicitado à aldeia um lote de terra para arar; os pais do marido continuavam cultivando pouco mais de mil metros quadrados, o que era suficiente.

— A aldeia é a nossa casa — disse a tia de Min. — Mas já não me sinto à vontade nela.

NESSA TARDE GUIMIN CHEGOU com o namorado. Ela era meia cabeça mais alta que Min, com um belo rosto de compleição sólida e a naturalidade da primogênita de uma grande família. Ao entrar na casa, o namorado deu com o pai de Guimin, que saía. Abaixou a cabeça, cumprimentou-o com um "tio" e ofereceu-lhe um cigarro. E isso foi tudo: nenhuma apresentação, nada de conversa, só cigarros — o cartão de visita e a moeda do universo masculino chinês.

No jantar, os pais de Min não disseram grande coisa ao namorado da filha. Talvez fosse timidez, ou, então, algum protesto tácito. Mas foi exatamente como Min temia: eles não estavam mostrando o devido respeito a um convidado que chegara de tão longe. O namorado, que entendia tão pouco o dialeto local quanto eu, mantinha-se polidamente calado. Quando foi servida a aguardente caseira, Min passou à ofensiva. Voltando-se para aquele que já tratava na intimidade como "cunhado", disse, erguendo o copo: "Bem-vindo à nossa casa."

Os dias na aldeia geralmente começavam com um telefonema quebrando o sossego antes do amanhecer: mais alguém também viera passar o feriado com a família. Os pais de Min se levantavam cedo e ficavam andando pela casa, batendo portas e falando em tom de voz normal, enquanto todo mundo continuava dormindo. A consideração com os outros não fazia parte do estilo de vida na aldeia: as pessoas passavam o tempo todo em grupos, e, portanto, sabiam muito bem ignorar uns aos outros.

Quase tudo era feito em comunidade. As crianças se levantavam juntas e faziam fila na entrada do quintal, escovando os dentes e cuspindo no quintal do vizinho. Todas as refeições eram feitas coletivamente — legumes, arroz e sempre carne de porco, pois as famílias costumavam abater um porco no outono para servi-lo no jantar durante todo o inverno. O banho também era uma atividade de grupo: à noite, as mulheres da família aqueciam uma bacia d'água. Uma após a outra, elas lavavam as partes íntimas e os pés, sem trocar a água. Em seguida, os homens voltavam a encher a bacia e faziam o mesmo. De vez em quando, os membros da família se valiam de uma esponja para o banho, mas em geral era diferente do momento de lavar o cabelo, que levava muitos dias para chegar. No fim das contas, todas as partes do corpo eram lavadas, embora raramente ao mesmo tempo.

O dia inteiro chegavam visitas, e algumas ficavam por vários dias. Um primo de Min, de 9 anos, dormiu entre nós duas, na cama, por várias noites, até que apareceram dois primos pelo lado materno, seguidos de dois primos do lado paterno. Wu Jianhan, o rapaz que sempre usava camisa social e gravata listrada, foi o que ficou por mais tempo; estava interessado em Min, mas ela o ignorou. A mãe mudou para o quarto dela, deixando o marido com os meninos em seu quarto. À noite, Min, a mãe e eu dormíamos debaixo de uma manta numa cama de casal, imóveis como bonecas.

O centro da vida na aldeia era a televisão. As crianças passavam o dia inteiro em frente ao aparelho; na casa de um vizinho, o visitante geralmente ficava com um assento na primeira fila, para não perder o episódio do seriado. O gênero favorito de todo mundo era o drama histórico sobre a vida na corte imperial. Essas novelas, aparentemente, eram o principal contato dos aldeãos com a história, embora contassem o passado de forma seletiva. Feiticeiras, fadas, magia, cultos, milagres, assassinatos, adultério: as crianças ficavam hipnotizadas. Enquanto o Partido Comunista pregava a moralidade, o racionalismo e o desenvolvimento científico, na televisão quase todo entretenimento ia de encontro a esses princípios.

As crianças ficavam entre dois mundos: a aldeia e o universo de fantasia de seus brinquedos eletrônicos. Podiam ajudar a mãe a lavar a roupa no rio, por exemplo, para em seguida se entregar ao jogo portátil do Tetris. Às vezes pareciam ter acabado de cair na Terra, vindas do planeta Televisão. Quando apanhei minha câmera para mudar o filme, o primo de 9 anos de Min fez a seguinte observação:

— Como é um filme? — perguntou. — É como se a gente estivesse vendo na televisão?

Todo mundo era parente de todo mundo, de uma forma tão complicadas que nem mesmo a língua chinesa tinha nomes para todos. Uma das visitas era genro do irmão mais moço do avô de Min; em outra ocasião, fomos visitar as irmãs da nora do irmão do avô e o pai delas. Eu achava que as crianças que estavam eternamente em frente à televisão na casa de Min fossem vizinhas, mas um belo dia fomos visitar sua tia-avó em outra aldeia e dei com as mesmas crianças sentadas em frente à televisão: naturalmente, eram parentes. Um rapaz que morava ao lado e trabalhava numa fábrica de calçados em Wenzhou aparecia com tanta frequência, que eu estava certa de que se interessava por Min. Já estava para contar-lhe isso, quando fiz uma descoberta: ele era primo de seu pai.

Os aldeãos reagiam de diferentes formas à minha presença. Os que trabalhavam na cidade puxavam conversa e me perguntavam sobre Pequim e a América; espichavam o olho para meus cadernos de anotações e tentavam decifrar minha caligrafia. Os que haviam permanecido na aldeia, entre eles os pais de Min, mostravam-se polidos, mas tímidos — embora respondessem prontamente às minhas perguntas, nunca tinham perguntas a fazer. Nenhum dos homens mais velhos me dirigia a palavra. Por ser mulher, jovem e forasteira, eu era triplamente irrelevante para eles.

Nunca vi ninguém ler um jornal ou assistir ao noticiário noturno da televisão, e eram poucos os sinais de presença do governo. Nas duas semanas que passei na casa de Min, não encontrei um único funcionário público, e a lei tampouco parecia muito presente ou próxima. A política de limitação a um ou dois filhos por família já prevalecia em todo o país havia mais de duas décadas, mas na aldeia as famílias tinham em média mais de dois filhos, segundo o pai de Min. Os Lu tinham cinco filhos, mas uma das famílias da aldeia tinha seis, e uma outra, sete. O homem que tivera sete filhos havia sido o chefe da aldeia, uma das posições mais importantes da sociedade local.

MIN SE REINTEGRAVA COM FACILIDADE a esse mundo, mas guardava seus segredos. Não falava do namorado nem da fábrica, e pude notar que se abstinha ou se afastava sempre que alguma coisa não lhe convinha. Fazia seus próprios planos de visitar amigos, às vezes indo de encontro à vontade da mãe; falava com dureza com parentes mais velhos de que não gostava. Nunca a vi fazer algo que não quisesse fazer. Uma tia lhe pediu que levasse a filha de 14 anos à fábrica, mas Min se recusou sem rodeios. Em outra manhã, um tio mais velho apareceu na casa depois do café da manhã e não parava de falar da nova jaqueta acolchoada que o pai de Min estava vestindo. Tinha sido um presente dela.

— Quanto custa? — perguntou o velho. — Vinte iuanes?

— Nem que o senhor tivesse 320 iuanes conseguiria comprá-la — disparou Min. — É uma jaqueta acolchoada.

Ela mostrava desprezo por muitas das pessoas mais velhas da aldeia.

— Eles estão sempre querendo saber quanto eu ganho ou quanto dinheiro trouxe para casa — disse-me mais tarde. — Isso não é da conta deles.

Os jovens migrantes dominavam o período de festas na aldeia, desfrutando a autoridade que lhes conferia o dinheiro. Circulavam exibindo seus telefones celulares e suas roupas novas; faziam comparações entre as respectivas situações no emprego. Eram os casamenteiros mais ativos, para si próprios e entre eles, e davam dinheiro aos parentes mais velhos que passavam necessidade. No passado, essas funções eram desempenhadas pelos mais velhos, mas agora essa geração era pobre demais e sem qualquer qualificação para cumpri-la. O máximo que os pais podiam fazer era fofocar sobre os ganhos dos filhos e suas perspectivas de casamento.

— Quero que ela se dê bem no trabalho. Só isso — respondeu a mãe de Min, quando lhe perguntei sobre suas expectativas em relação à filha. — O que vai acontecer no futuro depende dela.

Ela esperava que Min e Guimin encontrassem namorados da região. De maneira geral, contudo, parecia ter aceitado que as filhas se moviam agora numa esfera além de sua capacidade de ajudá-las ou de entendê-las.

PARA MIM, O MAIS DIFÍCIL da permanência na aldeia de Min era a coletivização da vida. Ninguém jamais ficava sozinho. Quando alguém se sentava em frente ao aparelho de televisão, chamava todo mundo que estivesse por perto para ver também; se Min providenciava água quente para lavar o rosto, eu também tinha de lavar. Uma ou duas vezes, como eu tentasse ler um livro — ignorando o barulho da televisão ali ao lado —, as crianças vinham uma a uma dirigir-me a palavra, com expressões de preocupação no rosto.

A permanência de Min na aldeia me fez pensar em minha própria família. Muito tempo atrás, em sua infância na China, meus pais tinham sido criados de maneira semelhante. Na América, haviam me educado e educado meu irmão de forma muito diferente, estimulando nossa independência e nos liberando de obrigações de família. Meus pais não esperavam que visitássemos os parentes; nunca nos disseram o que deveríamos estudar na escola. E em todos os anos que vivi no exterior, meus pais nem uma só vez me pressionaram para voltar. Na aldeia de Min, dei-me conta disso pela primeira vez, e fiquei grata.

Certa manhã, depois de uma farta refeição em família, tomei sozinha a estrada lamacenta em direção à cidade. E vi coisas que não havia notado antes: um quadro-negro que listava taxas escolares e de vacinação do gado, uma loja que vendia exclusivamente cigarros e fogos de artifício, crianças que não tinham mais de 4 anos brincando com isqueiros. Na aldeia seguinte, passei por um prédio azulejado de quatro andares. Nas zonas mais ricas do litoral, havia aldeias inteiras com casas como essa, de azulejos brancos. Nessa aldeia, existia apenas uma, prenunciando o que estava por vir.

Eu já me ausentara havia uma hora quando meu celular tocou.

— Onde você está? — perguntava Min. — Estamos todos esperando para poder almoçar.

Voltei correndo, para ouvir acusações perplexas.

—Você não almoçou! Aonde estava indo?

— O que estava fazendo, caminhando sozinha pela estrada?

A vida no campo na China nada tem de relaxante. É um lugar de constante socialização e negociação, uma conversa que já se desenrola há muito tempo e vai continuar depois que você se for. Nesse período passado na aldeia de Min, entendi por que os migrantes se sentiam tão sós ao chegarem à cidade. Mas também me dei conta do valor que passavam a atribuir à liberdade lá encontrada, até não serem mais capazes de viver sem ela.

No último dia do ano velho, a família de Min e as famílias de todos os seus tios foram prestar homenagens nos túmulos dos antepassados. Abrindo caminho entre as plantações de arroz — tanques lamacentos cheios de talos mortos, agora que a colheita já fora feita —, atravessaram um riacho onde os aldeãos lavavam roupa e subiram a encosta da montanha, passando por plantações de algodão e de chá. Numa clareira cercada de pinheiros estavam a sepultura da avó paterna de Min, morta dois anos antes, e um marco de pedra que assinalava os túmulos de seus bisavós. A montanha se chamava Montanha dos Túmulos Lu.

—Todos os nossos antepassados estão enterrados aqui — explicou Min.

Sua mãe dispôs tigelas de tâmaras e amendoim açucarado, oferendas aos mortos na outra vida. Seu pai queimou algumas cédulas — nas quais se podia ler o slogan "Moeda para uso geral no céu e na Terra" — e derramou aguardente no solo em frente às sepulturas. Os rapazes adornavam os arbustos de chá com fogos de artifício, como pequenas lâmpadas de Natal enfeitando as árvores de uma casa suburbana americana, até que todos os membros da família se ajoelharam na terra molhada, fazendo três reverências. O sepultamento, os fogos de artifício, a queima de papel — tudo ia de encontro à política oficial. Para reprimir essas tradições "feudais", o governo promovia a cremação e cobrava multa de milhares de iuanes a qualquer família que enterrasse seus mortos. Na aldeia de Min, todas as famílias, por mais pobres que fossem, pagavam a multa e enterravam seus mortos.

Em casa, o pai de Min escreveu meticulosamente uma bênção para o deus da cozinha em um papel vermelho quadrado. Na porta da frente da casa, colou faixas de papel vermelho com uma quadrinha celebrando o Ano-novo. Min apanhara as faixas de papel na cidade, sem se dar o trabalho de ler a quadrinha, mas os versos se adequavam perfeitamente:

O dragão viaja os quatro mares para trazer riqueza para casa
A fênix voa dez mil quilômetros para nos trazer tesouros

Naquela noite, a família soltou fogos de artifício e assistiu na televisão ao especial de fim de ano. A noite inteira se ouvia o estalar dos fogos — um assobio agudo, um silêncio e uma explosão abafada. A luz do quarto ficou acesa a noite inteira, como é de tradição nas três primeiras noites do ano. Ninguém se lembrava do significado da tradição, mas ainda assim ela era observada. As casas da aldeia reluziam à noite, espalhadas pelo vale, com suas luzes azuis frias lembrando as fábricas de Dongguan.

NO PRIMEIRO DIA DO ANO-NOVO as crianças acordaram cedo e fizeram fila para se olharem no espelho. Min prendeu o cabelo em pequenos rabichos e franja com um pregador Barbie da verde-limão; as três meninas mais velhas passaram batom rosa Maybelline. Tradicionalmente, o primeiro dia do ano era dedicado a visitas na aldeia. As crianças menores corriam de casa em casa recolhendo doces, e as mais velhas ficavam conversando com os adultos e bebendo garapa quente. Antes de entrar na casa de um vizinho, Min combinava com Sar como se dirigir aos mais velhos que lá vivessem. Ela já esquecera qual era seu grau de parentesco ou relacionamento com muitas pessoas da aldeia.

Na casa de uma tia da mãe de Min as três meninas mais velhas se consultaram rapidamente, e Guimin, lançando mão de 100 iuanes, entregou-os à velha senhora; elas também deram dinheiro na casa de um tio-avô que mancava de uma perna. Tradicionalmente, os mais velhos é que, no Ano-novo, entregavam à geração mais jovem os habituais *hongbao* — envelopes vermelhos com dinheiro —, mas agora a moeda fluía na direção oposta.

Os migrantes da aldeia tinham desenvolvido uma tradição própria. No primeiro dia do ano, a única ocasião em que todos se encontravam em casa, os jovens se reuniam no templo budista na montanha. Juntei-me a Min, Guimin e Sar quando elas se reuniram certa manhã debaixo de uma fina garoa. Num desvio da estrada, eram esperadas por uma pequena multidão. Lá estavam os jovens machos da aldeia: alguns casados, outros não, trajando jaquetas de couro preto e calças jeans e fumando tranquilamente enquanto observavam nossa aproximação. Traziam braçadas de fogos de artifício. Um deles tinha prendido quatro cigarros numa das hastes dos óculos, em tocante demonstração de abundância.

O templo era um prédio de cor creme cujo telhado de ardósias pretas se voltava graciosamente para o alto nos cantos. Antes de entrar, os rapazes soltaram várias rajadas ensurdecedoras de fogos de artifício. Na primeira sala, lia-se numa tabuleta de madeira a lista dos nomes dos que haviam doado dinheiro para a reforma do templo. Min encontrou os nomes do pai e de todos os tios numa floresta de Lus, na seção DOARAM CINQUENTA.

Min foi a única jovem a se encaminhar para o altar, na sala mais isolada do templo. Depositou dinheiro numa caixa coletora e perguntou a uma monja de meia-idade se podia orar por sorte no casamento. A monja assentiu. Min se ajoelhou e orou, pedindo que pudesse encontrar a pessoa que estava destinada a ela. A monja se aproximou dela e pôs a mão em seu ombro.

— Ganhe um pouco mais de dinheiro — disse. — Encontre um bom parceiro.

Era a primeira vez que Min rezava pela sorte no casamento. Não estava muito certa da intensidade da própria fé, mas isso não parecia ter importância.

— Mesmo não acreditando, a gente deve respeitar — disse.

A monja lhe entregou um pedacinho de pano vermelho, que ela deveria guardar bem guardado, para que a protegesse. Se a sorte lhe sorrisse, Min deveria retornar ao templo dentro de um ano e agradecer a Guanyin, a deusa budista da misericórdia, protetora dos marinheiros, das mulheres sem filhos e de todos os sofredores.

Passado o período de Ano-novo, Min esqueceu os projetos de melhorias na casa. O filtro de água secou; todo mundo voltou a usar os copos de porcelana. O saco plástico de lixo ficou esquecido num canto e um belo dia desapareceu. Min agora estava preocupada com a iminente viagem de volta à cidade.

Num dia de neve, ela viajou uma hora de mototáxi e miniônibus para visitar duas irmãs que eram amigas suas desde o tempo do ensino fundamental. As duas tinham chegado da cidade do litoral onde trabalhavam; os pais aravam a terra e cuidavam de um filho adolescente com deficiência mental. Ao chegar à casa, Min se surpreendeu ao dar com uma irmã de pouco mais de um ano, que mal começava a caminhar. Tomou o bebê nos braços e descreveu a situação para mim, como um detetive veterano sentindo o pulso da cena do crime.

— O filho é retardado, e por isso eles queriam outro filho. Mas tiveram uma filha. Naturalmente, nem por isso deixam de amá-la igualmente — explicou Min um pouco na defensiva, ninando a criança.

— Onde está trabalhando? — perguntou a mãe da amiga a Min.

— Num escritório em Dongguan — respondeu ela.

— Fazendo o quê? — quis saber a irmã menor.

— Secretária — informou Min.

— Muito bem! — fez a mãe.

Min se voltou para a irmã mais velha, Cheng Meilin, que tinha 20 anos e um rostinho delicado.

— E você?

— Nada muito bom — respondeu Meilin. — Trabalho num restaurante.

— Garçonete? — perguntou Min.

Meilin olhou para o outro lado sem responder. Sua irmã menor, Cheng Li, trabalhava na seção de utilidades domésticas de um supermercado de Henan. Para Min, as duas irmãs estavam, portanto, na base do sistema de classes dos migrantes: o trabalho no setor de serviço era exaustivo, com a vergonha adicional de ter de atender pessoas ricas.

No almoço, Cheng Li conversou com Min sobre seu emprego. Ela trabalhava treze horas por dia e só tinha dois dias de folga por mês, os quais ainda eram deduzidos do seu salário.

— Venha comigo para a minha fábrica — disse Min à queima-roupa. — É uma fábrica de bolsas. O salário é de setecentos ou oitocentos por mês para os operários, e temos o domingo de folga.

Cheng Li olhou para a mãe, que disse:

— Vamos ver o que diz o seu pai.

Na mesma aldeia, Min foi à casa de outra colega de classe, que estava ausente; ela ficou sabendo pela vizinha que a amiga tinha se casado com um homem com o dobro da idade dela e atualmente ficava em casa cuidando do bebê que tivera. A vizinha anunciava os detalhes de sua porta da frente, no volume máximo.

— O marido é baixinho. É velho e feio. Os pais não aprovaram o casamento.

Min ficou perturbada com a notícia.

— Ela parecia ter muito futuro — disse-me enquanto caminhávamos de volta pela aldeia. — Eu achava que ela trabalharia como migrante durante muito tempo. Realmente achava que ela conheceria muitos lugares.

NA NOITE ANTERIOR À PARTIDA de Min e da irmã mais velha a família se reuniu para ver televisão. O namorado de Guimin se ausentou para ir ao banheiro lá fora, e de um momento para outro o clima na sala mudou. Guimin e a mãe começaram a falar alto em tom áspero, as palavras saíam muito rápidas — como se alguma coisa estivesse presa na garganta e ganhando volume havia dias.

A mãe criticava Guimin por se envolver com um homem que não era da parte de Hubei onde eles viviam.

— Se se casar com ele — foi dizendo, elevando a voz —, talvez nunca mais volte a vê-la.

Guimin se voltou furiosa para a mãe.

— Cada um tem o que merece — retrucou. — Se quiser que eu acabe com ele, posso fazê-lo agora mesmo. E nunca mais vou me casar com ninguém.

A mãe começou a chorar.

O namorado retornou, e foi como se trouxesse de volta o silêncio também. De repente as palavras hostis desapareceram e todo mundo se calou. Guimin olhava fixamente a tela da televisão. A mãe se levantou e se retirou.

— Vá ajudar sua mãe — disse o pai a Min.

Ela se levantou, os olhos arregalados e cheios de expectativa, e saiu. Guimin começou a arrumar suas coisas. O pai continuava assistindo à televisão, como se nada tivesse acontecido.

Min tentou argumentar com a mãe.

— Cada um tem de encontrar seu próprio caminho — disse. — Se Guimin não estiver feliz com ele, vai voltar para nós. Se estiver, você é que terá impedido essa grande felicidade.

Guimin e a mãe não se falaram mais pelo resto da noite. Mas ainda assim dormiram na mesma cama, uma com a cabeça na altura dos pés da outra, como haviam feito por todo o período que a filha passou em casa. De manhã cedo a mãe a ajudou a se arrumar. As duas conversaram normalmente, como se a cena da noite anterior não tivesse acontecido. O namorado também agia normalmente: ninguém lhe falara do ocorrido. Guimin e o namorado tomaram o caminho lamacento em direção à estrada e ela se despediu sem olhar nos olhos da mãe.

— Viremos então no feriado de outubro — disse o namorado aos pais dela, ao se despedir.

Eles assentiram e sorriram, como se ele ainda fosse bem-vindo.

NO QUINTO DIA DO NOVO ANO, Min deixou a casa dos pais. Como prometido, seu colega de escola, Hu Tao, comprara passagens para nós no trem das 15h20 para Dongguan. Era o trem parador, que levava dezesseis horas, sem lugares marcados, mas ele tivera sorte de conseguir as passagens naquela correria depois do feriadão. Despedimo-nos dos pais de Min e subimos na garupa da motocicleta de um tio que nos levaria à cidade.

— Segurem-se bem — disse a mãe ao se despedir.

Min chegou à estação com uma hora de antecedência, acompanhada de duas amigas que foram se despedir. O trem já chegaria cheio e seria difícil entrar; o saguão de espera estava carregado de tensão e expectativa, como nos instantes que antecedem uma corrida. Ninguém sabia de Hu Tao. Toda vez que telefonava para ele, Min ouvia uma mensagem gravada que dizia que o celular dele estava desligado.

Às 14h45, foi anunciado o número da plataforma e o saguão se esvaziou num tumulto. Min foi procurar Hu Tao do lado de fora da estação. Voltou sozinha e trocou algumas palavras com a amiga Liu Liya. Talvez nós duas devêssemos entrar no trem e depois resolver a questão dos bilhetes. Liu Liya não estava tão certa.

— Eles vão botar vocês para fora na hora — disse.

Pouco depois das três horas, Hu Tao apareceu, com sua expressão vaga inalterável e o bigodinho como sempre boiando sobre os lábios. Min e as amigas pularam em cima dele.

— Onde você estava?

— Sabia que já são três horas?

Ele não sabia. Seu telefone estava desligado e ele não usava relógio.

— Por que seu telefone está desligado? Telefonamos tantas vezes, e nada de encontrá-lo.

Ele disse que a bateria descarregara.

— A vontade que dá é de meter a mão na sua cara! — exclamou Min.

Hu Tao parecia confuso ao entregar-lhe as passagens.

Misturamo-nos à multidão que esperava para passar por um portão de metal que conduzia à plataforma. Policiais caminhavam para cima e para baixo, gritando para que os passageiros não empurrassem. Min e eu fomos umas das primeiras a atravessar o portão, mas Hu Tao ficou para trás.

— Não se preocupe mais com ele — disse ela.

Quando o trem encostou, a multidão correu em sua direção, mas quase todas as portas permaneceram fechadas. Uma entrada se abriu, e a multidão se precipitou. Braços e pernas tentavam alcançar o trem e enfrentar a avalanche humana. Os passageiros queriam impedir que outras pessoas subissem a bordo, talvez porque o vagão estivesse lotado ou na tentativa de reservar lugar para amigos. Alguém levou um soco no estômago; vozes enfurecidas se elevaram. O impasse durou dez minutos, e não havia policial algum à vista. Eles desapareceram justo num momento crucial como aquele.

Finalmente, vimos uma porta aberta alguns vagões atrás, saímos correndo e abrimos caminho. O vagão estava lotado, mas dali a uma hora Min e eu tínhamos conseguido nos apertar na beira dos assentos. Hu Tao nos alcançara, e Min lhe cedeu o assento e se sentou no colo dele, enquanto ouviam juntos o MP3 dela. Parecia um raro gesto de intimidade, e finalmente Min veio me explicar.

— Esse rapaz já foi meu namorado — disse.

— O quê? Hu Tao?

Ela tinha namorado Hu Tao no ano anterior, quando ele morava em Dongguan — era ele o rapaz que ela não conseguia encontrar depois de perder o celular. Hu Tao tinha telefonado no primeiro dia de sua visita aos pais, com a intenção de recomeçar o namoro. Esses segredos tinham sido guardados com tanto cuidado que eu não tinha a menor ideia, e agora eu tentava montar o quebra-cabeça.

— Ele sabe que você tem namorado? — perguntei.

— Não.

— E você vai contar?

— Quero, primeiro, que ele encontre trabalho na fábrica — explicou Min. — Aí eu lhe conto, e ele ficará livre. Podemos ser apenas amigos.

Ela deu uma risada com o próprio descaramento.

— Ele não é tão bom quanto meu atual namorado, não é mesmo? Meu namorado é mais confiável.

Havia mais segredos. Guimin não estava retornando a Dongguan, como supunham os pais. Naquela manhã, ela tomara o trem para Changsha, a cidade onde vivia seu namorado; eles iam morar juntos e ele a ajudaria a encontrar trabalho.

— Só eu sei — disse Min. — Você não pode contar à minha mãe. Ela ficaria ainda mais zangada.

Ela foi caminhando pelo corredor. Mais tarde voltei a vê-la sentada no colo de Hu Tao, que desembaraçava seu cabelo com os dedos. Ela me olhou por entre os dedos e as mechas de cabelo com um sorriso cheio de prazer e vergonha.

Mais tarde, nessa noite, recebi uma mensagem de Guimin pelo celular. Disse-lhe que estávamos no trem e que esperava que as coisas tivessem dado certo com seus pais. *Obrigada, eu não esquento*, escreveu ela de volta. *Estou apenas seguindo meu caminho.*

Às oito horas da manhã seguinte o trem chegou a Dongguan. Fazia calor no sul; Min tirou o suéter e começou a se queixar, já esquecida do frio que enfrentara na casa dos pais. Ela e Hu Tao deixaram a estação para tomar um ônibus em direção à fábrica. Ela tomaria um banho de chuveiro e lavaria o cabelo, providências que adiava havia dias por não haver água corrente na casa dos pais. Depois, tiraria uma longa soneca. Ela ainda não pensara como resolver o problema dos dois namorados, mas no fim as coisas haveriam de se resolver por si mesmas. Ainda naquela manhã, Min apresentaria o namorado a Hu Tao, e cada um deles ficaria furioso ao tomar conhecimento da existência do outro. Min tentaria, sem êxito, encontrar emprego para Hu Tao em sua fábrica. E o namorado lhe diria:

— Se ele não desaparecer dentro de três dias, vou juntar gente para ir atrás dele.

Min emprestaria 300 trezentos iuanes a Hu Tao. E ele desapareceria de sua vida, provavelmente para sempre.

Agora, no entanto, no ônibus cheio de migrantes que retornavam, o pensamento de Min vagava em outra direção. Na casa dos pais, não havia o que fazer, senão ver televisão, disse ela, lembrando-me do pouco que a cidade vizinha de Wuxue tinha a oferecer. Ela parecia estar passando em revista tudo o que vira em casa, tentando entender como ficava sua vida. À medida que as fábricas de Dongguan iam passando pela janela do ônibus, ela olhava cada uma delas sem nada dizer.

— Estar em casa é bom — disse, finalmente —, mas só por alguns dias.

11

O historiador da minha família

Na primavera de 2005, fui visitar a cidade dos meus antepassados. Os chineses chamam essa volta para casa de *huijia*, mesmo quando se vai a um lugar onde nunca se esteve. Meu pai tinha 60 anos quando fez sua primeira visita a Liutai. Eu já morava na China havia sete anos, e durante todo esse tempo resistira ao chamado da aldeia. Mas alguma coisa na viagem com Min me levara a desejar conhecer o lugar de onde vinha minha família. Haviam se passado noventa anos desde que meu avô deixara Liutai, e eu não sabia ao certo como sua morte era vista nesse lugar. Sequer sabia o que pensar sobre *huijia*, se voltar para casa seria um dever ou um direito, se teria algum significado depois de todo esse tempo.

A estrada para Liutai era orlada de bétulas prateadas, como num cenário de um romance de Tolstoi, e de ambos os lados se estendiam até o horizonte campos de uma fértil terra negra. Faltavam vinte dias para a semeadura da primavera. Da janela do carro eu via agricultores com seu gado, trabalhando a terra; outros queimavam palha de milho no campo, e o fogo parecia abrasar os prados. Era aquela mesma planície da Manchúria que havia atraído meus remotos antepassados, mas eu não conseguia visualizar a vida sob a dinastia Qing. Em vez disso, fiquei pensando nos livros da série *Uma casinha na planície*, de que tanto gostava na infância — foi essa a imagem que me veio ao espírito, profundamente falsa. Os chineses do meio rural na era Qing nunca tinham escrito livros assim. Ainda hoje, a maioria dos chineses teria dificuldade de acreditar que valesse a pena contar a história de uma família de pioneiros.

A estrada se estreitava, atravessava um lamaçal e parecia terminar abruptamente num cabo de vassoura repousado no encosto de duas cadeiras. Uma velha exigia pagamento. Era uma cena comum nas áreas rurais: um posto de cobrança de pedágio improvisado, sob a autoridade exclusiva da pobreza e da obstinação.

— Deixe-nos seguir — pediu o motorista do meu táxi. — Já passamos maus bocados hoje.

A mulher se mostrou implacável.

— Eu manco de uma perna — disse. — Tenho passado maus bocados.

Dei-lhe 1 iuane, 12 centavos de dólar, e o cabo de vassoura foi levantado.

Foram surgindo esparsamente as primeiras casas de Liutai. Eu só sabia um nome: Zhang Lige. Ao visitarem a cidade em 1995, meus pais tinham encontrado esse parente distante por acaso, sendo convidados à sua casa.

— Zhang Lige ainda mora aqui? — perguntei a um rapaz que estava à beira da estrada. E o que eu queria saber era: ainda está vivo?

— Ele não mora mais aqui, mas sua mulher, sim — respondeu o rapaz, apontando o caminho.

Duas moças de aproximadamente 20 anos abriram a porta; eram bonitas para os padrões do norte da China, com ombros largos e uma constituição sólida, as bochechas avermelhadas pelo vento. Conduziram-me colina acima até a casa de uma tia-avó.

Shen Jingzhi tinha 83 anos, e na juventude fora vizinha do complexo de nossa família. Assim que se deu conta de quem eu era, começou a falar efusivamente, num dialeto pesado, enquanto as gengivas continuavam trabalhando em silêncio nos intervalos entre as palavras. Seu rosto era fino e engelhado como um pergaminho, com vívidos olhos reumosos. Eu não entendia nada do que ela dizia. Um parente mais jovem, um homem dos seus 50 anos, com um atraente rosto quadrado, traduzia do dialeto para o mandarim.

— O muro ficava aqui. Eu vivia do outro lado do muro — disse a velha senhora, evocando com as mãos ossudas um complexo que já não existia havia sessenta anos. — Sua família era de funcionários importantes, mas eles sempre nos cumprimentavam quando nos viam, por mais humilde que fosse a pessoa ou mais simples as suas roupas.

Perguntei-lhe se se lembrava do meu avô, ou do irmão dele, ou do pai de ambos. A cada vez que eu pronunciava um nome, ela ouvia e sacudia a cabeça.

— Eles estavam sempre em Pequim — disse.

Mas o homem mais jovem, que se chamava Shen Zhenfa, sabia de tudo. Sabia que meu pai vivera na América e trabalhara numa universidade de Hong Kong, e que eu tinha primos em Harbin. Sabia de um parente chamado Zhang Hong e disse que conseguiria o número de seu telefone para mim. Sabia do meu avô.

— Era um homem notável — disse Shen Zhenfa. — Queria fazer algo pela China, e por isso morreu na mina de Fushun.

Perguntei a Shen Zhenfa como é que sabia tantas coisas da minha família.

— Quando meu pai era vivo, falava muito dessa história — explicou. — Ele trabalhou para sua família. Cuidava dos porcos e das ovelhas.

Shen Zhenfa também se lembrava da visita do meu pai. Uma década depois, o acontecimento parecia ter adquirido dimensões ainda maiores.

— Ele veio com outra pessoa, acho que do governo. Tinha ombros bastante largos, não é mesmo?

— Não exatamente — respondi.

Meu pai é um homem frágil, tem os ombros de um físico chinês.

— Ombros largos — insistiu Shen Zhenfa. — E olhos grandes. Certo?

Isso era verdade: meu pai tinha olhos grandes.

— Depois da visita do seu pai, o templo ancestral pegou fogo.

A velha senhora disse que funcionários do governo tinham aparecido e levado a genealogia, o livro que fazia a crônica de nossa família pelos últimos trezentos anos. Ela não se conformava com essa perda.

— Sem a genealogia — disse — é perigoso, pois pode haver casamentos por engano entre parentes de diferentes gerações.

Depois da visita de meus pais, os funcionários que os haviam acompanhado tinham retornado à aldeia e pegado a genealogia para enviá-la ao meu pai na América. Eu disse à velha mulher que poderia conseguir-lhe uma cópia.

— Não é preciso — respondeu uma das mulheres mais jovens. — Já não existem mais Zhangs por aqui.

EU TINHA IMAGINADO QUE HAVERIA uma aldeia inteira de gente com meu nariz e meus olhos, e achava que todo mundo teria o mesmo nome que eu. Mas todos eles já tinham partido havia muito tempo. O túmulo do meu bisavô, numa colina sobre a aldeia, tinha sido violado e destruído durante a Revolução Cultural. O templo antigo fora destruído pelo fogo, mas Shen se ofereceu para me levar ao local em sua motocicleta. Quando nos preparávamos para sair, a velha senhora se levantou e agarrou meu braço, parecendo agitada. Ainda estava preocupada com os relacionamentos entre as gerações.

— Mas como é que vou chamá-la? — perguntou. — E como é que você vai me chamar?

Tomei nas minhas as suas mãos e me despedi.

Atravessamos a aldeia na motocicleta de Shen. As casas de Liutai ficavam entre colinas ondulantes, cada uma delas apartada da seguinte e voltada em outra direção, como um punhado de dados jogados no vale. Ao lado dos casebres de barro e tijolo viam-se casas novas com azulejos brancos na fachada; muitos jovens aldeãos trabalhavam fora dali ou tinham se mudado para a cidade.

— A aldeia mudou muito nos últimos anos — disse Shen.

As casas se espaçavam. Subimos uma encosta até dar em um campo onde palhas de milho da colheita do ano anterior se acumulavam até a altura do tornozelo. Os muros que cercavam o templo da família ainda podiam ser vistos em três áreas do campo — a parte inferior feita de pedras, e a superior, de barro. O que restava dos muros teria talvez pouco mais de um metro de altura. Depois do muro, campos de milho se estendiam na distância.

O lugar parecia uma ruína antiga — Karakorum, a capital mongol do século XIII —, e não algo que tivesse sido construído apenas um século antes. Aquele lugar não era mais antigo que a casa onde meu irmão morava em São Francisco, construída na virada do século. Talvez fosse por causa da distância e por tanta gente encontrar-se tão longe, que tudo parecia tão antigo.

Apontei as palhas de milho.

— Quem plantou esse milho?

— Permitimos que um vizinho cultive esta terra — disse Shen medindo as palavras, como se eu pudesse de uma hora para outra reivindicar ali direitos hereditários. Ficamos contemplando em silêncio aquelas terras varridas pelo vento.

— Antigamente havia três pátios — disse Shen. — Os mais velhos me disseram que quando chovia era possível caminhar da frente até os fundos sem se molhar.

Era essa sua maneira de dizer como aquilo ali havia sido imponente.

Talvez seja impossível escrever a história de um lugar pequeno na China, pois todo mundo que tenha talento ou ambição acaba indo embora. A história acontece em outros lugares. Quando eu finalmente voltei à casa de minha família, não havia ninguém para encontrar — só uma velha com alguns fios de memória e um homem cujo pai cuidara em certa época dos porcos e das ovelhas. Minha família havia se espalhado por toda a Manchúria, pelo mundo afora. Para aqueles que tinham ficado para trás, restavam apenas fragmentos do passado. Não havia o bastante para contar uma história. Shen nada me dissera que eu já não soubesse, apenas que estava de posse dos mesmos pedacinhos de história que eu tinha comigo.

Não fiquei triste. Esperara muito tempo para chegar ali, e agora entendia alguma coisa. *Xinfayuan, um belo lugar*: eu era agora a própria encarnação do dito. Uma família não é um pedaço de terra. São as pessoas que a ela pertencem, os acontecimentos que determinam suas vidas. Eventualmente, esses acontecimentos são reunidos, e era esse o meu papel agora. Minha família era uma história, não um lugar, e ali, em Liutai, eu entendia o propósito de escrevê-la.

Eu estava na aldeia havia apenas uma hora mas já era tempo de ir embora. Shen Zhenfa me levou até o ponto onde o táxi me esperava. "No futuro, quando vier, vá direto à minha casa", disse. As palavras não ditas do seu convite: *Porque você já não tem uma casa aqui.*

Já não existem mais Zhangs por aqui, dissera a jovem na aldeia dos meus antepassados. Meus parentes mais próximos na China eram a família de Lijiao, o primo com o qual meu pai fora criado. Naquele verão, três meses depois de minha viagem a Liutai, fui visitá-los pela primeira vez em Harbin, cidade da Manchúria a 320 quilômetros da fronteira com a Rússia.

Eles tinham ficado para trás e sofrido muito, em parte por nossa causa. O passado de proprietários de terras de nossa família transformara Lijiao em um inimigo de classe, condenando-o, à mulher e aos dois filhos a uma década de trabalhos forçados no campo. A partida da família do meu pai para Taiwan agravara ainda mais as coisas: durante a Revolução Cultural, essas ligações punham a família de Lijiao sob suspeita de espionagem.

Durante minha visita, a família se reuniu no apartamento de três quartos da filha de Lijiao. Os três filhos de Lijiao eram da minha geração, mas já tinham aproximadamente 50 anos. O irmão mais velho era alto e troncudo, e usava óculos de armação escura pesada que me faziam pensar em Jiang Zemin; o segundo irmão era mais magro, com maçãs de rosto bem-formadas que se afinavam até as mandíbulas. Eu reconheci esses traços: era o rosto do meu pai. Os dois irmãos me receberam de camiseta e falavam como operários; *tamade*, que significa foder, era empregado a todo momento. Eles cursavam o ensino fundamental quando teve início a Revolução Cultural, e durante essa década tinham sido mandados para o campo. Quando voltaram pela primeira vez à cidade, o irmão mais velho conseguiu emprego numa fábrica de molas, enquanto o menor trabalhava numa serralheria. Yinqiao, a mais moça, pertencia a uma classe diferente: havia concluído o ensino fundamental em 1971, já passada a fase radical da Revolução Cultural, e não fora para o campo, como os irmãos. Acabou conseguindo seu diploma de ensino superior, e agora ocupava um alto cargo administrativo na universidade. Como acontece em tantas famílias chinesas, a ordem do nascimento determinara o destino dos filhos de Lijiao.

Sua mulher, Zhu Shulan, levou-me a um dos quartos. Na cama, um velho estava deitado, imóvel, com um dos olhos entreaberto. Parecia inchado, com uma calva muito lisa e a carne do rosto e do pescoço macia e exposta como um ovo cozido que acabasse de ser descascado. A barriga parecia uma colina debaixo do lençol de algodão. Era Lijiao.

— Ele não reconhece as pessoas — disse sua mulher.

— Ele não entende nada — disse animadamente a mulher do segundo irmão, dando tapinhas leves no rosto do ancião. — Está me reconhecendo? — perguntou, em voz alta.

A sobrancelha acima do olho entreaberto tremeu. As duas mulheres riram. Tratavam-no como uma criança imbecilizada — agora, ele não passava de uma responsabilidade. Faziam tudo por ele, alimentando-o com papinhas, limpando os lençóis e verificando o nível do tubo de oxigênio. Ele estava nesse estado desde que sofrera um ataque no ano anterior, e quase morrera.

Perguntei a Yinqiao se tinham condições de contratar alguém para ajudar a cuidar dele.

— Se não estivesse sendo cuidado pela família, ele já teria morrido — respondeu ela, sem rodeios.

Durante todo aquele longo dia que passei com minha família o velho ficou na cama. Parecia-me triste, mas na verdade sua vida era um triunfo. Lijiao conseguira manter a família intacta ao longo da Revolução Cultural. Na década de 1980, ajudara cada um dos filhos a conseguir emprego na universidade rural em que trabalhava; os três ainda hoje estavam empregados lá. Era a grande realização de Lijiao, e aos 89 anos ele estava destinado a morrer tranquilamente na cama.

A MESA DA SALA DE JANTAR estava coberta de pratos para o almoço. Yinqiao havia preparado *chunbing*, meu prato favorito da culinária do norte, panquecas com saborosos e variados recheios, que minha mãe sempre fazia no meu aniversário. Contei-lhes minha visita a Liutai, e eles ficaram impressionados com o fato de que eu tivesse ido.

— Nenhum de nós jamais voltou lá — disse Yinqiao. Seu pai tinha duas irmãs que eles haviam encontrado apenas uma vez, na infância.

Não restavam membros da família na aldeia, disse eu, mas um vizinho me dera o número de telefone de Zhang Hong.

Meus primos se entreolharam.

— O que você sabe sobre Zhang Hong? — perguntou o mais velho.

— Acho que ele está ressentido com minha família por algum motivo — respondi, cautelosa. Meu pai havia comentado algo a respeito desse parente "maluco".

— Ele tem problemas mentais! — soltou a mulher do segundo irmão.

Zhang Hong era primo-irmão do meu pai. Lijiao e meu pai descendiam da primeira mulher do meu bisavô; Zhang Hong descendia da terceira, tendo sofrido por esse motivo. Em 1957, seu pai fora acusado de reacionário, perdendo o emprego na universidade em Shenyang. Durante a Revolução Cultural, a família fora mandada para o campo, lá passando uma década. Depois da volta à cidade, o pai de Zhang Hong passou anos escrevendo cartas e encaminhando pedidos para limpar o nome. Queria que o Partido Comunista declarasse que ele nunca fora de direita. Exigiu e obteve indenização da universidade pelos salários não recebidos. Depois da morte do pai Zhang Hong levou adiante a causa. Pesquisou não só o caso do pai, como também a história do meu avô e da família em geral; passava todo o seu tempo livre lendo jornais velhos e copiando arquivos.

— Aonde quer que vá, ele sempre leva dois sacos enormes, cheios de documentos — disse-me a mulher de Lijiao.

Eu já conhecera pessoas assim: qualquer repórter na China conhece. Ele era aquele que protestava, que encaminhava petições, a pessoa tão empenhada em corrigir um erro, que sua vida inteira era consumida por isso, confinando--a num universo à parte, onde vivia sozinha. Na China, esse tipo de preocupação obsessiva era necessária para combater um sistema jurídico concebido para afundar todos na burocracia e na espera. À distância, uma pessoa assim parecia admirável, mas na intimidade podia ser insuportável. Ele era capaz de falar durante horas sobre o "Caso 7-3" ou a "Decisão 14-12" — as pessoas costumavam fixar-se nas datas das sentenças judiciais. Mas os números acabavam soterrando qualquer possibilidade de diálogo; voltavam constantemente, estabelecendo-se através do demandante uma cronologia de queixas cujo significado só ele conhecia. Em dado momento, a gente se dava conta de que a pessoa não ouvia nada do que dizíamos. Queríamos nos compadecer de seu caso, mas no fim das contas apenas nos sentíamos bestificados pelos documentos e petições, os fatos e as datas.

Um a um, Zhang Hong fora rompendo com os parentes. Enviou uma carta indignada a Lijiao, e desde então deixou de visitá-lo. Discutiu com minha tia-avó em Pequim. Escreveu a meu pai e a meu tio cartas venenosas, que Yinqiao guardou e só me deu com grande relutância: ela se sentia constrangida por causa da linguagem hostil.

— Ele atribui ao seu avô a culpa por ter sido tachado de reacionário — explicou Yinqiao. — Essa pecha recaiu sobre um milhão de pessoas. Será que foi por que todos conheciam o seu avô? Nem mesmo o presidente do país, Liu Shaoqi, escapou, muito menos um sujeito qualquer como você. — Seu rosto se inflamava à medida que ela falava.

— Ele veio ver meu pai muitas vezes — disse o irmão mais velho. — Meu pai sempre tentava animá-lo, dizendo: "Tantas pessoas sofreram, não foi só você. Precisa deixar isso para trás e olhar para a frente." Mas ele não conseguia.

Zhang Hong lançou uma sombra sobre aquele dia. Quando a família se referia a ele, era sempre com desdém — *Ele tem problemas mentais!* —, mas também havia uma pontinha de admiração. Quem sabe as queixas que ele expressava não seriam as mesmas que os outros traziam bem fundo no coração; talvez os outros tivessem reprimido essas ideias para seguir em frente na vida. Talvez desconfiassem de que ele estava com a razão.

— Ele acha que merece algo da parte do seu pai e do seu tio — disse-me Yinqiao repetidas vezes. — Ele sofreu durante muitos anos por causa da ligação com seu avô, e agora acha que a família lhe deve alguma coisa. Mas nós estamos felizes simplesmente por tê-la reencontrado.

Ouvindo-os falar assim dei-me conta de que era espantoso que não houvesse outros Zhang Hong na China. Praticamente qualquer pessoa que encontrávamos acima de certa idade perdera anos de vida por causa das campanhas políticas; muitos ainda pagavam algum preço, com problemas de saúde, oportunidades educacionais perdidas ou a morte de parentes. Mas era surpreendente a ausência de amargura e ressentimento. Sempre que se perguntava sobre experiências individuais, as pessoas tendiam a se refugiar na expressão coletiva. *Tantas pessoas sofreram* — como se isso explicasse tudo. Meus primos volta e meia invocavam o caso de Liu Shaoqi, que tinha sido presidente da China e sucessor designado de Mao. Tinha enfrentado dois anos de sessões de tortura e humilhação em público; apesar do cargo superior que ocupava, morrera na cela de uma prisão em Henan, em 1969. A importância desse homem e a ignomínia de seu fim tinham deixado marcas profundas em meus parentes. Eles pareciam ver nele uma espécie de Cristo chinês, extraindo dessa história uma distorcida moral niilista: já que ele morreu nessas condições, que importância poderia ter a história pessoal de cada um?

Zhang Hong não pensava assim. Não se conformava com o que havia perdido e não conseguia superar; agia como se sua dor individual fosse importante. Ousava comparar seu sofrimento ao do presidente do país. A história de Zhang Hong era importante, e ele estava decidido a contá-la. Eu sempre me perguntava como é que o trauma da Revolução Cultural não tinha enlouquecido mais pessoas. Pois ali estava um exemplo, e ele era da família.

DEPOIS DO ALMOÇO SENTEI-ME com o irmão mais velho para perguntar-lhe sobre a história da família. Meus outros parentes entravam e saíam da conversa à medida que passavam pela sala. *O que sabe do meu avô?*, perguntei.

A melhor pessoa para responder a esta pergunta — e seguiu-se um movimento silencioso em direção ao quarto onde se encontrava o velho, impossibilitado de falar, esperando a morte.

O que você sabe a respeito do seu avô?

Ele viria a mudar o nome para Zhang Shengbo.

Ele foi fazer faculdade em Pequim. Trabalhou em Pequim.

Não, ele trabalhou em Harbin.

Durante todo aquele dia — nove horas, com seis parentes falando comigo sem parar — eu bem que tentei, mas era impossível. Toda vez que eu fazia uma pergunta, enveredávamos para uma discussão a respeito do segundo nome de alguém, ou do ano exato de seu nascimento, ou do que alguém tinha dito sobre ele certa vez. Éramos submergidos pelos fatos; perdíamo-nos numa floresta de datas. Ninguém conseguia juntar tudo, combinando esses detalhes numa história coerente. Era difícil até ter uma ideia do que meus parentes haviam vivido, ano após ano. Eles passavam por cima de suas histórias individuais; omitiam longos períodos, parecendo ter esquecido acontecimentos decisivos. Num mundo em que tantas pessoas haviam sofrido, a história de um só indivíduo não podia ter importância. *Nem mesmo o presidente do país, Liu Shaoqi, escapou, muito menos um sujeito qualquer como você.*

Finalmente, desisti de fazer perguntas. Sete horas depois de iniciada a nossa conversa, fiquei sabendo que a avó — a mãe de Lijiao — permanecera em Liutai e fora morta durante a reforma agrária do fim da década de 1940. No jantar, Yinqiao se virou para mim e disse:

— Nosso avô se suicidou. Você sabia?

Fiquei ali sentada, deixando que a conversa me envolvesse, jogando pedacinhos do que eu queria saber como seixos à beira do mar.

De volta a Pequim, li a carta de Zhang Hong que a filha de Lijiao havia recuperado para mim. Ela consistia em duas páginas datilografadas endereçadas ao meu pai, ao meu tio e às minhas tias. Mesmo uma pessoa que não soubesse ler chinês veria o seu desvario: a carta era toda em negrito, sublinhada com insistência, com letras grandes demais e uma infinidade de pontos de exclamação, como se os caracteres datilografados não fossem suficientes para expressar toda a emoção.

> ***Você disse muitas vezes que não se encontraria conosco (...) Pelo contrário, via com indiferença os nossos problemas e tripudiava com nossa infelicidade.***
>
> ***Alguns anos atrás, mandei uma carta que era praticamente um pedido de socorro, esperando que você tomasse alguma iniciativa e ajudasse o meu pai e ao mesmo tempo o seu próprio pai. Mas você não deu qualquer atenção, friamente dando as costas a uma pessoa em perigo mortal.***

A família Zhang de Liutai continua entregue às práticas nocivas do passado, pisoteando com arrogância os direitos humanos e disputando posições entre os ramos legítimo e concubino da família.

Meu objetivo era reviver a tradição de devoção filial e dever fraternal criada por nosso avô e nosso bisavô e transmitida de geração em geração. Jamais imaginaria que no fim meu pai seria sacrificado por vocês, meus irmãos!!

No alto da segunda página ele voltava suas baterias contra mim:

Zhang Tonghe ainda pretende escrever a história da família? Será que vai escrever sobre essas coisas também? Caso contrário, que história da família será essa?

Essa carta, segundo vim a saber em conversas com meu pai, foi o clímax de uma correspondência quase toda unilateral. No fim da década de 1990, Zhang Hong escrevera a meu pai. Queria solicitar ao Partido Comunista a anulação do veredicto político que recaíra sobre meu avô; esse processo, conhecido como *pingfan*, permitia que as pessoas criticadas durante a Revolução Cultural reconstruíssem sua reputação. Zhang Hong aparentemente acreditava que isso ajudaria no caso de seu pai, e pedia apoio ao meu pai. Mas era um pedido estranho: minha família considerava que meu avô tinha sido assassinado por comunistas, e agora então haveríamos de pedir ao partido que o matara que limpasse seu nome? Meu pai respondeu polidamente que não estava interessado.

Zhang Hong respondeu com uma carta indignada ao meu pai e ao meu tio. Alguns anos depois, mandou outra carta, acusando a família do meu pai de lhe ter causado dificuldades e de haver ignorado seus problemas. Prometia vingança, e enviou cópias da carta aos colegas do meu pai e do meu tio nas universidades onde eles trabalhavam.

— Parece-me que Zhang Hong acha que não nos importamos com ele, que não damos importância alguma às questões de família — disse-me meu pai. Fez então uma pausa, e acrescentou: — O que provavelmente é verdade.

Zhang Hong passara anos pesquisando a história da família. Fora mandado para Liutai durante a Revolução Cultural, e lá encontrou muitos parentes pela primeira vez. Consultou arquivos do Partido Comunista. Entrevistou o diretor aposentado da mina de carvão de Fushun, onde meu avô foi morto. Tinha em seu poder fotografias do templo ancestral antes de ser incendiado, assim como diagramas que mostravam a disposição dos prédios.

Quanto mais eu ficava sabendo a respeito de Zhang Hong, mais me dava conta de que precisaria falar com ele. Era ele o verdadeiro historiador da família, ainda que estivesse enlouquecendo por causa do passado. Tinha os documentos e as fotografias; havia feito a pesquisa. Eu chegava tarde demais, era uma amadora e jamais saberia o que ele sabia. Mas a ideia de encontrá-lo me deixava em pânico.

A última carta de Zhang Hong para minha família era de 2004, quando eu ainda era repórter em Pequim. Na época, eu ainda não tinha visitado minha cidade natal nem pensava em escrever sobre a história da família. Em sua carta, no entanto, Zhang Hong parecia descortinar meu futuro.

> ***Zhang Tonghe ainda pretende escrever a história da família? Será que vai escrever sobre essas coisas também?***

Os chineses têm uma relação complicada com seu passado. Na aparência, orgulham-se dele — *a China tem cinco mil anos de história*, somos constantemente lembrados, como americanos —, mas é patente a resistência a ir muito além do nível de uma novela de televisão sobre a dinastia Qing. Por que uma grande civilização teria entrado em colapso com tanta facilidade ao ser confrontada pelo Ocidente? O que teria levado as pessoas a se voltarem tão facilmente umas contra as outras — nos locais de trabalho, nas aldeias, nas famílias — durante os movimentos políticos das décadas de 1950 e 1960? E como, depois disso tudo, elas foram capazes de retomar a vida como se nada tivesse acontecido?

A última resposta é a mais fácil: esquecendo. O Partido Comunista não admitiu o alcance de catástrofes como a fome do fim da década de 1950 e a Revolução Cultural. Em 1980, Deng Xiaoping determinou que a história oficial dos últimos trinta anos fosse "delineada, e não detalhada", em nome da unidade nacional. Esse tipo de abordagem gerou uma espécie de aversão a buscar as raízes das questões. Desse modo, a culpa da Revolução Cultural costuma ser atribuída a um punhado de dirigentes radicais, assim como os protestos da Praça Tiananmen seriam obra de alguns poucos "mal-intencionados" que manipulavam as massas. "Cabe à história decidir", costumam dizer as pessoas quando esses temas vêm à tona — como se estivessem falando de um período mergulhado em um passado distante, e não de acontecimentos que testemunharam e dos quais participaram pessoalmente.

Esquecer também é uma opção pessoal — um acordo tácito entre um grande número de pessoas para deixar o passado de lado. Para a parte de minha família que deixou a China, era mais vantajoso seguir em frente que prantear o grande desperdício que foi a vida do meu avô. Para os ramos da família que permaneceram no país, era melhor falar de Liu Shaoqi que se perguntar por que os melhores anos de suas vidas tinham sido sacrificados. Os migrantes ficam com a parte mais fácil de todas: escapar à armadilha da família, da história e do passado é tão simples quanto mudar de nome ou dizer uma palavra em voz alta. *Como se diz "comércio internacional"?*

O passado parecia consistir apenas em histórias dolorosas. *Um homem foi assassinado numa estação ferroviária depois da guerra. Uma mulher foi espancada até a morte em sua aldeia. Uma mulher foi ao templo e tirou a "pior sorte".* Tanto sofrimento parece indicar que um dia haverá um ajuste de contas com a história — mas nessa cultura é muito profundo o instinto contra a introspecção. A China possivelmente continuará por muito tempo se sentindo como se sente hoje: um país que está, ao mesmo tempo, acorrentado à história e sem um porto nela, que flutua, livre.

NA SEDE DO GOVERNO MUNICIPAL, perto de Liutai, visitei um homem de 92 anos chamado Guo Dehui. Ele tinha olhos vívidos, sobrancelhas rebeldes e orelhas longas com lóbulos tão recurvados, que pareciam pontos de interrogação; na China, orelhas grandes eram sinal de boa sorte. Guo Dehui fora policial durante a ocupação japonesa da Manchúria e mais tarde deputado do KMT, e tinha conhecido minha família. Um funcionário local me acompanhara, explicando ao velho que eu era neta de Zhang Shenfu. Alerta como uma criança, ele perguntou:

— Você é filha de Zhang Liyu ou de Zhang Ligang? Eu estive na sua casa — disse ele. — Fica em Pequim, distrito de Xicheng, Fenzi Hutong, número vinte e cinco.

Ele praticamente recitou o endereço, como se naquele instante pudéssemos pegar um táxi e ir para lá. Mais tarde eu descobriria que errara por apenas três números — nada mal, considerando-se que meio século havia passado. Evocou então sua visita àquela casa em 1947, a última vez que estivera com minha avó e meu tio-avô. Ele e meu tio-avô tinham sido amigos na década de 1930 na região de Liutai, onde ele fora chefe de polícia, e meu tio-avô, prefeito.

— Ele era muito simpático e todo mundo gostava dele. Por isso é que não teve nenhum problema depois da revolução.

— Ele voltou durante a Revolução Cultural — disse eu. — O senhor voltou a vê-lo então?

O velho sacudiu a cabeça.

— Não voltei a vê-lo depois.

Em 1954, Guo foi acusado de ser espião de Taiwan, durante a campanha "Eliminação de Contrarrevolucionários". Na província de Gansu, a noroeste, foi encarcerado num galpão nos fundos de uma fábrica de carros. Passava os dias lendo jornais e cuidando de plantações de maçã e pera — lá ficou durante vinte anos. Ao retornar à cidade, em 1975, já estava em idade de se aposentar.

— Hoje em dia o país me sustenta — disse.

Perguntei-lhe qual o segredo da longevidade.

— Como carne, mas não como gordura — disse. — Antes de completar 80 anos, corria meia hora diariamente. Atualmente, ainda dou uma caminhada todo dia. Mas o mais importante de tudo é o pensamento: nosso pensamento deve ser aberto. Quando alguma coisa ficou para trás, não vale mais a pena preocupar-se. É preciso pensar sempre no lado bom das coisas.

Naquele outono, voltei mais uma vez à minha cidade natal. O milho amadurecia no campo — numa altura já maior que a de um homem; a colheita seria feita dentro de um mês. Eu retornara porque não era exatamente verdade que não houvesse mais Zhangs. Depois de minha primeira visita, um parente chamado Zhang Tongxian, que vivia numa cidade próxima, ouvira falar de mim e entrara em contato. Encontrou-me numa cidade-mercado perto da aldeia. Tongxian tinha um rosto longo e belo e usava um terno negro listrado muito elegante — como um pregador do interior num antigo faroeste, exceto pelos óculos escuros e a motocicleta vermelha. Era professor do ensino fundamental.

Tongxian me levou à sua casa, onde ele e a mulher cultivavam oito mil metros quadrados de milho; as duas filhas estudavam na cidade. Sentei-me na *kang*, a tradicional plataforma aquecida que funciona como cama nas aldeias no norte da China, e ele depositou um livro em minhas mãos. Era a genealogia de nossa família, compilada sob a orientação do meu bisavô no décimo segundo ano da república, 1923. O livro era costurado por cordões. Tinha manchas de água na capa, e as bordas das páginas estavam frágeis e corroídas.

— Durante a Revolução Cultural, meu pai o embrulhou em plástico e o enterrou — disse-me Tongxian.

A genealogia traçava a história de nossa família por onze gerações, remontando ao antepassado que migrara para a Manchúria. Uma versão atualizada, a partir de 1993, cobria mais três gerações. Tongxian participara da revisão; era a edição da genealogia que havia sido levada da aldeia e entregue ao meu pai.

Perguntei a Tongxian qual fora o objetivo de compilar a genealogia.

— Tratar das relações genealógicas.

Ele baixou a voz.

— Houve casamentos dentro da família. — E mencionou uma aldeia. — Não é algo que devamos escrever.

— Mas essas pessoas não sabiam que eram parentes? — perguntei.

— Não tinham muita certeza — respondeu ele. — E não eram estudadas. Isso é uma prova da importância de educar a geração mais jovem.

Ele apanhou uma caixa de papelão que continha fotografias, cartas e plantas do complexo de nossa família e do templo, por ele desenhadas com base nas recordações dos habitantes mais velhos da aldeia. As plantas mostravam as salas centrais onde dormiam as famílias e os galpões laterais onde viviam os criados. Havia símbolos que assinalavam onde ficavam a pia de lavar o rosto, as tabuletas de pedra e as pistolas Mauser colocadas nos quatro cantos do quintal — tantos detalhes, trabalhosamente reunidos para depois serem deixados de lado. Tongxian também me entregou uma história da família de vinte e três páginas escrita por ele, resumindo tudo o que sabia.

Foi também nesse dia que soube do destino do pai de Lijiao, Zhang Feng'en. Pouco depois de começarem os ataques políticos, Lijiao mandara o pai de volta a Liutai, por motivo de segurança, acreditando que a aldeia continuava o tradicional lugar de refúgio. Mas foi um erro de cálculo. Os guardas vermelhos estavam chegando à China rural, e levavam suas táticas violentas de luta de classe. O pai de Lijiao tinha escapado desse tipo de ataque durante a reforma agrária da década de 1940. Pois agora ficaria sabendo que às vezes são as pessoas que nos conhecem há mais tempo que mais têm motivos para nos odiar.

Ainda menino, aos 8 anos, Tongxian assistira a tudo.

Durante a Revolução Cultural, Lijiao foi estigmatizado politicamente e mandado para o campo. Feng'en retornou a Liutai e passou a viver na casa de sua sobrinha.

Em 1969, duas equipes de trabalho chegaram a Qitamu. Era verão. Foi mandada uma ordem para que Feng'en fosse levado até lá. O ditado local dizia: *Quando se joga um bolo de carne para um cão, ele está perdido para sempre.* Feng'en era o bolo de carne, e as equipes de trabalho, o cão.

Naquela noite, ele se enforcou numa árvore.

Antes disso, ele já havia sido maltratado. Tinha sido exibido pela cidade com um chapéu pontudo. Uma das pessoas que o criticaram foi Zhang Lige.

Eu conhecia esse nome. Zhang Lige era o parente que os meus pais tinham encontrado ao visitarem a aldeia em 1995. Haviam se hospedado em sua casa e prestado reverência a ele, como único representante vivo da família. E esse homem tinha denunciado o pai de Lijiao e contribuído para levá-lo à morte.

Zhang Lige era muito preguiçoso. Nunca trabalhou na vida. Feng'en ajudara a organizar seu casamento, para que ele não tivesse de gastar nada. Até que, durante a Revolução Cultural, Zhang Lige o acusou. A pessoa faz um bem ao outro e é assim que o outro paga. Zhang Lige e os demais gritavam slogans: *Abaixo Zhang Feng'en! Abaixo os latifundiários!*

Eu estava perto da multidão e vi tudo isso. E chorei. Zhang Feng'en vinha muito à nossa casa, e eu gostava dele. Nós o chamávamos de Sexto Tio.

Eu o vi se arrastar de quatro no pátio da escola. A pior coisa que vi foi em frente à comuna de Liutai. Ele foi tão espancado que não dava para ver nem um só ponto da pele das costas, completamente cobertas de sangue. Foi o pior dia de todos.

Eu ainda era criança. Mas nenhum dos adultos teve coragem de dizer nada. Se alguém falasse, teria problemas.

Quando eu já estava para me despedir, Tongxian disse que tinha algo a me mostrar. Levou-me então em sua motocicleta à casa muito simples, de alvenaria, de um agricultor que também era parente distante. Na base da porta da frente havia dois blocos de mármore excepcionalmente grandes, pedras do nosso templo ancestral. Quando o prédio foi derrubado durante a Revolução Cultural, o velho que ali morava tinha recuperado essas pedras e levado para sua casa. Debaixo da lama no quintal de um camponês estava tudo o que restava da casa da minha família: duas pedras, lisas e brancas como as colunas de um templo grego. Em cada uma delas estava inscrito o caractere *shou*, que significa "longevidade".

Nas genealogias tradicionais chinesas a família remonta sua linhagem até o *shiqianzu*, o "primeiro ancestral migrante" que veio de algum outro lugar e se estabeleceu onde os descendentes vivem então. As famílias preocupadas em ganhar status podem alegar alguma ligação com uma pessoa famosa do passado distante, mas esses elos espúrios acabam denunciados nas páginas da genealogia. Só os registros feitos a partir do primeiro ancestral migrante são considerados autênticos. A migração fixa uma pessoa no lugar e na época, e a história de uma família começa quando uma pessoa sai de casa.

A genealogia chinesa, que começou a ser muito divulgada durante a dinastia Song, há mil anos, é um documento rigidamente confuciano. Seu objetivo é registrar o mérito e a honradez dos membros de um clã; tal como na propaganda do Partido Comunista, é dado ênfase ao que é positivo. As viúvas que se casavam — violando a dignidade confuciana — frequentemente eram omitidas das páginas de uma genealogia, assim como as concubinas sem filhos e os filhos que se tornavam monges. A lista de crimes que levavam à exclusão da genealogia era grande. De acordo com um repertório de regras publicado durante a dinastia Qing, eram os seguintes: *violar sepulturas de ancestrais; casar-se sem levar em conta as classes sociais; cometer atos de violência; prostituir-se; participar de rebeliões armadas; traição e heresia; esconder a verdade do imperador; matar alguém por estrangulamento sem motivo ou casar-se com uma prostituta, uma atriz, uma escrava ou uma serva.* A genealogia refletia a visão tradicional chinesa de que o objetivo da história não era relatar fatos ou registrar histórias, mas estabelecer um padrão moral que servisse de orientação para os vivos. A história não era simplesmente o que acontecera, mas o que devia ter acontecido se as pessoas se comportassem como deveriam.

Primeiro antepassado migrante
Hualong
Casado com a Sra. Liu, enterrados juntos

no cemitério do município de Fengtian Kaiyuan
Dois filhos Yijun Yichen

Na *Genealogia da Família Jilin Zhang* que me foi entregue por meu parente Tongxian, o registro relativo ao nosso mais antigo antepassado migrante, Zhang Hualong, tinha cinco linhas. A maioria dos demais registros era igualmente concisa. Um homem era identificado pelo nome, o sobrenome da mulher, os nomes dos filhos e a localização de sua sepultura. Eram os únicos fatos dignos de nota: se a pessoa tinha dado continuidade à linhagem familiar e onde as devidas homenagens podiam ser prestadas. Registros posteriores forneciam datas de nascimento e morte, e eventualmente eram listadas realizações, mas apenas as que dissessem respeito a um padrão muito estrito: diplomas, títulos e recompensas. A vasta maioria dos registros continuava relacionando apenas nome, esposa, filhos e túmulo. A ausência de outros detalhes indicava que um homem nada realizara de notável na vida: era um agricultor.

O registro mais longo da genealogia dizia respeito ao meu avô.

Chun'en
Conhecido como Xingfu, depois Shenfu
Universidade Nacional de Pequim
Graduado pelo Departamento de Economia
Foi para a América
Graduou-se pela Universidade de Chicago, Departamento de Economia
Graduou-se pela Universidade de Michigan, Departamento de Mineralogia
Depois de voltar à China, trabalhou como diretor-técnico no Departamento da Indústria da Província de Jilin (cargo superior ao de especialista sênior)
E diretor e engenheiro-chefe da Mina de Carvão de Muling
Engenheiro-chefe da Mina de Carvão de Jiaozuo
Ensinou no Instituto de Engenharia de Tangshan
Para resistir aos japoneses, chefiou a produção nacional estratégica de mercúrio, estanho e tungstênio
Nascido em 1899
Morreu em 1946
Esposa Li Xiangheng

Graduada pela Faculdade Normal Feminina de Pequim

Filhos Liyu Ligang

Na geração do meu pai, havia um único registro em nosso ramo da família: *Lijiao. Nascido em 1917.* O resto da página estava em branco.

Mas a genealogia não descrevia individualmente os membros da família, antes se preocupando em destacar o que acaso os fizesse diferentes. Ler a *Genealogia da Família Jilin Zhang* era como percorrer as páginas do diário do meu avô: o indivíduo estava ausente exatamente naquele lugar em que eu mais esperava encontrá-lo. Assim, o registro sobre meu avô — *Morreu em 1946* — mencionava a posição que ele ocupava na hierarquia governamental — *cargo superior ao de especialista-sênior* —, mas não o fato de ter sido assassinado ao retornar à Manchúria, ou de sua viúva ter criado sozinha cinco filhos, ou de esses filhos terem migrado para Taiwan e para a América depois de crescerem, mas continuando sempre, como minha tia Nellie:

tua filha vagando pela ilha no mar (...)
envia sentidas saudades.

O registro do meu tio-avô, Zhang Feng'en — *Morto em 1969* —, nada dizia sobre como havia morrido, pelas próprias mãos, numa noite de verão na aldeia, depois de ser espancado e denunciado por membros da própria família. Não mencionava que Zhang Lige — da décima geração, citado na página cinquenta e cinco da genealogia — estava entre seus principais perseguidores. Como tampouco dizia que Zhang Tongxian — da décima primeira geração, à página trinta e sete — assistiu a tudo, ainda criança.

Mas talvez fosse esse o segredo da genealogia, o motivo de essa tradição de registros particulares ter durado mil anos. Fixando-se no essencial — nome, esposa, filhos, túmulo —, ela impunha ordem e harmonia à existência humana. Mantinha à distância as realidades de um mundo que não se comportava nada bem, e talvez nunca o tivesse feito. O sentimento de continuidade era impressionante: quatorze gerações depois da chegada de nosso antepassado à Manchúria, a vasta maioria de seus descendentes continuava batizada na sequência estabelecida por meu bisavô seis gerações antes.

A genealogia continha uma surpresa. Nosso primeiro antepassado migrante deixara o município de Wanping, na província de Hebei, para se transferir para a Manchúria. Quando descobri isso, constatei também que Wanping hoje em dia faz parte de Pequim. Meu avô deixou Pequim em 1920 para estudar na América e poder salvar seu país. Meu pai deixou Pequim em 1948 em um dos últimos aviões que levantaram voo da cidade, quando o país já fora perdido. E da América eu vim viver em Pequim, a cidade de onde nosso primeiro antepassado migrante se fora, trezentos anos antes.

No inverno de 2005 fui a Shenyang conhecer o homem que jurara vingança contra minha família. Zhang Hong me encontrou no portão da Universidade de Tecnologia de Shenyang, onde ensinava informática. Tinha o rosto longo e pálido, com o nariz grande e vincos pronunciados ao lado da boca — um rosto como o do meu pai, embora os traços mais marcados o fizessem parecer mais triste. Tinha uma cabeleira inacreditavelmente ondulada de galã de cinema e trajava calça escura e um suéter pólo com um jacaré no peito voltado na direção errada. Zhang Hong apertou minha mão sem sorrir, os olhos escuros me contemplando com firmeza por trás dos óculos de intelectual. Fiquei com a sensação de que não sorria com muita frequência.

Ele me conduziu pelo campus até um prédio deserto, onde subimos um lance de escada em completa escuridão. Seu gabinete era frio, com duas mesas de madeira coladas uma à outra.

Você via com indiferença os nossos problemas e tripudiava com nossa infelicidade.

Jamais imaginaria que no fim meu pai seria sacrificado por vocês, meus irmãos!!

Zhang Hong lançou mão de um gravador portátil.

— Importa-se se eu gravar? — perguntou. — Minha memória é muito ruim.

Devo ter parecido perplexa, pois ele imediatamente tratou de pôr de lado a engenhoca.

— De que ponto de vista está escrevendo o seu livro? — quis saber Zhang Hong em seguida. — Do ponto de vista do povo chinês?

Fiquei pensando na pergunta, tão tipicamente chinesa.

— Estou escrevendo esse livro do meu próprio ponto de vista — respondi, finalmente.

Ele também estava escrevendo um livro, disse-me, sobre a história de nossa família. Teria três partes: Florescimento, Declínio e Renascimento. Ele pesquisava a respeito havia quinze anos.

Nos dois dias que passei em companhia de Zhang Hong ele se mostrou de uma impecável polidez. Levou-me para conhecer a mulher e o filho, convidando-me para jantar na primeira noite e para almoçar no dia seguinte. Nossa conversa, disse-me, era uma das coisas mais importantes que pudera vivenciar naquele ano. Não fez qualquer menção às cartas cheias de ódio que havia mandado ao meu pai ao longo dos anos, como tampouco eu.

ZHANG HONG TINHA 3 ANOS de idade quando seu pai foi tachado de reacionário, e ainda na adolescência sentia vergonha dessa qualificação política. Quando algum adulto lhe dirigia a palavra, ele imediatamente tratava de confessar o crime da família: *Meu pai é reacionário.* Quando não havia ninguém por perto, contudo, ele blasfemava a plenos pulmões. *Abaixo o Partido Comunista! A revolução chinesa foi derrotada!*

— Acho que havia dois lados em mim — disse Zhang Hong. — Havia o lado que fazia isso e o lado que dizia às pessoas: "Meu pai é reacionário." É difícil entender o que se passa na cabeça de uma criança.

O pai de Zhang Hong perdeu o emprego de professor universitário e foi mandado para o campo, para executar trabalhos braçais. Sua mãe foi internada num hospital psiquiátrico com diagnóstico de esquizofrenia.

— O diagnóstico foi consequência da situação política do meu pai — disse Zhang Hong; mais tarde, o pai também seria hospitalizado. Olhando para trás, Zhang Hong não se lembra de quem cuidava dele e do irmão menor por longos períodos de tempo. Em determinado semestre, os meninos ficavam internados na escola, aos cuidados dos professores, e num feriado escolar eram levados para viver com os seguranças da universidade. Quando Zhang Hong tinha 8 anos, os pais se divorciaram, e três anos depois a mãe foi embora, para sempre.

Quando a Revolução Cultural começou, o pai foi preso e mais tarde ficou detido no campus universitário durante seis meses. Em 1970, quando Zhang Hong tinha 16 anos, os dois garotos foram mandados para Liutai com o pai, para trabalhar no campo. As periódicas campanhas de denúncias se alternavam com tempos de paz em que os aldeãos, muitos deles parentes, podiam tratá-los bem. Alguns deles deram a Zhang Hong livros tradicionais chineses — recuperados da biblioteca de Xinfayuan, a propriedade da família —, contando-lhe o que sabiam da história familiar.

Em 1979, a família retornou a Shenyang. O pai de Zhang Hong voltou à universidade que o havia expulsado, e Zhang Hong mais tarde também seria convidado a trabalhar nela. É a mesma faculdade na qual seu filho hoje trabalha.

QUANDO ZHANG HONG JÁ ESTAVA falando havia três horas sem parar — tendo chegado apenas a 1968 —, fomos dar uma caminhada pelo campus. No momento em que passávamos em frente a um prédio de três andares, ele apontou na direção de uma janela.

— Foi ali que meu pai ficou detido.

Um portão:

— Foi por ali que entrei quando o visitei.

Zhang Hong fora convidado a trabalhar em outros lugares, mas sempre recusava. Cinquenta anos depois, continuava aferrado ao lugar onde lhe haviam acontecido todas aquelas coisas ruins.

Mais que em qualquer outro lugar, a Revolução Cultural acontecia nos campi universitários. Suas vítimas eram espancadas em sala de aula e exibidas nos campi de atletismo, denunciadas por colegas do corpo docente e torturadas por antigos alunos. A cultura chinesa tradicional sempre tivera o ensino e o aprendizado na mais alta conta. O fato de as escolas terem se transformado em lugares de humilhação e tormento foi uma das coisas que tornaram a Revolução Cultural tão terrível.

De vez em quando, no campus, Zhang Hong deparava com pessoas que haviam atacado seu pai; tal como ele, elas também tinham ficado. Um indivíduo ficara famoso quando estudante pelo espancamento brutal de suas vítimas. Depois da Revolução Cultural, foi procurar o pai de Zhang Hong para pedir desculpas.

NAQUELA NOITE, FUI A UM restaurante de cozido chinês em companhia da família de Zhang Hong. Sua mulher tinha um rosto carnudo e redondo e usava cabelo muito frisado; trabalhava no departamento financeiro de uma empresa imobiliária. O filho acabara de entrar na faculdade, para estudar contabilidade. Durante o jantar, Zhang Hong me falou durante duas horas sobre o Partido Comunista e Confúcio, usando expressões clássicas e citações que eu não entendia. Shakespeare deu o ar da graça, assim como Tolstoi e Beethoven. Lembrei-me de que Zhang Hong concluíra apenas a sétima série.

O Partido Comunista é um partido de gângsteres e malfeitores.

Mao Tsé-tung disse: Se restar ao Exército apenas um soldado, que ele passe ao ataque.

Beethoven disse: Existem milhares de príncipes, mas apenas um Beethoven.

A mulher e o filho de Zhang Hong não participavam da conversa. Comiam em silêncio, com o olhar perdido na distância, como essas pessoas que se acostumaram a um parente em situação clínica embaraçosa. A mulher de Zhang Hong falou apenas uma vez. Quando o marido perguntou se eu conhecia um certo ditado confuciano — que eu não conhecia —, ela disse, em voz baixa:

— A pessoa aprende a cultura do lugar onde foi criada.

O filho de Zhang Hong não emitiu nem um som. Era um rapaz de boa aparência, de olhos negros redondos e cabelo escovinha. Toda vez que seus olhos davam com os meus, ele abria um sorriso sincero, mas cheio de subentendidos, como se soubesse que era um absurdo tudo de que falávamos eu e o pai, sendo ele, no entanto, educado demais para comentar. Mais tarde, perguntei a Zhang Hong se achava que um dia o filho levaria adiante a luta para limpar o nome de seu pai. Ele disse que não, e relatou uma conversa entre eles.

— Vivemos numa era econômica — dissera-lhe o filho — e o partido só se preocupa com os negócios. O seu problema é político. Se está buscando uma resposta no partido, nunca vai encontrá-la.

NADA QUE ZHANG HONG SOFRERA durante a Revolução Cultural podia ser considerado fora do comum. Até mesmo os detalhes mais exóticos da história da sua família — o divórcio, o diagnóstico de esquizofrenia — eram perfeitamente comuns numa época em que muitos indivíduos e famílias desmoronavam sob a pressão da perseguição. Sob muitos aspectos, a experiência de Zhang Hong refletia a da família de Lijiao: a pecha de reacionário, a perda de um emprego universitário, uma década de trabalhos forçados no campo.

Na verdade, a família de Lijiao sofrera mais: a mãe e o pai tiveram morte violenta na aldeia, ao passo que os pais de Zhang Hong haviam sobrevivido.

A família de Zhang Hong fugia ao habitual sob um aspecto: ela reagia. Quando era chamado de reacionário nas sessões públicas de crítica e humilhação, seu pai respondia: "Que besteira!" Se um guarda vermelho lhe dava um murro no rosto, ele revidava. Escrevia cartas protestando inocência, começando pelo comitê do Partido Comunista em Shenyang e subindo na hierarquia. No início da década de 1970, o pai de Zhang Hong mandava cartas a Mao e sua mulher, Jiang Qing, e foi a Pequim apresentar requerimentos para limpar o nome.

Em 1978, o Partido Comunista criou comissões para reestudar os casos e reabilitar centenas de milhares de vítimas de duas décadas de campanhas políticas. Na avaliação do partido, o movimento antidireitista fora "desnecessariamente amplo", sendo muitas pessoas taxadas "equivocadamente" de reacionárias. Isso seguia a abordagem fragmentária e gradual da história preconizada por Deng Xiaoping, permitindo a revogação de veredictos individuais sem tratar da questão de saber se o movimento em si mesmo fora equivocado. Mas os números diziam outra coisa. Em toda a China, mais de meio milhão de pessoas tinham sido consideradas reacionárias — e todas elas, exceto noventa e seis, segundo se veio a decidir, haviam recebido essa pecha por engano.

O pai de Zhang Hong exigiu indenização pelos salários perdidos, e a universidade lhe concedeu 11 mil iuanes — mais de 1.300 dólares, o que era muito dinheiro em meados da década de 1990. A universidade também o matriculou num curso de dois anos de treinamento em computadores, dando-lhe um emprego de professor depois da graduação. Tentou revogar a pecha de reacionário, mas o pai de Zhang Hong recusou. Ele queria que a universidade afirmasse que ele *nunca* tinha sido de direita — uma declaração formal e absoluta que nenhum funcionário se dispunha a fazer.

O raciocínio da família era dos mais estranhos. Quando alguém era tachado de reacionário na década de 1950, o rótulo devia ser corroborado pelo comitê do Partido Comunista na cidade: na China, até a caça às bruxas tinha de seguir os devidos procedimentos burocráticos. No caso do pai de Zhang Hong, contudo, a pecha não tinha sido formalmente aprovada. Seu argumento não era que o veredicto estava errado, mas que não tinha seguido os devidos trâmites. Mergulhado em um dos períodos mais caóticos da história da China, o pai de Zhang Hong decidira se aferrar a uma firula técnica.

Em uma viagem a Pequim em 1985, o irmão mais moço de Zhang Hong se afogou num canal num subúrbio do norte da cidade, em aparente suicídio. Após a morte do pai, em 2001, Zhang Hong deu prosseguimento ao caso. Escreveu cartas à universidade e ao governo municipal, ao Departamento de História do Partido Comunista, aos tribunais e ao Gabinete do primeiro-ministro. Dizia sempre que o pai nunca fora um reacionário, e que não tinha sido qualificado corretamente. Alguns dos destinatários respondiam que não podiam cuidar do caso, por esse ou aquele motivo; a maioria nem sequer respondia. Zhang Hong era como um prisioneiro que continuava a protestar inocência muito depois de a porta ter sido aberta e os carcereiros terem feito as malas e ido embora.

ANTES DE DEIXAR SHENYANG, almocei com Zhang Hong e um amigo seu que trabalhava no Departamento de Tecnologia da Agência de Notícias Xinhua. O amigo estava para embarcar para o Egito, onde trabalharia durante três anos. Os profissionais que a Xinhua mandava para o exterior eram, em sua maioria, considerados espiões do governo, mas eu resolvi que não era aquele o melhor momento para apurar essa questão. Perguntei a Zhang Hong como ia o trabalho no seu livro.

— Já escrevi sessenta mil palavras, mas só cheguei até o Grande Salto à Frente — disse ele. — O livro inteiro deverá ter seiscentas mil palavras.

— O Grande Salto à Frente — repeti, subitamente sentindo um enorme cansaço.

O correspondente da Xinhua perguntou, surpreso:

—Você sabe o que foi o Grande Salto à Frente?

Eu quis saber de Zhang Hong:

— Por que ainda não acabou de escrevê-lo?

— Não ando com a saúde boa, de modo que trabalho quando posso — disse ele.

Fez, então, uma pausa, e prosseguiu:

— Para dizer a verdade, não sei de que ângulo abordar essa história. Como encarar o passado? Devo dizer que tudo o que aconteceu então estava errado? Ou devo aceitar?

— O senhor lastima todas as coisas ruins que aconteceram? — perguntei.

— É que nessa época também havia muitas pessoas boas conosco — disse Zhang Hong. — Preciso decidir que posição assumir ao falar dessa época.

Ou então posso combinar duas posições, o que no entanto não é muito interessante.

Depois do almoço, Zhang Hong me levou novamente a seu apartamento. Queria entregar-me certos documentos sobre o meu avô. Num quarto apinhado de coisas que também funcionava como escritório, ele apanhou dois sacos plásticos de compras e derramou seu conteúdo: fotocópias amarrotadas, editoriais de jornais, cartas. Papéis, papéis, papéis. Bastou eu botar os olhos nos arquivos de Zhang Hong para concluir que jamais escreveria seu livro.

Na pilha havia cartas escritas pelo pai a vários órgãos governamentais; um documento que atestava a internação do pai num hospital psiquiátrico em meados da década de 1960; uma carta da unidade de trabalho do irmão, após seu suicídio, que afirmava que ele fora um excelente trabalhador; e uma declaração assinada por um funcionário público aposentado de 81 anos que não se lembrava se o pai de Zhang Hong tinha sido rotulado de reacionário ou não. Papéis de divórcio, comprovantes de pagamento de pensão alimentícia, boletins escolares. A respeito do meu avô, ele tinha alguns recortes de jornais velhos — de que eu já dispunha — e dois artigos baixados da internet com especulações sem fundamento sobre o seu assassinato.

Zhang Hong mantinha um registro atualizado de todas as cartas e petições que providenciara em nome do pai. Entre 1993 e 2005, elas chegavam a cinquenta e uma; em 2002 houvera onze, e doze em 2003. A carta mais recente, ao Supremo Tribunal Popular, fora escrita cinco dias antes da minha visita.

ATÉ CONHECER ZHANG HONG, era possível imaginá-lo como um herói. Num mundo em que quase todos optavam pelo silêncio e pelo esquecimento, ele ousava dizer o que pensava. Em toda a história chinesa houvera sempre pessoas assim: historiadores que escreviam seu próprio relato dos fatos, contestando a versão oficial. Zhang Hong acreditava na importância de sua história, e a contava a quem quer que a quisesse ouvir.

Mas todo o seu esforço não havia levado a um melhor entendimento — pelo contrário, servira apenas para confundir sua mente de maneira irreversível. Ele insistia em que o pai não era um reacionário, mas não era capaz de ver que todo o movimento contra a direita não fizera o menor sentido. Ele tinha instintos individualistas — *Existe apenas um Beethoven e apenas um Zhang Hong*, dizia —, mas suas ideias eram irremediavelmente confusas.

O que significa o passado para mim?, perguntara-me, como se eu pudesse lhe dar a resposta.

Nas cidades industriais do sul, eu conhecia jovens trabalhadoras e as via aprender a ser indivíduos. Elas conseguiam emprego; enfrentavam os patrões; tentavam se qualificar. Sobretudo, passavam a acreditar que importavam como pessoas, apesar das origens humildes. *Não se sinta inferior porque somos trabalhadores migrantes comuns*, escreveu Chunming em seu diário. *Não temos motivos para nos sentir inferiores.* No mundo de Zhang Hong, ainda era 1957. Ele se amava e se odiava. Odiava Mao; e estava constantemente citando Mao. Desprezava o partido, e fazia parte do partido. *A revolução chinesa foi derrotada! Meu pai é um reacionário.*

12

O South China Mall

O mapa de Dongguan refletia as diferentes pessoas que Chunming havia sido. Ao longo de treze anos, ela morara em sete de seus distritos, mudando de residência, segundo sua própria contagem aproximada, dezessete vezes. Na distante Qingxi, passou de secretária da fábrica a chefe de departamento, recebendo um aumento salarial de 500 iuanes. Em Zhongshan, mergulhou no frenesi das vendas diretas. Em Guangzhou, tornou-se repórter com uma queda para a extorsão. No centro da cidade, passou a morar com o namorado e abriu uma empresa com ele — uma dupla sorte grande em Dongguan —, mas o empreendimento fracassou, o relacionamento chegou ao fim e ela teve de começar de novo.

Desde o fim da década de 1990 dedicava-se à venda de material de construção. Passava boa parte do seu dia de trabalho em canteiros de obras e lojas que vendiam tintas, tubulações, cimento e argamassa por atacado. Era um mundo masculino, o que lhe agradava bastante; ela gostava de estar na rua, e não trancada em um escritório. Para mim, a construção civil era a indústria mais castradora, mas para Chunming significava liberdade.

Em alguns lugares ela tinha morado mais de uma vez, mas só a última ficara na memória, mais ou menos como no processo de atualização de um documento de computador. Certa noite, na primavera, ela e eu pegamos um mototáxi num bairro chamado Humen. Passamos por um hotel de luxo com oitocentos quartos. Raios de luz vermelha, azul e verde traçavam amplos arcos entre o telhado do prédio e o céu.

— Eu vi esse hotel ser construído — disse Chunming. —Vendi os encanamentos instalados nele.

Isso tinha ocorrido sete anos antes, quando ela começara a trabalhar na construção civil. Humen foi também o lugar onde ela vagou, sem ter onde morar, depois de fugir do salão de beleza. E foi onde ela trabalhou ao sair da aldeia pela primeira vez.

Depois de viver em Dongguan por alguns anos, Chunming passou a considerar a cidade seu lar. Seu passado estava inscrito nos prédios, nos encanamentos que abasteciam de água um dos mais imponentes hotéis da cidade; sua história pessoal estava escrita em gesso, aço e pedra.

Certa tarde, acompanhei Chunming até um bairro distante, perto da rodoviária. Num vasto canteiro de obras, estava sendo construído o maior shopping center do mundo.

— As quinhentas maiores marcas do mundo vão se instalar aqui — disse-me Chunming —, como KFC e McDonald's.

Mas o South China Mall já lhe causava dores de cabeça. Um empreiteiro se queixou de que a pintura feita pela empresa dela estava trincando, e queria que fosse refeita. Enquanto isso não acontecesse, sustaria o pagamento de 140 mil iuanes, ou mais de 17 mil dólares.

Os shopping centers — conhecidos em chinês como *mo*, uma contração de *modeng*, moderno — eram uma novidade no panorama varejista da China. Seus idealizadores sonhavam com o glamour e o charme ocidentais, mas, fora isso, boiavam completamente; não tinham a menor ideia do modo de funcionamento da indústria varejista num shopping center. Na hora de planejar, o importante era fazê-lo tão grande quanto possível. O South China *Mo* ocuparia uma área de 2,1 milhões de metros quadrados, com um rio artificial de 2 quilômetros pelo qual circulariam gôndolas. Num prospecto de propaganda, o *mo* era apresentado como um "Dinâmico Parque Temático de Entretenimento", com menção especial para uma montanha-russa, uma sala de cinema IMAX cuja tela era do tamanho de uma quadra de basquete e uma atração chamada Centro de Educação-entretenimento Teletubbies.

Chunming e eu esperamos a chegada do empreiteiro. Muitos dos prédios do *mo* já haviam sido erguidos, com suas fachadas em estilos arquitetônicos conflitantes. Havia cúpulas, torres, colunatas; um dos prédios era ornamentado com motivos que pareciam evocar a cruz cristã. Ao longo da calçada, via-se uma fileira de outdoors de propaganda do *mo*, cada um deles com uma única palavra em inglês, como num jogo de palavras cruzadas sem solução.

ESPÍRITO

FEDOR

ILUSÓRIO

NATUREZA

ESPORTIVO

BORBULHANTE

GLORIOSO

— Tem certeza de que eles não se importarão com minha presença? — perguntei a Chunming.

— Não se preocupe — respondeu ela em voz alta. — Esse pessoal não tem a menor qualificação.

Naquele exato momento, como se estivesse combinado, um rapaz magricela chegou de bicicleta e deu uma freada brusca, sujando nossos sapatos.

— É o Sr. Mu? — perguntou Chunming, só um pouco embaraçada.

— Sim. Sou o gerente do projeto.

— Então, quem é o Sr. Wang? Aquele que caminha um pouco... sabe como é? — disse ela com todo o cuidado.

— É o presidente.

— Ah, o presidente. E o Sr. Huang é o diretor-executivo?

— Não tem nenhum Sr. Huang. Só o Sr. Wang.

Um representante da empresa de Chunming chegou e nos levou para dar uma volta. O canteiro de obras era um lago de lama, com pranchas de madeira sobre as poças maiores. Uma após a outra, as fachadas dos prédios ostentavam enormes fendas, algumas em toda a extensão. Mas o colega de Chunming botava a culpa na qualidade da construção. As superfícies pintadas com o produto de uma empresa concorrente, disse ele, também teriam de ser refeitas.

Chunming concordou.

— Eles só estão tentando se esquivar de pagar — concluiu, rápida.

Seu colega nos levou até o canto de um prédio.

— Vejam isto — disse, apontando para uma considerável fenda na base.

Chunming ajoelhou-se e apalpou o canto com os dedos. Um pedaço do maior *mo* do mundo saiu na sua mão.

Ela suspeitava que houvesse corrupção. Os preços das matérias-primas estavam subindo, e muitas empresas de construção cortavam despesas e deixavam de fazer pagamentos. Num mundo comercial que recompensava a coragem de enfrentar riscos, todos viviam no limite. Voltamos a dar a volta ao complexo. Chunming se deteve para contemplar uma torre de metal projetada em direção ao céu; em breve, um brinquedo de parque de diversões projetaria os passageiros daqueles 60 metros de altura.

— Espero que a construção dessa torre seja de melhor qualidade — disse ela.

O empreiteiro apareceu de novo em sua bicicleta.

— Acho que o problema está na construção do prédio, não na pintura — disse-lhe Chunming. E começou a repetir, muito falante, algo que sua colega lhe tinha dito sobre estrutura de aço, concreto armado e bolhas de ar.

O empreiteiro não conseguia esconder sua frustração. A inauguração da primeira fase do *mo*, disse, era dali a duas semanas. O que parecia extremamente improvável, considerando-se o estado do *mo* àquela altura, mas perfeitamente possível se se levasse em conta a maneira como as coisas funcionavam ali.

— Não importa se é problema da fábrica ou de quem quer que seja — disse ele. — Se não acabarmos, não receberemos. E estamos falando de vários milhões, e não de vários milhares.

Eles tentavam resolver o impasse conversando por celular com diversos executivos. A voz de Chunming era a mais alta.

— Já falei com o aleijado! — gritou a certa altura.

Os três eram jovens e falavam mandarim com forte sotaque do interior; provavelmente, nenhum deles jamais recebera algum treinamento em negócios, construção civil ou prestação de serviços. Chunming se virou para o empreiteiro e disse calmamente:

— Acho que o problema não é com a pintura. Mas se você quiser contestar, mandarei os nossos técnicos.

No fim das contas sua empresa concordou em fazer certos reparos, o empreiteiro pagou o que devia e o *mo* abriu duas semanas depois, dentro do prazo.

DOIS ANOS DEPOIS DEI UMA PASSADA no South China *Mo*, numa tarde de fim de semana. O McDonald's e a Pizza Hut estavam com alto faturamento, mas o restante das lojas estava às moscas. Havia apenas umas poucas, vazias ou fechadas. A maioria dos espaços disponíveis era casca vazia, com portas de vidro acorrentadas e paredes de argamassa nua, como se a obra ainda estivesse em andamento. Duas áreas abertas no andar principal eram ocupadas por castelos infláveis; os pais pagavam uns poucos iuanes para que os filhos pulassem lá dentro. O que parecia de certa maneira uma inovação: a utilização menos produtiva de espaço interno num *mo* em toda a indústria do varejo.

O South China *Mo* me parecia outro museu histórico de Dongguan. Construir um prédio era fácil; o difícil era saber o que haveria lá dentro. No fim, a pintura se revelou o menor dos problemas do *mo*, e no sol da tarde a fachada do prédio reluzia como se fosse nova. Havia várias maneiras de um *mo* fracassar.

A corrupção se espraiava por todos os setores em Dongguan. Os motociclistas que ofereciam corridas aos pedestres usavam jaquetas com a inscrição agente voluntário de segurança, denominação flagrantemente desonesta usada para contornar uma lei que proibia atividades com fins lucrativos envolvendo motocicletas. Uma norma oficial limitava os banquetes do governo a "quatro pratos, uma sopa", mas as autoridades davam um jeito de pedir entradas com frutos do mar raros que custavam milhares de iuanes. As carteiras de motorista eram outra loteria: os candidatos tinham de fazer cinquenta horas de aulas em escolas filiadas à burocracia governamental, mas no dia da prova ainda precisavam subornar os examinadores.

— Em cada carro, são quatro pessoas fazendo a prova — explicou-me o executivo de uma fábrica —, e se uma delas não dá dinheiro, todas podem ser reprovadas.

Era muito mais fácil comprar uma carteira falsa, como fizera Chunming anos antes. Desde então, ela havia tomado algumas aulas — "Eu sei como dirigir para a frente" —, e achava que algum dia aprenderia o que ainda precisava saber.

— Dirigir não é difícil — informou-me. — O principal é não ficar com raiva das outras pessoas.

O suborno era universal na sua indústria. Para fechar uma venda, ela geralmente tinha de pagar 10% por baixo do pano ao comprador; isso significava que a pessoa que comprava um produto muitas vezes ganhava mais na transação que a fábrica que o vendia. Certos clientes em potencial não podiam ser mais diretos com Chunming: *E a minha comissão?* Outros eram mais discretos. Mas dava para ver pelos apartamentos e pelos carrões, dizia ela, que todo mundo levava o seu. A corrupção estava integrada à própria linguagem. A palavra para "comissões", *yongjin*, significava percentuais legítimos ganhos por um vendedor, mas também designava propinas ilegais dadas a um comprador. Do ponto de vista da língua, não se podia distinguir entre transações legais e ilegais, mesmo que se quisesse. No Ano-novo lunar, os clientes recebiam *hongbao* — envelopes vermelhos com dinheiro — e luxuosas caixas de chá, bebidas e cigarros, chamadas de *li*, presentes. Nunca ouvi a palavra chinesa correspondente a "suborno" ser usada por alguém.

— É tudo por baixo do pano — disse Chunming. — Mas, mesmo que a gente não entre no jogo, não vai mudar nada.

Ela tinha lá o seu código pessoal: recusava-se a vender qualquer produto que pudesse prejudicar alguém, por causa de sua baixa qualidade. Quando estava na posição de compradora numa transação dizia:

— Eu jamais vou pedir, mas se alguém me oferecer uma comissão, eu não vou recusar.

Certa tarde, ela disse que seu irmão mais velho havia se mudado para Shenzhen.

— O que ele está fazendo lá? — perguntei.

— O trabalho dele não é dos mais certinhos — disse ela. — Ele trabalha com outras pessoas... — e hesitou, mas acabou tomando coragem. — Basicamente, o que ele faz é ilegal.

Seu irmão revendia telefones celulares usados. Muitas vezes, tinham sido roubados, sendo a cobertura do teclado numérico substituída para parecerem novos. Chunming não criticava o irmão; disse-me que ele tentara fazer negócios na aldeia, mas não conseguira ganhar a vida dessa maneira.

— Em Dongguan a corrupção é maior que na sua cidade natal? — perguntei.

Chunming balançou a cabeça.

— É mais ou menos a mesma coisa. Simplesmente, aqui há mais oportunidades.

Em outra ocasião, ela me disse que o irmão de uma amiga tinha se saído bem no concurso para trabalhar no serviço público municipal. Perguntei o que levava uma pessoa a querer ser funcionária pública.

— Os chefões precisam da ajuda de funcionários bem-relacionados — explicou ela. — E os funcionários trabalham em colaboração com as empresas. É uma forma de cooperação. Decidir entrar para o serviço público, portanto, é apenas mais uma forma de entrar no mundo dos negócios.

Ela não fez qualquer referência a preocupações como segurança no emprego, prestígio ou desejo de servir ao país: ser um funcionário era apenas um caminho alternativo para a economia de mercado. Foi a melhor explicação que ouvi sobre o motivo que leva um chinês a entrar para o serviço público.

O patrão de Chunming estacionou seu utilitário esportivo Toyota verde-escuro e caminhou em nossa direção. Tinha cerca de 40 anos; com um par de óculos no rosto quadrado e sem expressão, era um típico empresário usando camisa bege por baixo de um terno cinza. Cumprimentou Chunming e me ignorou.

— Presidente Chen, esta é minha amiga — foi dizendo Chunming.

A cabeça do presidente Chen se moveu quinze graus, para que eu entrasse em seu campo visual. Ele sorriu e apertou minha mão, como se eu me tivesse tornado visível naquele momento. Eles tinham ido para Shenzhen a fim de negociar contratos com agentes de vendas. A primeira visita foi a uma loja onde se sentaram enquanto aguardavam entre caixas com inscrições do tipo ARGAMASSA PARA TELHAS e CIMENTO IMPERMEABILIZANTE. E não esperaram pouco. Eram dez horas da manhã e o chefe Xie já estava atrasado.

Eram estas algumas das regras do mundo dos negócios na China: *Nunca planeje com antecedência. Nunca desligue o celular. Nunca chegue na hora.*

Chunming resolveu então obter informações de uma jovem que trabalhava no escritório.

— Eu vi aquela grande encomenda da Davco saindo quando chegamos — disse, referindo-se a uma marca concorrente.

— Sim.

— Para onde estava indo? Para o canteiro de obras?

— Sim — respondeu a jovem, mencionando um projeto.

— Eles estão vendendo muito atualmente, não é mesmo?

— Sim.

— Você é nova aqui, não? — perguntou Chunming.

— Comecei mês passado.

O presidente Chen abaixou o jornal que estava lendo.

— Como vão as vendas este mês?

— Muito bem — respondeu a jovem.

— Mas se só está aqui há um mês, como pode saber se as vendas vão "muito bem" ou não? — disse ele.

A jovem ficou ruborizada e não disse mais nada.

O presidente Chen perguntou a Chunming se já havia encontrado local para uma nova loja em Dongguan. Ela mencionou algumas possibilidades enquanto ele continuava lendo o jornal, vez por outra lançando perguntas pelo canto da boca sem olhar para ela. Ela ainda estava falando quando ele apanhou o celular e começou a discar. E foi assim que ela ficou sabendo que a conversa terminara.

O CHEFE XIE CHEGOU UMA HORA atrasado, usando o paletó marrom de um terno e a calça preta de outro, e se vangloriando de que um cliente lhe devia 900 mil iuanes. Disse a Chunming e ao presidente Chen que queria sair do setor varejista. Chunming informou que ele teria, primeiro, de entregar uma lista completa de clientes. Em resposta, o chefe Xie começou a criticar aleatoriamente os produtos fabricados pela empresa de Chunming. Lançando mão de uma telha, fez um arranhão em sua superfície com uma pequena pedra.

— Está vendo? O produto é ruim.

Aquilo parecia ensaiado; a telha já estava cheia de arranhões.

Chunming saiu em defesa da telha.

— Mas é só uma amostra.

— É uma telha de verdade.

O presidente Chen se recostou na cadeira, fumando ostensivamente os seus cigarros Marlboro sem oferecê-los a ninguém. Quando abria a boca, era muitas vezes para comprometer o que Chunming estava dizendo.

— Vamos preparar um contrato...

— O contrato não é importante. O mais importante é fazer a lista dos clientes.

Eu ficava imaginando o que Chunming diria se estivesse num encontro romântico com o presidente Chen.

Ele não me olhava ao falar comigo!

Estava usando uma camisa bege com um terno cinza!
Ele é tão sem classe!
Mas ele era o patrão, de modo que ela ficou calada.

MAIS TARDE, NESSE MESMO DIA, Chunming e o patrão visitaram outro revendedor. Eles haviam marcado encontro com o chefe Luo em sua loja num shopping de material de construção, mas estavam com dificuldade de encontrá-lo. Estavam procurando em lojas de tintas, mas acabaram descobrindo que sua loja vendia torneiras e maçanetas. Era outra regra do mundo dos negócios chinês: *Diversificar adoidado.*

Chunming anunciou que a empresa se dispunha a conceder-lhe direitos de exclusividade em Shenzhen. O chefe Luo ficou interessado.

— Todas as suas vendas estão informatizadas? — perguntou Chunming.

— Não — respondeu o chefe Luo. — Nossos vendedores percorrem o mercado. E logo ficam sabendo o que está acontecendo.

— Não necessariamente — retrucou Chunming. — Se dispuser dos números exatos, saberá com precisão como vão as vendas.

O chefe Luo não disse nada. *Não deixar nenhum rastro.*

O presidente Chen pronunciou-se.

— Que tal se livrar dessas torneiras? — perguntou. — Elas passam uma imagem errada.

— Não posso — respondeu o chefe Luo, parecendo aflito. — As torneiras são uma parte importante do nosso faturamento.

Chunming perguntou ao chefe Luo sobre suas metas de vendas, mas foi novamente cortada pelo patrão.

— Podemos cuidar disso depois.

O presidente Chen parecia ostentar muitos traços dos líderes despreparados. Ao ler *Quadrado e redondo*, contudo, descobri que as regras de sucesso ali contidas descreviam com exatidão o seu comportamento.

> Quando duas pessoas estão sentadas frente a frente, aquela que primeiro muda a linha de visão toma a iniciativa.

> Para manter uma auréola ao redor de sua cabeça e aumentar sua importância, você deve aparecer o mínimo possível. Deixe que um subor-

dinado competente apareça no seu lugar. Só quando tudo estiver resolvido você aparece, no fim, para tomar a decisão final.

O dia chegou ao fim em mais um canteiro de obras, onde Chunming se encontrou com dois colegas. Mais problemas a serem resolvidos: um cliente se queixava de que o revestimento de base fornecido pela empresa — para aplicação na superfície de um prédio antes da camada de pintura — era excessivamente granuloso. Mais espera: o homem que cuidava do projeto estava numa reunião. Um dia, contou-me Chunming, uma floresta de prédios de apartamentos de luxo surgiria naquele local. À medida que o sol do fim da tarde projetava suas sombras no terreno, ela e seus colegas falavam das aldeias rurais de onde vinham. Era uma terra relembrada, mas já agora para sempre mergulhada no passado, como a infância.

Na aldeia, havia um cemitério bem atrás da minha casa. Não tenho medo de pessoas que já morreram há muito tempo. Mas as que acabam de descer à terra...

Na minha aldeia, também há um cemitério atrás da minha casa. Eu vi com meus próprios olhos aquele fogo azul que fica saltando de um túmulo a outro. Dizem que é a alma das pessoas.

Com que frequência você vai à sua casa?

Eu não vou há oito anos.

O encarregado finalmente chegou. Todos se reuniram em torno de um trecho da parede que havia sido pintada com o revestimento. Estava lisa e seca, exatamente como devia. Chunming tomou a frente.

— Às vezes pode haver diferenças de um lote a outro. Isso explica pequenas diferenças de qualidade.

— Se existem problemas de qualidade, é muito importante para mim — disse o encarregado, sem dar o braço a torcer.

— E quando há problemas de qualidade, é ainda mais importante para nós — fez Chunming, querendo tranquilizá-lo. — Vocês são muito importantes para nós.

— Mas a data na embalagem dizia que tudo havia sido fabricado no mesmo dia. Como pode haver diferenças de qualidade?

Lai Gong, colega de Chunming no Departamento Técnico, explicou que uma fábrica produz muitos lotes no mesmo dia.

— Seus operários precisam saber aplicá-lo adequadamente — disse Chunming. — Não pode haver um intervalo muito grande entre a aplicação da base de revestimento e a pintura, pois a base fica seca demais. O clima em Shenzhen no momento está muito seco. Até as pessoas o sentem.

Humanizar a superfície pintada: brilhante.

O encarregado enveredou por uma série de desculpas complicadas. Era geralmente o indício de que uma reunião de negócios estava chegando ao fim na China.

— Lamento muito que vocês tenham tido todo esse trabalho!

— Não se preocupe — disse Chunming. — Se houver algum outro problema, falem diretamente com Lai Gong. Lai Gong, dê-lhes o seu cartão. — O rapaz começou a remexer na maleta do seu computador. — Ele os ajudará.

Chunming e eu pegamos um táxi para ir ao encontro de um amigo dela com quem jantaríamos. Os dois rapazes, que talvez estivessem esperando um convite, caminharam na direção oposta, parecendo desapontados e com fome.

CHUNMING E EU DIVIDIMOS UM TÁXI de volta a Dongguan naquela noite.

— Às vezes tenho a impressão de que preciso me recarregar, como se não tivesse energia suficiente — disse ela. — Faltam-me tantas coisas! Eu não sei inglês, não sei usar computador. Quando entrei para essa empresa, disse ao meu patrão que aprenderia inglês em dois anos. Pois já estou aqui há quase três e ainda não sei falar inglês.

Ela pensava em voltar à escola do Inglês de Linha de Montagem, que abandonara depois de algumas aulas. Também pensava em deixar a empresa onde trabalhava.

— E o que você faria? — perguntei.

— Meus amigos empresários estão tentando me convencer a abrir meu próprio negócio. Eles ganham 20 ou 30 mil iuanes por mês. Mas se eu o fizesse, minha vida seria dedicada apenas a ganhar dinheiro. Quero continuar melhorando minha qualidade de vida. Quero descobrir novas formas de felicidade.

Parecia que tudo em Dongguan podia ser reduzido a números: vendas, propinas, domínio do idioma. A altura de um candidato a namorado. Começava-se com números — *De que ano você é? Quanto por mês? Quanto por hora extra?* —, e em seguida outros números vinham assinalar o seu progresso: salário, área de um apartamento, preço de um carro novo. Mas Chunming estava em busca de algo que não podia ser mensurado. De dentro do táxi que percorria as ruas escuras, as fábricas de Chang'an iam passando dos dois lados.

— Se as luzes ainda estão acesas, significa que as pessoas estão fazendo horas extras — comentou Chunming. — Tantas pessoas trabalham durante anos na mesma fábrica.

Eram onze horas, mas muitas fábricas ainda estavam acesas, cada uma delas projetando na noite uma luz azul fria, como uma estrela que morresse.

Dois acontecimentos cruciais se deram logo depois. O patrão de Chunming cortou suas comissões nas vendas, sem qualquer explicação, e uma grande amiga sua chamada Liu Huachun comprou um Buick. Ela tinha 26 anos.

— Ela trabalhava como secretária numa fábrica de calçados — contou-me Chunming. — Até que abriu sua própria fábrica, com investimento do irmão, aprendeu tudo, e em apenas um ano já pôde comprar um carro.

Esses fatos levaram Chunming a agir. Na primavera de 2005 ela montou com uma amiga um negócio de compra e venda de moldes — a parte interna das máquinas de moldar com injeção de plástico que produzem desde pistolas d'água até cabides. O investimento foi de 100 mil iuanes, aproximadamente 12.500 dólares, que conseguiram tirando da poupança e pedindo empréstimos a amigos. Sua sócia trabalhara durante seis meses no Departamento Financeiro de uma fábrica de ferramentas. Até então, Chunming só tivera contato com moldes de plástico na linha de montagem, uma década antes, quando trabalhara na fabricação de carros e trens de brinquedo, mas não estava nem um pouco preocupada com isso.

— Para fazer qualquer coisa o que importa é saber como se comportar como pessoa — disse-me. — Quando sabemos como nos comportar, tudo sai bem.

Ela não disse ao patrão que ia embora; na verdade, não foi embora. Como raramente ia ao escritório, o presidente Chen não tinha como saber que uma de suas principais vendedoras estava abrindo o próprio negócio, embora ainda constasse de sua folha de pagamento. Ela continuou em contato com os clientes, recebendo mensalmente seu salário. De ambos os lados, era o típico comportamento chinês: ele não disse a ela por que havia cortado suas comissões; ela não disse a ele que deixara a empresa.

Ela também começou a visitar o dentista. Seus dois dentes frontais eram ligeiramente projetados para a frente, e ela estudava a possibilidade de um tratamento de estética dentária, com direito a extração dos dentes desalinhados, para serem substituídos por próteses de porcelana. Feito isso, não seria mais possível morder alimentos duros, como carnes cozidas com osso. Chunming também pensava em fazer pontes dentárias, mas para isso seria necessário pelo menos um ano — ao passo que a intervenção estética era imediata. Uma amiga de uma amiga tinha passado pelo procedimento.

— Ela mudou de aparência, e sua vida se transformou — informou-me Chumming.

Na minha visita seguinte a Dongguan, Chunming informou-me sobre tudo isso, mas falou primeiro dos dentes. Os moldes representavam uma mudança em sua carreira; os dentes, uma mudança cosmética, mas para ela eram dois aspectos de um mesmo projeto. Mais uma vez ela se transformava em outra pessoa.

O NOVO NEGÓCIO COMEÇOU com uma trapaça: as sócias mandaram confeccionar cartões de visita em chinês e inglês anunciando CORPORAÇÃO DE FERRAMENTAS & MOLDES DONGGUAN YUXING. Mas essa entidade não existia: àquela altura, o que havia era apenas uma loja.

— "Corporação" fica parecendo mais importante — explicou Chunming.

Ela e a sócia, Fu Gui, estavam a caminho de Shenzhen. Era o primeiro dia da Sexta Exposição Internacional Chinesa da Indústria de Máquinas & Moldes. No táxi, Chunming continuava atendendo a chamados do antigo emprego.

— Se estiver escrito *aditivo de calafetação* no rótulo é porque pode ser usado — gritou ao celular. — Posso mostrar-lhe uma tabela de preços, mas você não poderá dizer a ninguém.

Entre um telefonema e outro, ela falou com o irmão, para dar más notícias chegadas de casa.

— O tio está com câncer no estômago — disse ela em voz mais baixa. — Temos de mandar dinheiro para casa imediatamente.

A feira se realizava no Centro de Convenções e Exposições de Shenzhen, que ainda estava em construção e não fora formalmente inaugurado, mas ainda assim fora tomado por uma multidão. Chunming e Fu Gui se juntaram a ela, como peixinhos tragados por sua poderosa corrente.

— Algumas dessas máquinas podem custar um milhão! — disse Chunming, os olhos arregalados de excitação. Ela se encaminhou para uma delas, que cuspia cabides de plástico. — Oh! Nós fazíamos desses, quando eu trabalhava na fábrica.

Um homem orgulhosamente lhe entregou um cabide verde-bandeira que ainda estava quente, como uma rosquinha saída do forno. Chunming e Fu Gui percorreram os estandes, distribuindo cartões de visita e recolhendo catálogos. O objetivo era encontrar fabricantes de peças ou seus distribuidores que compravam diretamente da fábrica, oferecendo o preço mais baixo. Todo mundo se dizia distribuidor exclusivo, mas quando mencionavam os preços dava para saber que estavam mentindo.

— O que vocês fazem? — perguntou a Chunming um sujeito num dos estandes.

Ela mencionou um tipo de lâmina de serrar, hesitou e acabou dizendo:

— Fazemos muitas coisas. Veja meu cartão.

Volta e meia, ela barganhava.

— Quanto? — perguntou, apanhando uma broca e sentindo o seu peso, como se estivesse comprando cebolas no mercado. E depois: — Tudo isso? Quando voltarmos terá de nos oferecer um preço melhor.

A feira de moldes era desconcertante para mim. Num dos estandes, podia-se ver algo parecido com uma bateria gigante; num outro, era apresentado um cilindro de metal cheio de buracos, como um rolinho de cabelo de antigamente. Vi emaranhados de espirais de plástico em cores vivas que pareciam peças de outros tempos. Os anúncios afixados em cartazes pela exposição não ajudavam muito. Neles, apareciam peças de metal projetadas contra um céu azul ou contra a linha de arranha-céus de uma cidade, ou, às vezes, um monte de engrenagens reunidas em círculo, como se estivessem em órbita. Alguns dos cartazes tinham inscrições em inglês, mas quase sempre eram amontoados de nomes reunidos à força. ACELERADOR DE VELOCIDADE POR MECANISMO DE TRAÇÃO. PRENSA PERFURADORA EM TORRE. Havia MÁQUINAS DE DESCARGA ELÉTRICA e TRITURADORAS SEM CENTRO e FORNALHAS DE RESFRIAMENTO DE LIGAS.

A indústria era povoada de homens robustos, que mais pareciam guarda-costas, embora eventualmente uma mulher do Departamento de Marketing de uma fábrica fosse convocada também. O estande mais *concorrido* era o dos Moldes Industriais de Precisão Eva. Três mocinhas de blusas coladas ao corpo distribuíam prospectos, enquanto um vídeo que apresentava peças e engrenagens ao som de música de discoteca era projetado numa tela por trás delas.

Pelo meio da manhã Chunming e Fu Gui estavam carregadas de sacolas de compras cheias de catálogos, como consumidores estressados às vésperas do Natal. Arrumaram toda a colheita e seguiram em frente. Ao meio-dia, Chunming telefonou a uma amiga que também queria entrar no negócio dos moldes e lhe pediu que se juntasse a ela. A amiga nem sequer saíra de casa ainda. Foi assim que Chunming se deu conta de que, juntando-se a Fu Gui, escolhera a sócia certa.

SUA NOVA LOJA FICAVA no Centro Internacional de Maquinaria e Ferramentas Changrong, um shopping center de peças mecânicas perto da fábrica de produtos eletrônicos Bubugao. Estava situada bem no meio de uma longa fileira de lojas exatamente iguais. No andar de baixo havia uma área de encontro e prateleiras cheias de amostras, enquanto o de cima serviria de moradia para as duas; no chão estava estendido um único colchão, onde Fu Gui dormia. Em questão de um mês, Chunming se mudou para lá. Ela e Fu Gui pintaram as paredes de branco e equiparam a pequena cozinha com os pratos e panelas de Chunming, além de seu panela elétrica de arroz. Levaram para cima sua cama dupla e montaram uma simpática sala de estar com estantes, uma televisão e um sofá.

— Se não há limpeza e conforto no lugar onde vivo, não posso trabalhar — disse Chunming.

Por mais que ela o decorasse, contudo, o fato é que agora ela estava morando num shopping center de peças mecânicas. Se a vida não se resumia a ganhar dinheiro, não era ali que alguém poderia descobrir.

Chunming tinha um motivo de queixa sobre sua nova moradia — "Não posso mais trazer meus namorados" —, mas sua vida amorosa não parecia comprometida. Ela passou um dia na praia com um homem que trabalhava em finanças; enquanto me contava a história, a situação matrimonial desse homem mudou de "ele foi casado" para "ele é casado". Ela conheceu um sujeito de boa aparência num restaurante e iniciou um relacionamento, embora ele tivesse namorada. Mas acabou com tudo quando ele começou a fazer uma reforma em seu apartamento, sinal, para Chunming, de que estava provavelmente para se casar. E tinha um caso com alguém que conhecera na internet.

— Ele é cirurgião — disse-me. — É muito gordo, mas tem um bom coração. Deve ser casado.

— *Deve* ser casado? — perguntei.

— Não sei. Ele não me diz.

— Você perguntou?

Sim, ela tinha perguntado.

— Você é casado, certo? — perguntara.

— Se você acha que sou casado, é porque sou — respondera ele.

Homens casados que fingem não ser eram o maior risco das moças namoradeiras em Dongguan. Fu Gui, a sócia de Chunming, se envolvera com um deles; Liu Huachun, a amiga que recentemente comprara um Buick, havia sido enganada duas vezes. Num lugar onde as pessoas mentiam quase que automaticamente para conseguir trabalho, a trapaça naturalmente se infiltrava nas relações pessoais. A mentira, muitas vezes, era a alternativa pragmática, pois permitia conseguir o que se esperava. Em algum momento o sujeito podia ser apanhado pelas próprias mentiras, mas eram poucos os que pensavam a longo prazo.

Chunming tinha regras próprias para esses casos. Ninguém devia sair machucado, e nenhum dos lados tinha o direito de fazer exigências.

— Naturalmente, eu gostaria de encontrar a pessoa certa e me casar — explicou-me. — Mas, como ainda não consegui, não vejo problema algum em ficar com alguém que a gente não ama. Você pode se divertir ao lado dele. Posso repousar a cabeça no ombro dele quando estou cansada e ter essa sensação de segurança.

Certa vez, perguntei a Chunming se já tinha conhecido um homem mais velho que não fosse casado. Bastou enunciar a pergunta para me dar conta de que não fazia sentido — claro que tinha conhecido —, até que veio a resposta.

— Muito poucos — disse ela. E depois de pensar um pouco: — Meu antigo patrão. — Fez, então, uma cara feia: — Os que não são casados nunca prestam.

Naturalmente, isso não queria dizer que os casados por sua vez fossem grande coisa.

MORANDO NO SHOPPING DE PEÇAS MECÂNICAS, Chunming e Fu Gui imaginaram uma maneira de apanhar homens. Num site local da internet, enumeravam informações pessoais sobre uma jovem imaginária de 24 anos, ao lado de uma foto de uma linda mulher, também baixada da internet.

— Ela tem 1,65m de altura, fala inglês e francês, trabalha em comércio internacional e gosta de jazz — disse-me Chunming. Fez, então, uma pausa. — Eu nem sei o que é jazz.

Choveram homens querendo conversar com ela. Chunming conhecia muitos deles, um dos quais era um amante eventual que lhe tinha dito que nunca fazia contato com mulheres na internet. Ela cortou relações com ele depois de apanhá-lo flertando com a fã imaginária de jazz. O urbanista com quem estivera envolvida — *Ele é muito feio* — também fez contato. Mas Chunming voltara-se contra ele; descobrira que ele havia se vangloriado de dormir com ela em conversa com outras pessoas.

— Nós atraímos esses homens e depois damos um passa-fora neles — explicou Chunming. — Mas eles são muito cara de pau, pois continuam achando que podem ter chance com a gente.

Ela me mostrou uma recente troca de e-mails entre a mulher virtual e o urbanista.

Acho que você deve se parecer com um porco, um porco bem gordo, escreveu ela.

Na verdade, sou mais parecido com um rato.

Um rato? Não é ainda mais nojento?

Ela ainda o chamou de *porco gordo* algumas vezes, enquanto ele lutava para manter a conversa. Até que em dado momento pude vê-la conectar-se como duas pessoas ao mesmo tempo, na sua própria pele e na da jovem fã de jazz. Esta última foi imediatamente bombardeada com mensagens.

Você é de Hunan?

O que está fazendo?

Na foto, você não parece ter 24 anos!

Chunming os ignorou. Na própria pele, estava conversando com um possível candidato a encontro, embora suas credenciais não fossem nada atraentes: 42 anos, divorciado, com um filho pequeno.

Você estará disponível amanhã?

Sim, e você? Podemos nos encontrar?

Vou encontrar amigas amanhã.

Que tal jantar depois de amanhã?

Ela concordou. *Se a gente se encontrar e não houver química, não ficamos para jantar*, escreveu ela.

Chunming tomava outras precauções. Nunca dava o número de seu celular a um estranho, para que ele não a ficasse perseguindo se as coisas não dessem certo. Nem mesmo dava o próprio nome, preferindo inventar um: Ling. Depois de explicar essas regras e detalhar seus planos, Chunming disse:

— Agora quero conhecer um homem que nunca tenha entrado na internet.

— Que nunca tenha entrado na internet? — estranhou Fu Gui.

— Desde que começou essa coisa de internet — queixou-se Chunming —, as relações entre as pessoas ficaram falsas.

— Desde que inventaram o telefone celular, as relações entre as pessoas ficaram falsas — atalhou Fu Gui. — A gente pode sempre mentir e dizer que não está onde está.

EM MEU ENCONTRO SEGUINTE com Chunming perguntei-lhe como fora o encontro com o homem de 42 anos.

Ela enrugou a testa.

— Nada bom.

— O que havia de errado com ele?

Ela apontou para o alto da própria cabeça.

— No alto da cabeça ele tinha...

— O quê? Ele era calvo?

— Uma zona de cabelo ralo — disse ela. — Não gosto de homens com muito pouco cabelo. E isso não se via na foto que ele me mandou.

O sujeito também tinha uma filha de 17 anos que não mencionara nas conversas on-line. Cabelo ralo e uma filha crescida: motivos suficientes para Chunming não querer saber de mais nada. Era mesmo o caso de perguntar que sujeito era esse que achava que podia esconder essas coisas por muito tempo.

Como era de esperar, as relações entre Chunming e o chefe continuaram a se deteriorar depois que ela parou de trabalhar para a empresa de tintas. Em abril de 2005 — mais ou menos na época em que ela se mudou para o shopping de peças mecânicas — o presidente Chen cortou 500 iuanes de seu salário e a proibiu de procurar novos clientes em Shenzhen. Em maio, ela foi oficialmente demitida. Em junho, ficou sabendo que a empresa não pagaria as comissões que ela tinha ganhado naquele ano. Além da indenização, a empresa lhe devia 11 mil iuanes, mais de 1.300 dólares. Chunming tentou entrar em contato com o presidente Chen, mas, nesse caso específico, sua estratégia gerencial consistia em não atender ao telefone. *Para manter uma auréola ao redor da sua cabeça e aumentar sua importância, você deve aparecer o mínimo possível.* Ao almoçarmos com um de seus amigos, Chunming repassava as alternativas de que dispunha.

— Agora só me resta saber quanto ele vai me pagar — disse. — Se não for suficiente, vou processá-lo.

— Uma ação judicial dá muito problema — comentou o amigo. — Você pode conseguir seu dinheiro de outras maneiras.

Ele tinha o rosto fino, com a pele muito lisa nas maçãs e o cabelo tão curto, que ele parecia constantemente assustado. Trabalhava com remessas.

— Que outras maneiras? — perguntei.

Ele disse que um primo tinha dinheiro a receber de um cliente.

— Certo dia, eu estava no estacionamento da empresa desse cliente e vi uma Mercedes Benz estacionada. "É o carro do presidente da companhia?", perguntei a pessoas que passavam. E era. — O amigo de Chunming pesquisou mais um pouco e telefonou para o presidente da empresa. — Disse-lhe qual era o seu endereço. Disse-lhe a idade dos seus filhos. A empresa pagou imediatamente 90% do dinheiro que devia.

Semanas depois, Chunming decidiu apresentar queixa na delegacia do trabalho de Guangzhou, a capital provincial.

— Esse tipo de queixa tem grande repercussão na empresa — disse-me. — Quando a delegacia começa a investigar, os empregados se perguntam: "E o dinheiro que a empresa me deve?" E a empresa é obrigada a tratá-los melhor.

Ela estava bem animada, e eu também. Tantas coisas na vida eram injustas! Chunming sabia disso tanto quanto qualquer um. Mas acreditava que seu sofrimento individual era importante, e estava disposta a ir em busca de justiça nos tribunais. Era a última coisa que eu esperaria.

NA MANHÃ DA SEGUNDA-FEIRA SEGUINTE pegamos o ônibus para Guangzhou. Elegante como sempre, Chunming trajava um suéter negro leve, calça cáqui e sapatos de salto alto. Fomos de metrô à delegacia do trabalho da província e imediatamente nos enviaram para a delegacia do trabalho do distrito.

O escritório tinha um longo balcão baixo, com cadeiras para os visitantes de um lado e um funcionário em frente a cada uma delas. O dispositivo supostamente se destinava a tornar o governo mais acessível, mas nunca havia um demandante para cada funcionário; ao redor de cada cadeira pelo menos seis pessoas se acotovelavam, tentando chegar lá. Enquanto esperavam, acompanhavam os outros casos e periodicamente faziam comentários. Um homem de meia-idade estava sentado quando chegamos, explicando detalhadamente que seu patrão tinha desaparecido sem pagar-lhe o que devia. Chunming abriu caminho até a frente e se agachou ao seu lado, como um gandula num torneio de tênis, pronto para saltar. Quando o sujeito fez uma pausa, ela aproveitou:

— Desculpe-me, queria fazer uma pergunta rápida.

O funcionário deu uma olhada em seus documentos: o contrato de trabalho, a carta de demissão, uma cópia do alvará de funcionamento da empresa. Pelos papéis, ficava claro por que era praticamente impossível para os trabalhadores comuns apresentar uma queixa. Eles raramente assinavam contratos de trabalho e não tinham acesso aos documentos da empresa, e Chunming os conseguira apenas porque seus clientes às vezes queriam vê-los. O funcionário disse que ela precisava apresentar uma cópia da licença da filial da empresa em Guangzhou.

A essa altura, contudo, já era quase meio-dia, hora de fechar as portas para as repartições municipais. Num mundo em que quase todos trabalhavam sem parar, os funcionários públicos chineses tinham duas horas para almoçar e tirar uma soneca. Quando Chunming parou numa dessas repartições para fazer uma pergunta rápida, o guarda no portão pareceu ofendido.

— Eles ainda estão dormindo.

DIANTE DE PRATOS DE ARROZ E SOPA num restaurante self-service, Chunming revelou seu Plano B. Abrindo a carteira, ela retirou um cartão de visita. GORAN WIDSTROM, PRESIDENTE. Era o chefe da matriz do antigo patrão, sediada na Suécia. Ele tinha visitado o escritório da filial de Dongguan vários anos antes, deixando em Chunming a impressão de que era uma boa pessoa.

— O presidente Chen não sabe que eu tenho o cartão de visita de Wei-si-te-ling — disse ela, valendo-se da transliteração do nome sueco, enquanto acariciava a borda do cartão com os dedos. Uma vez informado do que estava acontecendo, Wei-si-te-ling a ajudaria a recuperar seu dinheiro. Chunming me perguntou se eu poderia telefonar para ele. Olhei para o relógio. Os suecos ainda estavam dormindo, como os funcionários chineses. Ficamos esperando, e bebemos vários copos de chá forte.

— Às vezes fico me perguntando por que trabalho tanto — disse Chunming. — Li num livro que o sucesso é dizer as coisas que queremos dizer e fazer as coisas que queremos fazer. E não é assim que me sinto agora.

— O que gostaria de fazer? — perguntei.

— Gostaria de estudar. Realmente gostaria de aprender inglês.

Seus olhos de repente se encheram de lágrimas. Ela os comprimiu com um lenço, muito forte.

Como sempre, eu tinha percebido o que estava por acontecer.

—Você já fez tanto! — eu disse. — Basta ler os seus diários, e verá como progrediu.

— Não dê bola, não — disse ela. — Eu choro à toa. As pessoas me acham estranha.

Ela enxugou os olhos uma última vez, sorriu para mim e levantou-se para enfrentar a burocracia.

CHUNMING VISITOU NAQUELA TARDE três escritórios de comércio, em busca do alvará de funcionamento da filial do antigo patrão. O escritório comercial municipal mandou-a para o da província e o da província para o do distrito. Todos os funcionários se contradiziam. Finalmente, uma funcionária do escritório comercial do distrito disse que poderia imprimir o alvará por 60 iuanes. Quando entrava dinheiro na conversa, é que havia esperança. Já eram 16h10 quando Chunming, tendo nas mãos o alvará, chegou à delegacia municipal do trabalho para apresentar queixa, bem ao lado do aviso que dizia POR FAVOR, NÃO FAÇA BARULHO, NÃO FUME NEM CUSPA. Mas estava mais uma vez no lugar errado. Era o distrito, não o município, que cuidava das filiais de empresas estrangeiras, informou-lhe um funcionário, entregando-lhe um prospecto explicativo.

Pouco antes das cinco horas Chunming retornou à repartição do distrito — pela terceira vez naquele dia. E pela terceira vez o mesmo funcionário, por trás do mesmo balcão, negou-se a atendê-la.

—Você tem de ir ao escritório municipal. São eles que cuidam das empresas estrangeiras.

— Eles não cuidam das filiais de empresas estrangeiras — retrucou Chunming, jogando o prospecto na mesa. O funcionário o apanhou: na China, documentos impressos sempre impressionavam. O sujeito o leu e o pôs de lado. Lentamente, começava a se dar conta de que talvez tivesse realmente de trabalhar um pouco. Apontou então para o fim do corredor, onde ela deveria apanhar um formulário de conciliação.

Enquanto preenchia o formulário, Chunming se deu conta de que a conciliação poderia ser mais complicada do que esperava. Teria de encontrar-se com o antigo patrão para negociar um acordo, o que era a última coisa que pretendia fazer. Teria de retornar a Guangzhou para a negociação e pagar uma taxa, conseguisse ou não receber o dinheiro. Mas não havia tempo para ficar pensando muito, pois tinha de dar um jeito de preencher as quatro páginas do formulário, com duplicatas. Os funcionários já estavam de partida, e a mulher fechava a bolsa com determinação.

— Espere, vou apresentar esta queixa hoje — disse Chunming.

A última mulher no escritório se levantou e fechou o computador.

— São 17h28. Você vai conseguir terminar em dois minutos? — perguntou, cáustica.

— Será que não poderia colaborar um pouco? — perguntei. — Viemos de Dongguan especialmente para isso.

— Eu também moro longe — disse a mulher.

Finalmente, Chunming desistiu; teria de voltar num outro dia.

— Eles não têm o menor senso de responsabilidade no trabalho — disse-me, no momento em que o portão de metal do escritório se fechava atrás de nós.

NA CALÇADA, CHUNMING FOI ASSALTADA por dúvidas. A conciliação era muito complicada. Uma ação judicial podia gerar problemas para Wei-si-te-ling; na China, os investidores estrangeiros estavam sempre em situação delicada. Ela acreditava mais numa intervenção pessoal, ainda que partisse de uma pessoa que vivia a sete fusos horários de distância e que ela praticamente não conhecia.

— Se eu conseguir falar com ele ao telefone, tenho certeza de que se lembrará de mim — disse. — E aí poderemos conversar sobre o assunto.

Eu lhe disse que o mais provável era que uma secretária atendesse o telefone. Wei-si-te-ling provavelmente era um homem muito ocupado, acrescentei, e ela não devia alimentar muitas expectativas.

— Quando eu o encontrei na China, ele não se comportou como uma pessoa importante e ocupada. Achei que era alguém que realmente sabe viver. — Ela visivelmente acreditava muito em si mesma e em sua importância como pessoa. Quando finalmente conseguisse falar com Wei-si-te-ling, presidente mundial de uma fábrica sueca de tintas, estava convencida de que conversariam como amigos, como iguais. Mas é claro que se tratava dessa mesma confiança cega que levara Chunming aonde se encontrava agora.

Disquei o número que estava no cartão. Ouvimos a voz gravada de uma secretária, exatamente como eu esperava. Disse, então, o que Chunming me pedira que dissesse.

> Estou telefonando em nome da Sra. Wu, do departamento de vendas de Dongguan. Ela o conheceu numa reunião em Dongguan no fim de 2003. Já deixou a empresa, mas sempre o admirou muito.
>
> Ela foi demitida sem justa causa, e a empresa não pagou as comissões que lhe devia. Ela pretende pedir uma causa trabalhista, mas não sabe como isso poderá afetar o senhor e a sua empresa. Gostaria de saber, então, se poderia ajudá-la.

Wei-si-te-ling não respondeu ao telefonema.

Chunming não voltou a Guangzhou para entrar com o pedido de conciliação. O antigo patrão propôs o pagamento de parte do dinheiro devido, o que foi suficiente para ela. Muitas coisas estavam mudando em sua vida. Ela decidiu deixar a empresa de moldes; passaria sua parte para Fu Gui, que mais tarde reembolsaria seu investimento. A empresa tinha dois clientes regulares e já começava a deslanchar.

— Ainda não ganhamos muito dinheiro — disse Chunming. — Mas ainda que eu ganhe muito dinheiro, não ficarei satisfeita. Ganhar dinheiro apenas não dá significado à vida.

Ela pretendia visitar a família no festival do meio do outono, o feriado do calendário lunar de comemoração da colheita de verão. Depois de tantos anos na cidade, Chunming continuava contando o tempo pelos feriados tradicionais, encarando-os como pausas naturais entre as fases de sua vida. Ao retornar a Dongguan, ela passaria dois anos estudando inglês. Já tinha se decidido, disse-me.

— Quero aprender inglês para ser mais feliz.

13

Amor e dinheiro

Min não enxergava nada satisfatório em sua vida ao voltar da visita de Ano-novo à família. Não estava aprendendo nada de novo no emprego, e o salário era baixo. E tinha critérios para avaliar essa estagnação: como trabalhava no Departamento de Recursos Humanos, sabia quanto todo mundo na fábrica ganhava. Além disso, sentia-se infeliz com o namorado. Trabalhando como assistente na fábrica, Ah Jie ganhava 300 iuanes mensais a mais que Min, mas seu emprego não tinha futuro. Ele só havia concluído o primeiro segmento do ensino fundamental, o que Min nunca tinha mencionado antes. Um dia, ele propôs que ela o acompanhasse a Pequim, onde poderia trabalhar como guarda de segurança. Mas ela recusou.

— Todo mundo despreza os seguranças — disse-me. — É pior ainda que ser operário.

A timidez, traço de personalidade perfeitamente comum no campo, comprometia o progresso de Ah Jie. Durante um jantar com uma colega de Min de outra fábrica, Lin Jia, e suas duas irmãs, Ah Jie não disse nem uma única palavra. Mais tarde, Lin Jia mandou a Min uma avaliação pelo celular: *Conversei com minhas irmãs, e achamos que ele é muito fraco. Ele não é homem para você.* De Changsha, onde encontrara emprego no setor de vendas de um banco, a irmã mais velha de Min, Guimin, corroborou: *Nesta sociedade, uma pessoa muito bem-comportada não sobrevive.*

Min tinha medo de que a falta de ambição de Ah Jie acabasse por contagiá-la.

— Desde que a gente começou a namorar, parei de estudar completamente — queixou-se. — Não posso continuar levando as coisas na flauta dessa maneira. Se continuar assim por mais um ano ou dois, vou arruinar a minha vida.

Ah Jie tinha motivos para se sentir bem onde estava. Dois terços dos trabalhadores e todos os principais chefes da fábrica eram de Henan, sua província natal. Ele tinha muitos amigos no trabalho, ao passo que Min se sentia mais sozinha que nunca, agora que a irmã mais velha se fora. Ela não tinha amigos na fábrica, por decisão sua.

— Quando a gente se aproxima de alguém, é mais fácil para essa pessoa nos trair — dizia.

DURANTE BASTANTE TEMPO eu não sabia muito sobre a fábrica de Min. A sede era em Hong Kong, ela produzia bolsas — e era tudo o que ela me dissera. Na viagem de trem para a aldeia, ela me surpreendeu com um presente de Ano-novo: um porta-moedas Coach, com o C maiúsculo que formava o logotipo da empresa e acabamentos de camurça marrom. Achei que era falso, como tantas coisas em Dongguan. Só por acaso fiquei sabendo que a fábrica de Min atendia a encomendas de algumas das principais marcas do ramo: Coach, LeSportsac, Dooney & Bourke, Lacoste. De modo que o porta-moedas que me dera era autêntico — provavelmente custaria 50 dólares nos Estados Unidos.

Certa noite, depois do retorno a Dongguan, perguntei a Min e Ah Jie como conseguiam as bolsas.

— Fazendo amizade com os seguranças, a gente consegue sair com as bolsas — explicou Ah Jie.

— Simplesmente assim, roubando? — perguntei.

— Nós trabalhamos na fábrica — disse Ah Jie, em tom de quem explica o óbvio. — Quando a linha de produção faz uma encomenda, podemos providenciar a fabricação de algumas bolsas a mais. E se fazemos amizade com os guardas, podemos levá-las para fora.

— E a fábrica não se importa? — insisti.

Ele deu de ombros.

— Desde que a encomenda seja atendida, eles não estão nem aí. Hoje mesmo saí da fábrica com uma bolsa — prosseguiu Ah Jie. — Vale 200 dólares americanos. Vai querer? Por que não vem dar uma olhada?

Fui logo dizendo que não estava precisando de bolsas.

— Pode dar de presente à sua mãe — acrescentei.

— A mãe dele mora no campo — disse Min. — O que é que vai fazer com uma bolsa?

O dormitório de Min e Ah Jie estava repleto de produtos Coach: uma bolsa com a padronagem do C maiúsculo, uma carteira de couro negro com costura contrastante, uma delicada *nécessaire* de camurça vinho.

— Esta é para levar a maquiagem — arriscou Min.

No interior de uma das bolsas, encontrei um cartão impresso em inglês:

UM CLÁSSICO AMERICANO

> Em 1941, o fundador da Coach se inspirou na pátina lustrosa de uma típica luva de beisebol americano para criar uma nova coleção de bolsas, utilizando o mesmo couro de exuberante maciez e coloração. Depois de curtir o couro, seis artesãos experientes confeccionaram doze bolsas únicas, de proporções perfeitas e uma sofisticação atemporal. Elas eram diferentes, funcionais, e foram adotadas pelas mulheres de todo o mundo. Nascia um novo clássico americano.

No universo de Min, as bolsas Coach tinham valor altamente oscilante. Ela deu o exemplar com a padronagem do C maiúsculo à amiga Lin Jia, que lhe oferecera um teto quando ela procurava emprego. Quando a irmã mais velha de Lin Jia se casou num dos melhores hotéis da cidade, Min levou de presente uma bolsa de luxo. Na maior parte do tempo, todavia, essas bolsas que nos Estados Unidos eram vendidas por centenas de dólares não tinham valor, pois quase ninguém no círculo de conhecimentos de Min teria como usá-las ou sabia quanto valiam. Min guardava as chaves e a carteira de identidade na sua favorita — uma bolsa Lacoste estilo *hobo bag*, cor de folhas secas —, mas ela nunca saía do quarto. Um artigo daquela qualidade, pensava, seria roubado com a maior facilidade.

MIN DECIDIU FICAR ONDE ESTAVA. O verão chegara ao delta do rio Pérola, com temperaturas diárias acima dos trinta graus. A noite era sufocante nos dormitórios; na linha de montagem, o cheiro de produtos químicos era tão forte que periodicamente alguma jovem desmaiava, precisando ser carregada.

No verão, as ambições pessoais costumavam ficar na gaveta, como um animal em hibernação.

Mas o clima não era a única preocupação de Min. Certa noite de junho de 2005, enquanto jantávamos, ela me disse que pedira demissão ao chefe, mas voltara atrás porque Ah Jie lhe havia implorado que ficasse.

— Eu disse então a Ah Jie que ficarei aqui este ano — explicou-me Min. — No Ano-novo, vamos visitar a família dele. Depois, pedirei demissão e vou procurar um novo emprego. E no próximo Ano-novo, ele irá visitar minha família comigo.

Enquanto conversávamos, compreendi o que ela acabava de dizer: estavam feitos os planos para os dois próximos anos — e para o restante da vida dela. Aos 19 anos, ela aceitara casar-se com Ah Jie.

— Quando vai se casar? — perguntei.

— Provavelmente daqui a três anos.

— Já contou aos seus pais?

— Não. Só vou precisar contar quando levar Ah Jie para passar o Ano-novo conosco, daqui a dois anos.

— E no ano que vem, quando você não for à sua casa?

— Posso simplesmente dizer aos meus pais que nossa fábrica não vai dar férias.

— Vai mentir, então?

— Sim.

Esconder coisas dos pais já era para ela uma segunda natureza. Sua irmã mais velha estava vivendo em Changsha com o namorado, mas quando telefonava para casa fingia que ainda estava em Dongguan, e fazia Min entrar na dança. Em comparação, as evasivas de Min não pareciam tão graves.

Nem todos levavam a sério o noivado de Min. Sua amiga Lin Jia e as duas irmãs mais velhas continuavam falando mal de Ah Jie. *Essa gente de Henan é pobre demais! Ele não tem preparo nenhum. Procure outra pessoa.* Num fim de semana de julho Lin Jia decidiu apresentar Min a um colega da sua aldeia; ele trabalhava no distante distrito de Qingxi, mas estava na cidade.

— Já tenho namorado — protestou Min. Mas a curiosidade não lhe permitiu dizer não.

Na véspera, ela viera passar a noite em meu apartamento. Min desceu do ônibus sem nenhuma bagagem, exatamente como o pessoal do campo às vezes aparece na porta de alguém, de mãos abanando. Achei uma camiseta e um short para ela dormir e a levei para comprar uma escova de dente. Seu telefone tocou por volta das dez, quando estávamos vendo televisão. Ela atendeu, sem troca de cumprimentos, e ficou conversando por algum tempo.

—Vamos nos encontrar com Lin Jia amanhã — disse.

O telefone tocou de novo. Eu presumira que em ambas as vezes o interlocutor era Ah Jie, mas na verdade se tratava do candidato a namorado. Eles nem tinham se encontrado ainda e ele já a assediava ao telefone.

— Lin Jia disse a ele que eu sou bonita e inteligente, e ele quer muito me conhecer — disse Min.

O telefone de Min tocou a noite inteira, com as mensagens do rapaz. Por volta das 23h30, o telefone tocou quando já nos preparávamos para ir para a cama.

— Nós vamos dormir — disse Min. — Se não parar de me telefonar, vou ter de desligar o telefone.

O ENCONTRO FOI MARCADO em um restaurante de *dim sum* em que tocava uma ensurdecedora música ambiente. Lin Jia já havia chegado, com a irmã mais velha, Lin Xue; o marido de Lin Xue e a filha de 4 anos; a segunda irmã; o velho pai das moças e um primo recém-chegado do interior. O rapaz, Zhang Bin, tinha um rosto estreito, olhos negros redondos e bochechas pálidas que se ruborizavam de nervosismo. Usava camisa social branca e calça azul de listras. Trouxera um amigo da fábrica. Era um encontro romântico com onze pessoas.

Assim que Min e eu nos sentamos, Lin Xue se inclinou em nossa direção.

— Ele se formou na faculdade e lidera a linha de montagem na fábrica — sussurrou ela. — É cheio de iniciativa.

O marido de Lin Xue estava espremido entre Min e o rapaz; os dois não trocaram nem uma só palavra durante todo o tempo. Do outro lado da mesa, Lin Jia dava risinhos e indiretas. *Por que estão tão calados hoje? Que vão fazer mais tarde?* No meio do almoço o rapaz se levantou e ficou sozinho junto à janela do restaurante, olhando para fora. Parecia o herói romântico de uma novela de televisão chinesa, pronto para falar de seus dramas íntimos. Na novela, Min também teria levantado para se postar ao seu lado. Mas preferiu se virar para mim e dizer em voz baixa:

— Geralmente não gosto de rapazes com essa aparência.

Depois da refeição, o marido de Lin Xue viu um colega de trabalho e foi cumprimentá-lo. O rapaz se muniu de coragem e se voltou para nós.

— Gostei de conhecer você e os seus amigos — disse a Min.

Nós levamos as xícaras de chá à boca. Min não disse nenhuma palavra.

ÀS ONZE DA NOITE ELA me telefonou.

— Acabamos de voltar — disse, parecendo ofegante.

Depois do almoço, ela e Lin Jia tinham ido ao parque com o rapaz e seu amigo. Subiram a colina da torre de televisão e caminharam pela cidade.

— Que tal o rapaz? — perguntei.

— Bom. O que achou dele?

— Não o conheço — esquivei-me. — Parece uma boa pessoa.

— Melhor que Ah Jie? — insistiu ela.

— O que você acha?

— Bom — repetiu ela. — Ele sabe se comportar.

Nessa mesma noite o rapaz lhe telefonou. Pela primeira vez Min lhe disse que tinha namorado.

— Me dê uma chance — respondeu ele.

Depois disso, as coisas começaram a acontecer com rapidez. Min comprou um novo cartão de telefone. Desde que começara a namorar Ah Jie ela usava o telefone celular dele; ter o seu próprio número era uma declaração de independência.

Lin Xue estava em minha vizinhança alguns dias depois, e nos encontramos para almoçar.

— Min só pensa nesse rapaz! — foi informando assim que me viu. — Agora quer largar a fábrica para se livrar de Ah Jie.

Lin Xue parecia entusiasmada, mas um pouco assustada com seu aparente êxito de casamenteira.

— Disse a ela que não vá com tanta sede ao pote. Será que tem certeza do que está fazendo?

Min me telefonou no dia seguinte. Tinha notícias urgentes, mas não eram as que eu esperava.

— Acabo de falar com meus pais — disse ela.

— Como eles estão? — perguntei.

—Vou visitá-los. Quero pegar meu diploma.

O diploma era um velho motivo de conflito com os pais. Por ter deixado a escola um semestre antes do fim do curso, Min não o apanhara. Os empregadores geralmente queriam ver o diploma, e embora Min tivesse conseguido abrir caminho para os empregos que queria, já começava a ficar mais difícil explicar por que ainda não tinha o diploma dois anos depois de concluir o curso. Ela pedira ao pai que fosse buscá-lo na escola, mas ele resistia, na esperança de impedi-la de mudar novamente de emprego. Para os pais, bastava que Min estivesse empregada: eles não entendiam que certos empregos eram melhores que outros. Min tentou explicar.

— Nesse emprego eu não tenho futuro — disse certa vez, ao telefonar para casa.

—Você nem entrou para a faculdade — disse a mãe. — Como pode falar de futuro?

Min ficou tão chateada, que desligou o telefone.

Dois dias depois, no jantar, Min me contou que o rapaz tinha 24 anos e era supervisor-chefe numa fábrica de câmeras digitais.

— Ele é muito bom — disse. —Tem caráter e boas maneiras. Sabe como se comportar. É atencioso com as pessoas. Sob todos esses aspectos, ele é melhor que Ah Jie.

Min disse que iria para casa depois de receber o salário, no fim do mês, apanharia o diploma e voltaria para procurar emprego perto da fábrica do rapaz.

Perguntei por que teria de deixar a fábrica logo.

— Não tenho coragem de acabar com Ah Jie — explicou ela. — Não sei como ele reagiria.

— Como assim?

Dias antes Lin Jia recebera um telefonema de um desconhecido.

— Não se meta onde não é chamada — avisara a voz masculina. — Não diga a Min que Ah Jie não é digno dela. — Ameaças ferozes a serviço da preservação do relacionamento: eu não imaginava que Ah Jie tivesse tanta iniciativa.

— Quer dizer que você não pretende dizer nada a Ah Jie? — perguntei.

—Vou telefonar para ele depois de sair da fábrica — fez ela. — Direi que vou embora e que ele não tente descobrir onde estarei.

— Será que ele vai aceitar?

Ela deu de ombros.

— Não sei. Mas não terá como me encontrar.

Ela pretendia deixar a fábrica sem levar nada, para que ninguém suspeitasse de que partia de vez.

— Vou levar uma muda de roupa e a experiência que ganhei este ano — declarou, solene. — As outras coisas posso comprar de novo.

MAS AS COISAS NÃO SE DESENVOLVERAM como esperado. No início de agosto recebi um e-mail de Min. Ela continuava na mesma fábrica. *Meu novo namorado é legal*, escreveu, *mas a situação entre nós dois não está muito boa. Talvez devêssemos ser apenas amigos.* Sua irmã menor, Sar, havia concluído a escola técnica e queria trabalhar em Dongguan. Min descobriu no Departamento de Expedição da fábrica um colega que era da cidade próxima de sua aldeia; ele podia conseguir emprego para Sar. Mas havia um problema: Sar, que tinha apenas 17 anos, não tinha a idade mínima para ser contratada. Min pagou 30 iuanes a uma pessoa cuja especialidade era mudar as datas de nascimento nas carteiras de identidade emitidas pelo governo. A nova identidade adulterada de Sar dizia que ela nascera em junho de 1986, enquanto Min tinha nascido em fevereiro desse mesmo ano. Se alguém olhasse atentamente as carteiras de identidade das duas irmãs, poderia achar estranho. Mas ninguém jamais o fez.

Agora sinto muito menos pressão que antes, realmente, escreveu-me Min.

Estávamos no fim de setembro de 2005 e a temperatura mais amena era o sinal para ela. Um mês depois da chegada de Sar, Min deu o salto de novo. Encontrou emprego como assistente no departamento de compras de uma fábrica de ferramentas, localizada a duas horas de ônibus do local onde a irmã mais moça trabalhava. Min foi embora sem resolver as coisas com Ah Jie. Já não estava mais em contato com o outro rapaz. Sua solução para esse tipo de complicação era a única tática que ela conhecia: seguir em frente.

Dessa vez a busca de emprego foi mais fácil, porque ela finalmente já estava de posse do diploma. O pai, depois de obtê-lo na escola, recusava-se a mandá-lo por correio; ainda tinha esperança de impedi-la de mudar de emprego constantemente. Min mentiu, dizendo que sua fábrica tinha baixado uma nova norma: quem não tivesse diploma seria demitido. Ao saber disso, o pai entrou em pânico e mandou o diploma pelo correio expresso, pagando mais caro por isso. Min achou graça ao contar-me essa história.

A nova fábrica de Min produzia peças metálicas para circuitos elétricos, monitores de computador e aparelhos de DVD. Sua jornada de trabalho se prolongava por onze horas, com folga domingo sim, domingo não. Ela ganhava mil iuanes por mês; caso se saísse bem, seria promovida ao setor de compras. Começou a ler um livro intitulado *Planejamento de produção e compra de materiais*.

No ano anterior, ela mandara para a família 5 mil iuanes — mais de 600 dólares —, mas os pais achavam pouco.

— Os filhos de outras pessoas estudaram muito menos — dizia o pai. — Como se explica que mandem mais dinheiro para casa que você?

— Os pais de outras pessoas ganham dinheiro suficiente para que os filhos não precisem migrar para trabalhar — retrucou Min.

Atualmente, ela tinha uma visão mais crítica dos pais. No fim da década de 1990, quando trabalhou por breve período na fábrica de calçados de Wenzhou, seu pai ficou doente, voltando para casa. Sua mãe ficara trabalhando longe durante um ano e tampouco conseguira economizar. Os dois haviam fracassado onde Min estava vencendo, e pela primeira vez ela o reconhecia.

— Eles conheceram a vida do migrante. Deviam lembrar-se de como é difícil — disse-me ela. — E no entanto acham que é fácil trabalhar longe e ganhar dinheiro.

Cinco meses depois de ser contratada Min foi promovida a uma função de compra de peças de moldes para a fábrica. Era a sua grande oportunidade: a jovem que ocupava a função fora visitar a família e os pais descobriram que ela tinha um namorado na cidade.

— Ela ficou retida por eles, que não a deixam voltar, de modo que eu tenho essa oportunidade — disse Min.

Em sua nova função ela ganhava 1.200 iuanes por mês de salário e algo entre 6 mil e 10 mil iuanes em comissões. Nos seis primeiros meses, economizou 30 mil iuanes — quase 4 mil dólares — e mandou 1.300 dólares para a família. Pela primeira vez, abriu conta bancária na cidade, contrariando a vontade dos pais. Eles queriam que ela mandasse todo o dinheiro para casa.

— Se a empresa soubesse que recebo comissões, eu seria demitida na hora — disse-me Min.

— Mas não é o que todo mundo faz? — perguntei-lhe.

— Sim. Mas nunca falamos disso.

Estávamos sentadas num McDonald's no shopping center perto da fábrica. Min pedira café gelado com fritas; comia muitas vezes fora. Lembrei-me da primeira vez em que ela entrou no McDonald's, dois anos antes, aproximando o rosto do seu Big Mac e traçando o sanduíche camada após camada. Com voz baixa, olhando ao redor para se certificar de que não havia colegas por perto, ela me falou do seu trabalho. Os fornecedores costumavam pagar 10% de propina; Min os encontrava longe da fábrica para receber esses pagamentos, em dinheiro. O banco no qual abrira conta ficava longe da fábrica, e ela não corria risco de encontrar conhecidos ao fazer depósitos. Nas fábricas, o pessoal de vendas muitas vezes era invejado, pois o emprego era muito lucrativo. Quando encontrava colegas na rua, Min cumprimentava e pagava suas contas no restaurante, para conquistar sua simpatia.

O sucesso levou a mais pressão.

— Antes, quando não gostava do trabalho, eu simplesmente ia embora — disse ela. — Agora fico preocupada com o que pode acontecer se a empresa não me quiser mais.

ASSIM QUE MIN COMEÇOU A GANHAR mais dinheiro sua relação com os pais mudou. Eles pararam de se queixar do pouco dinheiro que ela mandava para casa e começaram a imaginar maneiras de gastar as economias da filha. Queriam comprar uma residência na cidade próxima de Wuxue, avaliada em 120 mil iuanes, aproximadamente 15 mil dólares. O pai armou um esquema para criar camarão-d'água-doce, o que exigia algo entre 30 mil e 50 mil iuanes. Ele perdera dinheiro na colheita de algodão do ano anterior e estava descapitalizado. Min cortou pela raiz os dois planos.

— Não dá para ganhar dinheiro de uma hora para outra — ensinou ao pai. — É preciso dar um passo de cada vez.

Fiquei impressionada com a rapidez com que Min subverteu a hierarquia familiar. Quando meu avô voltou para sua aldeia natal, depois de sete anos na América, foi espancado pelo pai por ter mudado de faculdade sem autorização. Ele tinha se transformado num sujeito moderno, educado no exterior, mas não aumentara minimamente seu prestígio aos olhos do pai. Em contraste, Min conseguia mandar nas questões de família à distância. Fiscalizava as contas do pai e rechaçava seus planos de negócios, e toda essa autoridade fora conquistada pelo fato de ter mandado 1.300 dólares para casa.

Também havia uma diferença de classe, o que, na China, está em grande parte ligado ao nível de escolaridade da pessoa. O pai do meu avô era um homem instruído, o que lhe conferia certa estatura, muito embora nunca tivesse se afastado muito de casa. Trabalhadores migrantes como Min vinham das camadas mais baixas da sociedade: quando faziam sucesso na cidade, imediatamente se colocavam acima de todos os outros membros da família. Não demorou para que Min estivesse no comando da vida dos irmãos. Prometeu ao irmão menor um verão em Dongguan, fazendo um curso de inglês, contanto que se saísse bem na escola. Seu progresso financeiro mudou o destino de sua irmã menor, Xiu, que fora reprovada no exame de admissão ao ensino médio. Quando as três irmãs mais velhas fracassaram na mesma tentativa, cada uma delas se matriculou na escola técnica, começando em seguida a trabalhar. Mas agora Min tinha condições de pagar uma taxa extra para que Xiu pudesse se matricular; dentro de três anos, ela faria o vestibular.

— Como estão suas notas? — perguntou Min à irmã num telefonema para casa.

— Não sei — respondeu Xiu, que era muito tímida.

— Não sabe que estou aqui trabalhando para que você possa ficar na escola? — insistiu Min. — É melhor tirar boas notas e não me decepcionar.

— Eu sei — respondeu a irmã. — Pode deixar.

Min também interferia na situação da irmã mais velha. Guimin tinha dado com os burros n'água no emprego e no relacionamento, e voltou para Dongguan para trabalhar numa fábrica de martelos. Min achava que a irmã já estava muito velha para mudar de emprego frequentemente.

—Você precisa ficar num lugar para progredir — disse-lhe.

No verão de 2006 Min foi visitar a família. Levou uma televisão nova da marca Changhong, um aparelho de DVD e 5 mil iuanes. Para o pai, comprou uma camisa que custou 80 iuanes. Era a melhor camisa que ele jamais tivera, e foi usada durante todo o período em que ela esteve com eles. O pai de Min acabara de completar 50 anos e fora se consultar com uma cartomante. Depois dos 50, ficou sabendo, sua sorte melhoraria. Graças a sua segunda filha, isso estava se concretizando.

★★★

No Ano-novo lunar de 2007 retornei à aldeia de Min. Ela conseguira licença de duas semanas no trabalho porque haveria um casamento na família. Seu primo e vizinho de porta ia se casar com uma jovem que vivia a várias aldeias de distância. Ao longo do ano, ele trabalhara num canteiro de obras na distante Ürümqi — quarenta e quatro horas de trem —, enquanto a noiva costurava roupas numa fábrica em Wuhan, a três horas de ônibus. Eles tinham sido apresentados por uma casamenteira no ano anterior e logo ficaram noivos. No ano que se seguiu, tinham *tan lianai* — "falado de amor", feito a corte — via telefone. A mim parecia que o processo estava invertido — as pessoas ficavam noivas para depois começar a namorar —, mas, ainda assim, representava uma concessão ao estilo moderno de vida, pois permitia que o casal se conhecesse antes do casamento.

Na noite da minha chegada Min me levou à casa ao lado para conhecer o primo. Dois anos antes, o quarto principal da casa era uma casca vazia, com piso de cimento. Agora, estava azulejado e apinhado de móveis: um armário, um sofá, uma mesa de café. Na cama de casal com colchão cor-de-rosa lia-se a palavra *Felicidade*, escrita em letras rebuscadas em inglês. Acima da cama, uma foto de estúdio do primo trajando um paletó de gala marfim com a futura noiva de vestido de baile curto.

— Ela é uma gracinha! — exclamou Min.

— Mas não estará uma gracinha amanhã — brincou o primo.

— Como assim? — quis saber Min. — A noiva no dia do casamento fica mais linda que nunca.

Embora tradicionalmente o filho ficasse morando na casa dos pais com a mulher, o primo de Min e a esposa passariam apenas alguns dias na terra natal antes de irem embora novamente. No interior da China havia incontáveis quartos como esse, mobiliados e decorados a considerável custo, mas destinados a ficarem vazios quase todos os dias do ano.

NAS PRIMEIRAS HORAS DA MANHÃ seguinte os rapazes da aldeia rumaram para a casa do noivo, carregando em varas repousadas nos ombros cestas tradicionais de folhas de palmeira nas quais recolheriam o dote. Havia séculos os camponeses levavam as cargas nos ombros desse jeito, mas esses jovens até então tinham passado a vida como migrantes urbanos, trabalhando sobretudo em fábricas. Só o mais velho deles parecia à vontade balançando a vara de bambu no ombro. O noivo, trajando um terno azul risca-de-giz e sapatos de couro, continuava falando mal da aparência da noiva sempre que podia.

— Quando a vir hoje, vai levar um susto — disse-me.

Min e a irmã mais velha acompanhariam a noiva de volta a sua nova aldeia. Nunca antes haviam participado de um casamento no campo.

Na residência da noiva os vizinhos se juntaram no quintal lamacento para acompanhar os preparativos. A sala principal da casa estava cheia dos objetos do dote, mais parecendo queima de estoques de uma loja de utensílios domésticos: uma geladeira, um aparelho de ar-condicionado, um filtro de água quente, uma máquina de lavar roupa, uma televisão de alta definição, um aparelho estéreo e outro de caraoquê. No quarto ao lado, a noiva estava sentada na cama de cabeça baixa, enquanto a mãe, a avó e as tias choravam e se lamuriavam — um ritual tradicional para lamentar a partida da filha.

Os rapazes entravam alternadamente na casa para "roubar" o dote, enquanto a família e os amigos da noiva tentavam rechaçá-los. Passou-se mais de uma hora até que todos os objetos fossem levados para o quintal, sendo postos em cestas ou amarrados firmemente às varas de bambu. Na cabeça do noivo foi posto um chapéu de burro, enquanto no rosto eram pintados um par de óculos e um bigode, com o remate de um penico pendurado no pescoço. Ele deixou a aldeia à frente da procissão. Era assim que as vítimas da Revolução Cultural eram exibidas pelas ruas — a diferença é que ele estava sorrindo.

O ALMOÇO DE CASAMENTO NA CASA da noiva seguia regras bem-estabelecidas. Havia doze tipos de comida, e fogos de artifício eram disparados em vários momentos. Do banquete faziam parte um peixe em cada mesa, uma galinha cercada de uma dúzia de ovos cozidos e bolas de arroz-doce cuja forma redonda simbolizava a felicidade perfeita. Os pratos eram trazidos sucessivamente e deviam ser retirados antes de acabar, para que fosse assegurada abundância perene no casamento.

À tarde, a noiva rumou para a aldeia do noivo. Foi acompanhada por Min e a irmã, mas muitos convidados também as seguiram, para impedir que ela fosse raptada. O grupo avançava alguns passos e se detinha na estrada para obrigar Min e Guimin a cantar. A procissão voltava então a avançar lentamente, parava e exigia o pagamento de mais prendas. Quase todos os moradores da aldeia tinham acorrido para se divertir importunando Min e Guimin.

Cantem mais alto!

Uma canção só é pouco!

Era tudo faz de conta, mas tinha um lado sério. Dois sujeitos corpulentos e várias mulheres de meia-idade tomavam a iniciativa dos ataques. Min e Guimin já estavam perturbadas; cantavam com vozinhas trêmulas de criança, olhando para o chão. De repente, senti-me uma estranha, sozinha, observando à distância aquela cena já tão conhecida de um bando de chineses atrelados ao grupo. Até um momento tão inocente como um encontro romântico na comunidade parecia denunciar uma falha no caráter nacional, uma incapacidade de se libertar e agir individualmente. E agora eu percebia que a Revolução Cultural estava muito bem-enraizada na dinâmica da aldeia chinesa, com seus rituais voltados para a preservação da segurança do grupo. Era perigoso ficar sozinho; na multidão, a pessoa conquistava confiança e poder. Quando os aldeãos gritavam para que Min e Guimin cantassem mais alto ou apupavam seu desempenho, era sempre a voz mais histérica que se impunha. As duas jovens estavam no meio da multidão de cabeça baixa, esperando que aquilo tudo acabasse.

Finalmente vimos o grupo do noivo lá na frente. Os rapazes se adiantavam um após o outro para negociar a libertação da noiva, oferecendo cigarros ou improvisando performances enquanto os aldeãos continuavam com seus insultos e provocações. Finalmente, o noivo investiu contra a multidão, pegou a noiva no colo e a carregou para um sedã negro que esperava ali perto, alugado especialmente para a ocasião.

Na casa do noivo, todos se sentaram para mais um banquete, muito embora ainda não tivessem digerido o anterior. Eu continuei esperando alguma cerimônia ou declaração para formalizar o casamento, mas esperei em vão. Nesses rituais, o casamento era apresentado com diferentes significados: uma troca de bens entre as famílias, um confronto de aldeias rivais. Mas nenhuma das tradições contemplava um acordo entre a noiva e o noivo; o fato de se tratar de uma união de dois indivíduos parecia quase acidental. Quando chegou a hora do brinde, Guimin se voltou para o primo e a nova mulher dele e lançou o dito tradicional:

— Que venha logo um estimado filho.

O RESTO DA MINHA VISITA passou depressa. A família de Min subiu a montanha para se prostrar nos túmulos dos antepassados. Ela foi admirar uma casa azulejada de três andares que tinha sido construída por um tio com os rendimentos que ele obtivera como operário migrante na construção civil; a casa ficaria vazia até que ele retornasse no ano seguinte com dinheiro para mobiliá-la. Num outro dia, visitou uma tia que vendia roupas na cidade, para explorar a possibilidade de que investissem juntas numa loja. Certa noite, a família recebeu a visita de outro tio, acompanhado de um possível namorado para a irmã mais velha de Min. Guimin não lhe dirigiu a palavra a noite inteira, mas pronunciou sua sentença de morte depois que ele foi para a cama:

— As rodas do seu cérebro simplesmente giram muito devagar.

O rapaz partiu antes do café da manhã.

Na manhã de minha despedida Min me acompanhou até a rodoviária; ela só voltaria a Dongguan uma semana depois. Usava uma jaqueta cintada cor de melancia, jeans negros e botas de salto alto. Hu Tao, o antigo namorado que ela levara para a cidade dois anos antes, voltara a fazer contato. Queria voltar a namorar, e naquele mesmo dia apresentaria Min à mãe.

— Se não encontrar mais ninguém, sempre poderei casar com ele daqui a uns anos — disse ela.

Outro rapaz da aldeia, que tinha aberto uma loja, também queria conhecê-la. Min não parecia muito preocupada com suas perspectivas de casamento. Esperava-se que as quatro irmãs da família se casassem pela ordem, como num romance de Jane Austen. Enquanto Guimin estivesse solteira, ninguém pressionaria Min.

Na rodoviária comprei minha passagem e entrei no ônibus para Wuhan. Da janela, acenei; Min sorriu e acenou também. Começava a chover, e ela correu para uma loja próxima, para se proteger. Quando o ônibus saiu, pude vê-la digitando compenetrada uma mensagem no celular. Estava tentando decidir aonde iria em seguida, e, como sempre, tinha um plano.

14

A TUMBA DO IMPERADOR

No outono de 1987 Lijiao, primo do meu pai, começou a escrever uma carta para os Conselhos Políticos de duas províncias do nordeste, dando-lhe o título de "A respeito da questão da necessidade urgente de uma inscrição na tabuleta de Zhang Shenfu". Lijiao esperava inscrever um epitáfio na estela do túmulo do tio, que morrera havia quarenta e um anos.

Zhang Zhenfu é meu tio. Espero sinceramente resolver o problema da inscrição em sua tumba o mais breve possível, o que será útil para o progresso do trabalho de nossa Frente Unida no exterior.

Um rascunho da carta, um manuscrito com doze páginas, fora dado a mim pelos filhos de Lijiao. Eles não tinham sido capazes de me contar a história de nossa família, mas nessas páginas apenas esboçadas Lijiao expunha tudo: a história, do seu ponto de vista, dos anos passados por meu avô na América, sua contribuição à mineração chinesa durante a guerra, o assassinato e o sepultamento.

Em frente ao túmulo havia uma pequena peça de mármore negro com a inscrição TÚMULO DO SR. ZHANG SHENFU, *cada letra numa dimensão aproximada de 10 por 10 centímetros. Na cabeceira do túmulo, à direita, havia uma estela. Nada fora inscrito nela (...)*

No outono de 1948, Shenyang foi liberada. Em Beiling, perto da Estela Desmontada, ficou o túmulo de Zhang Shenfu, com uma estela sem inscrição

> *(...) Li Xiangheng se mudou com os filhos para Taiwan (...) Seu sobrinho Zhang Lijiao permaneceu no continente e não os acompanhou. Depois de janeiro de 1949 não teve mais contato com eles.*

Em 1979, Lijiao voltou a visitar o túmulo de meu avô pela primeira vez em trinta anos. Não restava mais nada dele, bem como dos restos mortais. Mas a estela sem nome sobrevivera, tal como previra minha avó, protegida exatamente por esse anonimato. Em sua carta, Lijiao pedia às autoridades permissão para reconstituir o túmulo e erguer outra estela com uma inscrição. Como a sepultura ficava num lugar de destaque num parque público, não era algo que ele pudesse fazer por conta própria.

> *O segundo filho de Zhang Shenfu e seu filho mais velho têm um amor profundo por nossa grande pátria e a ela retornaram muitas vezes, dedicando suas energias à sua construção (...) Dizem que recentemente o Comitê Central do Partido propôs uma vigorosa promoção de sua política de Frente Unida no exterior, para conquistar amigos e apoio popular.*

A expressão "Frente Unida" designava a política do Partido Comunista de conquistar a lealdade de chineses que não integravam seus quadros, inclusive os que viviam em Hong Kong, Taiwan e no exterior. Como veterano da ação política, Lijiao sabia que um pedido em nome do tio não seria prontamente atendido. Era preciso apelar para o patriotismo, sendo fundamental apresentar o assunto como questão nacional, e não de família. A vida inteira do meu avô tinha sido pautada dessa forma, e não seria diferente depois de sua morte.

A burocracia não respondeu imediatamente. Lijiao escreveu uma segunda carta, dois meses depois, novamente pedindo o apoio das autoridades e deixando claro que cobriria os custos da inscrição. Em novembro do ano seguinte, dada a autorização, uma nova estela foi finalmente erguida na sepultura do meu avô. Lijiao escreveu uma derradeira carta, intitulada "O sonho há tanto tempo acalentado por mim e meus parentes dentro e fora da China finalmente se realizou".

> *Como essa estela sem inscrição se transformou numa estela com inscrição, nossos descendentes terão um lugar para fazer oferendas aos seus entes queridos. Nesse sentido, eles se sentem extremamente felizes.*

Lijiao morreu em fevereiro de 2006, menos de um ano depois de eu ter visitado sua família em Harbin. Ainda pudera ver os três filhos empregados na mesma universidade em que havia ensinado, e na qual também fora matriculada uma neta. Em 1985, ele recebera um prêmio provincial por suas atividades educativas, tendo sido a única pessoa de sua universidade a merecer essa honraria. Para a família, isso servia para compensar em parte a dor que ele sofrera.

— O fato de o meu pai ter sobrevivido a essa época significa, em minha opinião, que ele tinha um coração generoso — disse-me sua filha Yinqiao. — As pessoas reconheciam a integridade dele. Quatrocentas pessoas compareceram ao seu funeral. Não esperávamos tanta gente.

Até o fim da vida, disse ela, Lijiao acreditara no Partido Comunista. Nunca falava do fato de seu pai ter sido compelido ao suicídio por causa da perseguição política. Não perdia tempo com o que havia sofrido. Meu pai me contou que em várias ocasiões perguntara a Lijiao sobre suas experiências durante a Revolução Cultural, mas ele nunca falava a respeito.

— Acho que Zhang Lijiao realmente fora submetido a uma lavagem cerebral — dizia meu pai. — Sempre que falávamos disso, ele dizia apenas que as coisas iam muito bem, que o Partido Comunista era muito bom. Penso que até o fim da vida ele sentiu medo. Muitas dessas pessoas que sofreram tanto achavam que o presente era apenas mais um movimento político. Nunca podiam estar certas de que as coisas não voltariam a ser como eram.

A filha de Lijiao tinha uma interpretação diferente.

— Meu pai nunca falou ao seu pai sobre essas coisas — disse-me ela. — Acho que pensava que o seu pai tinha vivido no exterior e que essa história familiar era um escândalo nacional.

Do seu ponto de vista, não fora o medo, mas a vergonha que mantivera o pai calado.

No último dia de 2005 fui visitar a sepultura do meu avô num parque de Shenyang. Naquela manhã gélida o ar estava impregnado do cheiro de carvão queimado e o sol pairava frio e pálido. O parque estava cheio de gente, em sua maioria, aposentados. Homens de idade se movimentavam a passos relutantes, enquanto as mulheres praticavam tai chi. Detive-me num pontilhão para contemplar o lago abaixo, de onde a neve havia sido afastada para abrir uma grande pista oval. As pessoas patinavam na posição agachada dos campeões.

Uma mulher que já passara da meia-idade se agasalhara em muitas camadas; usava uma máscara cirúrgica no rosto, acessório comum nos invernos brutais de Shenyang. Tentou então deslizar para a frente, equilibrando-se em uma perna, enquanto esticava a outra para trás. Quase caiu, recompôs-se e olhou ao redor para ver se alguém tinha percebido.

Continuei caminhando até chegar às Estelas Desmontadas, duas pilastras com inscrições esculpidas em manchu que assinalavam o início da "caminhada espiritual" em direção à tumba do imperador Qing. À esquerda, pude ver o túmulo numa pequena clareira cercada de pinheiros.

A placa que assinalava a tumba do meu avô tinha aproximadamente 6 metros de altura, feita de cimento cinzento com caracteres gravados em vermelho:

MEMORIAL AO SR. ZHANG SHENFU

ENGENHEIRO DA INDÚSTRIA DE MINERAÇÃO DA CHINA

DA PROVÍNCIA DE JILIN, MUNICÍPIO DE JIUTAI, ALDEIA DE LIUTAI

1898-1946

Li lentamente a inscrição, palavra por palavra, e me senti reconfortada. O epitáfio tinha apenas quatro linhas, limitando-se a enumerar os fatos mais básicos, mas tudo aquilo era verdade. Nada havia sido falsificado; não houvera intromissão da política na redação daquele texto. Se a questão era descrever uma vida em trinta e cinco caracteres chineses, parecia uma medida justa para um homem: nascimento e morte, trabalho, local de nascimento e nome.

Fiquei ali contemplando a placa, sem saber ao certo o que deveria fazer para marcar a ocasião. Não me prostrei nem queimei oferendas; simplesmente fiquei de pé diante do túmulo do meu avô. Ninguém me perturbou. Alguns homens jogavam peteca perto da Estela Desmontada, mas não estavam interessados em mim. Finalmente, tive de me retirar, pois estava muito frio.

Enquanto me afastava, um homem passou de bicicleta. Um toca-fitas preso à traseira da bicicleta tocava o hino dos migrantes daquele ano, uma canção que falava de um lugar distante, onde todas as ruas tinham uma fábrica e o museu de história não fazia nenhuma menção a Mao.

Eu te amo
Te amando

Como um rato ama o arroz
Por mais que vente e chova
Estarei sempre contigo

Quando eu pensava na vida do meu avô, era sobretudo com tristeza pelas oportunidades perdidas. Na juventude, ele saíra de casa — rumo a Pequim, à América — para dar prosseguimento a seus estudos e servir ao país. Vivera em ambientes estranhos e lutara para dar sentido à própria vida, mas sempre trabalhara duro. Foi o senso do dever que o levou a visitar a mina de Fushun, ignorando todas as advertências. Naquela última noite de inverno, quando homens armados entraram no seu trem e o apunhalaram com suas baionetas, todo aquele aprendizado e todo aquele esforço se mostraram inúteis. Era a força mais bruta que podia haver; frente a armas assim, o idealismo de um homem nada significava. Nos anos subsequentes à morte do meu avô morreu também a promessa da China com a qual ele sonhava.

Mas não parecia um acidente que as coisas tivessem acontecido daquela maneira. Lendo o diário do meu avô ou observando os adultos atacarem Min e a irmã no casamento na aldeia, era como se eu estivesse testemunhando repetidas vezes o que vinha dando errado na China. As questões da família e da nação eram opressivas, e faziam com que muitas pessoas — milhões e milhões — fossem irremediavelmente aprisionadas em vidas que jamais teriam escolhido. Não fosse pela nação, meu avô não teria se tornado engenheiro de mineração e não teria ido à mina de Fushun. Mas ele já carregava, ao nascer, o fardo de ser chinês, e fez essas coisas. Foi pelo mesmo motivo que Lijiao e Zhao Hongzhi ficaram para trás naquele outono de 1948, e foi também por isso que meu pai reprimiu tanto as emoções. Esse motivo, ainda, levara minha tia Nellie a expressar seus sentimentos por meio da poesia e os filhos de Lijiao a relevar o passado. Só Zhang Hong optara por se lembrar, e para ele essa memória havia se transformado numa espécie de tortura.

E talvez eu também seja mais chinesa do que imaginara. Pois agora compreendo todos eles, sou capaz de entender por que uma pessoa optaria por não contar a própria história ou se sentiria incapaz de fazê-lo, ou se recusaria a reconhecer seus sentimentos, pois a emoção poderia esmagá-la. Entendo o poema que minha tia Nellie escreveu para o pai, tentando conter a emoção, transformando a dor pessoal em algo digno e com algum significado. Nos versos finais, ela não consegue — *Mas eu sinto ódio! Pai* — e a emoção extravasa, numa ferida secreta subitamente exposta diante do mundo.

O conhecimento da história de minha família também mudou minha maneira de encarar as cidades industriais do sul. Havia muito de que desgostar no mundo de migrantes de Min e Chunming: o materialismo, a corrupção, a aspereza da vida cotidiana. Mas agora havia a oportunidade de deixar a aldeia e mudar o destino, de imaginar uma vida diferente e torná-la real. O percurso trilhado por meu avô era feito agora por milhares de jovens todos os dias: eles saíam de casa; entravam numa terra desconhecida; trabalhavam com afinco. Mas atualmente seu objetivo não era mudar o destino da China. Eles estavam preocupados com o próprio destino, e tomavam suas próprias decisões. Podia ser um mundo muito feio, mas pelo menos era deles.

Talvez a China tivesse de ter dado tão errado no século XX para que as pessoas pudessem começar de novo, dessa vez seguindo seus caminhos individuais e deixando de lado o peso da família, da história e da nação. Durante muito tempo considerei Dongguan uma cidade sem passado, mas hoje me dou conta de que não é assim. O passado esteve lá o tempo todo, lembrando-nos: desta vez — quem sabe, esperemos, contrariando todos os indícios — vamos conseguir fazer direito.

O último parente com quem falei a respeito da história de minha família foi minha tia Irene, a irmã mais moça do meu pai. Ela tinha 7 anos quando seu pai morreu, e guardava apenas uma lembrança dele: havia retornado de uma viagem com um bigode que recentemente deixara crescer, e a fizera rir ao beijá-la na barriga.

Depois da morte dele, meu avô marcou presença na vida dos filhos que deixara. Quando Irene estava cansada demais para estudar, a mãe dizia:

— Seu pai morreu pelo país. Você tem de se esforçar muito para ser exatamente como ele.

Pequim tinha doze linhas de bonde, todas batizadas com nomes de mártires da nação; meu tio Luke se lembra de que na infância viajava no bonde Zhang Shenfu. No complexo de Fushun, uma das minas se chamava Shenfu; uma rua de Shenyang foi rebatizada de rua Shenfu, e a remota estação ferroviária na qual ele tinha sido arrancado à força do trem para ser morto passou também a ser chamada de Zhang Shenfu. Na morte, meu avô seria inscrito na paisagem chinesa. E os nomes seriam todos trocados de novo depois da chegada dos comunistas ao poder.

Certa vez, quando Irene fazia o ensino fundamental em Taiwan, sua turma fez uma viagem. Os alunos visitaram uma exposição sobre uma pessoa que tinha sido morta, com descrições do assassinato e fotografias do corpo ferido.

— Fiquei pensando: "Coitado dele", e de repente vi o nome do meu pai — lembrou-se Irene.

Ela desmaiou. As imagens faziam parte da propaganda anticomunista do governo, mas Irene nunca as tinha visto. Nem mesmo reconhecera o rosto do pai, só o nome.

Dos irmãos que haviam deixado a China, Irene era a única que, adulta, vira a mãe. Depois que a irmã mais velha e os irmãos partiram para a América, ela conviveu com a mãe e ouviu muitas de suas histórias. Mais tarde, quando também já havia se transferido para a América, Irene voltou a Taiwan e esteve com minha avó no verão em que ela morreu. Muitas pessoas compartilharam comigo suas lembranças, mas com Irene foi diferente. No seu relato, a mãe era uma mulher de espírito independente que desafiava a tradição e desejava viajar para o exterior; o pai era um jovem rebelde cujo idealismo patriótico abriu um abismo na relação com a família. A grande dificuldade enfrentada pela geração do meu avô fora enxergar tudo em termos políticos, mas as histórias de Irene restabeleciam a vertente pessoal dessas vidas.

Pesaroso até o fim dos tempos. Várias pessoas me haviam dito que estas palavras, inscritas nos trajes fúnebres do meu bisavô, expressavam seu pesar pela ocupação japonesa da Manchúria. Mas Irene fazia outra interpretação Quando meu avô retornou ao país depois de passar sete anos na América, seu pai queria que ele permanecesse em Liutai para administrar a propriedade, e ficou aborrecido quando o rapaz decidiu, mesmo assim, sair de casa. A invasão japonesa cortou as comunicações entre pai e filho, impedindo que se reconciliassem.

— Era pesar pela maneira como tratara os filhos — afirmou minha tia.

Sua versão da morte do meu avô também era diferente. Mortalmente ferido, de acordo com vários relatos que eu lera, meu avô continuava pensando em seus deveres para com a nação. *Faço parte do governo central*, dissera. *Morrendo no cumprimento do dever, não tenho do que me queixar.* Mas Irene me disse que ele havia tentado escrever algo num pedaço de papel, usando o próprio sangue.

Uma das pessoas de seu grupo conseguira salvar-se, e entregara o papel a minha avó. Havia nele apenas alguns poucos caracteres.

— Minha mãe não conseguiu entender grande coisa, mas pelo menos pôde ler o nome dela — disse Irene.

Em tudo o que pudera ler e ouvir a respeito do meu avô, eu não encontrava o menor traço do indivíduo: todo o seu ser parecia voltado para a salvação da nação chinesa. Era essa a imagem apresentada em seus diários e cartas. Eu queria gostar dele, mas quanto mais sabia a seu respeito mais estranho ele parecia. Era como se fosse alguém que desaparecesse na própria história, o que me parecia terrível. Mas talvez houvesse algo mais: algo que eu só enxergava, e mesmo assim vagamente, nas histórias que minha tia Irene me contava.

EU NÃO PRETENDIA FALAR com Irene, pois na época ela devia ser muito pequena para se lembrar de grande coisa da vida e da morte do pai dela. Conversei com meu pai, minha tia Nellie, meu tio Luke, a família de Lijiao e muitos outros parentes. Todos sempre davam um jeito de encobrir as coisas em seu relato.

Não sabemos muita coisa da história da família. Nunca tivemos oportunidade de conversar a respeito.

Na verdade, minha relação com a China foi muito superficial.

O pai do meu avô. Ninguém sabia o nome dele.

Meses depois de conversar com todos eles, certo dia minha tia Irene me telefonou. Ouvira dizer que eu estava escrevendo um livro e queria falar sobre minha avó.

—Veja bem — foi dizendo —, meus irmãos mais velhos e minha irmã não conhecem a vovó do jeito que eu conheci.

Não me tinha ocorrido perguntar sobre minha avó. Ela nunca se afastara de casa; não deixara qualquer registro escrito. Até que ponto havia o que saber em sua vida? Mas o fato é que foi com minha tia Irene que consegui muitos dos detalhes mais vívidos da história da minha família — os confrontos da minha avó com o sogro, o espancamento do meu avô com a *jiafa*. Depois de nossa primeira conversa ao telefone, ela me mandou um e-mail. Sua emoção era algo diferente de qualquer coisa que alguém tivesse expressado na família.

Minha mãe (a sua avó) vinha de uma família chinesa muito tradicional, com regras familiares muito severas. Teve educação superior, o que era muito incomum para uma mulher na época. Posteriormente, faria uma carreira de grande sucesso. Educou os filhos de maneira progressista, quase sozinha, em condições muito difíceis e dispondo de parcos recursos. Gosto muito dela e a respeito imensamente. Só vim a conhecê-la bem depois que meus irmãos mais velhos e minha irmã saíram de casa.

Depois de nossa breve conversa, comecei a pensar nas mudanças, nos desafios que as mulheres chinesas tinham de enfrentar, e é provavelmente por isso que elas são muito fortes. Na nossa família, a vovó, eu e você, nessas três gerações, cobrimos um período de cem anos de grandes mudanças em todo o mundo, especialmente na China. Nós nos sacrificamos, sofremos e enfrentamos.

Gostaria muito de ter notícias suas e de conversar com você.

Com afeto,

Tia Irene

Minha tia me dissera que estava "semiaposentada" no trabalho como diretora de uma empresa americana de biotecnologia. Ainda assim, tínhamos de marcar nossos telefonemas com uma semana de antecedência; seu marido, que já estava aposentado, se encarregava da logística para ela. Na China de hoje, mulheres como minha tia são conhecidas como *nu qiangren*, supermulheres. Na hora marcada, peguei o telefone e liguei para minha tia Irene, e foi assim que ela começou sua história: *Vou contar-lhe o que sei.*

15

Saúde perfeita

Às vezes Chunming falava inglês em seus sonhos. Ela estava num lugar com estrangeiros, como a biblioteca de Dongguan, e se dirigia a eles em inglês, ao que eles respondiam.

Perguntei a Chunming como era sonhar numa língua desconhecida.

— Nem posso descrever — disse ela. — Só sei que no sonho estou falando inglês.

Nas poucas aulas que fizera no curso de Inglês de Linha de Montagem, Chunming nem sequer conseguira dominar o alfabeto. Em matéria de pronúncia, recorria ao Alfabeto Fonético Internacional, sistema de notação habitualmente usado para aprender uma língua estrangeira. Aqueles símbolos estranhos se tornaram sua chave para o inglês, uma sucessão de portões trancados, por trás dos quais o idioma podia a qualquer momento ser liberado numa torrente.

— Acho que o segredo para aprender inglês são os símbolos fonéticos — disse-me Chunming.

Muitas pessoas falavam de estudar inglês, mas ninguém que eu tivesse conhecido conferia a isso mais importância que Chunming.

Se eu aprender inglês, poderei conhecer melhor o mundo. Poderei aproveitar melhor a vida. Quero descobrir novas formas de felicidade. Se não aprender inglês, sempre sentirei as limitações da minha vida.

Em setembro de 2005, nove meses depois de visitar o Museu de Ciências de Dongguan, Chunming foi novamente ver o Sr. Wu. Uma dúzia de jovens estava matriculada na escola, que continuava sendo administrada do apartamento dele. Elas estudavam e moravam de graça, alternando-se no preparo das refeições; em troca, compilavam o currículo para o projeto didático do Sr. Wu. As alunas viviam em quartos estritos localizados atrás da sala de aula. Cada quarto tinha quatro beliches, com roupas que secavam penduradas na guarda e baldes de água pelo chão. Pareciam dormitórios de operários numa fábrica.

O Sr. Wu não estava quando chegamos; a professora de inglês, Liu Yixia, sua ex-aluna, acompanhou-nos na visita. Estava faltando energia, e Chunming percorreu os quartos abafados com uma contração crítica nos lábios.

— Passamos a maior parte do tempo aqui — disse uma aluna chamada Xiao Yongli. — O professor Wu não nos deixa sair.

— Não as deixa sair? — perguntou Chunming, com ar preocupado.

— Ele acha que não é bom para os estudos.

— Quando forem lá fora, vocês vão começar a ter dúvidas também — explicou Liu Yixia. — Por isso é que as garotas cortam o cabelo muito curtinho.

— Todo mundo tem de cortar o cabelo?

— Sim, para não ficarem perdendo tempo com preocupações estéticas.

Fiquei conversando com Xiao Yongli em inglês; ela falava com rapidez e confiança. Tinha 20 anos e era da província de Sichuan. Havia trabalhado numa fábrica da Samsung e se matriculara no Inglês de Linha de Montagem havia um ano. Atualmente, estudava dez horas por dia.

— Você também estuda nos fins de semana? — perguntei.

Xiao Yongli teve de me perguntar em chinês o que significava "fim de semana". Ela respondeu que sim, também estudava nos fins de semana.

Perguntei-lhe por que viera para Dongguan, e ela se calou por alguns momentos. Voltando a falar em chinês, perguntei se tinha entendido.

— É uma longa história — disse, muito séria. — Estou tentando descobrir como explicar.

Finalmente, em inglês:

— Eu vim para Dongguan para trabalhar.

Ela queria trabalhar como intérprete, uma carreira um tanto estranha em Dongguan, onde não havia propriamente grande demanda de tradutores especializados.

— Uma vez nosso professor disse que esse é o nível mais alto de aprendizado da língua — comentou. — E eu quero chegar ao nível mais alto.

Era evidente que Xiao Yongli não tinha pensado realmente no que faria com o inglês; isso viria depois. Naquele momento, ela era pura determinação.

ENCONTRAMOS O SR. WU mais tarde numa cafeteria perto do seu apartamento. Fiquei acompanhando por alto enquanto ele conversava com Chunming sobre o cérebro, a mão direita, a mão esquerda, o globo ocular. Notei que depois de cada frase sorria automaticamente — talvez tivesse lido em algum livro que isso faria com que as pessoas gostassem mais dele.

— Nossos alunos são capazes de formar seiscentas sentenças por hora.

Sorriso.

— Seiscentas sentenças...

— Nem todos eles, só os melhores — tratou logo de se corrigir o Sr. Wu.

— O senhor está dizendo que eles conseguem ler seiscentas frases por hora? — perguntou Chunming.

— Ler? Não! Eles podem ler cento e oito frases por minuto! Estou falando de escrever.

Chunming se voltou para mim.

— Você é capaz de escrever seiscentas sentenças por hora?

— Claro que não é — atalhou o Sr. Wu, cheio de si. Sorriso.

Cheguei a pensar em ponderar que essa talvez não fosse a habilidade mais importante, mas decidi me calar. Meu cérebro começava a doer.

— O senhor está dizendo então que a maioria das pessoas não desenvolve o próprio potencial — prosseguiu Chunming. — Concordo com isso.

Ela parecia convencida da conversa do Sr. Wu, e lhe perguntou sobre sua melhor aluna.

— E Liu Yixia? Acha que ela está se saindo bem?

— Ela vai bem — respondeu o Sr. Wu. — Afinal, estudou em minha escola durante um ano. Mas, em matéria de escrever sentenças, não tem como competir com meus alunos. Xiao Yongli é capaz de escrever seiscentas sentenças por hora.

Chunming fez uma pergunta sobre as normas da escola. O Sr. Wu trancava as alunas à noite e as despertava diariamente às seis horas todas as manhãs para a ginástica. Elas eram autorizadas a sair uma vez por semana, nas noites de domingo, para comprar produtos de uso pessoal; cada moça podia telefonar para casa uma vez por mês. Visitas eram proibidas. Naturalmente, dizia o Sr. Wu, uma aluna mais velha como Chunming podia alugar um apartamento ali por perto e frequentar aulas apenas durante o dia. Sem uma dedicação absoluta, contudo, ele duvidava de suas chances.

— O aprendizado é árduo — disse ele com ar grave, e dessa vez se esqueceu de sorrir.

CHUNMING GOSTAVA DA IDEIA da dedicação e da transformação, mas desanimava com as condições de vida na escola e a distância do bairro em que morava. Mas tinha acabado de abrir uma nova empresa. Seus amigos ficariam chocados se a trocasse pelo inglês — um empreendimento que só daria frutos dali a pelo menos um ano. No ônibus de volta para casa, ela ruminou o assunto.

— Quando meus amigos ficarem sabendo que acabei de abrir uma empresa e logo depois a larguei para estudar inglês, vão pensar que eu sou muito esquisita.

— Mas aposto que vão sentir inveja — ponderei, lembrando-me das muitas vezes em que estranhos haviam elogiado meu inglês.

— Não sei — respondeu Chunming. — Mas depois que eu aprender inglês e conseguir um novo emprego é que eles vão ver o resultado.

Pela janela do ônibus começavam a aparecer as luzes das fábricas.

— Eu poderia cortar qualquer contato com os amigos durante dois anos — prosseguiu Chunming —, e voltaria a vê-los depois de formada.

Ela se preparava, talvez, para renunciar ao mundo. Mas estava fora de novo, e era sempre nesse momento que começavam as dúvidas.

Passaram-se dois meses até que eu voltasse a me encontrar com Chunming. Ela fora visitar a família. ("Minha terra é sempre a mesma, está ainda mais pobre que antes.") Extraiu dois dentes para colocar uma ponte, que ela preferiu em detrimento dos dentes de porcelana. Certa noite, de volta a Dongguan, estava no carro de um amigo quando um Toyota se aproximou em alta velocidade do cruzamento em que eles estavam parados, bateu do lado esquerdo do carro e seguiu em frente. O homem que estava no banco do carona foi hospitalizado e recebeu pontos na cabeça. Chunming, que estava sentada no banco de trás, perto do lugar em que o carro foi atingido, torceu o ombro.

Fui visitá-la dois dias depois do acidente. Ela ainda sentia dores e não conseguia levantar o braço.

— Quando me lembro, realmente sinto medo — disse. — A gente tem mesmo de dar valor ao que tem. — Estávamos sentadas no sofá do quarto acima da loja de peças. — Encontrei uma nova oportunidade — disse Chunming. — Sempre que penso a respeito, é como se o meu sonho tivesse voltado.

Fiquei esperando.

Em voz baixa, ela disse duas palavras: "Vendas diretas."

Wanmei, a empresa para a qual ela havia trabalhado em 1996, não tinha desaparecido depois que o governo proibiu as *chuanxiao*, vendas em rede. Tinha adaptado suas operações, expandindo-se para vendas de toda uma série de produtos: alimentos com alto teor de fibras, comprimidos de aminoácidos, suplementos à base de pólen. A companhia prosperava; seus três fundadores de origem malásia andavam de Mercedes-Benz. Chunming começou a fazer uso diário dos preparados nutritivos da Wanmei misturados à água, no café da manhã, e a vender os produtos para os amigos.

Da noite para o dia ela se tornara uma autoridade em questões de saúde. Somente 5% da população eram saudáveis, e 70% eram "subsaudáveis", informou-me; os sintomas dessa "subsaúde", segundo um dos livros que andava lendo, eram *cansaço excessivo, sonhos frequentes, excitação, resfriados, falta de concentração.* Sua conversa geralmente girava em torno das funções corporais, com anedotas que envolviam conhecidos e figuras históricas, como a mulher de Chiang Kai-shek. *Tenho uma amiga que ficou quatro dias sem esvaziar os intestinos. Soong Mayling costumava fazer lavagens intestinais para remover toxinas.*

Chunming começara a ir a palestras de motivação dos vendedores da Wanmei. Apanhou minha caneta e escreveu:

> Ler dez mil livros não é tão bom quanto caminhar dez mil quilômetros.
>
> Caminhar dez mil quilômetros não é tão bom quanto conhecer dez mil pessoas.
>
> Conhecer dez mil pessoas não é tão bom quanto ter o caminho indicado por uma pessoa de sucesso.
>
> Ter o caminho indicado por uma pessoa de sucesso não é tão bom quanto caminhar junto com essa pessoa para o sucesso.

★★★

Ela deixou a caneta de lado.

— É dessas coisas que tratam as palestras.

Perguntei a Chunming como ela havia voltado a esse ramo de atividade. Alguns meses antes, um velho amigo da época das *chuanxiao* tinha entrado em contato com ela. Voltara a trabalhar para a Wanmei e queria que ela participasse de sua rede; os vendedores ganhavam comissão pelas vendas de todos aqueles que recrutavam, e ele se lembrava do talento de Chunming para vendas. Disse-lhe que a indústria das vendas diretas fora legalizada e lhe deu um DVD promocional da Wanmei. Ela estava ocupada com sua nova empresa e disse que não estava interessada.

Certo dia, Chunming ouviu a notícia de que o governo legalizara as vendas diretas, o que significava que seu amigo lhe dissera a verdade. Procurou o DVD que ele lhe dera e sentou-se para vê-lo. "Na década de 1980, os fabricantes de toca-fitas ganharam muito dinheiro", dizia o narrador do vídeo. "Na década de 1990, a internet fez milionários. O século XXI é a era do grande crescimento das vendas diretas. Quem descarta as vendas diretas está jogando fora a oportunidade de sua vida." O vídeo não negava que as pessoas desconfiavam da indústria; na verdade, essa desconfiança estava no centro da argumentação. Quanto mais as pessoas rejeitassem a Wanmei, maior a oportunidade para aqueles que a abraçassem primeiro. Era um chamado evangélico, com uma diferença: quem demorasse a entregar sua vida a Jesus ainda podia ser salvo, mas quem retardasse a adesão às vendas diretas perderia, em termos financeiros, para aqueles que tivessem montado suas redes antes.

"Hoje, você já sabe, no fundo do coração, que existe essa oportunidade", dizia o apresentador do vídeo. "Não pode mais fingir que não sabe."

CHUNMING VENDEU SUA PARTE na empresa de peças de moldagem à sócia, Fu Gui. Mudou-se da loja e alugou um amplo apartamento no centro de Dongguan. Na entrada, pendurou um cartaz que ia do piso ao teto, mostrando o complexo da fábrica de Wanmei encimado pelo slogan "Causa perfeita, vida perfeita". Comprou um conjunto de armários altos de vidro, enchendo-os com gel de banho, alimentos balanceados e pó para milk-shakes. Por todo o apartamento cartazes apregoavam as virtudes do aloe vera, do pólen da abelha, da geleia real, do chá medicinal, das algas marinhas e da "cápsula de alho" — "esta é boa para pessoas com excesso de peso e também combate o câncer", disse-me Chunming. Do shopping de peças ela havia se mudado para o que parecia um salão de exposição e venda de produtos.

A essa altura ela tomava diariamente quatro produtos da empresa: uma refeição de alto teor de fibras para limpar o aparelho digestivo; um chá medicinal; um pó que misturava aloe, minerais e pólen, que fazia bem à pele; e outro pó nutritivo no café da manhã. Não parecia mais ou menos saudável que antes, mas finalmente tinha posto a ponte dentária; fez um permanente no cabelo e o tingiu de laranja, a cor da torta de abóbora. Sua nova bíblia era *Abra caminho para a saúde com as vendas diretas: principais argumentos*, e tinha memorizado os alimentos capazes de prejudicar a absorção das substâncias nutrientes. Advertiu-me de que em hipótese alguma eu deveria comer carne de cachorro com alho. Jamais devia beber ao mesmo tempo licor de sorgo e café. Na lista de "Cem advertências saudáveis" que me mostrou havia um elenco de sintomas suficiente para levar qualquer um à hipocondria: *pele ressecada ou oleosa* — "Veja, acho que você tem isso", disse Chunming —, *mau hálito, mau humor, falta de sono, dificuldade de concentração, lacrimejamento fácil.*

Depois de aguentar duas dessas sessões de doutrinação, cheguei à conclusão de que os fundadores da Wanmei — malásios que andavam de Mercedes-Benz, ou quem quer que fossem eles — só podiam ser gênios. A saúde era uma obsessão nacional na China. A maioria das pessoas não tinha seguro de saúde e vivia com medo de perder tudo por causa de alguma doença. E os chineses adoravam conversar sobre doenças e tratamentos populares; perguntas sobre a fertilidade ou o funcionamento do intestino de alguém eram consideradas perfeitamente normais, mesmo entre pessoas que acabassem de se conhecer. Uma herança milenar de medicina tradicional se baseava no equilíbrio entre vários alimentos e ervas, e todo mundo se considerava um especialista na matéria. Da noite para o dia, contudo, os chineses haviam entrado num mundo de abundância até então desconhecido, no qual a comida de má qualidade e sem valor nutritivo era um vírus contra o qual ainda não estavam imunizados. Qualquer um podia ver do que precisava — parar de fumar, exercitar-se, comer menos gordura —, mas a receita da Wanmei parecia mais interessante, uma cura milagrosa em embalagem científica. E ainda podia enriquecer a pessoa.

— Em três anos serei uma pessoa livre e independente financeiramente — disse Chumming. — Até 2008, no máximo, terei uma renda de 100 mil a 200 mil iuanes por mês. Nesse ano, já terei meu carro e tempo livre para tudo. Poderei ir aonde quiser, quando quiser.

Finalmente, arrisquei-me a perguntar:

— Por que optou pelas vendas diretas, no lugar do inglês?

Ela assentiu, o que era um novo hábito: sempre que eu fazia uma pergunta, ela assentia com a cabeça, pois agora tinha todas as respostas.

— Se não for feito hoje, não poderá ser feito amanhã — foi explicando. — Se eu entrar hoje, consigo botar meus amigos em minha rede. Se esperar até amanhã, eu é que farei parte da rede deles. Daqui a um ou dois anos, depois de ganhar dinheiro, não vou aprender inglês melhor ainda?

Uma nova ideia passara a fazer parte do seu mundo, em torno da qual ela reorganizou toda a sua vida. Aulas de inglês ou algas marinhas e cápsulas de alho: era apenas um jeito de se tornar outra pessoa. E era o que ela havia conseguido, aparentemente sem qualquer lembrança do que viera antes.

Pouco depois de entrar para a Wanmei, Chunming foi a uma convenção de vendas. Ônibus de todo o país convergiram para Zhongshan, uma hora de carro ao sul de Dongguan, onde ficava a sede da empresa, além de uma fábrica e de um hotel cinco estrelas próprio. Foram convidados apenas os principais vendedores — a ênfase na hierarquia era um dos princípios organizacionais da empresa —, mas muitos gerentes tinham alugado ônibus para levar os membros dos seus grupos, para que pudessem "vivenciar pessoalmente a Wanmei". Ainda são milhões os chineses que consideram férias uma viagem noturna de ônibus até uma fábrica.

Ninguém voltou para casa indiferente: só mesmo uma empresa de produtos de saúde muito bem-sucedida teria seu próprio hotel de luxo.

— É onde ficam os gerentes quando vêm para treinamento — disse Chunming. — Logo serei gerente-júnior.

Ela trajava um elegante blazer de sarja e trazia o cabelo preso em rabichos bem apertados; os olhos se mantinham arregalados de animação, como uma menina no primeiro dia da feira municipal. O estacionamento do hotel Diamante Dourado fervilhava de gente: velhos de olhos reumosos, migrantes de roupa folgada, donas de casa, camponesas de ombros recurvados e pele curtida pelas longas horas passadas no campo. Os membros menos privilegiados da sociedade estavam reunidos ali por sua devoção à Wanmei. Ocorreu-me a ideia de que ali estava uma espécie de mercado do antitalento.

Chunming caminhava pela multidão apontando celebridades.

— Oh! Eu só tinha visto aquela mulher em fotos! Ela ganha — rápido cálculo — 500 mil iuanes por mês.

Dirigiu-se em seguida a outra mulher de meia-idade.

— Eu ouvi sua palestra "Os produtos mudaram minha vida" — disse Chunming. — Fiquei muito impressionada.

A mulher sorriu com recato.

Chunming se virou para mim.

— Essa mulher trabalhava lavando pratos.

Entramos no hotel para admirar o saguão de mármore. A fila de espera no banheiro feminino era longa, e Chunming aproveitou para conhecer pessoas — para *duanlian*, ou treinar-se.

— De onde é? — perguntou a uma mulher de conjunto cor-de-rosa com um franzido no quadril.

— Hunan — respondeu ela.

— Onde, em Hunan?

— Changsha.

— Ouvi dizer que os negócios em Changsha estão realmente prosperando! — disse Chunming. — E a sua pele é muito boa!

A mulher entrou num estande e Chunming imediatamente se voltou para a que estava atrás. "De onde é?"

No meio da manhã, o nível de energia na sede da Wanmei estava no auge. Grupos cheios de animação posavam para fotos na entrada do prédio; uma verdadeira multidão tomava conta do saguão, onde comerciais da Wanmei eram permanentemente exibidos em telas de televisão. Às 10h30 os gerentes que mais faturavam percorreram um tapete vermelho que havia sido estendido no meio do estacionamento. Os membros se enfileiravam de ambos os lados, muitos carregando estandartes com os nomes dos principais vendedores. Um clamor impressionante foi ouvido no momento em que os gerentes entraram no prédio para dar início a três dias de treinamento sobre como vender ainda mais produtos Wanmei.

> Entrei numa loja e disse ao dono:
>
> — Eu sou da Wanmei.
>
> Ele disse apenas:
>
> — Fora.

Eu repeti o que dissera. E ele:

— Vá à merda.

(*Risos.*)

Eu saí. Pensei com meus botões: a próxima pessoa não será tão desqualificada. Entrei na loja seguinte e conversei com o dono. Ele se tornou meu cliente, e até agora já comprou 60 mil iuanes em produtos.

(*Aplausos.*)

Mais tarde nesse mesmo dia Chunming compareceu a uma sessão de "partilha" para vendedores da Wanmei. Mais de cem pessoas estavam reunidas para ouvir discursos inspiradores num auditório gelado, com o palco cheio de motivos decorativos remanescentes do Ano-novo. Uma mulher de terninho creme subiu ao palco. Tinha entrado para a Wanmei em 1996, fora embora após a proibição do governo e retornara, exatamente como Chunming.

Quero perguntar às mulheres que aqui se encontram: estão satisfeitas com sua vida atual? Gostariam de mudá-la?

Sim!

Para vocês basta ter um bom marido?

Não!

Não acredito em vocês. Sei que para certas mulheres da plateia basta arranjar um bom marido. Mas será que sem conhecimento nem estudo será possível segurar um marido?

Não!

Exatamente. Vivemos numa sociedade muito pragmática.

Todos os oradores falavam sem recorrer a anotações. Faziam gestos com as mãos, estabeleciam contato visual e sorriam. Tinham aprendido a repetir fórmulas-chave, a ritmar a exposição e a animar o público. Suas mãos não tremiam. Uma professora de música aposentada subiu ao palco e desapareceu atrás do púlpito, exceto por uma nuvem de cabelos grisalhos cacheados. Tinha 60 anos e falava com uma voz suave e pausada de professora.

Antes eu parecia muito mais velha do que era. Pegava muito resfriado. Estava sempre cansada. Da cabeça aos pés, tinha muitos problemas de saúde: congestão nasal, problemas intestinais, problemas pulmonares, irritações da pele, insônia, doença cardíaca, vista cansada. Não conseguia andar meia hora sem ficar cansada.

Em novembro de 2003 uma colega me apresentou à Wanmei. Na primeira semana usando produtos Wanmei uma das narinas desentupiu. Na segunda semana o mesmo aconteceu com a outra.

(*Aplausos.*)

Em duas semanas a Wanmei mandou embora todos os meus resfriados. Passados alguns meses, eu era capaz de andar o dia inteiro.

(*Aplausos.*)

Eu dormia a noite inteira.

(*Aplausos.*)

Sou grata ao gerente Chen. Meus problemas médicos são muito sérios. Ele me ensinou a usar os diferentes produtos nas doses certas.

Na China, raramente pessoas de origem tão humilde falavam em público. Mas lá estavam elas, todas muito tranquilas e convencidas de que sua história pessoal interessava aos outros. Eram melhores oradores que a maioria dos professores e autoridades chineses que eu conhecera — e mesmo melhores, de longe, que os principais dirigentes do país, que uma vez por ano davam uma entrevista coletiva parecendo figuras de cera trazidas de carrinho de algum museu.

Uma mulher de jaqueta acolchoada, com a pele avermelhada de quem cultiva a terra, subiu ao palco. Tinha uma voz áspera, com um sotaque cantonês tão pesado que era quase impossível entendê-la.

> Antigamente, minha saúde era muito ruim. Toda semana eu ia ao hospital com gripe, tonteiras, dores de cabeça. Uma amiga me apresentou à Wanmei e eu comecei a ir para as palestras. Graças ao treinamento da Wanmei pude mudar.
>
> Antigamente, eu não sabia falar mandarim. Jamais ousaria postar-me aqui e compartilhar minha experiência. Achava-me inferior. Todos nós somos pessoas comuns. Graças à Wanmei, contudo, tornamo-nos saudáveis, passamos por um treinamento, fizemos amigos. São coisas que o dinheiro não compra.

Nos meses que se seguiram à convenção de vendas Chunming esperou que o governo concedesse o alvará de funcionamento à Wanmei; sem ele, ela não podia recrutar a rede de vendedores que a ajudaria a ganhar muito dinheiro. Mas começou a ouvir boatos inquietantes: os principais gerentes da Wanmei não ganhavam dinheiro vendendo produtos, mas cobrando taxas exorbitantes pelas sessões de treinamento. Parecia que a Wanmei — "Causa perfeita, vida perfeita" — talvez não fosse muito melhor que um esquema de pirâmide.

Mais uma vez, Chunming caíra na armadilha das vendas diretas. Como tinha tomado dinheiro emprestado com amigos para alugar e mobiliar seu apartamento no centro, arrumou um emprego como vendedora na fábrica de uma empresa familiar que produzia cola para sapatos e bolsas. Mudou-se para um conjugado num prédio azulejado do lado da fábrica de cola. Com mais essa mudança de estilo de vida veio também outro corte de cabelo: Chunming desfez o permanente e cortou o cabelo com uma pronunciada assimetria atrás.

Mas não tinha tempo para se sentir frustrada. Um homem entrou em sua vida, um americano na casa dos cinquenta chamado Ha-wei Dai-meng-de.

VOCÊ ESTÁ PRESTES A ENCONTRAR aquilo que vinha buscando por todos esses anos.

Harvey Diamond era um guru americano especializado em saúde para quem a maioria dos remédios fazia mal e que acreditava que o corpo humano é capaz de se curar. Preconizava a prática regular da "monodieta" — comer apenas frutas, legumes, sucos ou alimentos crus durante alguns dias — e eliminar produtos animais, para limpar o organismo e combater as doenças. Sua série de livros *Vida saudável*, a dar crédito ao material promocional, vendera mais de doze milhões de exemplares, e fora traduzida para trinta e três línguas.

No verão de 2006 Chunming conheceu suas ideias numa livraria de Dongguan. Sentiu-se imediatamente arrebatada pela história de Ha-wei Dai-meng-de, que tivera problemas de saúde até descobrir os preceitos médicos que mudaram sua vida. Chunming leu duas vezes seu livro mais recente. Começou a tomar sucos de frutas ou frutas e legumes diariamente no café da manhã; no almoço e no jantar, ingeria apenas legumes e arroz. Bebia diariamente três litros d'água e estava sempre com uma garrafinha aonde quer que fosse, conforme as recomendações de Ha-wei. Sentia-se atraída por sua filosofia. *Cuide de sua saúde*, escreveu ele. *Reformule-se. Seus atos têm consequências.* Eram os preceitos do movimento americano de autoajuda, refletindo a fervorosa crença na ideia de uma segunda oportunidade; eles se adequavam perfeitamente a jovens migrantes que acabavam de receber sua primeira oportunidade. Além dos jejuns baseados na ingestão apenas de frutas e legumes, boa parte do que Ha-wei tinha a dizer era do conhecimento de qualquer estudante americano: comer frutas e legumes, moderar o consumo de carnes, praticar exercícios. Para Chunming, no entanto, os preceitos básicos da nutrição representavam uma verdadeira revelação, em torno da qual ela podia moldar sua nova vida, exatamente como Ha-wei fizera.

A NOVA MORADIA DE CHUNMING era das mais modestas. A cama envolta num mosquiteiro ocupava quase todo o quarto, espremendo-se num dos lados uma mesa e uma estante. O apartamento tinha um pequeno banheiro, mas não uma cozinha; numa mesa baixa perto da porta se amontoavam cenouras, laranjas, maçãs, aipos e tomates. Quando eu a visitava, a primeira coisa que Chunming fazia era apanhar algumas frutas e cortá-las para mim na pia do banheiro. De repente, uma dieta de frutas e legumes parecia a ordem natural do universo, e ela se transformara numa especialista em biologia evolutiva.

Os dentes pontiagudos se destinam a mastigar carnes, mas nós temos apenas dois dentes pontiagudos. Isso quer dizer que devemos comer, sobretudo, legumes, e muito pouca carne.

Eu digo a todo mundo que encontro: "Beba mais água." Hoje, sou capaz de olhar para alguém e dizer se tem problemas de saúde só pela textura da pele.

Os chineses abusam de remédios. Quando uma criança tem febre, dão-lhe uma injeção. Mas a febre é uma maneira encontrada pelo corpo de combater a doença. A febre faz bem à pessoa.

Eu concordava com muito do que ela dizia. Os chineses realmente recorriam demais a remédios, e tinham um medo mórbido de beber água. O país inteiro parecia permanentemente desidratado. Era comum ouvir alguém dizer que uma mulher não deve beber água fria, pois poderia fazer mal ao útero, ao passo que beber água à noite provocava distúrbios gástricos. Como sempre, no entanto, Chunming ia aos extremos.

— Depois de ler esse livro, fiquei uma semana sem comer arroz — disse-me. — Simplesmente fazia um suco de frutas e legumes e bebia.

Naquele dia, ela ingerira dois copos de suco de tomate e uma maçã.

Ha-wei recomendava aos leitores que aos poucos aderissem a uma dieta de alimentos crus. *O esforço para melhorar a saúde e evitar doenças não precisa ser uma jornada estressante. Ela pode ser prazerosa. Não se trata de uma corrida!* Talvez ele não tivesse conhecido alguém como Chunming. Ela já enxergava os benefícios: a pele do nariz deixara de ser oleosa; a constipação e a queda de cílios eram coisas do passado. Suas verrugas diminuíam, uma cicatriz na perna começava a desaparecer e seus dentes ficavam mais brancos. Ela parara de usar dentifrício.

A busca da saúde perfeita se revelou uma vantagem no emprego de Chunming. No fim do dia de trabalho ela se postava em frente ao portão de uma fábrica de calçados ou bolsas e perguntava aos operários o sobrenome do dono da fábrica e do chefe do Departamento de Produção. Telefonava então a esses executivos, usando como pretexto negócios feitos com eles ou algum amigo em comum. Na grande desorganização do mercado de trabalho em Dongguan, ninguém a questionava e quase todos concordavam em marcar um encontro. Depois de fazer sua visita de vendas, Chunming mandava uma carta de agradecimento acompanhada de alguns livros sobre questões de saúde. Na carta, ela escrevera:

> *Sei que o senhor é muito ocupado. Recomendo-lhe esses livros sobre temas de saúde e espero que possa consultá-los em suas horas vagas. Creio que poderão ser-lhe muito úteis. Eu os recomendo do fundo do coração. Considero que são os melhores livros que já li sobre questões de saúde.*
>
> *Não importa se vamos ou não fazer negócios. Podemos ser amigos de qualquer maneira. Toda empresa deve fazer suas escolhas. Naturalmente, se quiser dar-me uma oportunidade, será importante para mim, e farei o melhor para proporcionar à sua empresa o serviço mais satisfatório.*

Foi assim que ela se encontrou com cerca de cem clientes em potencial, e já atendia a quatro em caráter regular.

Tentei imaginar o perfil de um típico leitor americano de Ha-wei. Seria talvez um homem com excesso de peso, farto de anos seguidos de vaivéns em sua dieta, ou então uma mulher de meia-idade preocupada com os casos de câncer de mama na família, ou, quem sabe, um aposentado que toda manhã tomava um coquetel de remédios. Poder-se-ia dizer que todas essas pessoas eram vítimas da vida moderna, da tecnologia, dos progressos da medicina e dos alimentos processados. Aspiravam a um estilo de vida saudável, simples e puro. Chunming crescera numa aldeia rural, cuja população se alimentava de legumes e arroz e onde quase ninguém ia ao hospital ou ingeria alimentos comprados numa loja. E agora ela queria as mesmas coisas que os americanos. Para o bem ou para o mal, essa era a medida da distância que ela havia percorrido.

Quase todo mundo que eu conhecia em Dongguan estava insatisfeito com sua vida. Em certa medida, era natural que fosse assim: uma pessoa ambiciosa tinha mais probabilidade de se abrir para coisas e situações novas, o que podia incluir uma conversa comigo. Não posso dizer que Min e Chunming tivessem o perfil típico da enorme população de trabalhadores migrantes da China. Escrevi e me preocupei com as experiências dessas jovens pelo simples fato de tê-las conhecido melhor. Mas sua vida e suas lutas eram emblemáticas daquele momento do seu país — e também da China da minha família, que lutava para resgatar tudo o que havia perdido ou deixado para trás. No fim das contas, independentemente de épocas e classes, é essa a história da China: ir embora, enfrentar dificuldades e recomeçar a vida. As adversidades eram incríveis, mas talvez esses desafios não fossem mais assustadores que os encontrados há um século por aqueles que chegavam à América.

Bem-sucedida ou não, a migração muda o destino de uma pessoa. Recentes estudos a respeito dos migrantes indicam que a maioria não está destinada a voltar ao campo. Os que se saem bem provavelmente comprarão apartamentos para se estabelecer nas cidades de adoção; os outros podem eventualmente mudar-se para cidades próximas da aldeia natal e abrir lojas, restaurantes e pequenos negócios como salões de beleza ou alfaiatarias. Esses empreendimentos, por sua vez, tendem a empregar migrantes de volta à terra natal, considerados mais capazes que aqueles que nunca foram embora.

À medida que conhecia as garotas da fábrica, eu não podia deixar de me preocupar com elas. Elas corriam muitos riscos e estavam cercadas de pessoas corruptas e desonestas. E apresentavam limitações trágicas: a mesma intrepidez que as ajudava a progredir no mundo podia ser a causa da decadência delas. Min tomava decisões fundamentais para a vida num estalar de dedos; Chunming abraçava qualquer novidade que aparecesse. Liu Yixia avançava depressa demais para aperfeiçoar seu inglês como pretendia. Sob certos aspectos, eu provavelmente as conhecia melhor que seus próprios amigos. O fato de ser uma estranha ajudava: eu estava tão distante do universo delas que elas se sentiam à vontade e confiavam em mim. Também tinham fome de conhecimento a respeito do meu mundo, e perguntavam como os americanos comiam, namoravam e se casavam, como ganhavam dinheiro e criavam os filhos. Talvez minha presença as estimulasse, dando-lhes a sensação de que alguém tinha conhecimento do que estavam passando e se importava com elas. Em nosso convívio, no entanto, as jovens migrantes nunca me pediram ajuda e raramente chegaram a solicitar conselhos. Enfrentavam a vida sozinhas, exatamente como me relatavam desde o primeiro dia. *Só posso contar comigo mesma.*

No dia em que conheci Wu Chunming, ela trabalhava para uma empresa estrangeira, ganhava milhares de dólares por mês e morava num apartamento de três quartos no centro de Dongguan. Da última vez em que nos encontramos, dois anos e meio depois, trabalhava para uma empresa chinesa, ganhando 150 dólares por mês e vivendo num conjugado num bairro da cidade cheio de pequenas fábricas de calçados conhecidas pelas más condições de trabalho. De qualquer ângulo que se avaliasse, seu padrão de vida caíra muito. Mas se mostrava mais serena que nunca. Numa cidade em que um Mercedes-Benz era a medida de todas as coisas, Chunming, de certa forma, havia se libertado, desenvolvendo uma moralidade própria.

— Antes, eu estava sempre com fome — disse-me ela. — Se eu visse um suéter que me agradasse, precisava comprá-lo imediatamente. Agora, se não puder comer do melhor ou comprar as coisas mais finas, não importa tanto. O que é importante, por exemplo, é ver um amigo ou um parente feliz.

Ela já não ficava em pânico ante a ideia de continuar solteira aos 32 anos, e deixara de se relacionar com homens que conhecia pela internet.

— Sei que vou ficar cada vez mais bela, mais e mais saudável, e que a minha situação econômica vai melhorar sempre — dizia.

Chunming esperava ter filhos, e muitas vezes me perguntava sobre as atitudes dos americanos em relação à criação dos filhos.

— Gostaria que meu filho crescesse, tivesse uma vida feliz e fizesse alguma coisa útil para a sociedade — disse-me.

— Uma coisa útil para a sociedade? — perguntei, perplexa. — Como assim?

— Não quero dizer que ele tenha de ser um grande cientista ou algo assim — respondeu Chunming. — Quantas pessoas são capazes disso? Acho que se a gente leva uma vida feliz e é uma boa pessoa, está fazendo alguma coisa útil para a sociedade.

★★★

Minha última visita a Dongguan foi em fevereiro de 2007. O ar estava esfumaçado e frio, e as ruas estavam cheias de operários que se preparavam para voltar às suas aldeias e comemorar o início de um novo ano. Um motorista da fábrica de Chunming ia entregar um *hongbao* — um envelope vermelho com 800 iuanes — a um cliente e comparecer ao banquete de fim de ano da empresa. Convenceu-a a acompanhá-lo porque ela sabia conversar, e ela por sua vez me convidou. O jantar provavelmente seria num restaurante chique, disse ela, pois era assim que a maioria das fábricas fazia as coisas agora.

Quando chegamos à fábrica Maravilhosa Moda de Couro, ela ficou decepcionada. Os operários já estavam comendo na lanchonete, em grandes mesas redondas dispostas sob luzes fluorescentes. Era onde sempre faziam suas refeições, embora nessa noite houvesse um peixe inteiro em cada mesa. Os pratos eram gordurosos; Chunming tentou escolher legumes, também recobertos de óleo. Na frente do salão, o chefe da fábrica liderava brincadeiras com cadeiras e telefones envolvendo música. Conhecia os empregados pelo nome e provocava os que tinham namorado ou namorada.

— Dá para ver que esse patrão é uma boa pessoa — comentou Chunming.

Depois do jantar veio o sorteio. Os operários deixaram de lado a comida e a cerveja gratuitas e avançaram, como um batalhão ao sinal do comando. Eram mais de cem, em sua maioria adolescentes usando as camisas de manga curta do uniforme. Certos rapazes eram tão imberbes que pareciam mocinhas. Em todas as fábricas o sorteio era o ponto alto do banquete de Ano-novo. Para mim, era um jogo de terrível expectativa; para os operários, era a incrível possibilidade de uma vez neste mundo, quem sabe, ganharem algo. O maior prêmio da noite eram os cobertores de lã, mas também havia mantas, secadores de cabelo e garrafas térmicas. E ainda prêmios em dinheiro de 50, 100 e 200 iuanes. Quem não ganhasse nada podia levar um prêmio de consolação: uma toalha de rosto e uma concha de sabão em pó tirada de um saco gigante. Informados disso, os operários deram vivas tão entusiásticos quanto haviam dado para os outros prêmios.

Como fornecedora da fábrica, Chunming foi convidada a fazer o sorteio do prêmio de 100 iuanes. Caminhou até a frente do salão, pegou o microfone e assumiu o comando dos trabalhos sem qualquer cerimônia.

Todos vocês querem que a fábrica se saia bem em 2007?

Sim!

Todos querem que o patrão ganhe muito dinheiro para poderem ter salários mais altos e mais prêmios?

Sim!

Todos se comprometem a trabalhar duro este ano para tornar realidade esses desejos?

Sim!

•

Na época em que trabalhava na fábrica, contou-me Chunming, era raro encontrar alguém que não pertencesse a esse mundo. Quando isso acontecia, dava uma sensação de frescor e novidade, e a pessoa tentava aprender tudo o que podia. Agora, ela falava àqueles jovens como se os tivesse conhecido a vida inteira; sua voz reverberava pelo salão. *Eu sou como vocês.* Os operários avançaram na sua direção, aclamando a visitante e prolongando os aplausos, como se tampouco quisessem que a noite chegasse ao fim.

Fontes

Eu queria conhecer o mundo das fábricas tal como faziam as migrantes: de baixo para cima e de dentro para fora. Mas ao longo das pesquisas efetuadas para este livro também me vali de materiais escritos, que me proporcionavam uma visão do contexto e do cenário de tudo aquilo com que eu fazia contato direto. Relaciono aqui as fontes que me foram de mais utilidade.

Ao longo do livro utilizei o sistema padrão de romanização dos caracteres chineses, o *hanyu pinyin*, para os nomes de pessoas e lugares. Durante o regime do Kuomintang era usado um sistema diferente: Beijing, segundo a grafia hoje adotada na maioria dos países, era conhecida como Pequim ou Beiping; a capital da época da guerra, Chongqing, era identificada como Chungking e assim por diante. A bem da clareza, utilizei as grafias atuais, com uma exceção: na China, hoje, o nome de minha família escreve-se Zhang, mas mantive a forma antiga, Chang — nome que deixa claro para qualquer pessoa que tenha crescido na China continental que minha história não é como a dela.

Capítulo 1: Ir embora

O valor do salário mínimo é relativo à província de Guangdong em 2004, quando Min e as outras jovens que conheci em Dongguan estavam começando a trabalhar. Desde então, o salário mínimo na região passou a oscilar entre 70 e 110 dólares.

O número de trabalhadores migrantes na China no fim de 2006 é fornecido pelo Escritório Nacional de Estatísticas. Leva em conta chineses das regiões rurais que vivem longe de casa.

O índice de câmbio entre o iuane e o dólar usado no livro é de 8 para 1.

Para mais informações sobre a migração na China:

Du Yang e Albert Park. "Qianyi yu jianpin: laizi nonghu diaocha de jingyan zhengju" [Migração e combate à pobreza: provas empíricas de um levantamento de domicílios rurais]. *Zhongguo renkou kexue* [Jornal chinês de ciências demográficas] 4 (2003): 56-62.

Gaetano, Arianne M. e Tamara Jacka, eds. *On the Move: Women and Rural-to-Urban Migration in Contemporary China*. Nova York: Columbia University Press, 2004.

Jacka, Tamara. *Rural Women in Urban China: Gender, Migratione Social Change*. Armonk, N.Y.: M. E. Sharpe, 2006.

Lee Ching-kwan. "Production Politics and Labour Identities: Migrant Workers in South China". In *China Review* 1995. Editado por Lo Chi Kin, Suzanne Pepper e Tsui Ki Yuen. Hong Kong: Chinese University Press, 1995.

Li Qiang. "Zhongguo waichu nongmingong jiqi huikuan zhi yanjiu" [Pesquisa sobre remessas de trabalhadores migrantes]. *Shehuixue yanjiu* [Pesquisa sociológica] 4 (2001).

Ma, Lawrence J. C. e Biao Xiang. "Native Place, Migration and the Emergence of Peasant Enclaves in Beijing". China *Quarterly* 155 (setembro de 1998): 546-581.

Murphy, Rachel. *How Migrant Labor Is Changing Rural China*. Cambridge, Reino Unido: Cambridge University Press, 2002.

Pun Ngai. *Made in China: Women Factory Workers in a Global Workplace*. Durham, N.C.: Duke University Press, 2005.

Tan Shen. *Funüi yu laogong* [Mulher e trabalho]. Edição de circulação interna. 2002.

West, Loraine A. e Yaohui Zhao, eds. *Rural Labor Flows in China*. Berkeley, Califórnia: Institute of East Asian Studies, 2000.

Zhang Hong. "China's New Rural Daughters Coming of Age: Downsizing the Family and Firing Up Cash-Earning Power in the New Economy". *Signs: Journal of Women in Culture and Society* 32.3 (2007).

Capítulo 2: A cidade

Não existem dados oficiais sobre o percentual feminino da população de Dongguan. Usei a estimativa de 70%, com base em cálculos de executivos do mercado de trabalho e do gabinete do vice-prefeito e em levantamentos de jornais locais.

Para mais informações sobre o desenvolvimento econômico de Dongguan:

Vogel, Ezra F. *One Step Ahead in China: Guangdong Under Reform*. Cambridge, Massachusetts: Harvard University Press, 1989.

Capítulo 3: Morrer pobre é pecado

Para mais informações sobre a indústria chinesa de marketing direto:

Ho, Herbert H. *The Developments of Direct Selling Regulation in China, 1994-2004.* Washington, D.C.: U.S.-China Business Council, 2004.

Capítulo 5: Garotas da fábrica

As orientações agrícolas do calendário tradicional chinês reproduzidas neste capítulo se aplicam à província de Hebei, na planície do norte da China.

Para mais informações sobre a nova geração de migrantes chineses:

Lin Xue. "Liangdai dagongzhe de bieyang rensheng" [As diferentes experiências de vida de duas gerações de trabalhadores migrantes]. *Dagongmei* [Mulheres migrantes] 4 (2004): 24-25.

Wang Chunguang. "Xinshengdai nongcun liudong renkou de shehui renrong yu chengxiang ronghe de guanxi" [Características da nova geração da população flutuante da China rural]. *Shehuixue yanjiu* [Pesquisa sociológica] 3 (2001): 63-76.

Para mais informações sobre a indústria de tênis:

Vanderbilt, Tom. *The Sneaker Book: Anatomy of an Industry and an Icon.* Nova York: New Press, 1998.

Capítulo 6: A estela sem nome

Sobre os primórdios da história de minha família vali-me de um relato inédito de meu parente Zhang Tongxian, assim como de:

Zhang Dianjun, ed. *Jilin Zhangshi zongpu* [Genealogia da família Jilin Zhang, edição revista]. Inédito. 1993.

Sobre a história da Manchúria:

Elliott, Mark C. *The Manchu Way: The Eight Banners and Ethnic Identity in Late Imperial China.* Stanford, Califórnia: Stanford University Press, 2001.

Gottschang, Thomas R. e Diana Lary. *Swallows and Settlers: The Great Migration from North China to Manchuria.* Ann Arbor, Michigan: Center for Chinese Studies, 2000.

Hosie, Alexander. *Manchuria: Its People, Resources and Recent History.* Boston: J. B. Millet, 1910.

Lee, Robert H. G. *The Manchurian Frontier in Ch'ing History.* Cambridge, Massachusetts: Harvard University Press, 1970.

Para mais informações sobre a educação tradicional das crianças chinesas:

Saari, Jon L. *Legacies of Childhood: Growing up Chinese in a Time of Crisis, 1890-1920.* Cambridge, Massachusetts: Council on East Asian Studies, 1990.

Sobre a história da Universidade de Pequim:

Weston, Timothy B. *The Power of Position: Beijing University, Intellectuals and Chinese Political Culture, 1898-1929*. Berkeley, Califórnia: University of California Press, 2004.

Para mais informações sobre os estudantes chineses nos Estados Unidos:

Ye Weili. *Seeking Modernity in China's Name: Chinese Students in the United States, 1900-1927*. Stanford, Califórnia: Stanford University Press, 2001.

Para mais informações sobre a era do Kuomintang:

Eastman, Lloyd E. et al. *The Nationalist Era in China, 1927-1949*. Cambridge, Reino Unido: Cambridge University Press, 1991.

Sheridan, James E. *China in Disintegration: The Republican Era in Chinese History, 1912-1949*. Nova York: Free Press, 1975.

Para mais informações sobre a Manchúria durante a guerra civil e sobre o assassinato de Zhang Shenfu, meu avô:

Chang Kia-Ngau. *Last Chance in Manchuria: The Diary of Chang Kia-Ngau*. Editado por Donald G. Gillin e Ramon H. Myers. Stanford, Califórnia: Hoover Institution Press, 1989.

Levine, Steven I. *Anvil of Victory: The Communist Revolution in Manchuria, 1945-1948*. Nova York: Columbia University Press, 1987.

Nie Shiqi. "Jingdao Zhang Shenfu xiansheng" [Em reverente luto pelo Sr. Zhang Shenfu]. *Central Daily News*, 13 de março de 1946: 5.

Su Lin. "Shei zhi 'Zhang Shenfu' xiangxi qingkuang" [Quem tem conhecimento das circunstâncias detalhadas de Zhang Shenfu]? *Huashang chenbao* [Matutino de negócios chinês de Shenyang], 29 de junho de 2001: 1.

Tao Gang. "Yizuo bei — yituan mi" [Uma estela — um mistério]. *Liaoshen Evening News* [Shenyang], 29 de maio de 2000: 2.

Tung Wen-ch'i. *The Reminiscences of Mr. Tung Wen-ch'i*. Comp. Chang Yu-fa and Shen Sung-chiao. Taipé: Institute of Modern History, 1986.

Zhang Lijiao. *Drafts of letters to the Heilongjiang and Liaoning Provincial Political Consultative Committees and the Heilongjiang Office for Overseas Chinese Affairs*. Outubro de 1987.

"Zhang Shenfu beihai shi yubu yinmou" [O assassinato de Zhang Shenfu resultou de uma conspiração]. *Xinhua Daily News*, 9 de março de 1946: 2.

"Zhang Shenfu deng yunan jingguo" [Acontecimentos que cercaram o assassinato de Zhang Shenfu e outros]. *Central Daily News*, 5 de março de 1946: 3.

"Zhang Shenfu deng zao cansha" [Zhang Shenfu e outros são assassinados]. *Central Daily News*, 10 de fevereiro de 1946: 2.

Capítulo 7: Quadrado e redondo

Ding Yuanzhi. *Fang yu yuan* [Quadrado e redondo]. Guangzhou: Guangzhou Publishing House, 1996.

Guangyi Teaching and Research Section. *Liyi suzhi* [Etiqueta e qualidade]. Inédito. 2003.

————. *Shejiao koucai* [Interação social e oratória]. Inédito. 2003.

Xiao Jin. "Zhuanxing shiqi de Zhongguo jiaoyu gaige zhuanxiang hefang" [A reforma educacional da China em transição: estaria ela se transformando?] *Hongfan yanjiu* [Direito e economia] 3.2 (2006): 144-83.

Xiao Jin e Mun C. Tsang. "Human Capital Development in an Emerging Economy: The Experience of Shenzhen, China". *China Quarterly* 157 (março de 1999): 72-114.

Capítulo 8: Um encontro de oito minutos

Para mais informações sobre o impacto da migração nas atitudes das chinesas do campo em relação ao casamento:

Chen Yintao. "Dagongmei de hunlian guannian ji qi kunrao" [Atitudes das camponesas em relação ao amor e ao casamento e seus dilemas]. *Renkou yanjiu* [Pesquisa demográfica] 21, nº 2 (março de 1997): 39-44.

Connelly, Rachel et al. "The Impact of Migration on the Position of Women in Rural China". Artigo apresentado na reunião anual da Population Association of America. 2003.

Zhang Hong. "Labor Migration, Gender, and the Rise of Neo-Local Marriages in the Economic Boomtown of Dongguan, South China." *Journal of Contemporary China*, a ser publicado.

Zheng Zhenzhen. "Guanyu renkou liudong dui nongcun funü ying-xiang de yanjiu" [Estudo sobre o impacto da migração nas mulheres do meio rural]. *Funü yanjiu luncong* [Estudos reunidos sobre mulheres] 6 (2001): 38-41.

————. "Impact of Migration on Gender Relationships and Rural Women's Status in China". Unesco Research Project. 2006.

Capítulo 9: Inglês de linha de montagem

Para mais informações sobre a companhia Ladder English:

"Jiazhang zhiyi Jieti Yingyu" [Pais desconfiam da Ladder English]. *Xinwen chenbao* [Correio da manhã de Xangai], 2 de fevereiro de 2005.

Mu Yi, Zeng Le e Liu Jun. "Lao yuangong tibao 'Jieti Yingyu' piancai shu" [Antigos empregados denunciam práticas fraudulentas da "Ladder English"]. *Xinkuaibao* [Novo expresso de Guangzhou], 2 de fevereiro de 2005.

Capítulo 11: O historiador da minha família

Para mais informações sobre textos históricos chineses e genealogias tradicionais:

Beasley, W. G. e E. G. Pulleyblank, eds. *Historians of China and Japan*. Londres: Oxford University Press, 1961.

Jing Jun. *The Temple of Memories: History, Power, and Morality in a Chinese Village*. Stanford, Califórnia: Stanford University Press, 1996.

Meskill, Johanna M. "The Chinese Genealogy as a Research Source". In *Family and Kinship in Chinese Society*. Editado por Maurice Freedman, 139-61. Stanford, Califórnia: Stanford University Press, 1970.

Van der Sprenkel, Otto Berkelbach. "Genealogical Registers". *Essays on the Sources for Chinese History*. Editado por Donald D. Leslie, Colin Mackerras e Wang Gungwu, 83-98. Camberra: Australian National University Press, 1973.

Capítulo 15: Saúde perfeita

Para mais informações sobre o programa de dieta e saúde de Harvey Diamond:

Diamond, Harvey. *Fit for Life: A New Beginning*. Nova York: Kensington, 2000.

Para as informações sobre os migrantes que retornaram vali-me do trabalho de Gong Weibin na Escola Nacional de Administração da China, assim como de:

Ma Zhangdong. "Urban Labour-Force Experience as a Determinant of Rural Occupation Change: Evidence from Recent Urban-Rural Return Migration in China". *Environment and Planning* A 33 (2001): 237-55.

AGRADECIMENTOS

Escrever um livro, como me lembrou certa vez uma amiga, não é uma atividade de grupo. Ainda assim, tenho uma grande dívida de gratidão para com muitas pessoas que me ajudaram a concretizar este projeto.

Agradeço, em primeiro lugar, àqueles que conheci em Dongguan e que tanto me ensinaram sobre essa cidade em que todos éramos forasteiros. Lu Qingmin e Wu Chunming generosamente me revelaram suas vidas, oferecendo-me confiança, paciência, tempo e uma amizade duradoura. Zhang Qianqian e Jia Jimei me mostraram o cotidiano na linha de montagem, enquanto Jiang Haiyan e Chen Ying compartilharam comigo suas lutas para ascender profissionalmente. Liu Yixia abriu meus olhos para a maneira como se aprende o inglês numa cidade industrial.

Luke Lee e Allen Lee, da Yue Yuen, desvendaram o funcionamento de uma fábrica de calçados e me deram acesso irrestrito ao complexo de sua empresa em Dongguan. Sou grata também a William Anderson e Kitty Potter, da Adidas, por abrirem caminho para essas visitas. Deng Shunzhang e os demais professores da escola Zhitong gentilmente me autorizaram a participar de suas aulas do curso de secretariado. O Clube Fazer Amigos de Dongguan abriu-me suas portas e seu arquivo. Ben Schwall me acompanhou numa longa visita pelo submundo do caraoquê. Lin Xue compartilhou numerosas percepções sobre a vida na fábrica, tornando-se minha maior amiga em Dongguan. Tan Shen, da Academia Chinesa de Ciências Sociais, deu-me conselhos inestimáveis sobre as cidades industriais do delta do rio Pérola. E os pais de Min foram anfitriões generosos quando visitei sua aldeia.

A pesquisa para este livro me deu a oportunidade de conhecer pessoas de minha enorme e dispersa família. Nellie Chao, Luke Chang e Irene Chow se mostraram generosos com seu tempo e suas recordações; um agradecimento especial a tia Nellie por ter compartilhado sua poesia. A viúva de Zhang Lijiao, Zhu Shulan, e seus filhos Zhang Song, Zhang Ji e Zha Yinqiao me receberam em sua casa como uma irmã mais moça e compartilharam cartas e recordações enquanto apreciávamos meus pratos favoritos de Dongbei. Zhang Hong se dedicou durante três dias a me contar tudo o que sabia da história de nossa família. Em Pequim, minha tia-avó Zhang Lian me proporcionou comida caseira, recortes de jornais e lembranças da época em que cresceu em Liutai. Zhao Hongzhi me levou à antiga casa de nossa família no nº 6 e se lembrou de muitos detalhes que estavam esquecidos. Em Liutai, Zhang Tongxian foi um guia perfeito: um dos muitos historiadores da vida privada que tive o privilégio de encontrar nesse caminho.

Tive a sorte de trabalhar com colegas talentosos e dedicados nos anos que passei no *Wall Street Journal*. Marcus Brauchli me ensinou a escrever um lead; aprecio e valorizo sua amizade e seu apoio desde que nos conhecemos num cinema em Praga. Ian Johnson sempre se mostrou generoso com seu conhecimento e sua perspicácia, e teve a gentileza de ler o manuscrito e fazer comentários úteis — e bem-humorados. Jonathan Kaufman foi um entusiástico promotor dos meus primeiros artigos sobre os trabalhadores migrantes, e Mike Miller deu às matérias o espaço que todo repórter acredita merecer. Sophie Sun, Kersten Zhang e Cui Rong foram de inestimável ajuda nas pesquisas; agradeço-lhes o bom humor e a paciência com minhas infindáveis indagações. Urban Lehner, Reg Chua e John Bussey apoiaram minha carreira no *Journal* e me concederam licença para começar a trabalhar neste livro. Lily Song, Dou Changlu e Yue Dingxian ajudaram de muitas maneiras ao longo dos anos. Tirei grande proveito da amizade e das conversas com meus colegas de reportagem: Kathy Chen, Charles Hutzler, Karby Leggett, Peter Wonacott, Matt Forney, Matt Pottinger, Jason Dean, David Murphy, Joseph Kahn, Craig Smith e Rebecca Blumenstein.

Sou grata a Doug Hunt, cujas sensatas observações após a leitura de uma primeira versão me ajudaram a resolver sérios problemas do livro. Susan Jakes propôs uma infinidade de aprimoramentos e me sugeriu obras de referência de grande utilidade depois de ler o manuscrito — agradeço-lhe isso e a amizade ao longo dos anos. Fiquei grata pelos comentários de Michael Meyer, Terzah Becker e Zhang Hong, do Colby College, que leram o manuscrito com extremo cuidado. He Hongling e Guo Daoping decifraram pacientemente os diários do meu avô, e Travis Klingberg fez recomendações valiosas sobre os elementos visuais do livro. Obrigado a Jane Lee e Jen Lin-Liu pela amizade e o estímulo desde o dia em que decidi escrever este livro.

Sou grata a Cindy Spiegel, minha editora na Spiegel & Grau, pela sintonia e percepção de suas leituras — nenhum autor poderia esperar mais. Um grande obrigado a Chris Calhoun, meu agente, por ter acreditado desde o começo e por seu constante apoio, e a Marcy Posner pela hábil condução da questão dos direitos no exterior.

Minha maior dívida é com meus pais, que me ensinaram o chinês e me falaram da China, dando-me liberdade para aprender tanta coisa por conta própria. Meu pai suportou pacientemente muitos interrogatórios, e minha mãe fez correções muito úteis depois de ler o manuscrito. O trabalho que me levou tão longe de casa também me aproximou deles. Sou grata a meu irmão Justin, que sempre me estimulou e me entendeu, apesar de ter escolhido um caminho tão diferente na vida.

E a Peter Hessler — obrigada por me mostrar as possibilidades, na vida e na escrita. Todo escritor deveria ter um leitor como você.

www.intrinseca.com.br

1ª edição	JUNHO DE 2010
impressão	LIS GRÁFICA
papel de miolo	PÓLEN SOFT 70G/M²
papel de capa	CARTÃO SUPREMO ALTA ALVURA 250G/M¹
tipologia	BEMBO REGULAR